Dreißig Jahre
unter
den Indianern

John Tanner
nach seiner Rückkehr in die Zivilisation
1830

Leben und Abenteuer des John Tanner

Dreißig Jahre unter den Indianern

Nach seinen
mündlichen Berichten
im Jahre 1830
aufgeschrieben
von Edwin James

1987
Gustav Kiepenheuer Verlag
Leipzig und Weimar

Originaltitel: A Narrative of the Captivity
and Adventures of John Tanner
during Thirty Years Residence among the Indians
in the Interior of North America
Prepared for the Press by Edwin James, M. D.
Mit einer Einführung von Edwin James
Aus dem Amerikanischen übersetzt
und mit Anmerkungen versehen
von Eva Lips

ISBN 3-378-00272-7

Gustav Kiepenheuer Verlag Leipzig und Weimar
Dritte Auflage
Lizenz Nr. 396/265/87/87   LSV 7333
Lichtsatz: INTERDRUCK Graphischer Großbetrieb Leipzig – III/18/97
Druck und buchbinderische Verarbeitung: Druckwerkstätten Stollberg VOB
Schrift: Baskerville-Antiqua
Gestaltung: Dietmar Kunz
Printed in the German Democratic Republic
Bestell-Nr. 788 411 4
01080

Zum Geleit

Wenn je das Wort des Terentianus Maurus ›Pro captu lectoris habent sua fata libelli‹ (Ganz wie der Leser sie auffaßt, so haben die Bücher ihr Schicksal) auf ein Konvolut gedruckter, gebundener und veröffentlichter Seiten zutraf, so hier. Jedoch erfuhr in diesem Fall nicht nur ein Buch sein Schicksal, sondern Schicksale, wie man sie sonst kaum in dieser Form zu lesen bekommt, wurden zum Buch. Sein Autor ist ein Arzt, Forscher und Menschenfreund namens Edwin James, der im Jahre 1820 in der nordamerikanischen Wildnis einem ungewöhnlichen weißen Mann begegnete. Als neunjähriges Kind von Indianern geraubt, hatte dieser dreißig Jahre erst unfreiwillig, dann freiwillig unter Indianern verbracht und war in seinem Denken und Fühlen, ja sogar in seinem Habitus selbst zum Indianer geworden. Edwin James empfand Begeisterung und Anteilnahme für diesen Fremden, und er brachte es fertig, daß ihm John Tanner – stockend zunächst, in seiner längst vergessenen und gerade mühsam wiedererlernten Muttersprache – seine Geschichte erzählte. Stück für Stück offenbarte sich ihm ein ständig vom Kampf um die nackte Existenz geprägtes Leben, das Tanner

5

gemeinsam mit seinen indianischen Brüdern so lange geteilt hatte.

›Um diesem unglücklichen Menschen dazu zu verhelfen, zu seinen Landsleuten zu sprechen‹, hat Edwin James diese Geschichte, so anschaulich, wie sie ihm berichtet wurde, und ohne jede Zutat – das erklärt er ausdrücklich in seiner Einführung dazu – aufgeschrieben. Wie oft John Tanner in diesen entscheidenden drei Jahrzehnten seines Lebens dem Tode des Erfrierens, des Verhungerns, des Verunglückens, des Ermordetwerdens nahe war, ist kaum zu zählen – aber erregender als alle Gefahren ist die Sachlichkeit, mit der er darüber berichtet. Daß er auch nicht den geringsten Versuch einer romanhaften Darstellung machte, beweist vielleicht am überzeugendsten die Gestalt seiner indianischen Pflegemutter, die sich mit ihrem Mut, ihrer Todesverachtung, ihren menschlichen Schwächen und ihrer Weisheit geradezu für eine literarische Gestaltung anbietet. Tanner aber erwähnt sie nicht mehr, sobald sie seinem Lebenskreis entschwunden ist.

Die Bedeutung dieses ungewöhnlichen Buches hat bereits Alexander Puschkin erkannt, der die Leser der Zeitschrift ›Der Zeitgenosse‹ mit Auszügen aus dem Werk bekannt machte und dazu erläuternd schrieb: ›Diese ‚Aufzeichnungen‘ sind in jeder Beziehung wertvoll. Sie sind das vollständigste und wahrscheinlich auch das letzte Dokument der Lebensweise eines Volkes, von dem bald keine Spur mehr vorhanden sein wird … Die Aussagen sind einfach und leidenschaftlich und werden in der Tat vor der Welt Zeugnis ablegen, welche Mittel die amerikanischen Staaten im neunzehnten Jahrhundert zur Ausdehnung ihrer Herrschaft und der christlichen Zivilisation anwendeten. Die Glaubwürdigkeit dieser ‚Aufzeichnungen‘ unterliegt keinem Zweifel. John Tanner lebt noch. Viele haben ihn gesehen und von ihm selbst sein Buch gekauft.‹

So lesen wir die denkwürdige Geschichte des John Tanner, die der Arzt Edwin James so wahrheitsgetreu wiedergegeben hat – zu unserer Information und zu unserem Erstaunen über ein Menschenschicksal, das in seiner Einzigartigkeit wohl nicht seinesgleichen haben dürfte.

Eva Lips

Kapitel

I

Meine früheste Jugenderinnerung, auf die ich mich ganz klar besinnen kann, ist der Tod meiner Mutter. Damals war ich zwar erst zwei Jahre alt, aber mehrere Begleitumstände machten einen so tiefen Eindruck auf mich, daß mein Gedächtnis sie noch heute ganz frisch bewahrt. Den Namen der Ortschaft, wo wir damals lebten, weiß ich nicht mehr, aber ich erfuhr später, daß sie in der Nähe des Kentuckyflusses in beträchtlicher Entfernung des Ohio lag.

Mein Vater, John Tanner, stammte aus Virginia und war ursprünglich Geistlicher. Er lebte noch lange nach meiner Gefangennahme durch die Indianer und starb erst drei Monate nach dem großen Erdbeben von 1811, das einen Teil des sogenannten Neumadrid zerstörte und längs des gesamten Ohio-Ufers zu verspüren war.

Bald nach dem Tode meiner Mutter zog mein Vater an einen Ort namens Elkhorn. Dort gab es eine Höhle, die ich mit meinem Bruder zu besuchen pflegte. Dazu nahmen wir zwei Kerzen mit; die eine wurde angezündet, wenn wir hineinkrochen, und wir gingen vorwärts, solange sie brannte. Dann entzündeten wir die zweite und erreichten den Höhlenausgang, noch ehe sie abgebrannt war.

Zuweilen gelangten feindliche Trupps der Shawnee-Indianer[1] bis zu dieser Niederlassung von Elkhorn, töteten einige Weiße und stahlen oder erlegten Kühe und Pferde. Bei einer derartigen Gelegenheit zog ihnen mein Onkel – der Bruder meines Vaters – mit einigen Männern entgegen und beschoß das Lager dieser Indianer. Er tötete einen und brachte seinen Skalp mit nach Hause; die anderen sprangen in den Fluß und entkamen.

Während unseres Aufenthaltes dort hatte ich ein Erlebnis, auf das ich viele der unglückseligen Vorkommnisse meines späteren Lebens zurückführe. Eines Morgens nämlich, als mein Vater ein ziemlich weit entferntes Dorf zu besuchen hatte, gab er meinen Schwestern Agatha und Lucy den strikten Auftrag, mich zur Schule zu schicken. Sie vergaßen dies jedoch, bis es ihnen am Nachmittag endlich einfiel. Inzwischen war das Wetter sehr schlecht geworden, es regnete, und ich wollte durchaus zu Hause bleiben. Als mein Vater am Abend wiederkam und erfuhr, daß ich den ganzen Tag lang zu Hause geblieben war, ließ er mich ein Bündel Ruten holen und schlug mich damit nach meinem Empfinden bedeutend unbarmherziger, als meine Verfehlung es verdiente. Ich war meinen Schwestern, die mir am Morgen nicht gesagt hatten, daß ich in die Schule gehen sollte, und die alle Schuld auf mich schoben, sehr böse, und seitdem betrachtete ich mein Vaterhaus nicht mehr in dem Maße wie früher als meine Heimat. Oft dachte und sagte ich: »Ich wollte, ich könnte zu den Indianern gehen und unter ihnen leben.«

Ich weiß nicht mehr, wie lange wir noch in Elkhorn blieben. Als wir es verließen, reisten wir zwei Tage lang mit Pferden und Wagen. Wir erreichten den Ohio, wo mein Vater drei Flachboote[2] kaufte, deren Seiten Kugellöcher und Blutspuren aufwiesen. Ohne Zweifel waren darin Weiße von Indianern erschossen worden. Eines dieser Boote wurde mit den Pferden und Rindern beladen, das andere mit Betten, Möbeln und anderen Besitzstücken; im dritten waren einige Neger[3]. Das Boot mit den Tieren und das zweite, in dem die Familie Platz fand, wurden zusammengebunden; das dritte mit den Negern fuhr hinterher. Wir fuhren den Ohio hinunter und langten nach zwei oder drei Tagen in Cin-

cinnati⁴ an; dort sank das Boot mit den Pferden und Rindern in der Flußmitte. Als mein Vater es untergehen sah, sprang er darauf und schnitt die Halsstricke durch, so daß die Tiere an das im Staate Kentucky gelegene Ufer schwimmen konnten und gerettet waren. Von Cincinnati kamen Leute in Booten herbei, um uns zu helfen, mein Vater konnte ihnen jedoch mitteilen, daß alle Rinder und Pferde gerettet seien.

Wir brauchten eine Tagereise von Cincinnati zur Mündung des großen Miamiflusses, wo wir uns niederlassen wollten. Hier gab es gerodetes Land und ein oder zwei Blockhäuser, die jedoch wegen der stets von den dort herumschweifenden Indianern drohenden Gefahr von ihren früheren Bewohnern verlassen worden waren. Mein Vater besserte diese Häuschen aus und umgab sie mit einem starken Zaun. Da wir im Frühling ankamen, machten wir uns sogleich daran, ein Maisfeld anzulegen. Etwa zehn Tage nach unserer Ankunft warnte uns der Vater eines Morgens, daß das Verhalten der Pferde darauf schließen lasse, daß sich Indianer in den Wäldern der Umgebung verborgen hielten. »John«, sagte er zu mir, »du darfst heute das Haus nicht verlassen.« Er legte meiner Stiefmutter dringend ans Herz, keines der kleinen Kinder aus den Augen zu lassen, und ging dann mit meinem älteren Bruder und mit den Negern aufs Feld, um Mais zu säen.

Außer mir und unserer Stiefmutter befanden sich noch drei kleine Kinder im Haus. Damit ich nicht fortliefe, beauftragte mich meine Stiefmutter, das kleinste, nur einige Monate alte Kind zu beaufsichtigen. Aber ich begann mich bald zu langweilen und zwickte meinen kleinen Bruder, der auch prompt zu weinen begann. Als die Mutter sah, daß er sich nicht wohl fühlte, sagte sie, ich sollte ihn auf den Arm nehmen und mit ihm im Haus herumlaufen. Ich tat das auch, aber ich fuhr fort, ihn heimlich zu zwicken. Da nahm sie ihn mir endlich ab und legte ihn an ihre Brust. Ich ergriff die Gelegenheit, ging in den Hof und entkam endlich erst durch eine kleine Zauntür, dann durch das große Tor in der Mauer, bis ich mich im Freien befand. In einiger Entfernung vom Haus stand ein Walnußbaum, wo ich mir die noch daranhängenden Nüsse vom Vorjahr zu holen pflegte. Aber um dorthin zu gelangen, ohne von meinem Vater und den auf dem Feld arbeitenden Männern gesehen zu werden, mußte ich einige Vorsicht anwenden. Als ich mich zu diesem

Baum schlich, sah ich in der Mitte des Feldes meinen Vater mit dem Gewehr im Arm stehen und nach etwa in der Nähe verborgenen Indianern ausschauen, während seine Helfer Maiskörner säten. Ich war dem Baum schon ganz nahe und dachte bei mir: ›Ich wollte, ich könnte diese Indianer sehen.‹ Als ich meinen Strohhut schon halb mit Walnüssen gefüllt hatte, hörte ich ein Knacken hinter mir. Ich sah mich um und – erblickte die Indianer. Gleichzeitig wurde ich an beiden Händen gepackt und fortgezerrt. Einer nahm meinen Strohhut, leerte die Nüsse auf die Erde aus und setzte ihn mir wieder auf. Die Indianer, die mich ergriffen hatten, waren ein alter und ein junger Mann. Wie ich später erfuhr, hieß der Alte *Manito-o-geezhik*[5] und sein Sohn *Kish-kau-ko*. Später, nachdem ich als Erwachsener den Roten Fluß (Red River) verlassen hatte und in die Welt der Weißen zurückgekehrt war, bin ich auch in Detroit gewesen, wo *Kish-kau-ko* im Gefängnis saß. Ferner war ich in Kentucky, wo ich einige mit meiner Gefangennahme zusammenhängende Einzelheiten erfuhr, von denen ich zu jener Zeit nichts wußte. Anscheinend hatte die Frau von *Manito-o-geezhik* gerade ihren jüngsten Sohn durch den Tod verloren und ihrem Mann gesagt, daß sie nicht weiterleben könne, wenn er ihr nicht einen anderen Sohn verschaffe. Deshalb wollte er ihr einen Gefangenen bringen, den sie an seiner Statt adoptieren könnte. *Manito-o-geezhik*, sein Sohn und zwei andere Männer seiner am Huronsee lebenden Lokalgruppe waren ausschließlich zu diesem Zweck ostwärts gezogen. Oberhalb des Eriesees hatten sich drei andere junge Männer – Verwandte von *Manito-o-geezhik* – zu ihnen gesellt, und sie waren nun, sieben an der Zahl, bis zu den Niederlassungen am Ohio-Ufer vorgedrungen. In der Nacht vor meiner Gefangennahme waren sie an der Mündung des Großen Miami angekommen, hatten den Ohio überquert und sich in Sichtweite unseres Hauses versteckt. Am frühen Morgen noch hatte der alte *Manito-o-geezhik* die Ungeduld seiner jungen Begleiter, die keine Möglichkeit sahen, einen Knaben zu stehlen, beschwichtigen müssen. Sie wollten statt dessen auf die Männer schießen, die sie Mais säen sahen. Es war ungefähr Mittag, als sie mich vom Haus zum Walnußbaum gehen sahen, in dessen unmittelbarer Nähe sie versteckt waren. Nur wenige Minuten, nachdem ich das Haus verlassen hatte, kam mein Vater vom Feld zurück und bemerkte mein Verschwinden. Meine Stiefmutter hatte überhaupt nicht wahrgenommen, daß ich fortgegangen war. Mein älterer Bruder lief sofort zum Walnußbaum, den ich, wie er wußte, gern besuchte, und als er die Nüsse, die der Indianer aus meinem Hut ausgeleert hatte, auf dem Boden sah, wurde ihm klar, daß ich gefangengenommen worden war. Es wurde sofort eine Suche nach mir veranstaltet, die aber ergebnislos verlief. Man hat mir später erzählt, daß mein Vater über meine Entführung durch die Indianer außerordentlich verzweifelt gewesen sei.

Als ich mich von den Indianern fest an beiden Handgelenken gepackt fühlte, war ich wie bewußtlos und bemerkte eine Zeitlang überhaupt nicht, was um mich herum vorging. Ich muß halb ohnmächtig gewesen sein, denn ich kann mich nicht entsinnen, was sich ereignete, bis man mich endlich auf einen großen Baumstamm legte – und das muß schon sehr weit von meinem Elternhaus entfernt gewesen sein. Den alten Mann sah ich zuerst überhaupt nicht; ich wurde zwischen *Kish-kau-ko* und einem sehr kleinen, dicken Mann vorwärts gezerrt. Wahrscheinlich habe ich doch einigen Widerstand geleistet oder zumindest etwas getan, was den dicken Mann irritierte, denn er zog mich etwas zur Seite, zeigte mir seinen Tomahawk[6] und machte mir ein Zeichen, daß ich um mich blicken sollte. Die Art wie er das tat und sein Gesichtsausdruck zeigten mir deutlich, was er meinte, nämlich, daß ich mich noch einmal in der Welt umsehen sollte, da er bereit wäre, mich zu töten. Als sich der Tomahawk schon abwärts bewegte, fing die Hand *Kish-kau-kos* ihn auf und hinderte meinen Angreifer, ihn in meinen Kopf zu schlagen. Beide gerieten in einen lauten Wortwechsel. Da stieß *Kish-kau-ko* einen scharfen hellen Ruf aus, der von dem alten Mann und den vier anderen in ähnlicher Weise beantwortet wurde, worauf alle zu uns gelaufen kamen. Seitdem habe ich oft gehört, daß sich *Kish-kau-ko* bei seinem Vater darüber beschwerte, daß der dicke Mann versucht hätte, seinen kleinen Bruder, wie er mich nannte, zu töten. Nachdem der alte Häuptling diesen ausgescholten hatte, ergriff er meine eine Hand und *Kish-kau-ko* die andere. Sie ließen mich zwischen sich gehen, und der Mann, der mich mit dem Tode bedroht hatte, hielt sich in angemessener Entfernung zurück. Ich merkte ganz deutlich, daß ich sie durch meine Gegenwart in ihrer Flucht behinderte und daß sie fürchteten, eingeholt zu werden. Einige Männer der Gruppe blieben stets in ziemlich weiter Entfernung von uns.

Nachdem wir uns ungefähr eine Meile weit vom Haus meines Vaters entfernt hatten, warf man mich in ein Kanu aus Hickoryrinde, das unter dem Gebüsch des Flusses versteckt war. Alle sieben sprangen hinein, und wir überquerten sofort den Ohio, wo wir an der Südseite dieses Flusses an der Mündung des Big Miami an Land gingen. Hier verließen wir das Boot und steckten die Ruder in die Erde, so daß man sie vom Fluß aus sehen konnte. Wir gingen noch ein Stück in den Wald hinein, wo die Indianer einige Decken und Vorräte versteckt hatten. Mir wurde getrocknetes Hirschfleisch und Bärenfett angeboten, aber ich vermochte nichts davon zu verzehren. Von der Stelle, wo wir standen, konnte man deutlich mein Vaterhaus sehen; sie zeigten darauf, sahen mich an und lachten. Aber ich habe niemals erfahren, was sie dabei sagten.

Nachdem sie selbst etwas gegessen hatten, wanderten wir den Miamifluß aufwärts, wobei sie mich wie vorher mit sich mitzerrten. Die Schuhe, die ich noch zu Hause getragen hatte, zogen sie mir aus, da sie dachten, ich könnte ohne sie besser laufen. Obgleich ich wußte, daß ich scharf bewacht war, gab ich noch längst nicht alle Fluchtgedanken auf. So versuchte ich, ohne daß sie es bemerkten, mir genau gewisse Gegenstände zu merken, die mir auf dem Rückweg als Wegweiser hätten dienen können. Ich versuchte außerdem, sobald wir über langes Gras oder weichen Boden gingen, Fußspuren zu hinterlassen, denn ich hoffte entkommen zu können, wenn sie während der Nacht eingeschlafen wären. Als es dunkel wurde, legten sie mich zwischen den alten Mann und *Kish-kau-ko* nieder. Wir lagen so eng aneinander, daß dieselbe Decke uns alle drei verhüllte. Ich war so müde, daß ich sofort einschlief und nicht eher aufwachte, als bis die Sonne am nächsten Morgen schon am Himmel stand und die Indianer aufgestanden und reisefertig waren. In dieser Weise reisten wir etwa vier Tage, wobei mich die Indianer stets zur Eile ermahnten und ich immer wieder hoffte, entfliehen zu können, aber jede Nacht vom Schlaf übermannt wurde. Da meine Füße nackt waren, waren sie oft wund und manchmal auch sehr geschwollen. Der alte Mann bemerkte meinen Zustand und untersuchte eines Tages meine Füße, aus denen er zahllose Dornen und Splitter zog, um mir dann ein Paar Mokassins zu geben, die mir etwas Erleichterung verschafften. Meist ging ich zwischen dem alten Mann und *Kish-kau-ko*, die mich oft so lange laufen ließen, bis ich völlig erschöpft war. Tagelang konnte ich gar nichts oder nur sehr wenig essen.

Etwa vier Tagereisen, nachdem wir den Ohio verlassen hatten, kamen wir zu einem großen Fluß, der, wie mir schien, in den Miami mündete. Er war breit und so tief, daß man nicht hindurchwaten konnte. Der alte Mann nahm mich auf seine Schultern und trug mich hinüber, wobei ihm das Wasser bis zu den Achselhöhlen reichte. Mir kam dabei der Gedanke, daß ich diesen Fluß niemals allein überqueren könnte, und ich gab alle Hoffnung auf eine baldige Flucht auf. Als er mich am anderen Ufer niedersetzte, lief ich die Böschung hinauf und in den Wald, wo ein Truthahn direkt vor mir aufflog. Es war eine Pute, die ein Nest mit einigen Eiern verlassen hatte. Diese stopfte ich in mein Hemd und lief zum Fluß zurück. Als die Indianer mich erblickten, lachten sie mich aus, nahmen mir sofort die Eier ab, zündeten ein Feuer an und legten sie in einen kleinen Topf, um sie zu kochen. Ich war außerordentlich hungrig, und als ich dort saß und den Kessel beobachtete, sah ich den alten Mann eilig von der Furt herbeikommen, wo wir den Fluß durchquert hatten. Er ergriff hastig den Topf, schüttete die Eier mit dem Wasser aufs Feuer und flüsterte den jungen Männern einige Wort zu. Mir wurde klar, daß wir verfolgt wurden, und später hat sich diese Annahme auch bestätigt. Wahrscheinlich waren einige meiner Freunde zu jener Zeit auf dem anderen Flußufer, um mich zu suchen. Die Indianer sammelten schnell die Eier auf und verstreuten sich im Wald, wobei ich gezwungen wurde, mit äußerster Kraftanstrengung mit ihnen zu laufen.

Einen oder zwei Tage später trafen wir eine etwa aus zwanzig bis dreißig Indianern bestehende Gruppe, deren Ziel die Ansiedlungen der Weißen waren. Der alte *Manito-o-geezhik* teilte ihnen eine Menge mit. Später habe ich erfahren, daß es sich um eine Gruppe Shawnee handelte, die von meinen Begleitern über unsere Flucht informiert wurden, ferner über die Weißen, die uns bis zu den Nebenflüssen des Miami verfolgten. Sie sollten versuchen, diese zu überfallen. Ein ernsthaftes Zusammentreffen fand tatsächlich statt, wobei auf beiden Seiten eine Anzahl Männer getötet wurden.

Unsere Reise durch die Wälder war schwierig und qualvoll. Etwa zehn Tage, nachdem wir die Kriegergruppe getroffen hatten, kamen wir am Maumeefluß an. Dort verteilten sich die Indianer plötzlich im Wald

13

und stießen Rufe aus, um einander nicht zu verlieren. Sehr bald hatten wir einen schönen Hickorybaum ausgewählt, den sie fällten. Sie zogen ihm die Rinde ab und stellten ein Kanu daraus her. Wir alle bestiegen dieses Kanu und fuhren flußabwärts, bis wir zu einem großen Shawneedorf gelangten, das an der Mündung eines mit dem Maumee zusammenfließenden Flusses gelegen war. Als wir in dieser Niederlassung ankamen, umringten uns sofort eine große Anzahl Indianer, und eine junge Frau kam auf mich zu, die weinte und mich auf den Kopf schlug. Sie tat das aus Schmerz, weil einige ihrer Freunde von Weißen getötet worden waren. Überhaupt zeigten viele dieser Shawnee durch ihr Verhalten ganz deutlich, daß sie mich am liebsten umgebracht hätten. Aber *Kish-kau-ko* und der alte Mann traten dazwischen und hinderten sie daran. Ich verstand bald, daß man sich oft über dieses Thema unterhielt, konnte aber nicht verstehen, was gesprochen wurde. Der alte *Manito-o-geezhik* konnte ein paar Worte Englisch, die er gelegentlich anwandte, um mir gewisse Pflichten zuzuweisen, die ich nun erfüllen mußte: Wasserholen, Feueranmachen und ähnliches. Wir blieben zwei Tage in diesem Shawneedorf und setzten dann unsere Reise im Kanu fort. Bald nachdem wir es verlassen hatten, kamen wir zu einem Handelsposten,[7] wo drei oder vier Männer waren, die englisch redeten. Sie sprachen sehr lange mit mir und sagten, daß sie mich am liebsten den Indianern abkaufen würden, damit ich zu meiner Familie zurückkehren könnte. Aber da sich der alte Mann keinesfalls von mir trennen wollte, sagten die Händler, daß ich mich damit abfinden müßte, mit den Indianern weiterzuziehen und anstelle des Verstorbenen der Sohn dieses alten Mannes zu werden. Allerdings versprachen sie mir gleichzeitig, in etwa zehn Tagen in das Dorf dieser Indianer zu kommen, um mich zu befreien. Während wir dort waren, behandelten sie mich sehr freundlich und gaben mir reichlich zu essen, was die Indianer nicht getan hatten. Als es notwendig wurde, dieses Haus in Gesellschaft der Indianer zu verlassen, mußte ich zum ersten Mal seit meiner Gefangennahme weinen. Ich tröstete mich jedoch mit dem Gedanken an ihr Versprechen, daß sie mich innerhalb von zehn Tagen holen würden. Bald nachdem wir diesen Handelsposten verlassen hatten, kamen wir zu einem See. Aber wir nahmen uns nicht die Zeit, dort ein Lager für die Nacht aufzuschlagen. Sobald es dunkel wurde, stießen die Indianer ihren Ruf aus, was durch einige am Ufer entzündete Feuer beantwortet wurde. Bald erblickten wir ein Kanu, das auf uns zukam und drei Mitglieder unserer Gruppe ans andere Ufer brachte.

Ich kann mich nicht mehr genau entsinnen, was von diesem Augenblick an bis zu unserer Ankunft in Detroit geschah. Jedenfalls ruderten wir in der Flußmitte, bis wir uns dem Stadtzentrum gegenüber befanden; dann gingen wir ans Ufer, wo ich eine weiße Frau sah, mit der sich die Indianer kurz unterhielten – jedoch konnte ich das Gesagte nicht verstehen. Ich sah auch verschiedene weiße Männer, die am Ufer standen oder umherliefen, und hörte sie sprechen. Aber auch diese konnte ich nicht verstehen; wahrscheinlich sprachen sie französisch. Meine Begleiter setzten die Reise zu Wasser fort und entfernten sich ziemlich weit von der Stadt.

Erst gegen Mittag am nächsten Tage landeten wir in den Wäldern und zogen das Kanu ans Land. Die Indianer fanden einen großen hohlen Baumstamm, der an einem Ende offen war. Dort hinein stopften sie ihre Decken, ihren kleinen Kessel und einige andere Gebrauchsgegenstände, ließen mich hineinkriechen und verrammelten das Ende. Ich hörte noch draußen ihre Geräusche, dann wurde es eine Zeitlang still.

Hätte ich nicht schon längst alle Hoffnung auf Flucht aufgegeben, so würde ich jetzt wieder die Erfahrung gemacht haben, daß ein Versuch, dieses Gefängnis zu verlassen, aussichtslos war. Nach langer Zeit hörte ich sie die Baumstämme, mit denen mein Gefängnis zugesperrt worden war, entfernen, und als ich herauskam, sah ich – obwohl es noch Nacht war –, daß sie inzwischen drei Pferde beschafft hatten: eine große eisengraue Stute und zwei kleine Braune. Ich wurde auf eins der letzteren gesetzt; das andere trug das Gepäck, und auf dem dritten Pferd ritt abwechselnd der eine oder andere Indianer. Wir kamen sehr schnell vorwärts und erreichten in drei Tagen das Dorf des alten *Manito-o-geezhik, Sau-ge-nong*.[8]

Dieses Dorf bzw. diese Siedlung bestand aus verschiedenen verstreuten Häusern. Zwei der uns begleitenden Indianer verließen uns bald nach unserer Ankunft, nur *Kish-kau-ko* und sein Vater blieben. Aber statt sich sofort heim zu begeben, ließen sie erst die Pferde zurück und borgten sich ein Kanu, mit dem wir endlich an der Behausung des alten Mannes ankamen. Es war eine aus Baumstämmen errichtete Hütte, so wie sie in Kentucky üblich ist. Sobald wir landeten, kam eine alte Frau zu uns ans Ufer, und nachdem *Manito-o-geezhik* einige Worte zu ihr gesagt hatte, begann sie zu weinen und mich zu drücken und zu küssen, wobei sie mich zum Haus führte. Am nächsten Tag brachten sie mich zu dem Ort, wo der Sohn der alten Frau begraben lag. Das Grab war nach Indianerart mit Pflöcken eingezäunt und hatte nach jeder Seite einen glatten offenen Fleck. Hier nun nahmen alle Platz: die Familie und die Freunde *Manito-o-geezhiks* auf der einen Seite, die Fernerstehenden auf der anderen. Die Freunde der Familie waren mit Geschenken gekommen: Mukkuks,[9] die Ahornzucker enthielten, mit Mais gefüllte Säcke, Glasperlen, grober Deckenstoff, Tabak und ähnliches. Kaum waren alle versammelt, so begann *Manito-o-geezhik* zu tanzen und zog mich mit sich um das Grab herum. Die Art des Tanzes war lebhaft und fröhlich, etwa in der Art des Skalptanzes.[10] Während des Tanzes beschenkte man mich von Zeit zu Zeit mit einigen der mitgebrachten Gaben; aber sobald ich auf die andere Seite des Grabes kam, wurde mir alles wieder abgenommen. So ging es fast den ganzen Tag lang, bis alle Geschenke vergeben waren und wir heimkehrten.

Es muß etwa im zeitigen Frühling gewesen sein, als wir in *Sau-ge-nong* angekommen waren, denn ich kann mich entsinnen, daß zu jener Zeit die Blätter noch klein waren und daß die Indianer gerade ihren Mais zu pflanzen begannen. Teils mit Hilfe der Zeichensprache, teils mit den wenigen Worten Englisch, die der alte *Manito-o-geezhik* sprechen konnte, leiteten sie mich bei ihren Arbeiten zu Hilfeleistungen an. Nachdem der Mais gepflanzt war, verließen alle das Dorf, um zu jagen und das erbeutete Fleisch zu trocknen. Sobald sie ihre Jagdgründe erreicht hatten, wählten sie einen Ort, wo vieles Rotwild vorkam, und dort bauten sie einen langen Zaun aus grünen Zweigen und kleinen Bäumchen. Nachdem ein Teil fertig war, zeigten sie mir, wie man die Blätter und trockenen Zweige von der Seite des Zaunes, von der aus die Indianer die Hirsche schießen würden, beseitigt. Zuweilen halfen Frauen und Kinder mir bei dieser Arbeit, aber meist tat ich sie allein.

Das Wetter wurde nun warm, und eines Tages fand ich mich ganz allein bei der Arbeit. Da ich müde und durstig war, schlief ich ein. Ich weiß nicht, wie lange ich so geschlafen hatte, aber als ich aufwachte, schien mir, als hörte ich jemanden in ziemlich weiter Entfernung weinen. Ich versuchte, meinen Kopf zu heben, vermochte es aber nicht. Ich wurde langsam munterer und sah meine indianische Mutter und Schwester neben mir stehen. Mein Kopf und mein Gesicht waren feucht. Jetzt erst bemerkte ich, daß die alte Frau und ihre Tochter bitterlich weinten, aber es dauerte noch eine Weile, bis es mir zum Bewußtsein kam, daß mein Kopf mit Wunden bedeckt war. Es scheint, daß, nachdem ich eingeschlafen war, *Manito-o-geezhik* bei mir vorbeikam und daß er mich mit seinem Tomahawk bearbeitet und ins Gebüsch geworfen hatte. Er war dann zum Lager zurückgegangen und hatte seiner Frau gesagt: »Alte, der Junge, den ich dir mitgebracht habe, taugt nichts. Ich habe ihn deshalb getötet, und du kannst ihn dort und dort finden.« Die alte Frau und ihre Tochter entdeckten, nachdem sie mich gefunden hatten, noch einige Lebenszeichen an mir und hatten weinend neben mir gestanden und kaltes Wasser über meinen Kopf gegossen, als ich erwachte. Innerhalb weniger Tage war ich schon ziemlich wiederhergestellt und wurde erneut zur Arbeit an das Wildgatter geschickt. Aber ich gab mir nun Mühe, nicht wieder einzuschlafen. Ich versuchte, diesen Indianern bei allen ihren Arbeiten zu helfen und stets ihre Anweisungen zu befolgen. Dennoch wurde ich mit großer Härte behandelt, und zwar besonders von dem alten Manne und seinen Söhnen *She-mung* und *Kwo-tash-e*. Während wir uns im Jagdlager aufhielten, gab mir einer dieser Söhne einen Zügel in die Hand und winkte mir zu gehen, indem er in eine bestimmte Richtung wies. Ich tat, wie er es wünschte, und nahm an, daß ich ihm ein Pferd beschaffen sollte. Tatsächlich brachte ich ihm das erste, was ich finden konnte, und lernte auf diese Art, alle ihre Wünsche zu erfüllen.

Als wir von der Jagd zurückkehrten, trug ich auf meinem Rücken eine große Ladung getrockneten Fleisches den ganzen Weg bis zum Dorf. Aber obgleich ich dem Verhungern nahe war, wagte ich nicht, auch nur ein Stück davon anzurühren. Meine indianische Mutter, die Mitgefühl mit mir zu haben schien, stahl zuweilen etwas Eßbares und versteckte es für mich, bis der alte Mann fortgegangen war, um es mir dann zu geben. Als wir wieder im Dorf lebten, beschäftigten sich die jungen Männer bei gutem Wetter damit, Fische mit dem Speer zu stechen, und benutzten mich dazu, ihr Kanu zu steuern. Da ich dies nicht gerade mit großem Geschick tat, fielen sie meist über mich her, schlugen mich und hieben auf mich mit dem Schaftende ihrer Speere ein. Beinahe jeden Tag wurde ich von dem einen oder anderen Bruder geschlagen. Andere, nicht zu unserer Familie gehörende Indianer hatten zuweilen Mitleid mit mir, und wenn der alte Mann nicht da war, gaben sie mir Nahrungsmittel und beschäftigten sich mit mir.

Nachdem der Mais im Herbst geerntet worden und in den *Sun-je-gwun-nun*[11] untergebracht worden war, wo er während des Winters gelagert wurde, gingen sie an den *Sau-ge-nong*-Fluß jagen. Obgleich ich bei ihnen fast immer Hunger gelitten habe, war es dort am schlimmsten. Wenn ich mit ihnen im Wald war, sah ich sie häufig etwas essen und versuchte, zu entdecken, was es war. Aber sie versteckten es mit großer Vorsicht vor mir. Einige Zeit darauf fand ich zufällig einige Buchekkern, und obgleich sie mir unbekannt waren, fühlte ich mich versucht, sie zu kosten. Sie schmeckten ausgezeichnet. Ich zeigte sie den Indianern, die mich auslachten und mir mitteilten, daß sie solche Buchekkern schon während der ganzen Zeit gegessen hatten. Nachdem der Schnee gefallen war, zwang man mich, mit den Jägern auszuziehen und manchmal einen ganzen Hirsch in die Hütte heimzuschleppen, obwohl ich dies nur unter den größten Schwierigkeiten fertigbrachte. Nachts mußte ich immer zwischen dem Feuer und dem Hütteneingang[12] liegen, und sobald jemand hinausging oder hereinkam, bekam ich für gewöhnlich einen Fußtritt. Wenn jemand Trinkwasser holte, so wurde ich regelmäßig damit begossen. Besonders der alte Mann behandelte mich außerordentlich grausam, wobei sich seine schlechte Laune bei manchen Gelegenheiten deutlicher zeigte als bei anderen. Eines Morgens stand er auf, zog seine Mokassins an und verließ die Hütte. Als er zurückkehrte, packte er mich beim Schopf, zerrte mich ins Freie und drückte mich mit dem Gesicht in einen Haufen Unrat, wie man es etwa mit einer Katze tut, und warf mich dann in den tiefen Schnee. Ich fürchtete mich, in diesem Zustand in die Hütte zurückzukehren. Aber endlich kam meine Mutter heraus und gab mir etwas Waschwasser. Wir wollten gerade aufbrechen, und wie stets ließ man mich ein großes Bündel tragen. Aber da ich nicht imstande gewesen war, mein Gesicht reinzuwaschen, nahmen die anderen Indianer den üblen Geruch an mir wahr und fragten mich nach der Ursache. Mit Hilfe der Zeichensprache und der paar wenigen Worte, die ich in der Indianersprache kannte, machte ich ihnen verständlich, wie ich behandelt worden war. Sie hatten Mitleid mit mir, halfen mir, mich sauber zu waschen und gaben mir etwas zu essen.

Meine Mutter pflegte mich im allgemeinen freundlich zu behandeln, und oft, wenn der alte Mann mich schlagen wollte, legte sie ihre Arme um mich, und er traf uns beide.

Gegen Ende des Winters zogen wir wieder weiter, und zwar zu den Zuckergründen.[13] Zu jener Zeit tat sich *Kish-kau-ko*, der damals etwa zwanzig Jahre alt war, mit vier anderen jungen Leuten zusammen, um einen Kriegszug gegen die Weißen zu unternehmen. Auch der alte Mann, der, sobald der Sirup fertig war, ins Dorf zurückkehrte, verband sich mit einigen anderen Männern und bereitete sich zum Aufbruch vor. Ich war jetzt etwa ein Jahr unter ihnen und verstand etwas von ihrer Sprache. Als der alte Mann uns verließ, sagte er zu mir: »Ich gehe jetzt, um deinen Vater, deinen Bruder und alle deine Verwandten umzubringen«. *Kish-kau-ko* kam zuerst wieder; aber er war schwer verwundet. Er sagte, er wäre mit seiner Gruppe am Ohiofluß gewesen, wo sie auf der Lauer gelegen hätten, um dann auf ein kleines flußabwärts fahrendes Boot zu schießen. Er hätte einen Mann getötet; die anderen wären ins Wasser gesprungen. Er hatte sich selbst bei der Verfolgung der Fremden an der Hüfte verletzt, und zwar mit seinem eigenen Speer. Den Skalp des von ihm getöteten Mannes brachte er mit.

Einige Tage danach kam auch *Manito-o-geezhik* wieder. Er brachte einen mir bekannten alten weißen Hut mit, der meinem Bruder gehörte. Er sagte, daß er alle Mitglieder meiner Familie getötet hätte, außerdem die Neger und die Pferde, und daß er den Hut meines Bruders mitbringe, um mich von der Wahrheit seiner Erzählung zu überzeugen. Ich glaubte nun, daß ich gänzliche ohne Freunde in der Welt sei, und hatte kaum mehr das Bedürfnis zurückzukehren. Anscheinend war es genau das, was der alte Mann erreichen wollte, indem er mir seine Geschichte, die nur zum kleinsten Teil wahr war, erzählte. Jahre später, nachdem ich vom Red River in die Zivilisation zurückgekehrt war und *Kish-kau-ko* wiedertraf, fragte ich ihn: »Hat dein Vater damals wirklich alle meine Verwandten getötet?« Er antwortete, daß dies nicht der Fall gewesen sei. Ein Jahr nach meiner Gefangennahme war *Manito-o-geezhik* zur selben Jahreszeit zu dem Feld zurückgekehrt, wo er mich gefangengenommen

hatte. Auch damals fand er meinen Vater und seine Leute beim Mais-
pflanzen, und zwar vom Morgen bis zum Mittag. Dann gingen alle,
außer meinem neunzehnjährigen Bruder, ins Haus. Dieser pflügte noch
draußen mit einem Pferdegespann und hatte dabei die Zügel um seinen
Nacken geschlungen, als die Indianer ihn überfielen. Die Pferde gingen
durch, mein Bruder verfing sich in den Zügeln und wurde niedergewor-
fen, worauf die Indianer ihn fingen. Sie töteten die Pferde mit Pfeil und
Bogen und verschleppten meinen Bruder in den Wald. Noch ehe es
dunkel wurde, überquerten sie den Ohio und waren schon in der Nähe
des Miami. Während der Nacht hatten sie meinen Bruder, wie sie dachten, sicher an einen Baum gefesselt. Seine Hände und Arme waren hinter ihm festgebunden, und Schnüre liefen über seine Brust und seinen
Hals. Aber nachdem er einige dieser Stricke durchgebissen hatte, vermochte er ein Federmesser aus seiner Tasche zu nehmen, mit dem er
sich losschnitt, um sofort zum Ohio zurückzulaufen, den er schwimmend überquerte. Er erreichte etwa zur Zeit des Sonnenaufgangs das
Haus unseres Vaters. Die Indianer hörten das von ihm verursachte Geräusch und verfolgten ihn bis in den Wald hinein. Da es aber sehr dunkel war, konnten sie seiner nicht habhaft werden. Seinen im Lager zurückgebliebenen Hut überbrachten sie mir, damit ich glauben sollte, sie
hätten meinen Bruder getötet.

So blieb ich zwei Jahre in dieser Familie, die mich *Shaw-shaw-wa ne-
ba-se* (›Falke‹) nannte, ein Name, den ich unter den Indianern beibehalten habe. Obwohl mir jede Hoffnung auf Flucht mehr und mehr
schwand, erinnerte ich mich immer noch der Worte der englischen
Händler am Maumee, die mir versprochen hatten, mich aus der indianischen Gefangenschaft zu befreien. Oft waren die Indianer betrunken,
und stets, wenn sie sich in diesem Zustand befanden, versuchten sie,
mich zu töten. Ich lernte es, bei diesen Gelegenheiten davonzulaufen
und mich im Wald zu verstecken, und wagte nicht eher zurückzukehren, als bis ihre Orgie vorüber war. Stets während dieser zwei Jahre in
Sau-ge-nong litt ich Hunger; und obwohl Fremde und andere, die nicht
zu meiner Familie gehörten, mir zuweilen Nahrung gaben, hatte ich niemals genug zu essen.

Meine Mutter, die man die Otterfrau *(Ni-kiek-uas-ki-tschimi-kua)*
nannte, da der Otter ihr Totem[14] war, behandelte mich wie ihre Töchter

und ihren jüngsten Sohn *Bi-ness-sa* (›Vogel‹) mit Freundlichkeit. Blut-
dürstig und grausam hingegen waren *Kish-kau-ko*, sein Vater und die
beiden Brüder *Kwo-ta-she* und *She-mung*, und noch heute sind die überlebenden Mitglieder dieser Familie erbitterte Feinde aller Weißen. *Bi-
ness-sa*, der mich später in Detroit besuchte und immer freundlich zu
mir war, war ein besserer Mensch, aber leider ist er schon tot. Während
meines Aufenthalts in *Sau-ge-nong* sah ich nur einmal Weiße. Es fuhr
damals ein kleines Boot bei uns vorüber, und die Indianer nahmen mich
in einem Kanu in seine Nähe, in der richtigen Annahme, daß mein mit-
leiderregendes Aussehen das Herz der Händler, oder wer immer diese
weißen Männer waren, rühren würde. Sie gaben mir Brot, Äpfel und
andere Geschenke, die mir von den Indianern alle, bis auf einen Apfel,
abgenommen wurden.

Ich war ungefähr zwei Jahre in *Sau-ge-nong*, als die britischen Han-
delsagenten in *Mackinac*[15] einen großen Stammesrat zusammenriefen.
Hieran nahmen teil: die Sioux,[16] die Winnebago, die Menomini und
viele entferntere Stämme, auch die Ojibwa,[17] Ottawa[18] usw. Als der alte
Manito-o-geezhik von diesem Treffen zurückkehrte, erfuhr ich, daß er
dort seine Verwandte *Net-no-kwa* getroffen hatte, die trotz ihres Geschlechts zu jener Zeit der Oberhäuptling der Ottawa war. Diese Frau
hatte ihren etwa in meinem Alter befindlichen Sohn durch den Tod verloren. Und da sie von mir gehört hatte, wollte sie mich kaufen, damit ich
seinen Platz ausfüllte (ein nach den Stammesgesetzen durchaus rechts-
gültiges Verfahren. E. L.). Meine erste indianische Mutter, die Otterfrau, protestierte scharf dagegen. Ich hörte sie sagen: »Mein Sohn war
schon einmal tot und ist mir wiedergegeben worden; ich kann ihn nicht
nochmals verlieren.«

Aber diese Einwände hatten wenig Erfolg, als *Net-no-kwa* mit einem
großen Vorrat Schnaps und anderen Geschenken ankam. Sie brachten
ein Faß mit etwa fünfzig Litern Whisky, dazu Schlafdecken, Tabak und
andere Gegenstände von beträchtlichem Wert. Anscheinend kannte sie
genau die Veranlagung derer, mit denen sie verhandeln wollte. Es wurden zwar immer noch Widersprüche gegen den Tausch erhoben, bis das
Whiskyfaß einige Male im Kreise herumgewandert war. Dann vervoll-
ständigten ein weiteres Faß und neue Geschenke den Handel, und ich
wurde *Net no-kwa* übergeben.

Diese damals schon in vorgerückten Jahren befindliche Frau war ein liebenswürdigerer Mensch als meine erste indianische Mutter. Nachdem der Handel abgeschlossen war, nahm sie mich bei der Hand und führte mich in ihr eigenes nahe gelegenes Zelt. Hier konnte ich bald feststellen, daß ich viel freundlicher als vorher behandelt wurde. Sie ernährte mich reichlich, kleidete mich gut und erlaubte mir, mit ihren Söhnen zu spielen. Wir blieben nur noch kurze Zeit in *Sau-ge-nong.* Sie hielt sich auch nicht mit mir in Mackinac auf, wo wir während der Nacht vorüberkamen, sondern eilte mit mir nach Point St. Ignace,[19] wo sie einige Indianer engagierte, während sie selbst mit einigen ihrer jungen Leute nach Mackinac zurückkehrte. Nachdem sie ihre Angelegenheiten dort geordnet hatte, kam sie wieder. Wir setzten unsere Reise fort und langten nach ein paar Tagen in *Shab-a-wy-wy-agun* an. Als wir diesen Ort erreichten, war der Mais reif, und nach einem kurzen Aufenthalt zogen wir in drei Tagereisen flußaufwärts, wo wir den Winter verbringen wollten. Wir ließen unsere Kanus zurück, reisten über Land und schlugen dreimal ein Nachtlager auf, ehe wir zu dem Ort kamen, wo wir unsere Winterzelte errichteten. Der Ehemann *Net-no-kwas* war ein Ojibwa vom Roten Fluß und hieß *Taw-ga-we-ninne* (›Jäger‹). Er war siebzehn Jahre jünger als *Net-no-kwa* und hatte, um sie heiraten zu können, seine erste Frau verstoßen. *Taw-ga-we-ninne* war stets nachsichtig und freundlich gegen mich und behandelte mich eher als seinesgleichen denn als einen von ihm Abhängigen. Wenn er zu mir sprach, nannte er mich stets seinen Sohn. Eigentlich war er selbst innerhalb der Familie nur von geringerer Bedeutung, da alles *Net-no-kwa* gehörte und sie in allen Angelegenheiten stets zu entscheiden hatte. Während des ersten Jahres ließ sie mich einige Sonderaufgaben erfüllen. So mußte ich für sie Holz fällen, Wild heimbringen, Wasser holen und andere Dienstleistungen ausführen, die man im allgemeinen von Knaben meines Alters nicht verlangte; aber sie behandelte mich stets mit so großer Freundlichkeit, daß ich bei ihr viel glücklicher und zufriedener war als je in *Manito-o-geezhiks* Familie. Es kam vor, daß sie mich wie ihre eigenen Kinder auch gelegentlich schlug, aber niemals so hart und so oft, wie ich es von früher her gewöhnt gewesen war.

Kapitel
II

Erste Jagderlebnisse / Masern /
Marderfallen / Umzug zum Red River /
Tod meines Stiefvaters und Stiefbruders /
Ankunft am Winnipegsee

Während der ersten Frühlingstage machten sich *Net-no-kwa* und ihr Mann mitsamt ihrer Familie nach Mackinac auf. Wie beim letzten Mal wurde ich in Point St. Ignace zurückgelassen, denn sie wollten das Risiko, daß man mich in Mackinac sehen könnte, nicht auf sich nehmen. Auf dem Rückweg – wir hatten uns etwa schon fünfundzwanzig bis dreißig Meilen von Point St. Ignace entfernt – hielten uns scharfe Gegenwinde bei *Me-nau-ko-king*, einer in den See hineinragenden Landspitze auf. Hier schlugen wir mit einigen anderen Indianern und Händlern unser Lager auf. In den Wäldern gab es sehr viele Tauben, die von den Jungen meines Alters und von den Händlern geschossen wurden. Ich hatte vor jener Zeit noch niemals ein Stück Wild erlegt, ja noch nicht einmal ein Gewehr abgeschossen. Meine Mutter hatte in Mackinac ein Faß Pulver gekauft, dessen etwas feucht gewordener Inhalt hier zum Trocknen ausgebreitet wurde. *Taw-ga-we-ninne* besaß eine große Pistole, wie die Pferdehalter sie benutzen, und da ich mich durch seine mir erzeigte Freundlichkeit etwas ermutigt fühlte, bat ich ihn um die Erlaubnis, mit dieser Pistole einige Tauben schießen zu dürfen. *Net-no-*

kwa unterstützte meine Bitten, indem sie sagte: »Es wird Zeit, daß unser Sohn zu lernen beginnt, wie man ein Jäger wird.« Daraufhin gab mir *Taw-ga-we-ninne* die geladene Pistole mit den Worten: »Geh, mein Sohn, und wenn es dir gelingt, etwas zu erlegen, so sollst du auf der Stelle ein Gewehr bekommen und lernen, wie man jagt.« Ich habe während meiner Jünglings- und Mannesjahre oft vor schwierigen Situationen gestanden, aber niemals habe ich einen Erfolg heißer ersehnt als während dieser meiner ersten Jagdunternehmung.

Kaum hatte ich mich vom Lager entfernt, als ich auch schon die ersten Tauben sah, die sich aus dem mich umgebenden Busch in die Luft erhoben. Ich spannte den Hahn meiner Pistole und brachte ihr Ende bis an meine Nase. Ich zielte auf eine Taube, drückte ab und hörte ein summendes Geräusch, als ob man einen Stein schnell durch die Luft schleudert. Ich fand die Pistole einige Schritte von mir entfernt auf dem Boden wieder, aber auch eine Taube unter dem Baum, auf dem sie gesessen hatte. Mein Gesicht war verbeult und mit Blut beschmiert. Ich lief heim, um triumphierend meine Taube zu zeigen. Meine Eltern verbanden mir das Gesicht und tauschten mir die Pistole gegen eine Vogelflinte um. Außerdem bekam ich ein Pulverhorn und Schrot und erhielt die Erlaubnis, auf Vogeljagd zu gehen. Einer der jüngeren Indianer begleitete mich, um meine Schießkünste zu beaufsichtigen. Während des Nachmittags erlegte ich drei weitere Tauben und schoß nicht ein einziges Mal, ohne eine Beute zu erlangen. Von jetzt an wurde ich mit weit mehr Achtung behandelt und durfte nun oft auf die Jagd gehen, damit ich immer geschickter würde.

Den ganzen Sommer und einen Teil des Herbstes lang blieben wir dort, ehe wir nach *Shab-a-wy-wy-agun* zurückkehrten. Bei unserer Ankunft fanden wir viele Indianer schwer an Masern[20] leidend vor, und da *Net-no-kwa* diese Krankheit als ansteckend kannte, wollte sie ihre Familie dieser Gefahr nicht aussetzen. So hielten wir uns denn gar nicht erst im Dorf auf, sondern zogen nordwärts zum Fluß. Aber trotz dieser Vorsichtsmaßnahme wurden wir nicht verschont. Von den zu unserer Familie gehörenden zehn Personen – es waren auch zwei junge Frauen *Taw-ga-we-ninnes*[21] dabei –, blieben nur *Net-no-kwa* und ich gesund. Manche unserer Angehörigen waren sehr schwer erkrankt, und wir taten alles in unseren Kräften Stehende zu ihrer Pflege. Im Dorf starben viele Indianer an Masern, aber unsere Familie hatte keine Opfer zu beklagen. Als der Winter nahte, genasen unsere Kranken und gingen mit uns zum Jagdgrund, demselben, wo wir im vergangenen Winter gewesen waren.

Hier lernte ich nun den Fang von Mardern in der Falle, so wie die anderen Jäger ihn betrieben. Am ersten Tage ging ich schon zeitig fort, plagte mich den ganzen Tag und hatte, als es dunkel wurde, doch erst drei Fallen gebaut.[22]

Ein guter Jäger baut in der gleichen Zeit etwa fünfundzwanzig bis dreißig Fallen. Am folgenden Morgen besuchte ich meine Fallen und fand nur einen gefangenen Marder darin. Jeden Tag arbeitete ich an meinen Fallen, konnte aber nicht so viele Marder erlegen wie die andern, und meine mit Ehrgeiz gepaarte Ungeschicklichkeit zog mir den Spott der jungen Männer zu. Endlich erbarmte sich mein Vater meiner und sagte: »Mein Sohn, ich muß mit dir gehen und dir beim Fallenbau helfen.« Er ging also mit mir in den Wald und baute mir eine Anzahl Fallen, und von nun an fing ich genauso viele Marder wie die anderen. Die jungen Männer verfehlten jedoch nie, mir bei allen Gelegenheiten die von meinem Vater erhaltene Hilfe vorzuhalten.

Dieser Winter verlief wie der vorige; aber da ich ein immer erfahrenerer und erfolgreicherer Jäger und Fallensteller wurde, verlangte man von mir nicht mehr das Verrichten von Frauenarbeit[23] im Zelt.

Im Frühling ging *Net-no-kwa* wie üblich nach Mackinac, und zwar mit einer Flagge[24] in ihrem Kanu. Sie erzählte mir, daß sie bei ihrer Ankunft in Mackinac stets als Häuptling[25] mit einem Kanonensalut gegrüßt würde. Ich befand mich nun in meinem dreizehnten Lebensjahr. Ehe wir das Dorf verließen, hörte ich *Net-no-kwa* sagen, daß sie zum Roten Fluß gehen wollte, um dort Verwandte ihres Mannes zu besuchen. Als die Ottawa dies hörten, beschlossen viele, sie zu begleiten, und zwar wurden es sechs Kanus voll Indianer. Unter ihnen befanden sich *Wargun-uk-ke-zee* oder L'Arbre Croche (›Krummer Baum‹) und andere. Die Kiefer, nach der sein Heimatort benannt war, stand noch, als ich zum ersten Mal dort hinkam. Dieser bemerkenswerte Baum ist von einem Indianer in sinnlosem Übermut gefällt worden.

Diesmal wurde ich nicht in Point St. Ignace zurückgelassen. In der Nacht landeten wir unter den Zedern in der Nähe von Mackinac. Meine Mutter brachte mich zum Haus eines französischen Händlers namens

Chaboyer, den sie gut genug kannte, um mich ihm anvertrauen zu können, und der mich für einige Tage in seinem Keller einsperrte. Dort wurde ich zwar gut behandelt, durfte mich aber nicht von der Stelle rühren. Es war aber ganz unnötig, mich einzusperren, denn als wir dann weiterreisen wollten, verhinderten scharfe Gegenwinde unsere Abfahrt an der Stelle, wo jetzt die Missionare sitzen, und ich durfte dort frei herumlaufen. Während wir uns dort aufhielten, betranken sich die Indianer. Auch mein Vater war betrunken, aber noch imstande, umherzugehen. Er sprach zwei junge Männer an, packte den einen am Hemdärmel und zerriß diesen aus Versehen. Der junge Mann, *Sug-gut-taw-gun* (›Zunderholz‹), ärgerte sich hierüber und versetzte meinem Vater einen heftigen Stoß, worauf dieser auf den Rücken fiel. *Sug-gut-taw-gun* hob einen großen Stein auf, warf ihn nach meinem Vater und traf ihn an der Stirn. Als ich das sah, begann ich für meine eigene Sicherheit zu fürchten, denn ich wußte, daß sich *Met-to-saw-gea*, ein Ojibwahäuptling, der mit einer Gruppe Krieger die Weißen überfallen wollte, zu dieser Zeit auch auf der Insel befand. Ich wußte, daß er nach einer Gelegenheit suchte, mich zu töten, und sah mich deshalb in Gefahr. Ich floh in den Wald, wo ich mich während des folgenden Tages und der Nacht verbarg. Der Hunger trieb mich dann zurück. Ich versteckte mich unter den jungen Zedern in der Nähe unseres Zeltes, um zu sehen, was vorging, und um festzustellen, ob ich sicher zurückkehren könnte. Endlich entdeckte ich meine Mutter, die mich zu sich rief und mir sagte, ich solle zu meinem Vater hineingehen, den man umgebracht habe. Als ich hineinging, sagte mein Vater: »Sie haben mich totgeschlagen«,[26] und verlangte, daß ich und die anderen Kinder sich bei ihm niedersetzten. Lange sprach er zu uns. Ich entsinne mich seiner Worte: »Nun, meine Kinder, muß ich euch verlassen. Es tut mir leid, daß ich euch in solcher Armut zurücklassen muß.« Er forderte uns nicht etwa auf, den Indianer, der den Stein nach ihm geworfen hatte, zu töten, wie andere getan haben würden. Dazu war er viel zu gut. Er wollte keinesfalls seine Familie in die aus einer solchen Tat entstehenden Folgen verwickeln. So blieb denn der junge Mann, der ihn verwundet hatte, bei uns, obwohl *Net-no-kwa* ihm sagte, daß er am Roten Fluß, wo ihr Mann zahlreiche und mächtige Verwandte besaß, die an ihm Rache nehmen würden, nicht sicher wäre. Mein Vater starb jedoch noch nicht.

Als wir zum Sault Ste. Marie[27] kamen, legten wir unser gesamtes Gepäck in das kleine Handelsboot, das zum oberen Ufer des Lake Superior fuhr, und folgten ihm in unseren Kanus. Der Wind war günstig, so daß wir schneller als das Schiffchen vorwärts kamen und zehn Tage vor ihm die Portage[28] erreichten. Wir verankerten unser Kanu etwas vom Ufer entfernt, und mein Vater und seine beiden Söhne, *Wa-me-gon-a-biew* (›Der sich mit Federn Schmückende‹), der jüngere, und *Ke-wa-tin* (›Nordwind‹), der älteste, holten unser Gepäck im Kanu ab. Als sie in den Schiffsraum sprangen, fiel *Ke-wa-tin* mit dem Knie auf einen Haufen Taue, mit denen ein Warenbündel verschnürt war, und zog sich eine Verletzung zu, von der er niemals wieder genesen sollte. Sein Knie schwoll schrecklich an, und am nächsten Tag war er bereits unfähig, das Zelt zu verlassen. Als wir nach acht oder zehn Tagen die Große Portage zu überqueren begannen, trugen wir ihn in einer Decke an zwei Pfählen auf unseren Schultern. Er war jedoch so krank, daß wir oft anhalten mußten, was unser Vorwärtskommen sehr behinderte. Wir ließen unsere Kanus im Handelsposten, und als wir die andere Seite der Portage erreicht hatten, mußten wir einige Tage damit verbringen, kleinere Kanus zu bauen.[29] Als diese beinahe fertig waren, sandte mein Vater mich mit einer seiner Frauen zum Handelsposten zurück, um irgendetwas versehentlich Liegengebliebenes zu holen. Auf dem Rückweg trafen wir zwei Jungen, die uns sagten, wir sollten schnellstens kommen, da mein Vater im Sterben läge und mich noch einmal zu sehen verlange. Als ich das Zelt betrat, sah ich, daß er diesmal wirklich dem Tode nahe war, denn obgleich er mich sah, vermochte er nicht mehr zu mir zu sprechen. Es dauerte nur einige Minuten, bis er zu atmen aufhörte. Neben ihm lag das Gewehr, das er eben zur Hand genommen hatte, um den jungen Mann, der ihn in Mackinac verletzt hatte, doch noch zu erschießen. Am Morgen noch, als ich ihn verließ, um zur Portage zu gehen, hatte er sich ganz wohl gefühlt. Meine Mutter erzählte mir, daß er erst am Nachmittag über Schmerzen klagte. Er hatte das Zelt mit den Worten betreten: »Nun muß ich doch sterben. Aber da ich gehen muß, muß der junge Mann, der meinen Tod verursacht hat, mit mir gehen. Ich hatte gehofft, so lange leben zu dürfen, bis ich euch alle zu Männern erzogen habe. Jetzt aber muß ich sterben. In Armut lasse ich euch zurück und ohne jemanden, der für euch sorgen kann.« Nachdem er das gesagt hatte, verließ er das Zelt wieder, um den jungen Mann, der gerade vor seinem eigenen Zelteingang saß, zu erschießen. *Ke-wa-tin*, der seine Worte hörte, begann zu weinen und sagte zu ihm: »Mein Vater, wenn ich gesund wäre, würde ich dir helfen, diesen Mann zu töten, und wäre auch in der Lage, nach seinem Tode meine jüngeren Brüder vor der Rache seiner Freunde zu beschützen; aber du siehst, wie es mir geht, und daß ich auch sterben muß. Meine Brüder sind noch jung und schwach, und wenn du diesen Mann umbringst, so werden wir alle ermordet werden.« Mein Vater hatte ihm geantwortet: »Mein Sohn, ich liebe dich zu sehr, um dir irgendeine Bitte abzuschlagen.« Mit diesen Worten kehrte er in sein Zelt zurück, und nachdem er noch einige Sätze gesprochen hatte, fragte er nach mir und gab Anweisung, mich sofort zu holen. Dann starb er.

Meine Mutter besorgte einen Sarg von den weißen Händlern, und sie schafften die Leiche meines Vaters auf einem Wagen zum Handelsposten bei der großen Portage, wo er auf dem Friedhof der Weißen begraben wurde. Seine zwei Söhne sowohl wie der junge Mann, der seinen Tod verursacht hatte, gaben ihm das Geleit. Dieser wäre beinahe von dem einen meiner Brüder getötet worden, aber der andere hinderte ihn daran, als er gerade zum Schlag ausholte.

Kurz nach dem Tode meines Vaters setzten wir unsere Reise zum Roten Fluß fort. Wie bereits vorher, trugen wir meinen Bruder *Ke-wa-tin* auf einer Bahre, sobald wir ihn aus dem Kanu nehmen mußten. Wir waren schon an zwei Portages vorüber und kamen zur dritten, die Moose-Tragplatz heißt, als er uns sagte: »Ich kann nicht mehr weiter. Ich muß hier sterben.« Daraufhin entschloß sich *Net-no-kwa*, die Reise an dieser Stelle zu unterbrechen, während unsere Begleiter weiterzogen. Auch ein Teil unserer eigenen Familie schloß sich den zum Roten Fluß reisenden Indianern an. Als sie alle aufgebrochen waren, blieben nur *Net-no-kwa*, eine der jüngeren Frauen *Taw-ga-we-ninnes*, mein älterer Bruder *Wa-me-gon-a-biew*, ferner *Ke-wa-tin*, der zweite, und ich, der jüngste, zurück. Es war etwa um die Mitte des Sommers, denn die Beeren waren schon reif, als wir am Ufer des Moose Lake haltmachten, dessen Wasser kühl und klar sind wie die des Lake Superior. Der See ist klein und rund, und man kann auch das entfernteste Kanu auf ihm vom Ufer aus sehen. Nur zwei Mitglieder unserer Gruppe verstanden sich auf die Jagd. Da ich selbst noch recht jung und ohne Jagderfahrung war, fürchteten wir, daß wir in unserer Einsamkeit bald Not leiden würden. Wir hatten eines der in Mackinac gebrauchten Netze bei uns, stellten es über Nacht und fingen etwa achtzig Forellen und Weißfische darin. Als wir die Gegend etwas besser kennengelernt hatten, gelang es uns, sechs Biber und einige Otter und Moschusratten zu erlegen. Da wir Mais und Fett bei uns hatten, konnten wir von den gefangenen Fischen und dem erlegten Wild recht gut leben. Aber als der Winter näher kam, sagte *Net-no-kwa*, daß er lang und kalt werden würde und daß sie es für zu gewagt hielte, hier allein zu bleiben, da sich weder Indianer noch Weiße in unserer Nähe aufhielten. *Ke-wa-tin* war bereits so krank und schwach, daß wir den Rückweg zur Portage nur sehr langsam vornehmen konnten. Als wir ankamen, begann das Wasser schon zu gefrieren. Er erlebte nur noch einen Monat nach unserer Ankunft und starb zu Beginn des Winters. Die alte Frau begrub ihn an der Seite ihres Mannes und hing eine ihrer Fahnen über seinem Grab auf.

Als der Winter immer strenger wurde, gerieten wir in Not. *Wa-me-gon-a-biew* und ich waren nicht imstande, das von uns benötigte Fleisch zu beschaffen. Er war erst siebzehn Jahre alt, ich dreizehn, und es gab dort kein Wild im Überfluß. Es wurde immer kälter, weshalb wir den Handelsposten verließen und unser Zelt im Wald aufschlugen, wo es leichter war, Holz zu holen. Mein Bruder und ich taten das Äußerste, damit wir nicht Hungers stürben.

Zwei oder drei Tagereisen von unserem Zelt entfernt pflegten wir auf die Jagd zu gehen, aber wir brachten nur wenig Fleisch heim. Auf einem unserer Jagdpfade hatten wir uns einen Windschirm aus Zedernzweigen errichtet, hinter dem wir so oft unser Feuer angezündet hatten, daß er sehr trocken geworden war und einmal, als wir gerade dahinter schliefen, abbrannte. Da das Holz fast trocken war, explodierte es wie Pulver, aber zum Glück entkamen wir mit geringen Verletzungen. Auf dem Heimweg, noch weit entfernt von unserem Zelt, versuchten wir einen Fluß zu überqueren, dessen Wasser so reißend war, daß er niemals völlig zufror. Obgleich es so kalt war, daß die Bäume vor Frost krachten, brachen wir im Eis ein – erst ich und danach mein Bruder. Als er versuchte, sich auf die Eisschollen zu werfen, wurde er völlig durchnäßt, während ich nur nasse Füße und Beine hatte. Da unsere Hände vor

Kälte erstarrt waren, dauerte es eine lange Zeit, bis wir unsere Schneeschuhe[30] abbinden konnten, und kaum waren wir aus dem Wasser heraus, so waren schon unsere Mokassins und die hohen Ledergamaschen[31]
steif gefroren. Mein Bruder verlor jeden Mut und sagte, er wollte auf der
Stelle sterben. Da auch unser Zunderholz naß geworden war, konnten
wir, nachdem wir das Ufer endlich erreicht hatten, kein Feuer anmachen. Unsere Mokassins und Gamaschen waren so hart gefroren, daß
wir uns nicht vorwärts bewegen konnten, und wir dachten wirklich, daß
unsere letzte Stunde gekommen sei. Aber ich war nicht wie mein indianischer Bruder und deshalb auch nicht gewillt, mich einfach hinzuset-
zen und auf den Tod zu warten. Ich hielt mich in Bewegung, soweit es
mir möglich war, während er sich auf einem trockenen Platz am Ufer
hingelegt hatte, der durch den Wind schneefrei war. Endlich fand ich
etwas trockenes morsches Holz, das ich als Zunder verwandte, und war
so glücklich, ein Feuer anmachen zu können. Dann beschäftigten wir
uns damit, unsere Mokassins aufzutauen und zu trocknen, und als sie
wenigstens zum Teil trocken waren, zogen wir sie an und konnten nun
Feuerholz sammeln und ein großes Feuer unterhalten. Als die Nacht an-
brach, hatten wir ein warmes Feuer und trockene Kleider, und obgleich
wir nichts zu essen hatten, war das nicht allzu schlimm, denn die Kälte
ist schlimmer als der Hunger. Im zeitigen Morgengrauen verließen wir
unser Lager und schlugen den Heimweg ein. Zum Glück begegneten
wir unserer uns entgegenkommenden Mutter, die uns trockene Kleider
und etwas Nahrung brachte. Sie hatte uns bereits gegen Sonnenaufgang
des Vortages erwartet und kannte den reißenden Fluß, den wir zu überqueren hatten. Als es dunkel geworden war, nahm sie an, daß wir im Eis
des Flusses eingebrochen seien, und machte sich sofort auf den Weg.
Sie wanderte die ganze Nacht durch und traf uns auch richtig in der
Nähe der Unglücksstelle.

Leidend und stets dem Hungertode nahe, lebten wir so für einige
Zeit, als endlich ein Muskego,[32] ein Sumpfindianer, *Sug-guo-swaw-we-
ninne* (›Raucher‹) genannt, zum Handelsposten kam. Er sah, in welch
elendem Zustand wir uns befanden, und lud uns ein, mit ihm in seine
Gegend zu kommen. Er wollte für uns jagen und uns im Frühling zum
Handelsposten zurückbegleiten. Wir machten mit ihm zwei lange Tagereisen nach dem Westen und erreichten endlich einen *We-sau-ko-ta-*

see-bee (›Fluß des Verbrannten Holzes‹) genannten Ort, wo sich sein Zelt befand. Er nahm uns mit in sein Zelt, und wir litten, solange wir bei ihm waren, keine Not mehr – [33] dies ist noch immer die Sitte der entfernt von den Weißen wohnenden Indianer. Die Ottawa jedoch und andere in der Nähe der Siedlungen lebenden Indianer sind wie die Weißen geworden und geben nur denen etwas, die dafür bezahlen können. Selbst wenn jetzt nach so vielen Jahren ein Mitglied der Familie *Net-no-kwas* einen Angehörigen von *Sug-guo-swaw-we-ninne* treffen würde, so würden wir ihn ›Bruder‹ nennen und ihn wie einen solchen behandeln.

Wir waren kaum zur Portage zurückgekehrt, als ein anderes Mitglied derselben Muskegogruppe uns einlud, mit ihm eine große, im Lake Superior gelegene Insel aufzusuchen, wo es, wie er sagte, viele Karibus und Störe gäbe und wo wir uns nach seiner Ansicht ausreichend ernähren könnten. Daraufhin gingen wir mit ihm, brachen in der zeitigen Morgendämmerung auf und erreichten die Insel noch vor dem Dunkelwerden, obgleich wir etwas Gegenwind hatten. In den Felslöchern dieser Insel fanden wir mehr Möweneier, als wir zu sammeln imstande waren. Wir fingen auch sofort nach unserer Ankunft zwei oder drei Störe mit dem Speer, so daß wir in der Tat keinen Hunger zu leiden brauchten. Am nächsten Tage zog *Wa-ge-mah-wub*, den wir unseren Schwager nannten, weil er entfernt mit *Net-no-kwa* verwandt war, auf die Jagd aus und kehrte am Abend mit zwei erlegten Karibus zurück. Auf dieser Insel befindet sich ein großer See, den man etwa in einer Tagereise vom Rande der Insel aus erreicht und in den ein kleiner Fluß mündet. Hier fanden wir Biber, Otter und anderes Wild; und solange wir dort blieben, hatten wir stets einen reichlichen Vorrat an Nahrungsmitteln. Hier trafen wir auch in acht Kanus die Verwandten *Wa-ge-mah-wubs*, mit dem wir von der Portage hergekommen waren, so daß wir nun insgesamt eine Gruppe von zehn Kanus bildeten.

Alle zusammen reisten wir im Morgengrauen von der Insel ab. Die Nacht war ruhig gewesen, und als wir abfuhren, war das Wasser vollkommen glatt. Nachdem wir etwa zweihundertfünfzig Meter weit in den Lake Superior hinausgefahren waren, richtete der Häuptling mit sehr lauter Stimme ein Gebet an den Großen Geist, [34] damit er uns eine sichere Überfahrt gewähren möge. »Du hast«, so sagte er, »diesen See erschaffen, und du hast auch uns, deine Kinder, erschaffen. Es steht in deiner Macht, das Wasser ruhig zu halten, damit wir die Überquerung sicher vornehmen können.« In dieser Weise betete er fünf bis zehn Minuten lang und warf dann etwas Tabak in den See,[35] was die Insassen aller anderen Kanus ebenfalls taten. Dann begann der alte Häuptling ein frommes Lied zu singen, dessen ich mich nicht mehr genau entsinne. Ich hatte inzwischen meine Muttersprache verlernt und besaß kaum mehr eine Erinnerung an die Religion der Weißen. Ich kann mich aber noch deutlich erinnern, daß mir diese Anrufung des Großen Geistes durch den Häuptling eindrucksvoll und würdig erschien. Alle Indianer waren ebenfalls davon beeindruckt. Vielleicht gedachten sie auch ihrer Lage, in ihren gebrechlichen Rindenkanus dem gewaltigen See ausgesetzt, und so fühlten sie denn ihre Abhängigkeit von jener Macht, die Wind und Wellen regiert. Wir ruderten und paddelten emsig und still und erreichten noch vor Einbruch der Dunkelheit die Große Portage. Der See war während der ganzen Zeit vollkommen still.

Zu jener Zeit nun durfte ich mich vollkommen frei und ohne jede Vorsichtsmaßnahmen von seiten der Indianer bewegen und hätte sie leicht für immer verlassen können. Aber da ich glaubte, daß mein Vater und alle meine Freunde ermordet worden sind, und ich mir das harte Arbeiterleben vorstellte, das ich unter den Weißen hätte führen müssen, wo ich weder Freunde, noch Geld, oder anderen Besitz mein eigen nannte, fürchtete ich mich vor der mich dort zu erwartenden Armut. Bei den Indianern dagegen finden jene, die zu jung oder zu schwach sind, um für sich selbst zu jagen, stets jemanden, der für sie sorgt. Auch die Achtung der Indianer vor mir war gestiegen, und so beschloß ich, vorläufig auf jeden Fall bei ihnen zu bleiben.

Dennoch beabsichtigte ich noch immer, einmal in der Zukunft zu den Weißen zurückzukehren und unter ihnen zu leben.

Wir waren also nun wieder zur Portage zurückgekehrt, von der uns die große Gastfreundlichkeit der Muskegos zweimal weggeführt hatte, und wir mußten uns nun entscheiden, was wir jetzt tun wollten. Als unsere Mutter endlich den Entschluß gefaßt hatte, die ursprünglich geplante Reise nach dem Red River auszuführen, hörten wir von einem der Händler, daß ihr Schwiegersohn, der Mann einer ihrer Töchter, der sich damals am Moose Lake von uns getrennt hatte, als wir bei *Ke-wa-tin* blieben, in der Trunkenheit von einem alten Mann bei einem Gelage[36] getötet worden war. Die Händler hatten die Witwe bis zum Rainy Lake gebracht und uns benachrichtigen lassen, daß sie zu uns kommen und bei uns bleiben wolle. Dies war ein weiterer Grund, unseren Aufbruch zum Red River zu beschleunigen.

Wir hatten unser Kanu den Händlern geborgt, die es mit Warenballen zum Red River geschickt hatten. Da sie noch weitere Kanus besaßen, bat *Net-no-kwa* sie, je einen oder zwei von uns diesen Kanus zuzuteilen, bis wir unser eigenes wiederträfen. Nach ein oder zwei Tagen begegneten wir einigen Franzosen in unserem Kanu, aber da sie sich weigerten, uns unser Boot zurückzugeben, nahm *Net-no-kwa* es sich einfach ohne ihre Zustimmung, belud es mit unserem Gepäck und machte sich darin mit uns auf die Reise. Die Franzosen wagten keinen Widerspruch. Ich habe niemals einen anderen Indianer getroffen, sei es nun Mann oder Frau, der über eine derartige Autorität verfügte wie *Net-no-kwa*. Sie konnte sowohl bei den Händlern wie bei den Indianern alles, was sie wünschte, erreichen. Wahrscheinlich kam es daher, daß sie niemals etwas unternahm, was nicht recht und gerecht war.

In Rainy Lake fanden wir die Tochter der alten Frau unter der Obhut der Indianer, aber in recht schlechtem Zustand vor. *Net-no-kwa* unterhielt sich lange mit ihr über unsere Lage, erzählte ihr von unserem Unglück, von unseren Verlusten und vom Tode ihres Mannes und Sohnes. Auch sagte sie, daß die beiden ihr verbliebenen Söhne noch recht jung seien, jedoch langsam zu tüchtigen Menschen würden, und daß sie vor allem zum Red River wollte, um dort Biber zu jagen, weshalb sie keinesfalls umzukehren gesonnen sei. Obwohl mein Bruder und ich aufs höchste an diesen Beratungen interessiert waren, hatten wir nichts dabei mitzureden.

Da nun beschlossen war, daß wir zum Red River weiterziehen wollten, setzten wir unsere Reise zum Waldsee (Lake of the Woods) fort. Die Indianer nennen diesen See *Pub-we-kwaw-waung-gaw-Sau-gi-e-gun* (›See der Sandhügel‹). Warum ihn die Weißen ›Waldsee‹ nennen, weiß ich nicht, zumal es dort gar nicht viel Wald gibt. Dort wehten scharfe Winde, und die Wellen schlugen so in unser Kanu, daß ich es mit meinem großen Kessel nur mit großer Mühe schnell genug wieder ausschöpfen konnte.

Im Herbst erreichten wir den ›See des Schmutzigen Wassers‹, den die

Weißen Lake Winnipeg[37] nennen. Hier begann die alte *Net-no-kwa* ganz gegen ihre sonstige Gewohnheit zu trinken, wohl infolge des vielen Leides, das sie durchgemacht, und der vielen Verluste, die sie erlitten hatte. Wir, die wir töricht und nicht daran gewöhnt waren, unsere Handlungen selbst zu überlegen, beschlossen trotz des aufkommenden starken Windes, die alte Frau ins Kanu zu setzen und mit ihr zur anderen Seite des Sees hinüberzufahren. Die Händler rieten uns davon ab, aber wir hörten nicht auf sie und fuhren trotzdem ab. Da der Wind vom Ufer weg wehte, war das Wasser dort verhältnismäßig ruhig, aber wir waren kaum etwas weiter draußen, als die Wellen auch schon mit großer Wucht in unser Kanu schlugen. Wir bemerkten nun, daß es noch gefährlicher sein würde zu drehen, um das verlassene Ufer wieder anzulaufen, als direkt vor dem Wind zu fahren. Jetzt ging auch noch die Sonne unter, und der Wind wurde immer heftiger. Wir betrachteten uns bereits als verloren und begannen zu weinen. Da wurde die alte Frau plötzlich nüchtern, erkannte die Gefahr unserer Lage, sprang auf und richtete ein lautes und ernstes Gebet an den Großen Geist, worauf sie mit erstaunlicher Tatkraft ihr Paddel ergriff, uns ermutigte und *Wa-me-gon-a-biew* zeigte, wie er das Kanu zu steuern habe. Wir erreichten tatsächlich das Ufer, aber als sie die Stelle, der wir uns näherten, erkannte, sagte sie: »Meine Kinder, es scheint wirklich, als ob wir alle untergehen müßten. Denn dieses Ufer ist so voll großer Felsen, die unter Wasser liegen, daß unser Kanu in Stücke gerissen werden wird. Wir können nichts anderes tun, als direkt auf das Ufer zuzusteuern. Wir können die Felsen zwar nicht sehen, aber vielleicht gelingt es uns doch, zwischen ihnen hindurchzukommen.« Und so war es tatsächlich. Unser Kanu wurde auf einen Sandstrand geschleudert, wo es anlief. Sofort sprangen wir heraus und zogen es außerhalb des Bereichs der Wellen. Wir schlugen unser Lager auf, und kaum brannte das Lagerfeuer, als wir auch schon die alte Frau wegen ihrer Betrunkenheit auslachten und wegen der Aufregung, die sie beim Nüchternwerden gezeigt hatte. Am Morgen sahen wir, daß das Ufer tatsächlich so beschaffen war, wie sie es beschrieben hatte, und daß wir in völliger Dunkelheit an einer Stelle gelandet waren, wo es der kühnste Indianer noch nicht einmal bei Tageslicht wagen würde. Wir kampierten dort, um unsere Habe zu trocknen, während des nächsten Tages, der schön und ruhig war, und fuhren am Abend nach der Mündung des Red River weiter. Wir erreichten unser Ziel erst spät am Abend, und da wir in der Nähe ein Zelt bemerkten, legten wir uns nieder, ohne erst ein Feuer anzuzünden oder irgendwelche Geräusche zu machen, die die Leute stören konnten, von denen wir nicht wußten, wer sie waren. Am Morgen kamen sie und weckten uns, und es stellte sich heraus, daß es die Familie eines der Brüder von *Taw-ga-we-ninne* war, die Verwandten, die zu besuchen wir gekommen waren.

Kapitel
III

Freundlicher Empfang durch die Indianer
am Assiniboin /
Prärie-Portage /
Net-no-kwas Traum und seine Erfüllung /
Zusammentreffen mit *Pe-shau-ba*,
einem hervorragenden Krieger der Ottawa /
Reise nach *Kau-wau-koning* und Aufenthalt dort /
Rückkehr zum Lake Superior /
Kriegszug gegen die Minnetauks /
An der Mündung des Assiniboinflusses

Kurz darauf reisten wir den Red River flußaufwärts und kamen zwei Tage später zur Mündung des Assiniboin, wo zahlreiche Ojibwa und Ottawa ihre Lager aufgeschlagen hatten. Sofort nach unserer Ankunft traten die Häuptlinge zusammen, um über unseren ›Fall‹ zu beraten und unseren Lebensunterhalt zu regeln. »Diese unsere Verwandten«, sagte einer der Häuptlinge, »sind aus der Ferne zu uns gekommen. Die beiden Jungen sind noch nicht imstande, für den Lebensunterhalt der Gruppe zu sorgen, und wir können nicht zulassen, daß sie unter uns darben.« So erbot sich denn ein Mann nach dem anderen, für uns zu jagen, und da unsere Jäger ja gestorben waren und wir hierher gekommen waren, um Biber zu erlegen, kamen sie außerdem überein, daß jeder uns einen Teil seiner Jagdbeute überlassen sollte. Gemeinsam brachen wir alle zum Assiniboinfluß auf und lagerten schon während der ersten Nacht in der Gegend, wo es Büffel gab.

Am Morgen erhielt ich die Erlaubnis, mich einigen Indianern, die zur Büffeljagd auszogen, anzuschließen. Wir begegneten vier Bullen und töteten einen davon. Dann setzten wir zehn Tage lang unsere Reise an den Ufern des Assiniboin fort und erlegten unterwegs zahlreiche Bären. Der Assiniboin ist breit, flach und gewunden, und sein Wasser ist trübe wie das des Red River; jedoch ist sein Flußbett im Gegensatz zu dem schlammigen des Red River sandig. Unser Ziel lag zu Lande siebzig Meilen entfernt von der Mündung des Assiniboin; aber wenn man im Kanu reist, ist die Entfernung bedeutend größer. Die Ufer dieses Flusses sind auf beiden Seiten mit Pappeln, Weißeichen und anderen Bäumen bewachsen, die eine beträchtliche Höhe haben. Jedoch reicht die Prärie nahe an diesen Fluß heran und geht manchmal bis zu seinen Ufern. Der Ort, wo wir haltmachten, heißt Prärie Portage. Die Indianer gaben dort dem uns begleitenden Händler den Rat, ein Blockhaus zu erbauen und während des Winters hier zu bleiben.

Wir verließen alle unsere Kanus und gingen ins Landesinnere, um in der Nähe der zahlreichen kleinen Flüsse Biber zu jagen. *Wa-me-gon-a-biew* und mir wurde von den Indianern ein kleiner Wasserlauf zugeteilt, wo es viele Biber gab und wo nur wir allein jagen sollten. Meine Mutter gab mir drei Fallen und zeigte mir, wie sie mit Hilfe einer um die Feder gebundenen Schnur zu stellen seien, da ich es noch nicht fertigbrachte, sie wie ein erwachsener Indianer in meinen Händen zu spannen. Ich stellte also meine drei Fallen und fand am nächsten Morgen zwei Biber darin. Da ich noch nicht verstand, die Beute herauszunehmen, schleppte ich die Biber in den Fallen heim, und zwar je einen auf meinem Rücken, wobei die alte Frau mir half. Wie stets, war sie entzückt und erfreut über meinen Erfolg. Immer war sie freundlich zu mir und ergriff stets meine Partei, wenn die Indianer mich einmal verhöhnen oder ärgern wollten.

Etwa drei Monate lang blieben wir dort und lebten während dieser Zeit genausogut wie jedes andere Mitglied der Gruppe; denn sobald unser eigenes Wild nicht für uns ausreichte, waren wir sicher, daß stets einer unserer Freunde für uns sorgen würde, solange überhaupt irgendetwas erlegt wurde. Als der Winter nahte, trennte sich ein Teil unserer Gefährten von uns. Die Verbleibenden wohnten in zwei Zelten, unseres war das dritte. Es kamen aber noch vier von Cree bewohnte Zelte hinzu. Diese Leute sind mit den Ojibwa und Ottawa verwandt, aber ihre Sprache ist etwas anders und konnte von uns nicht leicht verstanden werden. Ihr Land grenzt an das der Assiniboin (›Steinekocher‹),[38] und obwohl sie nicht mit den genannten Stämmen verwandt oder verbündet sind, leben sie meistens in Frieden mit ihnen und haben sich mit ihnen mehr oder minder vermischt.

Langsam begann nun das Wild dort rarer zu werden, und wir alle litten Hunger. Der Häuptling unserer Gruppe hieß *As-sin-ne-boi-naise* (›Kleiner Steinekocher‹). Er machte uns den Vorschlag, weiterzuziehen, da diese Gegend nun ausgebeutet war. Wir setzten den Tag der Abreise fest, aber noch ehe er kam, wurde unsere Not fast unerträglich. Am Abend vor unserem Aufbruch sprach meine Mutter ausführlich von dem von uns erlittenen Unglück und von unseren Verlusten und von der dringenden Not, in der wir uns wieder einmal befanden. Ich ging wie immer zu der Stunde schlafen, in der alle jüngeren Mitglieder unserer Familie sich zur Ruhe begaben, wurde aber durch das laute Singen und Beten unserer Mutter wieder aufgeweckt, die ihre religiöse Andacht fast während der ganzen Nacht fortsetzte.

Sehr zeitig am folgenden Morgen rief sie uns alle zusammen und ließ uns unsere Mokassins anziehen. Dann sprach sie leise mit *Wa-me-gon-a-biew* und sagte zu ihm: »Mein Sohn, letzte Nacht habe ich zu Ehren des Großen Geistes gesungen und gebetet, und als ich dann eingeschlafen war, kam er in Menschengestalt zu mir und sagte: ›*Net-no-kwa*, morgen wirst du Bärenfleisch essen. Etwas entfernt von dem Pfad, den du morgen entlangreisen wirst, und in der und der Richtung‹ (die sie genau beschrieb) ›ist eine kleine runde Wiese, zu der ein Weg führt – dort befindet sich ein Bär.‹ Nun, mein Sohn, bitte ich dich, dorthin zu gehen, ohne jemandem etwas davon zu sagen, du wirst ganz bestimmt den von mir beschriebenen Bären finden.« Der junge Mann jedoch, der nicht gerade sehr ernst veranlagt war und den Worten seiner Mutter keinen besonderen Wert beimaß, verließ das Zelt und sprach in Gegenwart anderer Indianer verächtlich über jenen Traum. »Die alte Frau behauptet«, so sagte er, »daß wir heute einen Bären verspeisen würden; aber ich weiß wirklich nicht, wer ihn erlegen soll.« *Net-no-kwa* hörte das, rief ihn wieder ins Zelt und machte ihm Vorwürfe, aber sie konnte ihn nicht veranlassen, auf die Jagd zu gehen.

Die Indianer zogen nun zu dem Platze, wo wir die Nacht verbringen wollten. Zuerst gingen die Männer allein voran. Alle trugen einige Gepäckstücke, und als sie am Lagerplatz ankamen, warfen sie ihre Bündel nieder und gingen jagen. Einige der Jungen, unter denen auch ich mich befand, begleiteten die Männer und blieben bei den Bündeln, um die Ankunft der Frauen zu erwarten. Ich hatte mein Gewehr bei mir und dachte an die Unterhaltung meiner Mutter mit *Wa-me-gon-a-biew* über ihren Traum. Ich entschloß mich, die von ihr beschriebene Stelle aufzusuchen, und ohne jemandem von meiner Absicht etwas mitzuteilen, lud ich mein Gewehr, so wie man es für Bären lädt, und ging auf dem Weg, den wir gekommen waren, ein Stück zurück. Dort traf ich meine Tante, die mit einem der Brüder *Taw-ga-we-ninnes* verheiratet war. Diese Frau liebte uns nicht gerade, da sie uns als eine ihrem Manne auferlegte Last betrachtete, der uns manchmal mit etwas Nahrung versorgte, und sie hatte mich oft lächerlich gemacht. Sie fragte mich sofort, was ich hier täte und ob ich mit geladenem Gewehr etwa einige Indianer zu töten beabsichtigte. Ich gab ihr keine Antwort und dachte nur, daß ich mich jetzt an der Stelle befand, wo meine Mutter *Wa-me-gon-a-biew* angewiesen hatte, den Pfad zu verlassen. So bog ich ab und beachtete genauestens alle ihre Anweisungen. Endlich sah ich einen kleinen, runden Platz im Wald, der aussah, als wäre er früher ein Tümpel gewesen. Dort gab es Gras und einige Büsche. Ich glaubte, daß dies die ›Wiese‹ sei, die meine Mutter erwähnt hatte, und untersuchte sie von allen Seiten. Zwischen den Büschen war eine offene Stelle, von wo wahrscheinlich ein kleiner Bach in die Rundung mündete; aber der Schnee war so tief, daß ich nichts Genaues unterscheiden konnte. Meine Mutter hatte außerdem noch erwähnt, daß sie, als sie in ihrem Traum den Bären sah, auch etwas Rauch wahrgenommen habe, der vom Boden aufstieg. Ich war fest davon überzeugt, mich an der von ihr beschriebenen Stelle zu befinden. Lange Zeit wartete ich auf den aufsteigenden Rauch, aber ich wurde endlich des Wartens müde, machte einige Schritte auf die offene Stelle zu und sank plötzlich bis zur Mitte meines Körpers in den tiefen Schnee ein. Ich kletterte ohne Mühe heraus, erinnerte mich aber plötzlich daran, daß die Indianer zuweilen vom Töten von Bären in ihren Höhlen gesprochen hatten. Vielleicht war das Loch, in das ich gefallen war, eine Bärenhöhle. Ich bückte mich, sah hinein, und da bemerkte ich den Kopf eines Bären, der auf dem Boden der Höhle lag.

Ich setzte ihm die Mündung meines Gewehrs zwischen die Augen und drückte ab. Sobald der Rauch sich verzogen hatte, nahm ich einen

Ast und stieß ihn in die Augen und in die Kopfwunde des Bären, und nachdem ich festgestellt hatte, daß er tot war, versuchte ich, ihn aus der Höhle herauszuziehen. Aber da ich dazu nicht imstande war, kehrte ich um, wobei ich der Spur folgte, die ich beim Kommen gemacht hatte. Als ich das Lager erreichte, wo die Frauen inzwischen die Zelte errichtet hatten, traf ich zuerst dieselbe Frau, die mich schon auf dem Hinweg verhöhnt hatte. Ihre erste Frage war: »Hast du etwa einen Bären geschossen, da du so schnell zurückkommst und solche Eile hast?« Ich dachte bei mir selbst: ›Woher weiß sie, daß ich einen Bären erlegt habe?‹ Aber ich ging an ihr vorüber, ohne etwas zu antworten, und betrat sofort das Zelt meiner Mutter. Die alte Frau sagte zu mir: »Mein Sohn, sieh in diesen Kessel. Dort wirst du ein kleines Stück Biberfleisch finden, das ein Man mir gegeben hat, nachdem du mich am Morgen verlassen hast. Du mußt aber die Hälfte für *Wa-me-gon-a-biew* übriglassen, der noch nicht von der Jagd zurückgekommen ist und heute noch nichts zu essen gehabt hat.« Ich aß das Stück Biberfleisch, und als ich es verzehrt hatte, nahm ich eine Gelegenheit, daß sie allein stand wahr, ging zu ihr hin und flüsterte ihr ins Ohr: »Meine Mutter, ich habe einen Bären geschossen.« – »Was sagst du, mein Sohn?« fragte sie. – »Ich habe einen Bären erlegt.« – »Bist du sicher, daß du ihn auch getötet hast?« – »Ja.« – »Ist er wirklich tot?« – »Ja.« – Sie sah mich einen Augenblick lang an und nahm mich dann in ihre Arme, um mich lange Zeit mit großem Ernste an sich zu drücken und zu küssen. Ich berichtete ihr dann, was meine Tante auf dem Hin- und Rückweg zu mir gesagt hatte, und als ihr Mann es bei seiner Rückkehr erfuhr, machte er ihr nicht nur die heftigsten Vorwürfe, sondern schlug sie auch, und zwar sehr heftig. Der Bär wurde geholt, und da er der erste von mir erlegt war, wurde alles Fleisch zum Essen zubereitet, und nach der Sitte der Indianer luden wir alle Jäger der Gruppe ein, das Mahl mit uns festlich zu begehen.[39]

Am selben Tage noch erlegte einer der Cree einen Bären und einen Elch und gab meiner Mutter einen großen Anteil von seiner Jagdbeute ab. Jetzt hatten wir wirklich viel Fleisch, denn auch *Wa-me-gon-a-biew* erlegte seinen ersten Büffel, und meine Mutter gab bei dieser Gelegenheit ein weiteres Fest, zu dem die gesamte Gruppe eingeladen wurde.

Bald darauf verließen uns die Cree, um in ihr eigenes Gebiet zurückzukehren. Sie waren freundliche und gastliche Gefährten, und es tat uns leid, uns von ihnen zu trennen. Wir selbst gingen dann zu dem Ort zurück, wo wir den Händler verlassen hatten, und kamen dort am letzten Dezembertage an – ich entsinne mich, daß der nächste Tag Neujahr war.

In der Nähe dieses Handelspostens blieben wir einige Zeit lang allein, bis der Händler nach uns schickte. Bei ihm fanden wir *Pe-shau-ba*, einen berühmten Kriegshäuptling der Ottawa, der vor einigen Jahren vom Lake Huron in dieses Gebiet gekommen war. Er hatte von einer alten Ottawafrau erzählen hören, die mit zwei Frauen, zwei Knaben und drei kleinen Kindern nach dem Tode der Männer der Familie am Assiniboinfluß leben und Not leiden sollte. Er war deshalb gekommen und hatte drei Gefährten mitgebracht. Solche Gefährten eines Häuptlings pflegen die Indianer seine ›jungen Männer‹ zu nennen, auch wenn einer von ihnen älter ist als dieser. Ihre Namen waren: *Waus-so* (›Blitz‹), *Saggit-to* (›Der, vor dem sich alle fürchten‹) und *Sa-ning-wub* (›Der seine Flügel Ausbreitende‹). *Waus-so* war ein alter Mann und selbst ein berühmter Krieger. Aber er war unterwegs krank geworden, und man hatte ihn deshalb zurückgelassen. *Pe-shau-ba* war, den Berichten der Indianer folgend, uns von Ort zu Ort nachgezogen und hatte uns endlich in der Nähe der Prärie-Portage gefunden. Er war ein großer und sehr schöner alter Mann, und als wir zu ihm kamen, erkannte er in *Net-no-kwa* sofort eine Verwandte. Dann betrachtete er uns und fragte: »Wer sind diese?«

Sie antwortete: »Das sind meine Söhne.« Er sah mich sehr genau an und sagte: »Komm zu mir, mein Bruder.« Dann hob er einen Zipfel der Decke, die er trug, auf und zeigte mir eine tiefe und gefährliche Wunde auf seiner Brust. »Entsinnst du dich, mein jüngerer Bruder, wie wir zusammen mit Speeren und Gewehren spielten und du mir diese Wunde beibrachtest?« Er sah meine Verlegenheit und belustigte sich noch einige Zeit damit, die Begleitumstände zu beschreiben, unter denen er seine Wunde erhalten hatte. Endlich erlöste er mich aus meiner Spannung und Besorgnis, indem er sagte, es sei zwar nicht ich persönlich gewesen, der ihn verwundet habe, wohl aber einer meiner Brüder, und an einem Ort, dessen Namen er nannte. Er sprach von *Ke-wa-tin*, der, wäre er leben geblieben, nicht viel älter gewesen wäre als ich, und erkundigte sich besonders nach den Einzelheiten meiner Gefangennahme, die nach seinem Weggang aus dem Lake-Huron-Gebiet stattgefunden hatte.

Kurz nach Neujahr gingen wir mit *Pe-shau-ba* in seine Gegend, die weit entfernt lag. Der Schnee war sehr hoch, und da unser Reiseweg hauptsächlich durch die offene Prärie führte, kamen wir bei starkem Wind überhaupt nicht vorwärts. Wir begannen die Reise in hungrigem Zustand, fanden aber bald eine Menge Büffel, die fett und wohlschmekkend waren. Trotz des hohen Schnees und des strengen Wetters konnten sich die Büffel gut ernähren, indem sie den Schnee mit ihren Köpfen wegschoben und auf diese Weise das Gras erreichten. Wir hatten unsere aus Schilf geflochtenen *Puk-kwi*-Decken[40] weggeworfen, da die Reise zu lang war, um sie mit uns herumzutragen. Bei schlechtem Wetter bauten wir uns Windschirme und bedeckten sie mit drei oder vier frischen Büffelfellen, die schnell froren und uns gut vor Wind und Schnee schützten. Bei windstillem Wetter übernachteten wir nur unter dem Schutz unserer Schlafdecken. Während der gesamten Reise trugen *Pe-shau-ba* und *Sa-ning-wub* die beiden kleinen Kinder meiner Schwester auf ihrem Rücken. So zogen wir denn zwei und einen halben Monat lang dahin, so schnell das Wetter es uns gestattete.

Etwa auf der Hälfte der Reise kamen wir am Handelsposten und an dem Fort des Mouse River (›Mausfluß‹) vorüber. Die Hauptrichtung unserer Reise lag nordwestlich. Endlich erreichten wir einen Ort namens *Kau-wau-ko-ming Sah-kie-gun* (›See des klaren Wassers‹), in den ein kleiner Fluß namens *Sas-kaw-ja-wun* (›Schnelles Wasser‹) mündet, nicht zu verwechseln mit dem weiter nördlich gelegenen Saskatchewanfluß. Am Ufer dieses Flusses befand sich das kleine Blockhaus, wo *Pe-shau-ba* mit seinen drei Gefährten seit einigen Jahren wohnte. Seine Frau hatte er am Lake Huron zurückgelassen; und auch die anderen Männer hatten, ob sie nun verheiratet waren oder nicht, keine Frauen bei sich. Sofort nach seiner Ankunft öffnete er sein *Sun-je-gwun* und entnahm ihm große Mengen von Biberfellen, getrocknetem Fleisch, zubereitetem Leder und anderen Dingen und übergab alles dies den Frauen mit den Worten: »Wir sind lange genug unsere eigenen *Squaws* gewesen, aber das muß jetzt aufhören. Ihr müßt nun dafür sorgen, daß unsere Felle zubereitet, unser Fleisch getrocknet, unsere Mokassins angefertigt und alle unsere Frauenarbeit getan wird.« Vor allem die alte

Frau übernahm die Sorge um *Pe-shau-bas* Eigentum. Sie nannte ihn ihren Sohn und behandelte ihn auch dementsprechend. Ihre Tochter und Schwiegertochter nahmen sich der drei anderen Männer an. *Wa-me-gon-a-biew* und ich genossen noch immer die besondere Sorgfalt unserer Mutter. Bei der Jagd war ich der Gefährte *Pe-shau-bas*, der stets freundlich mit mir umging und mich mit großem Vergnügen alles lehrte, was zu einem guten Jäger gehört.

Es muß schon zu Ende des Winters gewesen sein, als wir am Klarwassersee ankamen, aber es war immer noch so kalt, daß alles Wasser, das wir aus unserem Zelt heraustrugen, sofort gefror. Wenn wir zur Jagd gingen, brachen wir lange vor Sonnenaufgang auf und kehrten erst zurück, wenn es bereits dunkel war. Um die Mittagszeit erreichte die Sonne kaum die Spitze der Bäume, obwohl diese dort sehr niedrig sind.

Das Gebiet lag in der Prärie und wies nur einige niedrige Zedern und Kiefern auf, es gab aber viele Biber und anderes Wild. Es liegt nicht weit vom Land der Mandan[41] am Missouri entfernt. Vom Mausfluß aus kann ein Mann in einem Fußmarsch von vier Tagen das nächste Mandandorf erreichen. Kurz bevor sich im Frühling die Blätter entfalteten, wollten wir mit allen unseren Pelzen, großen Mengen getrockneten Fleisches und getrockneten Biberschwänzen[42] zum Handelsposten am Mausfluß fahren. Da es weder Birken noch Zedern gab, deren Rinde sich zum Bau eines Kanus eignen, fertigten wir uns für diese Reise ein Boot aus frischen Elchfellen[43] an. Wenn man sie sehr sorgfältig zusammennäht, über einen geeigneten Rahmen spannt und trocknen läßt, ergeben sie starke und widerstandsfähige Boote, die jedoch bei warmem Wetter nicht lange haltbar bleiben. In einem Kanu dieser Art, das etwa eine halb so große Tragfähigkeit hat wie ein normales Mackinacboot – etwa fünf Tonnen –, beförderten wir uns und alle unsere Habe, da *Net-no-kwa* und *Pe-shau-ba* beschlossen hatten, zum Lake Huron zurückzukehren.

Einige Tage lang fuhren wir den Kleinen Saskatchewan entlang. Wir kamen in ein Dorf der Assiniboin, bei denen wir für eine Weile blieben. Keiner von uns außer *Waus-so*, der irgendwo ihre Sprache erlernt hatte, konnte sich mit ihnen verständigen. Als wir vom Kleinen Saskatchewan in den Assiniboinfluß einbogen, kamen wir zu den Stromschnellen, wo sich ein Dorf der Assiniboin und einiger Cree befand, das aus einhundertfünfzig Zelten bestand. Wir brauchten nun neue Nahrungsmittel und beschlossen, ein oder zwei Tage lang dort Störe zu fangen, die in genügender Anzahl vorhanden waren. Bei den Assiniboin sahen wir einen alten Mann, der gerade einen Stör aus dem Wasser zog, einen Teil seines Maules abschnitt und ihn dann in rohem Zustand ohne irgendwelche Würze aß.[44] Diese Leute erschienen uns überhaupt schmutzig und brutal. Es kann auch sein, daß wir sie deshalb nicht leiden konnten, weil zwischen den Ojibwa und den *Abbwoi-nug* (›Spießröstern‹, da sie ihr Fleisch an Holzspießen braten) eine allgemeine Antipathie besteht.

Zwei Tagereisen nach den Stromschnellen kamen wir zum Monk River, wo sowohl die Nordwest- wie auch die Hudson's Bay Company[45] einen Handelsposten hatten. Hier begannen *Pe-shau-ba* und seine Freunde zu trinken, und innerhalb kurzer Frist waren alle in langer und erfolgreicher Jagd erbeuteten Pelze vertan. An einem Tag verkauften sie hundert Biberpelze gegen Schnaps. Der Preis war damals sechs Biberfelle für etwas mehr als einen Liter Rum,[46] aber sie taten reichlich Wasser hinein. Nachdem die Männer getrunken hatten, machten wir Kanus aus Birkenrinde, immer noch in der Absicht, unsere Reise fortzusetzen. Aber zu jener Zeit versammelten sich dort gerade die Assiniboin und Cree und alle anderen Indianer dieser Gegend, die mit den Mandan Frieden geschlossen hatten und von den Mandan in deren Gebiet eingeladen worden waren, um sich zu einem Kriegszug gegen einen Stamm zusammenzutun, den die Ojibwa *A-gutsch-a-ninne*[47] nennen. Sie leben zwei Tagereisen von den Mandan entfernt. Als *Waus-so* dies hörte, beschloß er sofort, sich den Kriegern anzuschließen, die sich am Mausfluß versammelten. »Ich möchte nicht in mein Land zurückkehren«, sagte er, »ehe ich nicht noch einige Narben davongetragen habe. Ich möchte die Leute, die meine Brüder getötet haben, treffen.« *Pe-shau-ba* und *Net-no-kwa* versuchten vergebens, ihn von seinem Vorhaben abzubringen, und schließlich begann sich auch *Pe-shau-ba*, als er die Begeisterung seiner Gefährten sah, für den Plan zu erwärmen. Nachdem sie sich einen oder zwei Tage lang beraten hatten, sagte er zu der alten Frau: »Ich kann nicht ohne *Waus-so* in das Land der Ottawa zurückkehren. Auch *Sa-ning-wub* und *Sag-git-to* wollen mit ihm gehen, um den Nachbarn der Mandan einen Besuch abzustatten. So will ich denn ebenfalls mitgehen. Wartet auf mich am Winnipegsee, wo ich im Herbst eintreffen werde, und vergeßt nicht, dort ein Faß Rum für mich bereitzuhalten, denn ich werde bei meiner Rückkehr sehr durstig sein.«

Sie ließen die unfertigen Kanus zurück und gingen alle zusammen fort, um sich dem Kriegszug anzuschließen. Auch *Wa-me-gon-a-biew* schloß sich ihnen an und ließ mich allein mit den drei Frauen und den drei Kindern. Aber diese Unternehmung, um derentwillen die Mandan Hilfstruppen aus den entlegensten Gebieten zusammengebracht hatten, scheiterte an dem mangelnden Zusammenhalt der einzelnen Gruppen. Da einige von ihnen traditionelle Feinde der anderen waren, entstanden Streitereien, und der Kriegszug wurde aufgegeben, so daß sich die *A-gutsch-a-ninne* in ihrem Dorf weiter des Friedens erfreuen konnten.

Als die Männer aufgebrochen waren, machten *Net-no-kwa*, ich und der Rest unserer Familie uns zum Winnipegsee auf. Da keines der Birkenrindenkanus fertig geworden war, mußten wir noch immer das alte Elchlederboot benutzen, aber wir hatten keine Lust mehr, uns noch länger am Mausfluß aufzuhalten. Kaum hatten wir den Handelsposten verlassen, als wir auch schon einen Stör sahen, der auf einer Sandbank ins flache Wasser geraten war, so daß ein Teil seines Rückens aus dem Wasser hervorragte. Ich sprang aus dem Kanu und tötete ihn ohne Schwierigkeit, und da dies der erste von mir gefangene Stör war, hielt die alte Frau es für nötig, das Fest der Ersten Früchte, *Oskenetahgawin*, mit mir zu feiern, obgleich wir allein waren und keine Gäste einladen konnten.

An der Mündung des Assiniboin liegen oft kriegerische Gruppen der Sioux auf der Lauer, die aus ihren Verstecken auf Vorüberreisende schießen. Deshalb näherten wir uns dieser Stelle erst nach Einbruch der Dunkelheit. Wir fuhren, die Ufer sorgfältig meidend, so geräuschlos wie möglich in den Red River. Die Nacht war dunkel, und wir konnten nicht sehen, wer oder was sich am Ufer befand. Aber kaum waren wir auf dem Red River, als die Stille der Nacht vom linken Ufer des Assiniboin her durch den Ruf einer Eule unterbrochen wurde. Sofort kam Antwort vom rechten Ufer, und ein dritter Ruf ertönte vom Ufer des Red River gegenüber der Mündung. *Net-no-kwa* flüsterte mir kaum hörbar zu: »Wir sind entdeckt« und befahl, das Kanu so leise wie es irgend ging zu bewegen. Wir befolgten ihre Anordnung und ruderten mit äußerster Vorsicht, wobei wir stets versuchten, uns in der Flußmitte zu halten. Ich saß vorn im Kanu, hielt meinen Kopf so tief wie möglich und beobachtete mit größter Aufmerksamkeit die Wasserfläche vor uns, in der Hoffnung, jedes sich uns etwa nähernde Kanu oder andere Objekte wahrzunehmen. Da bemerkte ich ein kleines Gekräusel im Wasser, dem ein dunkler, niedriger Gegenstand folgte – mir schien es, als sei dies der Kopf eines Mannes, der kurz vor uns vorsichtig den Fluß überquerte. Ich machte meine Mutter darauf aufmerksam, und wir waren uns sofort darüber einig, daß wir diesen Mann im Wasser verfolgen und, wenn möglich, töten sollten. Sie drückte mir einen starken Störspeer in die Hand, und wir machten uns an die Verfolgung des Opfers; aber die Gans (denn es war eine Gans mit einer Schar Junger) wurde aufgescheucht und flog davon. Als wir unseren Irrtum wahrgenommen hatten, waren wir etwas weniger ängstlich, wagten jedoch noch nicht, unser Kanu zu drehen und unsere Reise fortzusetzen. Ich war damals etwas ärgerlich über die grundlose Furcht der Frauen, aber bis zum heutigen Tag weiß ich noch nicht, ob es wirklich nur drei Eulen waren oder Siouxkrieger, die uns so erschreckten. Wir kehrten einige Meilen auf dem Weg zurück, den wir gekommen waren, und da die Händler innerhalb von zehn Tagen zum Red River reisen würden, beschlossen wir, auf sie zu warten und uns ihnen anzuschließen. Hier fingen wir eine große Anzahl Gänse, Schwäne und Enten. Außerdem erlegte ich einen Elch, und da es mein erster war, gab auch diese Jagdbeute Anlaß zu einem besonderen Fest, an dem aber diesmal ebenfalls nur die Familie teilnehmen konnte.

Als die Händler wie erwartet eingetroffen waren, reisten wir mit ihnen zum Handelsposten am Lake Winnipeg, wo wir zwei Monate blieben. Sie fuhren dann zum Assiniboin zurück, und wir kauften ein Rindenkanu, in dem wir sie begleiteten. Wir hatten eine Menge Biberfelle zum Bezahlen der Waren der weißen Händler, und *Net-no-kwa* hatte für *Pe-shau-ba* das versprochene Faß Rum bei sich. Es enthielt etwa vierundzwanzig Liter, und wir hatten für jedes Liter sechs Biberfelle bezahlt. Die meisten dieser Biber hatte ich selbst erlegt. Oft erbeutete ich pro Monat hundert Biber, kannte aber damals ihren Wert noch nicht.

Kapitel
IV

Auf Elchjagd / Biber- und Büffeljagd /
Gefahren beim Erlegen einer Büffelkuh /
Die Indianer der Wasserfälle /
Rückkehr zum Rainy Lake /
Der Sumpffluß und die dortige Portage /
Der Begwionuskofluß und -see /
Anstand und Ehrlichkeit der Indianer /
Gastfreundschaft / Hungerleiden / Red River /
Verlust unserer Bündel /
Angebliche Unehrlichkeit der Händler /
Habgier der Händler der Nordwestkompanie /
Unglück nach dem Verlust unserer Felle

Am Assiniboinfluß, zwei oder drei Tagereisen oberhalb der Prärie-Portage, befindet sich eine Stelle namens *Ke-new-kau-neshe-way-boant* (›Wo sie den grauen Adler niederwerfen‹); dort machten die Indianer oft halt. Hier sahen wir bei unserer Ankunft einige kleine in den Boden gesteckte Stäbe, an denen Birkenrindenstücke befestigt waren, auf die die Bilder von Bären und anderen Tieren eingeritzt waren.[48] *Net-no-kwa* erkannte in ihnen sofort die Totems von *Pe-shau-ba*, *Waus-so* und ihrer Gefährten. Die Zeichen waren ohne Zweifel von ihnen an dieser Wegkreuzung aufgestellt worden, um uns mitzuteilen, daß *Pe-shau-ba* hier gewesen war, und um uns zu sagen, wo wir ihn finden würden. Wir verließen deshalb die Händler, folgten der Richtung, die *Pe-shau-ba* angegeben hatte, und fanden ihn und seine Begleiter zwei Tagereisen vom Flusse entfernt wieder. Sie waren von dem verunglückten Kriegsausflug zum Handelsposten am Mouse River zurückgekehrt, hatten die unfertigen hinterlassenen Kanus fertiggebaut und waren nach *Ke-new kau neshe-way-boant* hinuntergefahren, wo sie geblieben waren, weil es dort gute Jagdgründe gab. In ihrem Lager fanden wir einen reichlichen

Wildvorrat; fernerhin hatten sie eine Menge Biber erlegt. Dort gab es vor allem auch zahlreiche Elche, und es war gerade Brunstzeit. Ich entsinne mich, daß mich *Pe-shau-ba* eines Tages mit den beiden jungen Frauen fortschickte, um etwas Fleisch von einem von ihm in der Nähe getöteten Elch zu holen. Da die Frauen sahen, daß der Elch groß und fett war, beschlossen sie, an der Stelle zu bleiben, um das Fleisch erst zu trocknen, ehe sie es zum Lager trugen. Ich belud mich mit einem Teil des frischen Fleisches und begab mich auf den Rückweg. Ich hatte mein Gewehr bei mir, und da ich wußte, daß es hier viele Elche gab, lud ich es, versteckte mich im Gebüsch und ahmte den Ruf des Elchweibchens nach. Prompt kam auch schon ein großer Elchbock so direkt auf die Stelle, wo ich war, und mit solcher Heftigkeit auf mich zu, daß ich für meine Sicherheit fürchtete. Ich ließ meine Last fallen und riß aus. Er drehte sich bei meinem Anblick um und lief in entgegengesetzter Richtung davon. Da ich wußte, daß mich die Indianer wegen dieses Benehmens verspotten würden, beschloß ich, noch einen weiteren Versuch zu machen. Diesmal sollte die Angst um meine eigene Sicherheit nicht zur Ursache eines Mißlingens werden. So verbarg ich mich wieder an einem etwas besser ausgewählten Platz und wiederholte ab und zu meinen Elchruf, bis tatsächlich ein anderer Elchbock auf mich zukam. Diesen tötete ich. So verbrachte ich einen großen Teil des Tages und fühlte, daß es nun Zeit sei, mit meiner Last heimzukehren.

Die Frauen hatten sich wegen meiner langen Abwesenheit gesorgt und sandten *Wa-me-gon-a-biew* aus, um mich zu suchen. Er sah mich, als ich aus dem Wald in die große Prärie hinaustrat. Er trug eine schwarze Kapuze, die er bei meinem Anblick über seinen Kopf stülpte, so daß er wie ein Bär aussah. Zuerst hielt ich ihn für einen gewöhnlichen schwarzen Bären und versuchte, auf ihn zu zielen, aber da er mich sehen konnte, wußte ich, daß er, wenn er wirklich ein Bär gewesen wäre, umgekehrt und geflohen wäre. Ich schloß aus seinem Verhalten, daß er ein Grizzlybär sein müsse, drehte mich um und begann vor ihm fortzulaufen. Je schneller ich lief, um so schneller schien er mir zu folgen. Obgleich ich große Angst hatte, entsann ich mich des Rates von *Pe-shau-ba*, niemals auf einen Grizzly zu schießen, wenn nicht Bäume in der Nähe sind, auf die ich mich retten könnte; auch soll man, wenn ein Grizzly einen verfolgt, nur aus nächster Nähe auf ihn schießen. Dreimal wandte ich mich um und erhob mein Gewehr zum Schuß, aber da ich ihn noch für zu weit entfernt hielt, lief ich weiter. Die Angst muß mir die Augen verschleiert haben, denn ich hätte sehen müssen, daß dies kein Bär war. Endlich gelang es mir, zwischen ihn und das Zelt zu kommen, und als ich mein allerhöchstes Tempo anschlug, um ihn im Laufen zu übertreffen, hörte ich hinter mir *Wa-me-gon-a-biews* Stimme. Ich sah mich vergebens nach dem Bären um, bis er mich endlich überzeugte, daß es nur seine Verkleidung mit Hilfe eines alten schwarzen Umhangs war, die mich in solchen Schrecken versetzt hatte. Als wir heimkamen, wurde dies den alten Leuten berichtet, die *Wa-me-gon-a-biew* zurechtwiesen und ihm sagten, daß ich, wenn ich ihn in dieser Verkleidung erschossen hätte, vollkommen im Recht gewesen wäre.

Wir jagten dort vor allem noch Biber in großen Mengen, bis das Eis zu dick wurde; darauf gingen wir in die Prärie, um Büffel zu erlegen. Als der Schnee die Prärie verkrustet hatte, sagten die Männer, daß sie mich bei den Frauen zurücklassen und zum Klarwassersee gehen wollten, um Kanus zu bauen und auf dem Heimweg Biber zu jagen. Zuvor versprachen sie noch, Wild für uns zu erlegen, damit wir während ihrer Abwesenheit versorgt wären. *Waus-so*, der ein großer Jäger war, ging allein aus und schoß einen Büffel. In der Nacht, als das Wetter sehr kalt und stürmisch wurde, kamen die Büffel in die Wälder in der Nähe unseres Lagers, um Schutz zu suchen. Früh am Morgen sagte *Net-no-kwa* zu uns, daß sich eine große Herde in unmittelbarer Nähe unseres Zeltes befände. *Pe-shau-ba, Waus-so, Wa-me-gon-a-biew, Sa-ning-wub* und *Saggit-to* pirschten sich heran und bezogen Stellungen, um die Herde einzukreisen. Sie wollten mir nicht erlauben, daran teilzunehmen, und lachten, als sie mich mein Gewehr laden sahen – aber die alte *Net-no-kwa*, die stets meine Partei ergriff, führte mich, nachdem sie aufgebrochen waren, zu einer Stelle in der Nähe der Zelte, wo ihrer Erfahrung nach die Herde durchbrechen würde. Die Indianer begannen zu feuern, konnten aber kein einziges Tier erlegen. Die Herde raste an meinem Standort vorüber, und ich hatte das Glück, zur Befriedigung meiner Mutter meine erste große Büffelkuh zu erlegen.

Die Indianer schossen später noch eine beträchtliche Menge Büffel, worauf sie uns verließen. Wir waren nun insgesamt sechs Personen: ich selbst, die alte Frau, eine der jungen Frauen und drei Kinder, mit niemandem als mir, der alle zu versorgen hatte; und ich war damals noch sehr jung. Wir trockneten eine große Menge des von den Indianern erbeuteten Fleisches, was eine Zeitlang vorhielt. Dann merkte ich, daß ich wirklich imstande war, Büffel zu schießen, so daß wir lange keine Not zu leiden hatten. Einmal griff mich eine alte Kuh, die ich verwundet hatte, an, obwohl sie kein Kalb hatte, und es war mir gerade noch möglich, mich vor ihr auf einen Baum zu retten. Nicht die Wunde, die ich ihr beigebracht hatte, machte sie rasend, sondern die Hunde. Ich glaube, daß es nur sehr selten vorkommt, daß eine Büffelkuh einen Menschen angreift, es sei denn, die Hunde haben sie allzusehr beunruhigt.

Zehn Meilen nördlich von dem am Mausfluß gelegenen Fort stellten wir in diesem Frühling Ahornzucker her. Zu jener Zeit wäre ich beinahe ins Eis eingebrochen. Das Wetter begann milder zu werden, und die Biber kamen durch die Eislöcher heraus und gingen schon zuweilen an Land. Es war meine Angewohnheit, sie durch diese Löcher hindurch zu beobachten und beim Auftauchen zu schießen. Einmal hatte ich gerade einen erlegt, als ich einbrach. Meine Schneeschuhe verfingen sich in dem unter dem Eis befindlichen Gestrüpp und zogen mich nach unten. Nur mit größter Anstrengung gelang es mir, mich zu befreien. Die Büffel waren dort so zahlreich, daß ich sie oft mit Pfeil und Bogen und zu Fuß erlegen konnte – mit keiner anderen Hilfe als der gutabgerichteter und an die Jagd gewöhnter Hunde.

Als sich die Blätter an den Bäumen zu entfalten begannen, kehrten *Pe-shau-ba* und seine Gefährten in Birkenrindenkanus zu uns zurück und brachten viele Biberfelle und andere kostbare Pelze mit. Sowohl die alte *Net-no-kwa* als auch *Pe-shau-ba* wollten nun durchaus an den Lake Huron zurückkehren, aber *Waus-so* und *Sa-ning-wub* mochten nicht dorthin gehen, und *Pe-shau-ba* hatte keine Lust, sich von ihnen zu trennen. *Sag-git-to* war schon seit einiger Zeit sehr krank, er hatte ein großes Geschwür in der Nähe des Nabels. Er betrank sich ein paar Tage lang und hatte furchtbare Leibschmerzen, bis das Geschwür endlich immer mehr anschwoll und aufbrach. *Pe-shau-ba* sagte zu der alten Frau: »Es wäre nicht gut, wenn *Sag-git-to* hier so weit entfernt von allen seinen Freunden stürbe; und da es offensichtlich ist, daß er nicht mehr lange leben wird, denke ich, es wäre das beste, wenn du mit ihm und den kleinen Kindern zum Huronsee zurückkehrtest. Vielleicht erreicht ihr

Sault Ste. Marie, ehe *Sag-git-to* stirbt.« So wurde unsere Familie seinem Rat gemäß aufgeteilt. *Pe-shau-ba*, *Waus-so* und *Sa-ning-wub* blieben, wo sie waren, während *Net-no-kwa* und die beiden anderen Frauen, ferner *Sag-git-to*, *Wa-me-gon-a-biew*, ich, ein kleines Mädchen, das die alte Frau gekauft hatte, und die drei anderen Kinder uns auf den Weg zum Huronsee machten. *Net-no-kwa* hatte das kleine Mädchen, das aus dem Lande der *Bahwegato-weninnewug*,[49] der Indianer des Wasserfalles, stammte, einer auf einem Kriegszug befindlichen Gruppe Ojibwa abgekauft. (im Folgenden als Bowwetig-Mädchen bezeichnet. E. L.) Die Indianer des Wasserfalles leben in der Nähe des Felsengebirges und wandern meistens mit den Schwarzfußindianern umher. Ihre Sprache ähnelt weder der der Sioux noch der der Ojibwa. Letztere sind wie die Cree mehr mit den Schwarzfußindianern als mit den Indianern des Wasserfalles befreundet. Das von *Net-no-kwa* gekaufte kleine Mädchen war damals zehn Jahre alt und hatte durch seinen Aufenthalt bei den Ojibwa deren Sprache erlernt.

Als wir am Rainy Lake ankamen, hatten wir zehn Bündel Biberpelze, von denen jedes vierzig Felle enthielt. *Net-no-kwa* verkaufte einige zusätzliche Felle gegen Rum und war danach zwei Tage lang betrunken. Wir trafen dort einige Händlerkanus, die zum Red River wollten, und da der nun achtzehn Jahre alte *Wa-me-gon-a-biew* keine Lust hatte, zum Huronsee zurückzukehren, beschloß er, mit den Händlern wieder nordwärts zu fahren. Die alte Frau suchte ihn zum Bleiben zu überreden, aber er sprang einfach in eines der Händlerkanus, als sie abfahren wollten, und obgleich sie ihn auf die Bitten der alten Frau zurückzujagen versuchten, weigerte er sich, das Kanu zu verlassen. *Net-no-kwa* war darüber ganz außer sich, denn sie konnte es nicht ertragen, sich von ihrem einzigen Sohn zu trennen.[50] So beschloß sie, bei ihm zu bleiben.

Da sie der Ehrlichkeit der Händler nicht vertraute, wollte sie die Pelzbündel nicht bei ihnen lassen. Wir trugen sie deshalb zu einer entlegenen Stelle im Wald und richteten dort in der üblichen Weise ein *Sunjegwun* her. Dann kehrten wir zum Waldsee zurück. Es gibt dort einen Weg, den nur die Indianer zum Red River benutzen und auf dem Weiße ihnen nicht folgen können. Dieser Weg führte durch den sogenannten Muskeek oder Sumpftragplatz. Wir fuhren einen Fluß hinauf, den die Indianer *Muskeego-ne-gum-me-we-see-bee* (›Sumpffluß‹) nennen, und zogen dann unsere Kanus einen Tag lang über die Sümpfe. Diese bestehen aus Moos und niedrigem Buschwerk über dem Wasser, und wenn Leute darüber hingehen, verursachen sie eine Menge Lärm. Nachdem wir den kleinen Fluß *Beg-wionusk* erreicht hatten, konnten wir unsere Kanus wieder besteigen. Von dort mündeten wir in einen Tümpel des gleichen Namens[51] ein, der höchstens einen Fuß tief war, dessen Oberfläche aber von Enten, Gänsen, Schwänen und anderen Wasservögeln nur so wimmelte. Dort blieben wir lange und sammelten vier weitere Bündel Biberfelle. Als die Blätter fielen, starb *Sag-git-to*. Wir befanden uns in großer Einsamkeit, die nächsten Indianer und Weißen waren mindestens fünf Tagereisen weit entfernt. Da wir die Gegend verlassen wollten, mußten wir hier unsere Felle zurücklassen, doch der Sumpfboden gestattete uns nicht, sie in der üblichen Weise einzugraben. So bauten wir ein *Sunjegwun* aus Holzpfählen, und zwar so solid, daß keine Maus hineingekonnt hätte.

Hier ließen wir unsere Pelzbündel und alle andere Habe, die wir nicht mitnehmen konnten. Wenn in dieser abgelegenen Gegend etwa fremde Indianer unsere Sachen gefunden hätten, würden sie sie niemals angerührt haben; und wir nahmen nicht an, daß etwa Händler einen so armseligen und verlassenen Ort besuchen könnten. Indianer, die weit entfernt von den Weißen wohnen, kennen den Wert der Edelpelze noch nicht in dem Maße, daß sie sich deshalb gegenseitig bestehlen würden; und zu der Zeit, von der ich erzähle, gab es viele Jäger, die ihre Fallen tagelang ohne Kontrolle und ohne sich um deren Sicherheit sorgen zu müssen in den Wäldern lassen konnten. Es kam oft vor, daß ein Mann, der sein Jagdgebiet erschöpft und seine Fallen dort gelassen hatte, einen anderen fragte: »Ich gehe jetzt dort und dorthin jagen. Wo sind deine Fallen?« Nachdem er dessen Fallen benutzt hat, kommt ein anderer Mann – manchmal auch vier oder fünf –, und benutzen sie ebenfalls nacheinander; aber der wirkliche Besitzer kann sich fest darauf verlassen, daß er sie am Schluß wiederbekommt.

Als der Schnee gefallen war und das Wetter so kalt wurde, daß wir keine Biber mehr erlegen konnten, begannen wir Hunger zu leiden. *Wa-me-gon-a-biew* war nun unser Hauptversorger geworden, und er gab sich jede erdenkliche Mühe, die von uns benötigte Nahrung zu verschaffen. Auf einem seiner weitausgedehnten Jagdausflüge traf er auf eine Zeltgemeinschaft von Ojibwa, die, obwohl sie viel Fleisch hatten und wußten, daß er und seine Angehörigen sich in Not befanden, ihm nur so viel Nahrung gaben, als er unmittelbar essen konnte. Er verbrachte die Nacht bei ihnen und machte sich am Morgen auf den Heimweg. Unterwegs gelang es ihm, einen jungen dürren Elch zu erlegen. Als wir dieses bißchen Fleisch aufgegessen hatten, zwang uns die Not, unser Lager in der Nähe jener ungastlichen Leute aufzuschlagen, die *Wa-me-gon-a-biew* getroffen hatte. Wir fanden sie reichlich mit Fleisch versehen, aber für alles, was wir von ihnen erhielten, mußten wir ihnen silberne Schmuckstücke oder andere Wertsachen geben. Ich erwähne die Knauserei und Ungastlichkeit dieser Menschen deshalb, weil ich nie vorher etwas Derartiges unter Indianern erlebt hatte, die sonst stets alle ihre Vorräte mit jedem, der sich in Not befindet, freiwillig teilen.

Wir waren gerade drei Tage bei diesen Indianern, als es ihnen gelang, zwei Elche zu erlegen. Sie riefen *Wa-me-gon-a-biew* und mich und sagten, wir sollten uns etwas Fleisch holen, gaben uns aber nur den schlechtesten Teil eines Unterschenkels. Daraufhin kauften wir ihnen für unseren Silberschmuck etwas fettes Fleisch ab. Aber die Geduld der armen alten *Net-no-kwa* war nun erschöpft, und sie verbot uns, von diesen Menschen überhaupt noch irgendetwas zu kaufen. Obgleich wir den ganzen Winter lang mit ihnen verbrachten, litten wir unerträglichen Hunger. Eines Morgens stand *Net-no-kwa* ganz zeitig auf, hüllte sich in ihre Decke und nahm ihr Beil mit. Sie blieb über Nacht aus und kam erst am Abend des nächsten Tages, als wir alle schon im Zelt lagen, wieder, rüttelte *Wa-me-gon-a-biew* an der Schulter und sagte zu ihm: »Steh auf, mein Sohn. Du bist ein großer Läufer, und nun wollen wir einmal sehen, wie schnell du uns das Fleisch bringen kannst, das der Große Geist mir vorige Nacht gezeigt hat. Ich habe die ganze Nacht lang gebetet und gesungen, und als ich gegen Morgen einschlief, kam der Große Geist zu mir und gab mir einen Bären, damit ich meine hungrigen Kinder ernähren kann. Geh sofort, der Bär wird dir nicht davonlaufen, selbst wenn er dich kommen sieht.«

»Nein, meine Mutter«, erwiderte *Wa-me-gon-a-biew*, »es wird schon Abend; bald wird die Sonne untergehen, und man kann dann die Spuren im Schnee nicht mehr sehen. Schick mir am Morgen meinen kleinen Bruder, *Shaw-shaw-wa ne-ba-se*, mit einer Decke und einem Kochtopf nach; ich werde den Bären finden und töten, und wir können dann die Nacht an der Stelle verbringen, wo ich ihn erlegt habe.

Aber die alte Frau ließ sich von dem jungen Jäger nicht überzeugen. Es folgte ein Zank, und laute Worte wurden gewechselt, denn *Wa-me-gon-a-biew* hatte nicht viel Respekt vor seiner Mutter, und er tat, was kaum ein anderer Indianer zu tun gewagt haben würde: Er machte ihren Glauben an eine persönliche Verbindung mit dem Großen Geist lächerlich und belustigte sich darüber, daß ein Bär, dem die Jäger auf den Fersen waren, angeblich nicht davonlaufen sollte. Die alte Frau fühlte sich von seinen Worten tief beleidigt, und nachdem sie ihrem Sohn über seine Frivolität Vorwürfe gemacht hatte, verließ sie das Zelt, erzählte den andern Indianern ihren Traum und wies sie an, zu der Stelle zu gehen, wo der Bär sicherlich zu finden sein würde. Aber sie stimmten mit *Wa-me-gon-a-biew* überein und sagten, es wäre zu spät, jetzt noch jagen zu gehen; da sie dennoch einiges Vertrauen in die Gebete der alten Frau setzten, folgten sie, sobald der Morgen graute, den von ihr gegebenen Anweisungen. Tatsächlich fanden sie den Bären an der von ihr angegebenen Stelle und konnten ihn ohne Schwierigkeit erlegen. Er war groß und fett, aber *Wa-me-gon-a-biew*, der mit ihnen gegangen war, erhielt für unsere Familie nur ein kleines Stück Fleisch. Die alte Frau war hierüber sehr ärgerlich, und das nicht ohne Berechtigung, denn obwohl sie behauptete, daß ihr der Bär vom Großen Geist gegeben worden sei und daß ein Traum ihr den Aufenthaltsort des Bären enthüllt habe, war sie in Wirklichkeit seinen Spuren nachgegangen, die in ein Gestrüpp führten, um das sie herumging, um sich zu überzeugen, daß er es nicht verlassen hatte. Es war eine Vorliebe von ihr, solche Tricks anzuwenden und ihre eigenen Fähigkeiten dem Großen Geist zuzuschieben.

Die Not, in der wir uns befanden, veranlaßte uns, weiter zu ziehen; und zwar machten wir uns, sobald unser kleiner Anteil an dem Bären aufgegessen war, auf Schneeschuhen zum Red River auf, immer in der Hoffnung, entweder anderen Indianern zu begegnen oder während der Reise einiges Wild erlegen zu können. Ich hatte inzwischen den Fang von Schneehasen[52] in Schlingen gelernt, und sobald wir zum ersten Mal unser Lager für die Nacht aufschlugen, lief ich auf dem am nächsten Tag einzuschlagenden Weg voraus und legte dort einige Schlingen, die ich dann beim Vorbeikommen nachsehen wollte. Nach dem Abendbrot, das wir in Zeiten der Not als einzige Mahlzeit zu uns zu nehmen pflegten, waren alle uns verbleibenden Nahrungsvorräte auf etwa ein Liter Bärenfett in einem Topf zusammengeschmolzen. Es war hart gefroren, und der Topf war mit einem Stück Leder zugebunden.

Am Morgen stellte ich diesen Topf zusammen mit einigen anderen Sachen auf meinen Schlitten und ging voraus, um nach meinen Schlingen zu sehen. Ich fand einen Schneehasen und dachte, es würde meiner Mutter Spaß machen, ihn lebendig zu sehen. So steckte ich ihn in den Topf mit Bärenfett und band den Lederdeckel wieder darüber. Am Abend im Lager beobachtete ich sie, als sie den Topf öffnete, um uns etwas zu essen zu geben, und dachte, der Hase würde herausspringen; aber zu meiner Enttäuschung war das Fett trotz der schrecklichen Kälte flüssig geworden und das Tierchen beinahe ertrunken. Die alte Frau machte mir darüber ernste Vorwürfe, aber noch Jahre später sprach sie lachend über den Hasen und sein plötzliches Erscheinen, als sie den Topf öffnete. Ihr ganzes Leben lang hat sie auch immer wieder von dem boshaften Geiz jener Indianer gesprochen.

Nach einigen Tagereisen entdeckten wir die Fährten einiger Jäger und waren endlich so glücklich, einen von ihnen weggeworfenen Büffelkopf zu finden. Dies erlöste uns von der Marter des Hungers, und wir folgten ihren Spuren, bis wir endlich das Lager einiger Freunde vom Red River erreichten.

Es war dies eine große Gruppe von Cree, deren Häuptling *As-sin-ne-boi-naise* (›Kleiner Steinekocher‹) war, begleitet von seinem Schwiegersohn *Sin-a-peg-gun*. Sie empfingen uns mit Herzlichkeit und Freundschaft, gaben uns reichlich zu essen und versorgten uns mit den notwendigsten Dingen. Nachdem wir etwa zwei Monate mit ihnen verbracht hatten, wurden die Büffel und das andere Wild knapp, und die ganze Lagergemeinschaft begann Hunger zu leiden. *Wa-me-gon-a-biew* und ich durchstreiften die Prärie einen Tag lang, bis wir einen Fluß namens Pond River erreichten. Dort fanden wir einen alten Bullen, der so elend war, daß nicht einmal mehr Haare auf ihm wuchsen. Lediglich seine Zunge war noch genießbar. Im Laufe dieses Tages hatten wir sehr weite Strecken zurückgelegt und waren sehr müde, ein kalter Wind wehte, und es herrschte ein wildes Schneegestöber. So weit unser Blick über die flache Prärie reichte, war keinerlei Holz zu sehen. Es gab dort nur ein paar junge Eichen, kaum so hoch wie die Schulter eines Mannes; und so sahen wir uns gezwungen, hinter dieser ungenügenden Deckung unser Lager aufzuschlagen. Mit größter Mühe brachten wir es endlich fertig, dieses dünne frische Eichenholz zum Brennen zu bringen, aber es war nur ein schwaches Feuer. Nachdem der Boden unter diesem Feuer ausgetrocknet war, nahmen wir die Glut weg und legten uns auf die heiße Asche. Wir verbrachten die Nacht schlaflos und machten uns am nächsten Morgen trotz des noch schlechter gewordenen Wetters und des scharfen Windes auf den Heimweg. Da Hunger und Kälte uns geschwächt hatten, war dies ein harter Tagesmarsch, und erst spät kamen wir in unserem Zelt an. *Wa-me-gon-a-biew* vermochte noch schneller zu gehen als ich, und als er sich nach mir umwandte, erkannten wir beide, daß unsere Gesichter erfroren waren. Kurz vor dem Zelt konnte ich einfach nicht mehr weiter. So ließ er mich zurück, ging zum Zelt und schickte ein paar Frauen aus, um mich heimzuholen. Obgleich unsere Hände und Gesichter erfroren waren, waren unsere Füße, da wir gute Mokassins anhatten, unverletzt.

Da im Lager weiterhin Hunger herrschte, hielten wir es für notwendig, uns zu trennen, und zwar in verschiedenen Richtungen. *Net-no-kwa* beschloß, mit unserer Familie zu dem Handelsposten eines Mr. Henry zu gehen, der durch das Umschlagen seines Bootes im Columbia River ertrunken war. Wo sich einst dieser Handelsposten befand, ist seitdem ein Ort namens Pembina entstanden. Den Rest des Winters verbrachten wir mit den indianischen Angestellten der Pelzhändler auf gemeinsamer Jagd. Als der Frühling kam, kehrten wir mit diesen Indianern zu dem See zurück, wo wir unsere Kanus gelassen hatten. Wir fanden unsere gesamte Habe unbeschädigt vor, und nachdem wir die Pelze aus unseren *Sunjegwuns* mit denen am Red River erbeuteten zusammengetan hatten, besaßen wir elf Bündel Biberfelle, von denen jedes vierzig Pelze enthielt, und zehn Bündel andere Felle. Wir beabsichtigten nun, zum Lake Huron zurückzukehren und unsere Pelze in Mackinac zu verkaufen. Außerdem besaßen wir noch das große *Sunjegwun* am Rainy Lake, dessen Inhalt gemeinsam mit den Fellen, die wir bei uns hatten, genügte, um uns reich zu machen. Als wir dorthin zurückkehrten, fanden wir das *Sunjegwun* erbrochen vor. Nicht ein einziges Bündel oder Fell war zurückgelassen worden. Wohl sahen wir im Handelsposten ein

Bündel Felle, das wie eines der unseren aussah, aber es gelang uns nicht, zu ermitteln, ob der Händler selbst oder einige Indianer sie gestohlen hatten. Die alte Frau war sehr aufgeregt und zögerte nicht, dem Händler den Diebstahl zuzuschreiben.

Als wir das kleine Haus an der anderen Seite der Grand Portage, die zum Lake Superior führt, erreicht hatten, rieten uns die dortigen Händler, die Pelzbündel auf ihre Wagen zu laden und sie herübertragen zu lassen. Aber die alte Frau, die wußte, daß unsere Felle, wenn sie einmal in die Hände der Händler gelangten, nur mit Schwierigkeiten oder vielleicht gar nicht zurückzuerlangen wären, weigerte sich, diesen Rat zu befolgen. Wir brauchten mehrere Tage, bis wir sie selbst hinübergetragen hatten. Als wir auf der anderen Seite der Portage angekommen waren, wurde *Net-no-kwa* von den Herren M'Gilveray und Shabboyea mit größter Liebenswürdigkeit behandelt. Sie gaben ihr etwas Wein und veranlaßten sie, alle ihre Pelze in einem Raum zu lassen, in dem sie wohnen durfte. Zuerst versuchten sie, sie mit Freundlichkeit zum Verkauf ihrer Pelze zu überreden; als sie jedoch merkten, daß sie nicht gesonnen war, sich davon zu trennen, bedrohten sie die alte Frau. Endlich versuchte ein junger Mann, der Sohn des Herrn Shabboyea, sie ihr mit Gewalt wegzunehmen; aber der alte Herr schritt ein und befahl seinem Sohn, von diesem Vorhaben abzulassen. Er machte ihm sogar Vorwürfe wegen seiner Rohheit. So gelang es *Net-no-kwa* wenigstens vorübergehend, ihr Eigentum zu behalten; und vielleicht wäre es ihr bis Mackinac gelungen, wenn nicht ein Mitglied ihrer eigenen Familie so starrköpfig gewesen wäre. Wir waren noch nicht lange an der Portage, als dort ein Mann namens *Bit-te-gish-sho* (›Krummer Blitz‹) eintraf, der mit seiner kleinen Gruppe in Middle Lake, das die Indianer *Naw-we-sah-ki-e-gun* nennen, lebte. Mit diesen Leuten befreundete sich *Wa-me-gon-a-biew* aufs engste, ohne daß einer der Unsrigen das wußte, und verliebte sich in eine der Töchter von *Bit-te-gish-sho*.

Als wir alle Vorbereitungen zur Reise zum Sault Ste. Marie getroffen hatten und alles Gepäck in den Kanus war, konnten wir plötzlich *Wa-me-gon-a-biew* nicht finden. Wir suchten ihn in allen Himmelsrichtungen und erfuhren erst nach mehreren Tagen von einem Franzosen, daß er sich bei der Familie *Bit-te-gish-sho* jenseits der Tragstelle aufhielt. Ich wurde ausgeschickt, ihn zu holen, konnte ihn aber auf keine Weise veranlassen, mir zu folgen. Die alte Frau, die seine Hartnäckigkeit kannte, begann zu weinen. »Hätte ich zwei Kinder«, sagte sie, »so wäre ich bereit, dieses eine zu verlieren, aber da ich nur ihn habe, muß ich mit ihm gehen.« Sie gab ihrer verwitweten Nichte, die seit ihrer Kindheit bei ihr gelebt hatte, fünf Bündel Biberfelle. Eines davon sollte sie für sich selbst behalten; die anderen vier, denen *Net-no-kwa* noch sechzig Otterfelle hinzufügte, sollte sie nach Mackinac bringen. Die Nichte schaffte die Felle im Kanu des Händlers zu Monsieur Lapomboise von der Nordwestkompanie und erhielt von ihm für den Wert der Pelze eine regelrechte Quittung. Dieses Papier ging jedoch später durch den Brand unseres Zeltes verloren, und bis zum heutigen Tag haben weder *Net-no-kwa* noch einer ihrer Angehörigen auch nur einen Pfennig für diese Pelze erhalten.

Die alte Frau, die über das schlechte Verhalten ihres Sohnes, über ihre gescheiterten Hoffnungen, nach dem Huronsee zurückkehren zu können, und über alles andere ihr widerfahrene Mißgeschick sehr betrübt war, begann nun wieder zu trinken. Während eines einzigen Tages verkaufte sie einhundertzwanzig Biberfelle, eine große Anzahl Büffelfelle, dazu andere gegerbte und geräucherte Felle – um sich dafür Rum zu beschaffen. Sie hatte die Angewohnheit, wenn sie trank, alle in der Nähe befindlichen Indianer mit betrunken zu machen, soweit ihre Mittel ihr dies gestatteten.

Von unseren vielen Pelzbündeln, der Frucht so vieler Tage schwerer Arbeit und so langer und schwieriger Reisen, blieben uns nur eine Schlafdecke und drei Fässer Rum – außer der ärmlichen und schon fast ganz abgetragenen Kleidung, die wir auf dem Leib trugen. Bei dieser sowohl wie bei anderen Gelegenheiten war es mir unmöglich, die sinnlose und leichtfertige Vergeudung unserer Pelze und anderen Eigentums mit der gleichen Gelassenheit hinzunehmen wie die Indianer.

Endlich wurde die Rückreise beschlossen, und wir fuhren mit *Bit-te-gish-sho* und einigen anderen Indianern zum Waldsee ab. Sie halfen uns beim Kanubau, beim Überqueren der Tragstellen usw. Am Waldsee wurden wir vom kalten Wetter überrascht, und obgleich die meisten anderen weiterzogen, beschloß *Net-no-kwa* zu bleiben. Hier stellte es sich zum Glück heraus, daß die zwischen *Wa-me-gon-a-biew* und der Tochter von *Bit-te-gish-sho* bestehende Verbindung nicht unlösbar war, und es erscheint mir in der Tat etwas zweifelhaft, ob nicht die Gier der Händler der Großen Tragstelle nach unseren Pelzen vielleicht ebensoviel mit unserer damaligen verhinderten Abreise zu tun hatte wie die Handlungsweise des jungen Mannes.

Nachdem die anderen uns verlassen hatten, empfanden wir unsere Lage als zu verzweifelt und hoffnungslos, um allein bleiben zu können, da wir für den kommenden Winter völlig unzureichend vorbereitet waren. So kehrten wir nach dem Handelsposten am Regensee zurück und erhielten dort Kredit für einhundertzwanzig Biberfelle, wofür wir einige Schlafdecken, Kleidungsstücke und andere im Winter benötigte Gegenstände einhandeln konnten. Hier gesellte sich ein Mann namens *Waw-be-be-nais-sa* zu uns, der sich erbot, während des Winters für uns zu jagen und für uns zu sorgen. Leider aber war er ein sehr schlechter Jäger, und ich war stets imstande, mehr zu erlegen als er.

Kapitel
V

›Medizinjagd‹ /
Gleichgültigkeit eines indianischen Jägers
und die dadurch verursachten Leiden seiner Familie /
Hilfe durch menschlich fühlende Händler /
Ein Jäger amputiert sich den eigenen Arm /
Elchjagd / *Sah-muks* Gastfreundschaft
und unser Aufenthalt am Rainy Lake /
Ein Büffel bewacht seine tote Gefährtin /
Schreckliche Leiden durch Kälte /
Feuer zerstört mein Zelt
und fast mein gesamtes Eigentum

Mit dem tiefen Schnee und dem dicken Eis kamen Armut und Hunger als unabwendbare Begleiterscheinungen. Wir konnten nun keine Biber mehr in Fallen fangen oder Elche mit Hilfe der üblichen Methoden erlegen, obwohl es einige gab. Als unser Hunger unerträglich zu werden begann, griff die alte Frau auf ihr bewährtes Mittel zurück, eine Nacht betend und singend zu verbringen. Am Morgen darauf sagte sie zu ihrem Sohn und zu *Waw-be-be-nais-sa*: »Geht aus und jagt, denn der Große Geist hat mir etwas Fleisch gewährt.« Aber *Wa-me-gon-a-biew* widersprach ihr und sagte, daß man bei diesem kalten und ruhigen Wetter keinesfalls auf Schußweite an einen Elch herankommen könne. »Ich kann auch einen Wind herbeizaubern«, sagte *Net-no-kwa*, »und obwohl es jetzt ruhig und kalt ist, wird der warme Wind noch vor dem Abend kommen. Geht, meine Söhne, ihr werdet auf jeden Fall etwas töten. In meinem Traum sah ich *Wa-me-gon-a-biew* mit einem Biber in unser Zelt eintreten, außerdem hatte er eine große Ladung Fleisch auf seinem Rücken.« Endlich gingen sie wirklich fort, und trugen an ihren Köpfen und Patronentaschen herabbaumelnd die kleinen Medizinbeutel,[53] die

die alte Frau für sie angefertigt hatte, da sie nach ihrer Meinung vollen Jagderfolg gewährleisteten.

Sie waren noch nicht lange fort, als sich ein an Stärke zunehmender Wind von Süden her erhob, wodurch das Wetter gleichzeitig wärmer wurde. Gegen Abend kamen die Jäger mit dem Fleisch eines fetten Elches beladen heim, und *Wa-me-gon-a-biew* hatte einen Biber auf seinem Rücken, genau wie die alte Frau es im Traum gesehen hatte. Da der Elch sehr groß und fett war, zogen wir mit unserem Zelt zu der Stelle, wo er lag, und trafen dort gleich die Vorbereitungen zum Trocknen des Fleisches. Dieser Vorrat reichte trotzdem nicht lange, obwohl wir außerdem ein paar Biber entdeckten und zu töten vermochten. Nach etwa zehn Tagen waren wir schon wieder ohne Nahrung.

Als ich mich eines Tages in einiger Entfernung von unserem Zelt auf der Biberjagd befand, bemerkte ich die Spuren von vier Elchen. Ich brach die oberste Spitze eines Busches, an dem sie geknabbert hatten, ab und trug sie heim. Nachdem ich das Zelt betreten hatte, warf ich sie vor *Waw-be-be-nais-sa*, der in seiner gewohnten faulen Art am Feuer lag, nieder und sagte: »Sieh dir das an, du guter Jäger, und geh und schieße uns ein paar Elche.« Er nahm den Zweig in die Hand, sah ihn einen Augenblick lang an und fragte: »Wie viele sind es?« – »Vier«, antwortete ich. Darauf erwiderte er: »Ich muß sie töten.« – Zeitig am nächsten Morgen folgte er meinen Spuren und tötete drei der Elche. Er war ein guter Jäger, wenn er sich dazu aufraffen konnte, meistens aber war er so faul, daß er lieber verhungert als auf Wildsuche gegangen wäre – selbst wenn welches gefunden worden war, hatte er meist keine Lust, es zu verfolgen. Wir hatten nun wenigstens reichlich zu essen, bis die Zeit des Hungerns wieder begann. Oft hatten wir zwei, drei Tage lang nichts zu essen, bis dann ein paar Schneehasen oder ein Vogel die äußerste Hungersnot wieder ein wenig hinausschob. Wir versuchten, *Waw-be-be-nais-sa* zu größerem Kraftaufwand zu überreden, da wir wußten, daß er Wild heimbringen könnte, wenn es überhaupt welches gab, meistens aber gab er uns die Antwort, daß er kränklich und in schlechter Körperverfassung sei. Eines Morgens machten *Wa-me-gon-a-biew* und ich uns in der Hoffnung, etwas zu finden, auf, reisten den ganzen Tag lang und gingen weiter vom Zelt fort als sonst. Ehe es dunkel wurde, erlegten wir einen jungen Biber, und *Wa-me-gon-a-biew* sagte zu mir: »Mein Bruder, du mußt uns jetzt ein Lager herrichten und etwas von dem Biber zubereiten, während ich weitergehe und noch etwas anderes zu schießen versuche.« Ich tat, wie er gesagt hatte. Er kam kurz vor Sonnenuntergang und brachte viel Fleisch mit, denn er hatte zwei Karibus[54] geschossen. Am nächsten Morgen holten wir ganz zeitig die beiden Karibus und schleiften sie den weiten Weg zu unserem Zelt zurück.

Ich vermochte mit meiner Last nicht ganz heimzugelangen, aber *Wa-me-gon-a-biew* schickte mir sofort nach seiner Ankunft die junge Frau entgegen, die mir half, so daß ich vor Mitternacht im Zelt eintraf.

Wir sahen jetzt ein, daß unser Leben dauernd gefährdet sein würde, wenn wir noch länger allein blieben, und da der gewonnene kleine Fleischvorrat uns die Möglichkeit gab, weiterzuziehen, beschlossen wir, uns nach Menschen umzusehen. Der nächste Handelsposten befand sich etwa vier bis fünf Tagereisen entfernt am Klarwassersee. Wir ließen unser Zelt in der Wildnis zurück, nahmen nur unsere Schlafdecken, einen oder zwei Kochtöpfe und einige zur Reise notwendige Dinge mit und machten uns nach dem Handelsposten auf. Die Gegend, die wir durchwanderten, war voller Seen, Inseln und Sümpfe, aber sie waren alle gefroren, so daß wir versuchten, in gerader Linie vorwärts zu kommen.

Waw-be-be-nais-sa, den vielleicht der Hunger oder die durch das Herumziehen mit uns verursachten Strapazen erregten, begann während dieser Reise eines frühen Morgens um etwas Eßbares zu singen und zu beten. Endlich sagte er: »Heute werden wir ein paar Karibus sehen.« Die alte Frau jedoch, deren Stimmung sich durch die andauernden Entbehrungen verschlechtert hatte und die *Waw-be-be-nais-sa* nicht gerade für einen aktiven Jäger hielt, antwortete ihm: »Selbst wenn du Karibus siehst, wirst du nicht in der Lage sein, sie zu erlegen. Es gibt Männer, die nicht gesagt haben würden: ›Heute werden wir Wild *sehen*‹, sondern statt dessen: ›Wir werden es *essen*‹.« Nach dieser Unterhaltung zogen wir los und begegneten schon nach kurzer Zeit sechs Karibus, die direkt auf uns zukamen. Wir versteckten uns im Gebüsch an der Spitze unserer kleinen Insel, bis sie auf Schußweite an uns herangekommen waren. *Wa-me-gon-a-biew* wollte schießen, aber sein Gewehr versagte, und die Herde ergriff beim Knacken des Hahns die Flucht. *Waw-be-be-nais-sa* feuerte auf die fortgaloppierenden Tiere und traf eines an der Schulter;

aber obwohl die beiden den ganzen Tag ihre Verfolgung fortsetzten, kehrten sie dennoch am Abend ohne Fleisch ins Lager zurück. Unsere Aussichten waren nun so entmutigend, daß wir beschlossen, zu unserer Entlastung etwas Gepäck zurückzulassen, damit wir weiter ausgedehnte Jagdausflüge unternehmen konnten. Außerdem töteten wir unseren letzten Hund, der zu schwach geworden war, um uns folgen zu können; aber aus irgendwelchen Gründen weigerte sich die alte Frau, vom Fleische dieses Tieres mitzuessen.

Nach einigen Tagen waren wir wirklich verzweifelt, da wir nicht wußten, welchen Weg wir einschlagen sollten und außerdem zu schwach waren, um überhaupt weiterzureisen. In dieser Notlage errichtete die alte Frau, die in der höchsten Verzweiflung stets über weit größere Kräfte verfügte als wir anderen, unser Zelt wie gewöhnlich, schaffte eine große Ladung Holz herbei, damit wir während ihrer Abwesenheit ein Feuer unterhalten konnten, band ihre Decke um, ergriff ihren Tomahawk und ging, wie wir sehr wohl wußten, um irgendeinen Ausweg aus unserer Notlage zu finden. Am folgenden Tage kam sie wieder und verfiel wieder auf ihr oft erprobtes Mittel, uns zu äußerster Anstrengung aufzustacheln, indem sie sagte: »Meine Kinder, ich schlief vorige Nacht an einem einsamen und entfernten Ort, wo ich lange im Gebet verharrte. Dann begann ich zu träumen und sah den Pfad, auf dem ich gekommen war, und sein Ende, dort, wo ich schlief, und ganz nahe davon erblickte ich den Anfang eines anderen Weges, der direkt zum Hause eines Händlers führte. In meinem Traum sah ich weiße Männer; laßt uns deshalb keine Zeit verlieren, denn der Große Geist will uns jetzt zu einem guten Feuer führen.«

Das Vertrauen und die Hoffnung, die die alte Frau mit derartigen Worten zu entfachen verstand, belebten uns wieder etwas, und wir brachen sofort auf. Als wir aber schließlich das Ende des von ihr am Vortage eingeschlagenen Weges erreicht hatten und ein beträchtliches Stück darüber hinausgegangen waren, ohne auf menschliche Spuren zu stoßen, verloren wir unseren Glauben an ihre Worte, machten der alten Frau Vorwürfe und verspotteten sie – dennoch fanden wir kurz darauf zu unserer großen Freude eine frische Jagdfährte, die, wie wir wußten, zum Hause des Händlers führen mußte. Wir verdoppelten unsere Anstrengungen und kamen am nächsten Abend dort an. Hier fanden wir denselben Händler vor, der uns am Regensee einen Kredit von einhundertzwanzig Biberfellen gewährt hatte, und da er bereit war, die von uns inzwischen gejagten Felle holen zu lassen, konnten wir ihm unsere Schulden zurückzahlen und hatten noch zwanzig Biberfelle übrig. Von diesen kaufte ich vier Fallen, deren jede fünf Felle kostete. Außerdem gab er der alten Frau drei kleine Fässer Rum.

Nachdem wir uns dort einige Tage aufgehalten hatten, kehrten wir wieder in die Richtung zurück, aus der wir gekommen waren. Zuerst benutzten wir den großen Jagdpfad der zum Handelsposten gehörigen Leute, dann erreichten wir die Stelle, wo wir ihn verlassen mußten. Dort gab die alte Frau *Waw-be-be-nais-sa* die drei kleinen Rumfässer mit dem Auftrag, auf dem Jagdpfad weiterzugehen, bis er die Jäger träfe, ihnen den Rum gegen Fleisch zu geben und dann damit zu uns zurückzukehren. Er aber öffnete eines der drei kleinen Fässer, trank es halb aus und legte sich schlafen. Am nächsten Morgen jedoch war er wieder nüchtern und ging, nachdem wir ausgemacht hatten, wo er uns treffen sollte, den Weg, auf den die alte Frau ihn geschickt hatte. *Wa-me-gon-a-biew* begleitete ihn. Nachdem sie fortgegangen waren, zog ich mit den Frauen nach *Skut-tah-waw-wo-ne-gun* (›Trockener Tragplatz‹), dem ausgemachten Treffpunkt, weiter. Wir waren gerade einen Tag dort, als *Wa-me-gon-a-biew* mit einer Fleischlast erschien; aber *Waw-be-be-nais-sa* kam nicht, obwohl seine kleinen Kinder an diesem Tage gezwungen gewesen waren, ihre Mokassins zu essen.[55] Wir gaben seiner Frau und seinen Kindern eine Mahlzeit und schickten sie dann fort zu ihrem Mann. Die Jäger, bei denen *Waw-be-be-nais-sa* geblieben war, sandten uns eine Einladung durch *Wa-me-gon-a-biew*, auch zu ihnen zu kommen und mit ihnen zu leben; es war aber vor allem erst einmal notwendig, unser Zelt und unsere dort gelassene Habe zu holen. Auf dem Rückweg machten wir wieder am ›Trockenen Tragplatz‹ halt, weil wir vor Hunger nicht mehr weiter konnten. Wir hatten eine lange Zeit fast ausschließlich von der Rinde der Bäume und von einer dort vorkommenden Rankpflanze gelebt,[56] und unsere Kräfte waren außerordentlich geschwächt. *Wa-me-gon-a-biew* konnte überhaupt nicht mehr gehen, und nur die alte Frau hatte als einzige noch etwas Kraft. Sie vermochte fünf bis sechs Tage völlig zu fasten, ohne scheinbar davon beeinträchtigt zu werden. Nur weil sie dachte, daß die anderen Familienmitglieder in ihrer Abwesenheit umkommen würden, erlaubte sie, daß ich mich hilfesuchend nach dem Handelsposten aufmachte, von dem wir glaubten, daß er näher läge als das Lager der Jäger, nämlich etwa zwei gewöhnliche Tagereisen weit. Aber es war mehr als zweifelhaft, wann ich in meinem geschwächten Zustand dort ankommen würde.

Ich verließ meine Familie früh am Morgen bei kaltem Wetter und scharfem Wind. Ich mußte einen großen See überqueren, und da der Wind hier noch eisiger blies, litt ich dort am meisten. Kurz vor Sonnenuntergang kam ich auf der anderen Seite an und setzte mich hin, um etwas auszuruhen. Sobald ich zu frieren begann, versuchte ich aufzustehen, fand dies aber so schwierig, daß ich beschloß, keinesfalls mehr zu ruhen, ehe ich den Handelsposten erreicht hatte. Die Nacht war nicht sehr dunkel, und da der Wind nachgelassen hatte, kam ich jetzt besser vorwärts. Ich ging die ganze Nacht hindurch weiter und erreichte den Handelsposten am nächsten Morgen.

Als ich die Tür öffnete, sah man mir am Gesicht an, daß ich am Verhungern war, und sie fragten mich sofort, wie es meiner Familie ginge. Sobald ich die notwendigen Auskünfte gegeben hatte, schickten sie einen schnellen Franzosen mit einem Nahrungsvorrat zu ihnen. Ich hatte mich erst ein paar Stunden im Handelsposten aufgehalten, als ich draußen die Stimme *Net-no-kwas* hörte, die fragte: »Ist mein Sohn hier?« Und als sie mich erblickte, zeigte sie größte Freude. Sie war dem Franzosen, der einen anderen Weg eingeschlagen hatte, nicht begegnet. Nachdem ich das Lager verlassen hatte, begann der Wind außerordentlich heftig zu werden, und die alte Frau, die glaubte, daß ich den See nicht überqueren könnte, war mir nachgegangen. Im Schneetreiben war meine Spur verwischt worden, so daß sie ihr nicht mehr folgen konnte, und so kam sie zu dem Handelsposten in der Meinung, daß ich irgendwo auf dem Wege umgekommen sei. Ein oder zwei Tage später kamen die anderen Mitglieder unserer Familie, durch die ihnen zugesandte Nahrung neu belebt, bei uns an. Außerdem hatten die Indianer auch *Waw-be-be-nais-sa* mit einer Ladung Fleisch zum ›Trockenen Tragplatz‹ geschickt, da sie wußten, daß wir ihr Lager ohne Nahrungszufuhr kaum zu erreichen vermochten. Kurz nachdem ich weggegangen war, hatte sich dieser bereits in nächster Nähe unseres Aufenthaltsortes befunden, ihn aber absichtlich oder aus Dummheit nicht gefunden. Er hatte fast in Rufweite unserer Familie übernachtet und nahm gerade ein reichliches Mahl zu sich, als sie ihn durch die von ihm hinterlassenen Spuren fanden.

Nachdem wir uns einige Tage lang im Handelsposten erholt hatten, gingen wir alle zu den Indianern, um mit ihnen zusammenzubleiben. Die Gruppe bestand aus drei Zeltgemeinschaften mit dem Anführer *Wah-ge-kaut* (›Krummbein‹). Ihre drei besten Jäger hießen *Ka-kaik* (›Kleiner Habicht‹), *Meh-ke-nauk* (›Schildkröte‹) und *Pa-ke-kun-na-gah-bo* (›Der im Rauch Stehende‹). Besonders letzterer war zu dieser Zeit ein außerordentlich bedeutender Jäger. Kurz danach wurde er durch einen Unfall verletzt; er bekam eine ganze Ladung Schrot in den Ellbogen, die ihm den Armknochen und das Gelenk zerschmetterte. Als die Wunde gar nicht heilen wollte, sondern sich im Gegenteil mehr und mehr verschlimmerte, bat er viele Indianer und alle Weißen, die er traf, ihm den Arm abzuschneiden. Als alle sich weigerten, dies zu tun oder ihm auch nur bei einer Selbstamputation beizustehen, wartete er, bis er einmal allein im Zelt war, nahm zwei Messer zur Hand, von denen er eines zu einer Art Säge zurechtgehackt hatte, und schnitt mit seiner rechten Hand seinen linken Arm ab, den er, soweit er es vermochte, von sich warf. Bald danach schlief er ein und wurde so von seinen Freunden gefunden. Er hatte eine große Menge Blut verloren, genas aber und wurde trotz des Verlustes seines einen Armes wieder ein großer Jäger. Nach diesem Unglück wurde er allgemein *Kosh-kin-ne-kait* (›Abgeschnittener Arm‹) genannt. Wir lebten einige Zeit lang mit dieser Gruppe und hatten stets reichlich zu essen, obwohl *Waw-be-be-nais-sa* nichts erlegte.

Als das Wetter ein wenig wärmer zu werden begann, trennten wir uns von den Indianern und jagten Biber in der Nähe des Handelspostens. Da wir so schrecklichen Hunger hatten erleiden müssen, fürchteten wir uns jetzt davor, in abgelegenen Gegenden zu jagen, wo man hauptsächlich von Großwild abhängig ist. In der Nähe des Handelspostens jedoch fanden wir eines frühen Morgens eine Elchspur. Bei uns weilte jetzt ein Mann namens *Pa-bah-mew-in* (›Der Mann, der etwas mit sich herumträgt‹); er machte sich gemeinsam mit *Wa-me-gon-a-biew* und einem Rudel Hunde auf, das Tier zu suchen. Die meisten Hunde folgten ihnen nur ein bis zwei Stunden und kamen dann zurück. Das entmutigte *Pa-*

bah-mew-in so sehr, daß er umkehrte, aber *Wa-me-gon-a-biew* suchte weiter. Er vermochte sehr schnell zu laufen und überholte alle Hunde, von denen einer oder zwei die Spur hartnäckig weiter verfolgten. Gegen Mittag erreichten *Wa-me-gon-a-biew* den See, den der Elch zu überqueren versuchte. Da aber das Eis an verschiedenen Stellen schon dünn war, konnte das Tier nicht so schnell laufen wie gewöhnlich. So vermochte *Wa-me-gon-a-biew* es zur Strecke zu bringen. Als er nahe herankam, überholte der vorderste Hund, der kurz hinter *Wa-me-gon-a-biew* lief, den Elch, der nun leicht getötet werden konnte.

Während des ganzen Frühlings blieben wir nur etwa eine Tagereise vom Handelsposten entfernt und erbeuteten beträchtliche Mengen Wild. Ich allein erlegte außer zahlreichen Bibern und anderen Tieren zwanzig Otter. Als ich eines Tages nach meinen Fallen sah, bemerkte ich auf einem Teich einige Enten. Ich ersetzte die Kugel in meinem Gewehr durch eine Ladung Schrot und kroch zu ihnen. Als ich vorsichtig durch die Büsche schlich, erhob sich neben mir ein Bär und kletterte auf eine Weißfichte, fast genau über meinem Kopf. Eilig tat ich eine Kugel in mein Gewehr und feuerte; aber die obere Hälfte meines Gewehrlaufes brach plötzlich ab. Der Bär war anscheinend unverletzt, denn er kletterte noch höher in den Baum hinauf. Ich lud nochmals das, was von meinem Gewehr übriggeblieben war, zielte ein zweites Mal und brachte ihn herunter.

Während wir uns dort aufhielten, sammelten wir eine Anzahl Pelzbündel an, und da es unpraktisch war, sie in unserem kleinen Zelt zu behalten, gaben wir sie von Zeit zu Zeit den Händlern zur Aufbewahrung. Als die Zeit herannahte, wo man zur ›Großen Tragstelle‹ zurückkehrte, nahmen sie unsere Bündel ohne unsere Zustimmung mit; aber die alte Frau folgte ihnen zum Regensee und nahm ihnen alles, was uns gehörte, wieder ab. Jedoch ließ sie sich überreden, sie zu verkaufen. Vom Regensee gingen wir zum Waldsee, wo *Pa-bah-mew-in* uns verließ. Dafür gesellte sich dort *Waw-be-be-nais-sa* wieder zu uns, da er mit uns zum Regensee zurückkehren wollte, aber *Net-no-kwa* hatte davon gehört, daß dort einer seiner Verwandten einen Mord begangen haben sollte, den man sicherlich an ihm rächen würde,[57] weshalb sie es nicht zulassen wollte, daß er dorthin mitkäme. Wir folgten der Einladung eines Mannes namens *Sah-muk*, der ein Häuptling der Ottawa und ein

Verwandter *Net-no-kwas* war, und kehrten zum Regensee zurück, um mit ihm zu leben. *Wa-me-gon-a-biew* jedoch ging mit den zwei Frauen und den Kindern zum Roten Fluß. *Sah-muk* behandelte *Net-no-kwa* und mich mit äußerster Freundlichkeit. Er baute und schenkte uns ein für den Gebrauch der Händler bestimmtes großes Rindenkanu, das wir an diese für hundert Dollar – der damals übliche Preis für solche Kanus in diesem Teil des Landes – verkauften. Er baute uns außerdem noch ein kleineres Kanu für unseren eigenen Gebrauch.

Ein in den Regensee mündender Fluß wird *Kocheche-se-bee* (›Quellfluß‹) genannt. Er bildet in der Nähe des Sees einen ziemlich großen Wasserfall. Dort fing ich mit der Angel eine Menge Fische von der Art, die die Franzosen ›dory‹ nennen. Als ich eines Tages an dieser Stelle fischte, kam ein sehr großer Stör den Wasserfall herunter und vermochte sich im flachen Wasser nicht fortzubewegen. Ich tötete ihn mit Hilfe eines Steines, und da er der erste in dieser Gegend erlegte Stör war, veranstaltete *Sah-muk* ein Fest zu Ehren dieses Vorkommnisses.

Nach einiger Zeit verließen wir diese Gegend in Gesellschaft einer größeren Gruppe Ojibwa, um den Regensee zu überqueren. Bevor wir uns trennten, um in verschiedene Richtungen aufzubrechen, wurde ein Trinkgelage abgehalten. Als alle betrunken waren, stahlen die Ojibwa uns unsere gesamten Vorräte an Mais und Fett, so daß wir völlig ohne Nahrungsmittel dastanden.

Dieses war das erstemal, daß ich an einem derartigen Gelage der Indianer teilnahm, und als ich mich davon erholt hatte, machte mir die alte Frau scharfe, aber berechtigte Vorwürfe, obwohl sie selbst weit mehr getrunken hatte als ich.

Sobald ich meine fünf Sinne wieder beisammen hatte und sah, in welche Situation wir durch unsere Achtlosigkeit geraten waren, setzte ich die alte Frau in das Kanu und fuhr zu einer Stelle, wo gute Fischfangmöglichkeiten bestanden. Die Ojibwa hatten uns nicht einen Mundvoll Nahrung zurückgelassen; aber ich fing bald drei ›Dories‹, so daß wir keinen Hunger leiden mußten. Am nächsten Morgen hielten wir, um zu frühstücken, an einer Tragstelle, wo diese Fische besonders häufig vorkamen; und während die alte Frau Feuer machte und einen Fisch zubereitete, fing ich noch etwa hundert dazu. Wir machten uns gerade für die Abfahrt fertig, als ein Händlerkanu vorüberkam, und die alte Frau, die die Folgen der Trunkenheit noch nicht ganz überwunden hatte, verkaufte meine eben gefangenen Fische gegen Rum. Es kamen an diesem Tage noch mehr Händler vorüber, und ich versteckte vor der alten Frau genug Fische, um damit einen großen Sack Mais und außerdem Fett zu kaufen. Als *Net-no-kwa* endlich nüchtern wurde, lobte sie mich dafür.

In der Mitte des Waldsees befindet sich eine kleine, aber sehr felsige Insel, auf der es fast keine Bäume oder Büsche gibt. Dort befanden sich viele junge Möwen und Kormorane, die ich in großer Anzahl mit einem Stock erschlug. Wir suchten einhundertzwanzig der fettesten aus, räucherten sie, packten sie in Säcke und nahmen sie als Proviant mit.

Von dort aus fuhren wir über den Muskeegtragplatz zum Roten Fluß. Als wir diesen Fluß hinunterfuhren, schoß ich in der Nähe des Ufers einen großen Bären. Er stieß einen höchst ungewöhnlichen Schrei aus, lief zum Wasser und versank.

Wo der *Nebenninnah-ne-sebee* (Hoher Preiselbeerfluß, auf unserer Karte: Pembina. E. L.) in den Roten Fluß mündet, hatte sich früher ein Handelsposten befunden. Wir trafen dort weder Weiße noch Indianer, und da wir reichlich mit Vorräten versehen waren, fuhren wir die ganze Nacht lang in der Hoffnung weiter, bald einige Menschen zu treffen. Wir landeten am nächsten Morgen nach Sonnenaufgang, und während die alte Frau etwas Feuerholz sammelte, sah sie im Wald einige Büffel. Sobald ich das erfuhr, lief ich hin und tötete einen Bullen; aber da er recht mager war, kroch ich noch weiter und erlegte eine große, fette Kuh. Sie lief noch weiter und fiel endlich in der offenen Prärie. Ein ihr etwa in einer Entfernung von dreihundertfünfzig Metern folgender Bulle raste, als er mich in der offenen Prärie sah, mit solcher Geschwindigkeit auf mich zu, daß ich es für weiser hielt, mich in den Wald zurückzuziehen. Dort blieb ich den ganzen Tag; und sobald ich mich an die Kuh heranmachen wollte, zeigte es sich, daß sie derselbe Bulle unablässig bewachte, so daß ich mich am Schluß gezwungen sah, sie liegenzulassen. Während der Brunstzeit ist es nicht ungewöhnlich, daß ein Bulle sich derartig verhält.

Am nächsten Tag trafen wir Händler, die den *Nebenninnah-ne-sebee* herunterfuhren, und gaben ihnen etwas Büffelfleisch von dem zuerst erlegten Bullen. Dann reisten wir ohne großen Aufenthalt zur Prärietragstelle des Assiniboinflusses weiter, wo wir *Wa-me-gon-a-biew* und *Waw-*

be-be-nais-sa mit den anderen Mitgliedern unserer Familie vorfanden, von denen wir so lange getrennt gewesen waren.

Inzwischen hatte *Waw-be-be-nais-sa* seine frühere Frau verstoßen, um die Tochter von *Net-no-kwas* Schwester zu heiraten, die in unserer Familie aufgewachsen und von der alten Frau stets wie ein eigenes Kind behandelt worden war. Kaum hatte *Net-no-kwa* gehört, was geschehen war, als sie auch schon die wenigen Besitztümer *Waw-be-be-nais-sas*, die ihr im Zelt gerade in die Augen fielen, ins Freie warf und zu ihm sagte: »Du hast mich schon beinahe verhungern lassen, und ich will nichts mehr mit dir zu tun haben. Geh und sorge für deine eigenen Bedürfnisse – und das ist mehr, als ein so schlechter Jäger wie du leisten kann. Meine Tochter sollst du nicht bekommen!«

Auf diese Weise herausgeworfen, lief er ein paar Tage lang allein herum; aber als *Net-no-kwa* erfuhr, daß seine frühere Frau einen anderen Mann geheiratet hatte und daß er sich in hilfloser Lage befand, erlaubte sie ihm doch wieder, ins Zelt zu kommen. Es war wahrscheinlich aus Angst vor der alten Frau, daß er nun tatsächlich ein besserer Jäger wurde.

Im folgenden Winter jagte ich für einen Händler, den die Indianer *Aneeb* (›Ulme‹) nannten. Mit zunehmendem Winter, als das Wetter kälter und kälter wurde, fiel es mir schwer, die sonst von mir erlegte und vom Händler erwartete Menge Wild heimzubringen. Etwa in der Mitte des Winters verfolgte ich vom frühen Morgen an bis zum Einbruch der Dunkelheit einen Elch und hätte ihn beinahe erlegt, aber Kraft und Hoffnung verließen mich. Trotz der schrecklichen Kälte hatte ich meine Kleidung durchgeschwitzt und fühlte sie auf dem Heimweg langsam gefrieren. Meine Gamaschen waren nur aus Stoff und außerdem vom Rennen durch das Gebüsch zu Fetzen zerrissen. Ich war halb erfroren, ehe ich noch an dem Ort anlangte, wo am Morgen unser Zelt gestanden hatte. Jetzt war es Mitternacht. Die alte Frau hatte die Absicht gehabt, weiterzuziehen, und ich wußte auch wohin; aber ich ahnte nicht, daß es schon heute sein würde. Als ich ihren Spuren nachging, fühlte ich bereits die Kälte nicht mehr, sondern empfand jene typische Schläfrigkeit, die, wie ich wußte, das letzte Schwächestadium einleitet, bevor man erfriert. Ich verdoppelte meine Anstrengungen, aber obwohl ich mir über die Gefahr der Lage völlig im klaren war, konnte ich mich nur mit äußerster Anstrengung vor dem Hinlegen bewahren. Endlich verlor ich für einige Zeit – wie lange, kann ich nicht sagen – das Bewußtsein. Dann erwachte ich wie aus einem Traum und sah, daß ich in einem Umkreis von etwa zwanzig Meter Durchmesser im Kreis herumgelaufen war. Sobald ich mein volles Bewußtsein zurückerlangt hatte, versuchte ich mich hinsichtlich der einzuschlagenden Richtung neu zu orientieren. Dabei entdeckte ich in einiger Entfernung ein Licht, nach dem ich mich richtete.

Noch einmal verlor ich, ehe ich das Zelt erreichte, das Bewußtsein, fiel aber zum Glück nicht hin, sonst wäre es mir nicht möglich gewesen, mich je wieder zu erheben. Aber aufs neue lief ich im Kreis herum. Als ich endlich am Zelt anlangte, fiel ich sofort nieder, aber ohne diesmal das Bewußtsein zu verlieren. Noch heute sehe ich die dicke, glitzernde Eisschicht im Innern der aus Schilf geflochtenen Pukkwi-Zeltbedekkung und höre meine Mutter sagen, daß sie in Erwartung meines Kommens ein großes Feuer unterhalten habe; sie hätte nicht gedacht, daß ich so lange ausbleiben würde, ich hätte längst vor dem Dunkelwerden merken müssen, daß sie weitergezogen sei. Da mein Gesicht, meine Hände und Füße stark erfroren waren, dauerte es einen Monat, ehe ich wieder hinaus konnte.

Als ich wieder jagen konnte, war es etwas wärmer geworden, und der Schnee begann schon an manchen Stellen zu schmelzen. Eines Tages ging ich mit *Waw-be-be-nais-sa* ein gutes Stück am Assiniboinfluß aufwärts, und wir sahen auf einer kleinen fast ganz vom Flusse umgebenen Wiese eine große Herde von etwa zweihundert Elchen. *Waw-be-be-nais-sa* und ich stellten uns in der nur etwa hundertfünfzig Meter breiten Verengung auf, und die erschreckte Herde, die sich nicht auf das dünne Eis des Flusses wagte, begann die Wiese ängstlich zu umkreisen. Manchmal wurde uns ein Tier auf Schußweite entgegengedrängt – auf diese Weise konnten wir zwei erlegen. In unserem Bestreben, näher an sie heranzukommen, erreichten wir fast die Mitte der Wiese, so daß sich die Herde teilte und die eine Hälfte auf das Eis getrieben wurde, während die andere aufs Land entkam. Diesen Tieren folgte *Waw-be-be-nais-sa*, während ich zum Eis lief. Auf dem glatten Eis rutschten die Elche aus und da sie sich in äußerster Angst ganz eng zusammendrängten, brach das Eis unter ihrem Gewicht ein. Sie wateten dem gegenüberliegenden Ufer zu und versuchten nochmals, alle auf einmal das Eis zu erreichen, das aber immer wieder vor ihnen brach. Ich rannte hastig und gedankenlos zu der offenen Stelle, und da das Wasser nicht tief genug war, um die Elche schwimmend zu erlegen, wollte ich wenigstens die sich in nächster Nähe befindlichen töten und schoß auf sie, so schnell ich nur konnte. Als alle meine Kugeln verbraucht waren, zog ich mein Messer und tötete einen oder zwei damit; aber alle im Wasser erlegten wurden von der Strömung unter das Eis getragen, und ich erwischte nicht einen einzigen. Ich konnte nur einen, der über das Eis zum Ufer gelangt war, retten. Dies ergab mit den am Ufer geschossenen Elchen insgesamt vier, und das war alles, was wir von einer nicht weniger als zweihundert Tiere zählenden Herde hatten erbeuten können! *Waw-be-be-nais-sa* verließ mich sofort unter dem Vorwand, die Händler benachrichtigen zu wollen, und verkaufte die vier Elche als seine eigenen, obwohl er nur zwei davon erlegt hatte.

Zu jener Zeit konnte *Wa-me-gon-a-biew* nicht mit auf die Jagd gehen, da er sich während eines Trinkgelages so gefährlich verbrannt hatte, daß er nicht imstande war, auf seinen Füßen zu stehen. Einige Tage später ging ich mit *Waw-be-be-nais-sa* wieder auf die Elchjagd. Wir entdeckten einige Tiere in der Prärie und krochen hinter einer uns verbergenden Bodenunebenheit nahe an sie heran. Wir sahen einen sehr fetten und großen Bock, den ich schießen wollte. Aber *Waw-be-be-nais-sa* sagte zu mir: »Tu das nicht, Bruder, du könntest ihn verfehlen. Da er der beste der Herde ist, will ich ihn schießen, und du kannst einen der kleineren aufs Korn nehmen.« Ich sagte ihm daraufhin, daß ich (weil dies schwerer ist) auf einen liegenden Elch schießen wollte; wir schossen beide zur gleichen Zeit, wobei er fehlte und ich traf. Die Herde floh, und ich folgte ihr, ohne das von mir erlegte Tier zu schlachten oder es auch nur anzusehen. Ich verfolgte die Herde den ganzen Tag lang und hatte vor Dunkelwerden zwei weitere Tiere erlegt, weil die Elche bereits zu müde waren, daß ich leicht an sie herankonnte. Da es nun schon Nacht war, kehrte ich zum Zelt zurück, wo ich *Waw-be-be-nais-sa* vorfand, der eine Ladung Fleisch heimgebracht hatte und die Familie mit der Beschreibung unterhielt, wie er angeblich den Elch getötet hatte. Ich sagte zu ihnen: »Ich freue mich sehr, daß auch er einen Elch getötet hat, denn ich habe drei, und morgen werden wir reichlich Fleisch haben.« Aber ich hatte gleich Verdacht geschöpft, nahm ihn draußen beiseite und fragte ihn wegen des von ihm getöteten Elches. Er mußte mir sofort zugeben, daß es sich um den von mir geschossenen handelte, von dem er etwas Fleisch mitgebracht hatte. Wir schickten ihn zu den Händlern, um Männer zu rufen, die das Fleisch holen sollten. Und wieder verkaufte er alle drei Elche als seine eigenen, obwohl er nicht geholfen, auch nur einen einzigen davon zu schießen. Als die alte Frau dies erfuhr, machte sie ihm das Leben so unerträglich, daß er sich veranlaßt sah, uns zu verlassen.

Auch *Wa-me-gon-a-biew*, der im Herbst eine Ojibwafrau geheiratet hatte, ging von uns, um mit der Familie seines Schwiegervaters zu leben. So verblieben in unserer Familiengemeinschaft nur die alte Frau, ich, das zugekaufte Mädchen, *Ke-zhik-o-weninne* (ein Sohn *Taw-ga-weninnes*, der nun schon ein größerer Junge war), und die beiden kleinen Kinder. Ich war nun zum ersten Mal in meinem Leben allein und ohne einen Helfer verantwortlich für eine zu versorgende Familie.

Waw-be-be-nais-sa hatte eine Tagereise entfernt von uns sein Lager aufgeschlagen. Während des Herbstes hatte ich eine ziemliche Anzahl Biber und andere Tiere erlegt, und wir besaßen für einige Zeit genug, um gut leben zu können. Auch hatten wir genügend Schlafdecken und Kleidungsstücke. An einem sehr kalten Wintermorgen legte ich, ehe ich auf die Jagd ging, meinen gesamten Silberschmuck ab und hängte ihn im Zelt auf. Als die alte Frau mich fragte, warum ich dies täte, sagte ich, daß ich mich bei dieser Kälte mit dem Schmuck nicht wohl fühlte und daß ich ihn außerdem auf der Jagd verlieren könnte. Sie widersprach mir, aber ich bestand auf meinem Willen und ging ohne den Schmuck auf die Jagd. Als ich fort war, ging die alte Frau zu *Waw-be-be-nais-sas* Zelt. Sie wollte zwei Tage lang wegbleiben. Unser Zelt blieb unter der Obhut von *Skwahshish*, wie wir das Bowwetig-Mädchen nannten, und *Ke-zhik-o-wenninne* zurück. Als ich spät nachts nach langer und erfolgloser Jagd zurückkehrte, fand ich diese beiden Kinder frierend und weinend bei der Asche unseres Zeltes, das durch ihre Unvorsichtigkeit samt aller unserer Habe verbrannt war. Auch mein Silberschmuck, eines meiner Gewehre, viele Schlafdecken und Kleidungsstücke waren verloren. Wir waren unter den Indianern dieser Gegend als wohlhabende Leute angesehen worden; nun war nichts mehr übriggeblieben als ein

73

Medizinbeutel und ein Faß Rum. Besonders als ich das Faß Rum sah, wurde ich böse darüber, daß nur das Nutzlose und Schädliche uns blieb, während alles Wertvolle zerstört war. Ich hob es auf und warf es fort. Dann nahm ich dem Bowwetig-Mädchen seine Decke ab und schickte es weg, damit es im Schnee allein bliebe, wobei ich ihm sagte, daß es nur recht wäre, wenn es die Kälte mehr spüre, nachdem wir durch seine Nachlässigkeit all unserer Habe beraubt waren. Dann holte ich den kleinen Jungen, *Ke-zhik-o-weninne*, und wir legten uns zusammen auf die warme Asche.

Sehr zeitig am nächsten Morgen ging ich auf die Jagd, und da ich sehr genau wußte, wie die alte Frau reagieren würde, wenn sie von dem neuen Unglück erführe, wollte ich nicht vor Einbruch der Nacht zurücksein. Als ich dann den Ort, wo unser Zelt gestanden hatte, wieder erreichte, hörte ich die alte Frau das kleine Mädchen auszanken und schlagen. Als ich ans Feuer kam, fragte sie mich, warum ich es nicht getötet hätte, als ich heimkam und das niedergebrannte Zelt vorfand. »Da du es nicht getan hast«, sagte sie, »so muß ich sie nun töten.« – »O meine Mutter«, rief die Kleine, »töte mich nicht. Ich will für dich alles, was du verloren hast, bezahlen.«

»Was hast du denn zu geben? Was kannst du mir bezahlen?« fragte die alte Frau. »Ich gebe dir Manito«, sagte das kleine Mädchen, »der große Manito wird kommen und dich belohnen, wenn du mich nicht tötest.«

Wir hatten nun alle unsere Nahrungsmittel verloren und gingen fast nackt; aber wir beschlossen, *Aneebs* Handelsposten in *Ke-nu-kau-ne-she-way-boant* aufzusuchen, wo wir Kredit für den Wert eines Bündels Biberfelle erhielten. Mit den so eingehandelten Decken und Kleidern gingen wir zu *Wa-me-gon-a-biews* Zelt, von wo er und seine Frau uns zu unserer ehemaligen Heimstätte begleiteten.

Sofort begannen wir, unseren Verlust zu ersetzen. Wir bauten ein kleines Graszelt, in dem wir die *pukkwis* für unseren neuen *wigwam* flochten.

Die Frauen strengten sich sehr an, diese recht bald fertigzustellen, und keine war fleißiger als *Skwahshish*, das Bowwetig-Mädchen. Während der Nacht, wenn es zu dunkel zum Jagen war, nahmen auch *Wa-me-gon-a-biew* und ich an dieser Arbeit teil. Innerhalb weniger Tage war unser neues Zelt fertig, und *Wa-me-gon-a-biew*, der drei Elche erlegt hatte, verließ uns, um zu seiner eigenen Wohnstätte zurückzukehren.

In kurzer Zeit hatten wir unseren Wohlstand und unsere gute Stimmung wiedererlangt. Eines Abends rief die alte Frau das kleine Bowwetig-Mädchen zu sich und fragte, ob es noch wüßte, welches Versprechen es gegeben habe, als es wegen unseres abgebrannten Zeltes geschlagen worden war. *Skwahshish* konnte ihr keine Antwort geben; aber die alte Frau nahm die Gelegenheit wahr, sie darauf hinzuweisen, daß man den göttlichen Namen nicht leichtfertig und unehrerbietig nennen darf.

Kapitel
VI

Mißlingen eines Versuches,
an einem Kriegszug zum Missouri teilzunehmen /
Umzug zum Elchfluß /
Einige Nadoways aus Südkanada
auf meinen Jagdgründen /
Gastfreundschaft der Cree / Medizin /
Streit mit einem Nadoway /
Eine Gruppe *Tus-kwaw-go-mees* /
In Brine Spring am Elchfluß /
Ich verletze mich schwer durch einen Fall vom Pferd /
Ich teile die Schwierigkeiten meines Stiefbruders /
Eigentümlichkeiten des Elches /
Die Gebiete der Elche und des Rentieres

Wir blieben dort bis zum Frühling und gingen dann zu Anfang der Zukkerjahreszeit nach *Ke-nu-kau-ne-she-way-boant*. Wir baten die dortigen Indianer, uns einige Bäume zur Zuckergewinnung abzutreten. Sie wiesen uns eine Stelle mit wenigen Bäumen an, aber die alte Frau war damit unzufrieden und weigerte sich, dort zu bleiben. Wir reisten deshalb allein weiter, bis wir einen guten Zuckerplatz fanden. In dieser Gegend gab es viele Biber und auch Birken zur Herstellung von Trögen für den Ahornsaft. Als wir lange genug geblieben waren, um unseren Sirup zu kochen, kam *Wa-me-gon-a-biew*, der sich in Not befand, mit seinem Vater und seiner ganzen großen Familie zu uns. Wir konnten ihnen einiges abgeben, aber als *Net-no-kwa Wa-me-gon-a-biews* Schwiegervater zehn meiner besten und größten Biberfelle überreichte, konnte sie nicht umhin, zu bemerken: »Alle diese und noch viele mehr sind von meinem kleinen Sohn erbeutet worden, der viel schwächer und weniger erfahren ist als du und *Wa-me-gon-a-biew*.« Der alte Mann war etwas beschämt, als er es annahm. Sie verließen uns einige Tage später, um zum Handelsposten zu gehen. Als wir in Gesellschaft zum Handelsposten am

76

Mausfluß aufbrachen, kam *Waw-be-be-nais-sa* zu uns und schloß sich uns an. Die Blätter der Bäume hatten sich schon entfaltet, die Rinde war geschält, und wir fingen Störe in den Flüssen, da fiel noch einmal knietiefer Schnee, und es setzte ein so scharfer Frost ein, daß die Bäume wie mitten im Winter zu knacken begannen. Der Fluß gefror, und viele Bäume gingen ein.

Im Handelsposten am Mausfluß versammelten sich aufs neue zahlreiche Assiniboin, Cree und Ojibwa, die sich mit den Mandan zu einem neuen Kriegszug gegen die bereits erwähnten *A-gutch-e-ninne-wug* zusammentun wollten. Diesmal wollte auch ich mich ihnen anschließen und sagte zu der alten Frau:»Ich will meine Onkel[58] begleiten, die zu den Mandan gehen.« Sie versuchte mich von der Idee abzubringen, aber da sie mich immer noch widerspenstig fand, nahm sie mir mein Gewehr und meine Mokassins ab. Diese Handlungsweise verstärkte nur noch meinen Entschluß, und so folgte ich den Indianern barfuß und unbewaffnet in der Hoffnung, daß sie mir das Fehlende geben würden. Aber ich hatte mich getäuscht, denn sie schickten mich zurück und wollten mir keinesfalls erlauben, sie zu begleiten. Ich war darüber sehr verärgert und unzufrieden, sah aber keinen anderen Ausweg, als zu den Frauen und Kindern zurückzukehren.

Ich bat die alte Frau nicht darum, mir mein Gewehr wiederzugeben, sondern nahm meine Fallen, verließ das Zelt und kehrte nicht eher wieder zurück, als bis ich genügend Biber gefangen hatte, um mir von den Fellen selbst ein neues Gewehr kaufen zu können. Als ich dies erreicht hatte, war mir mein Wunsch, die Krieger noch einzuholen und auf ihrem Zug zu begleiten, vergangen. Viele der von ihnen zurückgelassenen Frauen begannen nun Hunger zu leiden, aber es machte mir und den wenigen zurückgelassenen sehr jungen Knaben und alten Männern wenig Mühe, sie ausreichend mit Nahrung zu versorgen.

Endlich kamen die Krieger zurück – und zwar hatten sie wenig oder überhaupt nichts erreicht. Wir trennten uns von ihnen und machten uns in Begleitung eines Verwandten von *Net-no-kwa* namens *Wau-zhe-gaw-maish-kum* (›Der am Ufer Entlanggehende‹) nach dem Elchfluß auf. Dieser Mann hatte zwei Frauen, von denen die eine *Me-sau-bis* (›Daunen einer jungen Gans‹) hieß.

Ihn begleitete noch ein anderer vorzüglicher Jäger, *Kau-wa-be-nit-to*

(›Er, der sie alle zum Aufbruch veranlaßt‹). Wir schlugen vom Mausfluß aus eine scharfe nördliche Route ein, und da wir sechs Pferde besaßen, kamen wir sehr schnell vorwärts. Dennoch dauerte es viele Tagereisen, bis wir den Elchfluß erreicht hatten. Hier verließ uns *Wau-zhe-gaw-maish-kum*, um an den Missouri zu gehen, wo er einen Kriegszug unternehmen wollte; aber *Kau-wa-be-nit-to* blieb bei uns und gab uns stets das beste Wild, das er erlegte. Er führte mich auch zu einem Teich, in dessen Nähe sich ein Biberdamm befand. Dorthin ging ich eines Abends, setzte mich nieder und fand den Pfad, den die Biber benutzten, um Baumstrünke und Zweige zum Teich zu schleppen, aus denen sie ihren Bau errichten. Kaum hatte ich mich niedergesetzt, als ich auch schon in ziemlicher Nähe ein Geräusch hörte, so wie Frauen es beim Zubereiten von Fellen verursachen. Da ich in dieser Gegend keine Indianer vermutete, war ich etwas beunruhigt und fürchtete, das sich vielleicht ein uns feindlicher Stamm hier niedergelassen haben könnte. Dennoch war ich entschlossen, heimzukehren und mich nicht darum zu kümmern, wer sie sein könnten. Ich nahm mein Gewehr schußbereit in den Arm und schlich vorsichtig vorwärts, um die Lage zu erkunden. Meine Augen waren dabei weit nach vorn gerichtet; aber als ich zufällig zur Seite sah, erblickte ich in nächster Nähe einen nackten, bemalten Indianer[59] auf dem Bauch im Gebüsch liegen, der genau wie ich sein Gewehr in Schußbereitschaft hielt. Kaum hatte ich ihn gesehen, so sprang ich schon, ohne selbst zu wissen, was ich tat, auf die andere Seite des Pfades und legte mein Gewehr direkt auf ihn an. Diese Bewegung erwiderte er mit einem herzlichen Lachen, worauf er sich erhob und mich in der Ojibwasprache anredete. Wie ich hatte auch er angenommen, daß sich zu dieser Zeit keine anderen Indianer in dieser Gegend befänden, und er hatte sein ganz in der Nähe des Biberdammes befindliches Zelt gerade verlassen, als er sich von einem Mann überrascht sah, der durch das Gebüsch auf ihn zuschlich. Daraufhin versteckte er sich, da er nicht wußte, ob ich Freund oder Feind sei. Nachdem wir uns etwas unterhalten hatten, begleitete er mich heim, und *Net-no-kwa* entdeckte, daß er ein Verwandter von ihr war. Wir blieben zehn Tage lang mit dieser Familie zusammen. Später ließen sie sich in einiger Entfernung von uns nieder.

Zum zweiten Mal in meinem Leben sah ich mich nun allein dem kommenden Winter gegenüber, in dem ich für meine Familie sorgen mußte. Aber noch ehe das kalte Wetter einsetzte, kamen von *Mo-ne-ong* sieben Nadowayjäger[60] zu uns, von denen einer ein Neffe *Net-no-kwas* war. Sie blieben während des Herbstes und der ersten Hälfte des Winters bei uns, und wir erlegten eine Menge Biber. Ich war ein besserer Jäger als fünf dieser Nadoway, und obwohl sie jeder zehn Fallen besaßen und ich nur sechs, fing ich mehr Biber als sie. Die beiden anderen allerdings übertrafen mich in allem. Während des Winters kamen noch zwei weitere Nadoway zu uns, die im Dienst der von den Indianern *Ojibwa-Way-met-e-goosh-she-wug* (›Ojibwa-Franzosen‹) genannten Handelskompanie standen. Nachdem wir einige Zeit zusammen gejagt hatten, wurde das Wild knapp, und wir begannen zu hungern.

Eines Tages gingen wir auf die Büffeljagd. Als es dunkel wurde, waren alle zurückgekehrt, außer einem hochaufgeschossenen jungen Mann und einem sehr kleinen alten, beide Nadoway. Am nächsten Tag kam der Jüngling zurück, und zwar mit einer neuen Büffelfelldecke und einem Paar schöner neuer Mokassins. Er sagte, er hätte sieben Zeltgemeinschaften von Cree[61] getroffen, die ihn nicht kannten und seine Sprache nur mit größten Schwierigkeiten verstanden. Aber da man ihn in eines der Zelte eingeladen, mit Nahrung versorgt und mit großer Freundlichkeit behandelt habe, war er dort über Nacht geblieben. Am Morgen faltete er das Büffelfell, auf dem er geschlafen hatte, zusammen und wollte es zurückgeben, aber man sagte ihm, daß er es als Geschenk behalten sollte, ebenso die Mokassins, die ihm eine der Frauen gegeben hatte, da sich seine in einem schlechten Zustand befanden.

Diese Art Gastfreundschaft ist unter den Indianern, die noch nicht mit den Weißen umgegangen sind, allgemein üblich und gehört zu den Haupttugenden, die die alten Männer den Kindern während der abendlichen Unterhaltungen einprägen. Aber die Nadoway hatten in der Gegend, aus der dieser Mann kam, eine derartige gegenseitige Hilfe noch kaum erlebt.

Endlich traf auch der alte Mann ein, der behauptete, fünfzig Zelte mit Assiniboin gesehen zu haben und von ihnen sehr freundlich aufgenommen worden zu sein. Und obwohl er nichts mitbrachte, um diese Behauptungen zu beweisen, vor allem, daß sie sehr viel Fleisch hätten und sehr gastfreundlich wären, überredete er uns, daß es am besten wäre, sich diesen Indianern anzuschließen. Am Morgen waren wir alle zum Aufbruch bereit, aber er sagte: »Ich kann jetzt nicht fort, ich muß erst meine Mokassins ausbessern.« Um unnötigen Aufschub zu vermeiden, gab ihm einer der jungen Leute ein Paar Mokassins, aber der Alte sagte, er müßte auch erst noch ein Stück von seiner Schlafdecke abschneiden, um sich ein Paar Handschuhe zu machen. Ein anderer, der Stoff hatte, half ihm, sich Fausthandschuhe zu machen. Aber der Alte fuhr fort, neue Ausflüchte zu ersinnen, die alle darauf hinausliefen, daß wir ihm seine verschiedenen Wünsche erfüllten. Endlich begannen wir den Verdacht zu hegen, daß er lüge. Wir schickten jemanden aus, seiner Spur zu folgen, und fanden, daß er weder weit gewandert war noch Indianer gesehen oder auch nur einen Mundvoll Nahrung zu sich genommen hatte, seit er unser Zelt verließ.

Da wir nun wußten, daß es sinnlos gewesen wäre, die fünfzig Assiniboinzelte zu suchen, gingen wir zu den Cree, die unser anderer Nadoway gesehen hatte, aber wir trafen unerwartet auf eine andere Gruppe desselben Stammes. Diese waren uns unbekannt; wir erkundigten uns nach ihrem Anführer, gingen in dessen Zelt und setzten uns dort nieder. Die Frauen hingen sofort den Kessel über das Feuer und nahmen dann aus einem Sack ein uns unbekanntes Nahrungsmittel, das uns außerordentlich interessierte. Als es vor uns stand, fanden wir, daß es lauter kleine, nur etwas über zwei Zentimeter lange Fische waren. Im Kessel bildeten sie eine große, zusammengefrorene Masse. Diese kleinen Fische, die wir fangen und essen lernten, befinden sich in den Öffnungen, die im Eis von Teichen mit niedrigem Wasserstand verbleiben. Sie drängen sich dort in solchen Massen zusammen, daß man Hunderte mit der Hand herausschöpfen kann.

Nachdem wir unsere Mahlzeit beendet hatten, untersuchte die Frau, die die Hauptfrau des Häuptlings zu sein schien, unsere Mokassins und gab jedem von uns ein Paar neue. Da sich diese Indianer auf der Reise befanden, verließen sie uns bald darauf. Wir beschlossen nun, ein *Sunjegwun* anzulegen, und dort alle unsere Habe, die uns auf der kommenden langen Reise nur behindern würde, zurückzulassen, denn wir wollten auf die Büffeljagd gehen. Wir folgten den Spuren der Cree und holten sie in der Prärie ein.

Etwa in der Mitte des Winters kamen wir bei ihnen an, und bald darauf wurde unser langer Nadowayjüngling krank. Seine Freunde wandten sich an einen alten Medizinmann der Cree, der *Muk-kwah* (›Bär‹) hieß, und baten ihn, ihm zu helfen. »Gebt mir zehn Biberfelle«, sagte der alte Mann, »und ich werde meine Kunst dazu benutzen, ihn gesund zu machen.« Da wir unsere Pelze im *Sunjegwun* zurückgelassen und seitdem nur einige wenige Biber getötet hatten, konnten wir ihm nur neun Felle geben, aber wir legten ein Stück Stoff dazu, das mehr wert war als ein Biberfell, und er erklärte sich bereit, mit der Heilung zu beginnen. Er baute sich sein Zelt für den ersten Tag der magischen Handlungen,[62] bei denen der Patient selbst noch nicht zugelassen wurde. Dann holten wir den Kranken und setzten ihn auf eine Matte in der Nähe des Feuers. Der alte *Muk-kwah*, der ein nur mäßiger Bauchredner und kein sehr hervorragender Medizinmann war, ahmte, so gut er es vermochte, verschiedene Geräusche nach und versuchte, die Dabeistehenden davon zu überzeugen, daß diese Töne aus der Brust des Kranken kämen. Endlich sagte er, daß er den Ton eines bösen Feuers höre, das in der Brust des Nadoway rase. Er legte eine Hand auf die Brust des Kranken und seinen Mund und seine andere Hand auf dessen Rücken und blies und massierte eine Zeitlang, bis wie zufällig ein kleiner Ball auf den Boden fiel. Der Medizinmann blies und rieb weiter, ließ den Ball fallen und rieb ihn zwischen seinen Händen, bis er ihn endlich ins Feuer warf, wo er mit einem zischenden Laut wie nasses Pulver verbrannte. Es überraschte mich keineswegs, die von ihm getroffene Vorsichtsmaßnahme zu sehen, denn er hatte ein wenig Pulver auf die Stelle des Bodens gestreut, auf die der Ball hinfiel. Da er zu fühlen schien, daß er noch nicht genug getan hatte, um seine Auftraggeber zu befriedigen, behauptete er nun, daß sich eine Schlange in der Brust des Kranken befände, die er erst am folgenden Tage beseitigen könne. Er tat das auch unter ähnlichen Vorkehrungen und ähnlichem Gemurmel und brachte eine kleine Schlange zum Vorschein. Seine Hand ließ er längere Zeit auf der Stelle, aus der er diese angeblich herausgezogen hatte, denn er sagte, die Wunde könne sich nicht sofort schließen. Er weigerte sich, die Schlange zu vernichten, sondern legte sie sorgsam beiseite, da sie sonst leicht in jemand anderen hineinschlüpfen könne. Diese seltsame Logik reizte die Nadoway zum Lachen und hatte keine besondere Wirkung auf den Kranken. Bald lernten sie selbst die Kunst, jene Laute nachzuahmen, und so wurde der Alte zu einem Gegenstand der Lächerlichkeit. Einige der klügsten und angesehensten Cree rieten uns, nicht mehr mit *Mukkwah* zu reden, da sie ihn als einen Narren betrachteten.

Zu jener Zeit hatte ich einige Schwierigkeiten mit einem Nadoway, der für die *Ojibwa-Way-me-ta-goo-she-wug* jagte. Er war nach mir in jene Gegend gekommen und hatte deshalb bestimmt nicht mehr Jagdrecht als ich. Dennoch machte er mir den Vorwurf, daß ich auf einem Gebiet jage, auf das ich kein Anrecht hätte. Ich hatte gerade eine Anzahl Biber entdeckt, stellte meine Fallen und ließ sie wie üblich bis zum nächsten Tage dort. Als ich am nächsten Morgen wieder hinkam, sah ich, daß er meiner Spur gefolgt war, meine Fallen in den Schnee geworfen und die seinen an deren Stelle gesetzt hatte. Er hatte nur einen Biber gefangen, den ich nicht zögerte, als meine Beute heimzutragen. Ich warf alle seine Fallen in den Schnee und stellte meine wie vorher auf. Die Sache wurde bekannt, und die gesamte Gruppe, selbst seine eigenen Freunde, die Nadoway, nahmen gegen ihn Stellung und bestätigten die Richtigkeit meiner Handlungsweise. Bei Vorfällen dieser Art sind die Regeln des Stammes für die Indianer Gesetz, und wer sich gegen sie vergeht, kann weder auf Unterstützung noch auf Ermutigung rechnen. Im allgemeinen kommt es sehr selten vor, daß sich unter Indianern irgendwelche Unterdrückungen oder Ungerechtigkeiten zwischen Mann und Mann in Angelegenheiten des persönlichen Rechts ereignen.

Wir blieben etwa einen Monat in der Prärie, kehrten dann zum Zelt zurück, wo wir die alte Frau gelassen hatten, und gingen dann wieder zu unserem Handelshaus am Elchfluß. Hier errichtete ganz in der Nähe ein Kanadier namens *Tus-kwaw-go-mees* sein Zelt. Ich lebte nun allein, da ich mich von den Nadoways getrennt hatte. Als ich zum ersten Mal *Tus-kwaw-go-mees* und die Seinen in ihrem Zelt besuchte, kannte ich sie noch nicht. Er kam selbst heraus, holte meine Schneeschuhe und stellte sie zum Trocknen neben das Feuer, und da er sah, daß sie ein wenig zerrissen waren, ließ er sie sogleich von einem alten Manne flicken. Dann schlug er mir vor, mit ihm zu jagen, bis die Reparatur fertig wäre. Im Laufe des Tages tötete er einige Biber, die er mir alle gab. Die Freundlichkeit dieser *Tus-kwaw-go-mees*-Familie blieb, solange wir in ihrer Nähe waren, immer die gleiche. Ihre Sprache ist wie die der Ojibwa und unterscheidet sich davon nur soviel, wie etwa die Cree-Sprache von der der Muskogi.

Als die Zuckersaison gekommen war, zog ich zum Elchfluß und errichtete mein Zelt etwa zwei Meilen vom Fort entfernt. Die Zuckerbäume, die die Indianer *she-she-ge-ma-winzh* nennen, gleichen denen in den tiefer gelegenen Gegenden am oberen Mississippi und werden von den Weißen ›Flußahorn‹ genannt. Sie sind groß, kommen aber nur vereinzelt vor. Diesmal errichteten wir zwei Lager – auf jeder Seite des Flusses eins. In dem einen blieb ich allein, in dem anderen befanden sich die alte Frau und die kleinen Kinder. Während ich Zucker kochte, erlegte ich viele Vögel, wie Enten und Gänse, aber auch Biber. In der Nähe meines Zeltes befand sich eine Solquelle, aus der die Händler Salz herstellten. Der Durchmesser der Quelle betrug etwa dreißig Fuß, ihr Wasser war blau, und man konnte selbst mit dem längsten Pfahl beim Hineinstoßen keinen Grund finden. Diese Quelle liegt am Ufer des Elchflusses zwischen dem Assiniboin und dem *Sas-kow-ja-wun*, etwa zwanzig Tagereisen vom Handelsposten am Winnipegsee entfernt. In diesem Teil des Landes gibt es viele Solquellen und Salzseen, aber ich habe sonst keine so große gefunden.

In diesem Handelsposten traf ich einen Herrn, der mir große Beachtung schenkte und mich zu überreden versuchte, mit ihm nach England zu gehen, aber ich fürchtete, daß er mich dort zurücklassen könnte, ohne daß ich imstande wäre, meine Freunde in den Vereinigten Staaten – falls diese überhaupt noch lebten – zu erreichen. Außerdem hatte ich mich an die Jagd gewöhnt, die ich sowohl zum Lebensunterhalt als auch zum Vergnügen ausübte; deshalb lehnte ich seinen Vorschlag ab.

Unter den Indianern, die im Frühling zum Handelsposten kamen, war auch unser alter Freund *Pe-shau-ba*. Wie üblich, verschleuderten sie die Früchte ihrer Winter- und Frühlingsjagd, ihren Zucker usw. für Whisky. Nachdem sie alles, was sie an Alkohol kaufen konnten, getrunken hatten, gab ihnen die alte *Net-no-kwa* noch ein Fünfundvierzigliterfaß, das sie im Vorjahr unter den Abfällen, die hinter dem Handelsposten aufgehäuft waren, versteckt hatte. Das lange Gelage war von bösartigen Streitereien begleitet, seine Folge waren Hunger und Armut. Um den schlimmsten Hunger zu bekämpfen, schlug jemand vor, einen Jagdwettbewerb zu veranstalten, um festzustellen, wer von den zahlreichen dort versammelten Indianern an einem Tage die größte Anzahl Schneehasen erlegen könnte. Hierbei übertraf ich sogar *Pe-shau-ba*, der doch einer meiner ersten Lehrer in der Kunst des Jagens gewesen war; aber im Erlegen von Großtieren war er mir noch immer weit überlegen.

Von diesem Handelsposten wanderten wir über den Schwanenfluß (Swan River) und den *Me-nau-ko-nos-keeg* in Richtung des Roten Flusses weiter. In der Nähe des *Me-nau-ko-nos-keeg* und des *Ais-sug-se-bee* (Clam River, ›Muschelfluß‹), deren Quellen ineinanderfließen, hielten wir uns einige Zeit auf, um Biber in unseren Fallen zu fangen, wobei uns ein junger Mann namens *Nau-ba-shish* half, der kurz vorher zu uns gekommen war. Dann aber sah ich die Spuren einiger Indianer, die dort etwa zwei Tage vorher vorbeigezogen waren, und beschloß, ihnen zu folgen. Ich ließ die alte Frau und die Familie unter der Obhut von *Nau-ba-shish* zurück, bestieg mein bestes Pferd und folgte dem von den Indianern quer durch die Prärie eingeschlagenen Pfad. Nach einigen Stunden kam ich zu einer Stelle, wo noch am Tage vorher ein Zelt gestanden hatte, und mein Pferd trat gerade auf einen Baumstamm, der quer über dem Pfad lag, als eine Präriehenne aufflog. Das Pferd scheute, warf mich ab, und ich fiel auf den Baumstamm und dann auf die Erde. Da ich aber noch die Zügel in der Hand hielt, trat mir das Pferd mit seinem Vorderfuß auf die Brust. Einige Stunden lang war ich nicht imstande, wieder aufzusteigen, und als es endlich gelungen war, beschloß ich, den Weg der Indianer weiter zu verfolgen, da ich sie näher glaubte als mein Zelt. Als ich bei ihnen ankam, konnte ich nicht sprechen; aber sie verstanden, daß ich verletzt war, und behandelten mich mit großer Freundlichkeit. Von dieser schweren Verletzung habe ich mich niemals wieder völlig erholt.

Einer der Hauptgründe, warum ich dieser Gruppe nachgeritten war, war mein Wunsch, etwas über *Wa-me-gon-a-biew* zu erfahren, aber diese Indianer hatten ihn nicht getroffen. Ich beschloß nun, die alte Frau am *Me-nau-ko-nos-keeg* zurückzulassen und allein zum Roten Fluß zu gehen. Ich besaß vier Pferde, von denen eines besonders schnell und schön war – es war das beste unter den hundertachtzig, die eine Kriegergruppe von Cree, Assiniboin und Ojibwa kürzlich von den Indianern des Wasserfalles (Fall Indians) mitgebracht hatte. Sie waren etwa sieben Monate dort gewesen, hatten ein Dorf überfallen und zerstört und außer zahlreichen Gefangenen einhundertfünfzig Skalpe erbeutet.

Zehn Tage, nachdem ich den *Me-nau-ko-nos-keeg* zu Pferde verlassen hatte, erreichte ich den Handelsposten am Mausfluß. Hier erfuhr ich, daß sich *Wa-me-gon-a-biew* in Pembina am Roten Fluß aufhielt. Mr. McKee gab mir einen Mann mit, der mir den Weg zum oberen Pembinaflusse zeigen sollte. Dort fand ich Aneeb, den Händler, mit dem ich gut bekannt war. Eine Tagereise von seinem Hause entfernt war das Zelt von *Wa-me-gon-a-biews* Schwiegervater, aber meinen Bruder fand ich dort nicht vor, und der alte Mann empfing mich nicht gerade freundlich. Er lebte mit einer großen Gruppe Cree, die in etwa hundert Zelten hausten. Ich hatte den Eindruck, daß hier irgendetwas nicht stimmte, und verbrachte die Nacht bei einem alten Cree, den ich von früher kannte. Am Morgen sagte der alte Mann zu mir: »Ich fürchte, sie wollen dein Pferd töten. Geh nur einmal hin und sieh, wie sie es behandeln.«

Ich tat das und fand eine Gruppe junger Männer und Knaben, die mein Pferd zu Boden geworfen hatten und darauf einschlugen. Als ich näher herangekommen war, sah ich, daß einige es am Kopfe festhielten, während ein Mann auf seinem Leib stand und es schlug. Zu diesem Mann sagte ich: »Mein Freund, du mußt heruntersteigen«; aber er antwortete: »Das werde ich nicht tun.« – »Dann werde ich dir helfen«, sagte ich, stieß ihn hinunter und nahm den anderen die Zügel ab. Ich führte das Pferd zum Zelt, aber es hatte eine Verletzung davongetragen, von der es sich niemals wieder erholte.

Ich erkundigte mich nun, warum man mich in dieser unerwarteten und sehr unfreundlichen Weise behandelt habe, und erfuhr, daß es wegen *Wa-me-gon-a-biew* geschehen war, der seine Frau verstoßen und sich mit seinem Schwiegervater gezankt hatte. In diesem Streit waren das Pferd und der Hund des alten Mannes getötet worden, was nun an meinem Pferde gerächt werden sollte. Als ich mich nach den Gründen jenes Streites erkundigte, schien es mir, daß *Wa-me-gon-a-biew* durchaus nicht im Unrecht zu sein schien. Er hatte, wie es bei den Indianern üblich ist, seine Frau gut behandelt und hatte sie nur deshalb verlassen, weil sich ihr Vater weigerte, sich von ihr zu trennen, und verlangte, daß *Wa-me-gon-a-biew* ihn bei allen seinen Unternehmungen und Wanderungen begleiten sollte. Ehe er sich dazu entschließen konnte, hatte er lieber seine Frau verlassen und das in friedfertiger Weise. Aber ihre Verwandten nahmen gegen ihn Stellung. Da ich allein war, fürchtete ich, daß sie mir folgen und mir in meinem nächsten Nachtlager etwas Böses antun würden. Sie taten das jedoch nicht, und am folgenden Tage kam ich an einem Ort an, wo *Wa-me-gon-a-biew* nun mit einer anderen Frau lebte. Ich kannte seinen neuen Schwiegervater von früher her. Er begrüßte mich schon außerhalb des Zeltes und wunderte sich, daß ich von *Menaukomoskego* hergekommen war, da diese Entfernung größer ist als die Strecken, die man für gewöhnlich allein zurückzulegen pflegt.

Ich blieb einige Tage dort und machte mich dann, von *Wa-me-gon-a-biew* und seiner Frau begleitet, auf die Heimreise.

Wir kamen auch wieder durch das Dorf, wo man versucht hatte, mein Pferd zu Tode zu quälen; und obgleich der alte Mann etwas weiter fortgezogen war, hörte er von unserer Ankunft und kam mit seinen Brüdern herbei. Wir schliefen in einem Zelt in der Nähe des Händlers. Ich hatte vor, wach zu bleiben, da ich überzeugt war, daß man uns entweder berauben oder auf andere Weise schädigen wolle; aber ich war zu müde und schlief ein. Mitten in der Nacht weckte mich *Wa-me-gon-a-biew* und sagte mir, der alte Mann habe sich zu uns hereingeschlichen und ihm sein Gewehr unter dem Kopf weggezogen. Er gab zu, daß er wach war, als der alte Mann hereinkam, und ihn unter seiner Decke beobachtet hatte, wie er ihm das Gewehr wegnahm. Ich machte ihm wegen seiner Feigheit Vorwürfe und sagte, daß er es verdiene, sein Gewehr einzubüßen, wenn er es sich vor seinen Augen von einem alten Manne wegnehmen ließe.

Ehe wir den Mausfluß erreichten, wurde mein Pferd so krank und schwach, daß es selbst die Frau nicht tragen konnte. Wir ruhten uns zwei Tage lang aus und setzten dann die Reise fort. Wir waren sehr hungrig, da wir während mehrerer Tage nur einen einzigen recht armseligen Büffel erlegt hatten, als wir eine kleine Gruppe Cree unter einem Häuptling namens *O-ge-mah-wah-shish* (›Sohn des Häuptlings‹) trafen. Statt uns in unserer Not beizustehen, behandelten sie uns sehr unfreundlich. Ich hörte, wie sie untereinander davon sprachen, uns zu töten, da sie sich einmal mit einigen Ojibwa überworfen hatten. Sie wollten uns auch außer einem kleinen Hamster nichts verkaufen, und wir verließen sie, so schnell wir nur konnten.

Wir hungerten schon seit zwei Tagen, als wir einem Ojibwa begegneten. Er hieß *Wawb-uche-chawk* (›Weißer Kranich‹) und hatte gerade einen fetten Elch erlegt. Mit diesem Mann verbrachten wir etwa einen Monat, hatten stets reichlich zu essen und schliefen mit ihm in seinem Zelt. Er reiste in derselben Richtung wie wir, und wir trennten uns erst am Binsenseefluß (Rush Lake River). Die alte Frau hatte sich vier Tagereisen weit von dem Handelsposten, wo ich sie verlassen hatte, entfernt und lebte mit einigen Indianern zusammen.

Meine drei Pferde, die ich vor meiner Abreise gefesselt und laufen gelassen hatte, damit sie sich an den Ort gewöhnten, waren vernachlässigt worden und gestorben, obwohl ich *Net-no-kwa* ausdrücklich gebeten hatte, ihnen zu Beginn des Winters die Fesseln abzunehmen. Aber sie hatte es vergessen. Das Pferd, auf dem ich zum Roten Fluß geritten war, war ebenfalls tot, und so war mir keines übriggeblieben. *Net-no-kwa* schien offenbar ihr Anrecht auf mich aufgegeben zu haben, und da *Wa-me-gon-a-biew* mich nun ebenfalls verließ, war ich einige Zeit lang vollkommen allein und hielt mich in der Nähe des Handelspostens auf. Der Händler, der M'Glees hieß, wurde allmählich auf mich aufmerksam und lud mich ein, bei ihm zu bleiben. Er sagte so vieles, was mich veranlassen sollte, die Indianer zu verlassen, daß ich manchmal Lust bekam, seinem Rat zu folgen; aber sobald ich daran dachte, etwa für lange Zeit in dem Handelsposten bleiben zu müssen, fand ich das unerträglich. Ich hatte den Wunsch, mein Leben auf der Jagd zu verbringen, und fühlte eine starke Abneigung gegenüber allen anderen weniger aufregenden Beschäftigungen, so wie sie die Männer auf einem Handelsposten ausüben.

In Begleitung von fünf Franzosen und einer Ojibwafrau reiste ich im Auftrag von Mr. M'Glees zum Handelsposten, der sich am oberen *Menaukonoskego*-Flusse befand. Wir hatten nur genug Proviant für eine einzige Mahlzeit mitbekommen, die wir am ersten Abend nach unserer Abreise verzehrten. Am dritten Tage kamen wir zu einem kleinen Salzwasserflüßchen, an dessen Ufer sich ein Hügel erhob. Dort sahen wir einen Mann sitzen, zu dem wir hingingen. Er beantwortete aber keine unserer Fragen, so daß wir ihn schließlich anpackten und aufzurütteln versuchten. Er war jedoch ganz steif von der Kälte, und als wir ihn losließen, fiel er um, als wäre er ganz gefroren. Dennoch atmete er noch, obwohl seine Glieder nicht mehr beweglich waren, und er ganz den Eindruck eines Toten machte. Neben ihm lagen sein kleiner Kochtopf, seine Jagdtasche mit Stahl und Feuerstein, seine Mokassinahle[63] und ein Paar Mokassins. Wir versuchten ihn auf jede nur erdenkliche Art wiederzubeleben, aber vergebens. Deshalb betrachteten wir ihn als einen Toten und schickten die Franzosen mit ihm zu dem Handelsposten zurück, damit er dort ordnungsgemäß begraben werden könnte. Sie taten das auch, und ich erfuhr später, daß er ein bis zwei Stunden nach dem Abmarsch aufgehört hatte zu atmen. Wir hörten, daß er vom Handelshaus aus zum oberen Flußende geschickt worden war, da man ihn dort wegen seiner Trägheit nicht behalten wollte. Fast ohne jeglichen Proviant war er losgewandert und hatte sich in der Nähe von *Wa-me-gon-a-biews* Zelt niedergelassen. *Wa-me-gon-a-biew* hatte ihm zu essen gegeben und ihm auch Nahrungsvorräte zum Mitnehmen angeboten; aber der Mann hatte diese mit der Begründung abgelehnt, daß er sie nicht benötige. Er befand sich schon in einem sehr schwachen Zustand und hatte zwei Tagereisen gebraucht, um zu dem Ort zu gelangen, wo wir ihn fanden. Nachdem die Franzosen mit seiner Leiche fortgegangen waren, wanderte ich mit der Ojibwafrau allein weiter und kam bald darauf bei *Wa-me-gon-a-biew* an.

Ich hielt mich bereits einen Monat bei meinem Bruder auf, um mit ihm auf die Jagd zu gehen, als *Net-no-kwa* auf der Suche nach mir bei uns eintraf. *Wa-me-gon-a-biew* folgte meinem Rat und ging an einer von mir beschriebenen Stelle am Muschelfluß Biber jagen, während ich mit *Net-no-kwa* zum *Menaukonoskeeg* zurückkehrte, wo wir Zucker herstellten. Wir waren dort insgesamt zehn Feuer (d. h. Zelte. E. L.); und als die Zuckersaison vorüber war, jagten wir alle gemeinsam Biber. Bei Jagdveranstaltungen dieser Art wird die Gesamtbeute manchmal zu gleichen Teilen verteilt, aber diesmal behielt jeder, was er selbst erlegt hatte. Nach drei Tagen hatte ich so viele Biber erlegt, als ich imstande war, Felle zu tragen. Aber bei einer so hastigen Jagd, die sich über weite Gebiete erstreckt, kann man nur wenig Fleisch mitnehmen, und bald begann unsere Gruppe Hunger zu leiden. Die meisten Jäger – und ich mit ihnen – fühlten sich so schwach, daß sie nicht mehr imstande waren, weit vom Zelt entfernt zu jagen. Eines Tages, als das Eis der Teiche schon halb mit Wasser bedeckt war, erblickte ich etwa eine Meile vom Lager entfernt frische Moose-Elchspuren[64] in einem Sumpf. Ich folgte dem Tier und tötete es; und da es das erste dort erlegte war, veranstalteten wir ein Fest für die ganze Gruppe und aßen alles Fleisch an einem einzigen Tage auf.

Bald danach kamen alle Indianer der Umgebung an der zwei Tagereisen weit gelegenen Flußmündung zusammen, wo wir auch *Wa-me-gon-a-biew* wiedertrafen, der eine sehr erfolgreiche Jagd am Muschelfluß gehabt hatte. Wir machten am Handelsposten eine Meile vom See entfernt halt und tranken dort, bis alle Pelze verkauft waren. Dann kehrte ich, nur von *Wa-me-gon-a-biew* begleitet, zur Flußmündung zurück. Die Entfernung war so gering, daß wir die Hunde nicht mit in die Kanus nahmen. Sie liefen am Ufer entlang neben uns her, stöberten einen Elch auf und trieben ihn in das Wasser des Sees, von wo wir ihn im Kanu ans Ufer jagten und töteten.

Um diese Zeit trafen wir auch einen alten Ottawahäuptling namens *Wa-ge-to-tah-gun* (›Er, der eine Glocke besitzt‹), den man aber meist *Wa-ge-tote* nannte. Er war ein Verwandter *Net-no-kwas* und hatte drei Zelte und zwei Frauen bei sich. Einer seiner Söhne hatte ebenfalls zwei Frauen. Mit ihm blieben wir zwei Monate zusammen, und fast jeden Morgen rief er mich zu sich, um ihn auf der Jagd zu begleiten. Wenn er mit mir jagte, gab er mir stets alle oder zumindest den Hauptanteil seiner Beute. Er gab sich große Mühe, mir zu zeigen, wie man Moose-Elche und andere Tiere, die schwierig zu erlegen sind, jagen muß. *Wa-me-gon-a-biew* und seine Frau verließen uns dann, um zum Red River zu gehen.

Viele Indianer glauben, daß der Moose-Elch, der über weit bessere Selbsterhaltungsmethoden zu verfügen scheint als viele andere Tiere, auch die Fähigkeit besitzt, sich lange Zeit unter Wasser aufzuhalten. Zwei Männer von der Gruppe *Wa-ge-to-tah-guns*, die ich sehr gut kenne und für durchaus glaubwürdig halte, kamen einst von einem ganztägigen Jagdausflug zurück und sagten, daß sie einen Moose-Elch in einen kleinen Teich gejagt hätten und daß sie sahen, wie das Tier zur Mitte des Wassers schwamm und dort verschwand. Sie nahmen daraufhin Beobachtungsposten am Ufer ein, von wo aus sie die gesamte Wasserfläche überblicken konnten, rauchten und warteten bis zum Abend. Während dieser Zeit sahen sie keine Bewegung des Wassers oder irgendein anderes Zeichen, das ihnen den Aufenthaltsort des Moose-Elches verraten hätte. Endlich gaben sie, durch das lange Warten entmutigt, die Suche nach ihm auf und kehrten heim. Kurz darauf langte ein mit Fleisch beladener einzelner Jäger bei uns an. Er sagte, er habe die Spur eines Moose-Elches bis zu dem bereits erwähnten Teich verfolgt; da er aber auch die zur gleichen Zeit entstandenen Spuren zweier Männer bemerkte, sei er der Meinung gewesen, diese hätten den Elch getötet. Dennoch schlich er vorsichtig zum Rande des Weihers, um sich dort auszuruhen. Da sah er auf einmal, wie sich der Moose-Elch in der Mitte des nicht sehr tiefen Teiches erhob und in der Richtung, wo der Beobachter saß, auf das Ufer zukam. Als er nahe genug heran war, schoß der Jäger ihn im Wasser.

Die Indianer halten den Moose-Elch für das scheueste und am schwierigsten zu erlegende Tier. Er ist wachsamer, und seine Sinne sind schärfer als selbst die des Büffels oder des Karibu. Er ist schneller als der einfache Elch und vorsichtiger und klüger als die Antilope. Wenn inmitten eines fürchterlichen Gewitters unter den lautesten und unaufhörlichen Geräuschen von Wind, Donner und krachenden Zweigen ein Mensch mit seinem Fuß oder seiner Hand das kleinste trockene Ästchen bricht, so vernimmt dies der Moose-Elch; und obgleich er dann nicht immer sofort davon läuft, hört er zu grasen auf und richtet seine gesamte Aufmerksamkeit auf alle Eindrücke seines Gehörs. Wenn sich der in der Nähe befindliche Mensch dann etwa eine Stunde lang nicht rührt und auch nicht das kleinste Geräusch verursacht, beginnt der Moose-Elch endlich wieder zu fressen, aber er bleibt noch für lange Stunden viel wachsamer als vorher.

Dies alles lehrte mich *Wa-ge-to-tah-gun*, der Häuptling, mit dem wir jetzt zusammen lebten, und ich nahm jede Gelegenheit wahr, mich über die Eigenarten des Moose-Elches und anderer Jagdtiere aufklären zu lassen. Er zeigte die größte Freude, wenn meine Bemühungen als Jäger von Erfolg gekrönt waren. Als wir voneinander Abschied nehmen mußten, rief er alle jungen Jäger zusammen, damit sie ihn für einen Tag begleiteten; selbst einige junge Frauen gingen mit. Er tötete einen fetten jungen Moose-Elchbullen, den er mir schenkte.

Das zwischen dem Winnipegsee und der Hudson Bay liegende Gebiet ist flach und sumpfig. Es ist das Land der Karibus. Westlich davon, in der Gegend des Assiniboin und des Saskawjawun-Flusses, liegt die Prärie, wo man Elche und Büffel findet. Das Karibu hält sich niemals in der Nähe von Elchen auf und umgekehrt.

Kapitel
VII

Ein Häuptling bietet mir seine Tochter zur Frau an /
Diebstahl und Trunkenheit /
Wie man einen Elch zu Fuß verfolgt /
Eine Seuche und große Sterblichkeit unter den Bibern /
Zweites Heiratsangebot eines *A-go-kwa* /
Das Spuklager: ›Der Ort der beiden toten Männer‹ /
Indianische Werbung / Deprimierende Krankheit /
Geistige Umnachtung und Selbstmordversuch /
Spieler / Verschiedene Heiratsangebote /
Meine Verlobung und Heirat mit *Mis-kwa-bun-o-kwa*
(›Roter Morgenhimmel‹)

Da der Frühling nun gekommen war, kehrte ich zu unserem alten Zukkerlager in der Nähe des *Menaukonoskego* zurück. Aber da ich keine Lust hatte, in der Jahreszeit der Trunkenheit bei den Indianern zu sein, riet ich der alten Frau davon ab, sie zum Handelsposten zu begleiten. Ich stellte ihr vor, wie töricht es sei, alle unsere Pelze zum Ankauf von etwas Nutzlosem, das außerdem ein schädliches Gift ist, zu vergeuden, und war glücklich zu bemerken, daß ich Einfluß genug auf sie hatte, daß sie mir zu dem Ort folgte, den ich mir zum Jagdlager auserkoren hatte. Sie ging noch einmal zu *Wa-ge-tote*, um von ihm Abschied zu nehmen; aber als sie zurückgekehrt war, merkte ich sofort, daß sich etwas Ungewöhnliches ereignet hatte. Sie nahm mich auch gleich zur Seite und sagte: »Mein Sohn, du siehst, daß ich nun alt zu werden beginne; ich kann dir kaum mehr Mokassins machen und deine Felle zubereiten und aufbewahren und alle die Arbeiten verrichten, die im Zelt notwendig sind. Du nimmst nun deine rechtmäßige Stellung als Mann und Jäger ein und solltest jemanden um dich haben, der jung und stark ist, auf dein Eigentum achtet und dein Heim verwalten kann. *Wa-ge-tote*, der ein guter,

91

von allen Indianern hochgeachteter Mann ist, will dir seine Tochter zur Frau geben. Auf diese Art wirst du einen mächtigen Freund und Beschützer erhalten, der in der Lage ist, uns in Notzeiten beizustehen, und mir wäre viele Sorge und Arbeit hinsichtlich unserer Familie abgenommen.« Sie sagte noch vieles Ähnliche; aber ich antwortete ihr, ohne zu zögern, daß ich ihre Bitte nicht erfüllen würde. Ich hatte keine sehr hohe Meinung von den indianischen Heiraten, und ich hatte noch immer die Absicht, ehe ich zu alt würde, zu den Weißen zurückzukehren und dort einmal zu heiraten. Auf alle Fälle versicherte ich *Net-no-kwa*, daß ich die mir von ihr ausgesuchte Frau jetzt nicht heiraten könnte. Sie bestand noch immer darauf, daß ich ja sagen müsse, da die ganze Angelegenheit bereits zwischen *Wa-ge-tote* und ihr verabredet worden sei und das junge Mädchen nicht abgeneigt sei, die vorgeschlagene Verbindung einzugehen. *Net-no-kwa* wollte sie unbedingt holen und gleich in unser Zelt bringen. Hierauf erwiderte ich, daß ich, wenn sie das täte, keinesfalls gesonnen sei, *Wa-ge-totes* Tochter als meine Frau zu betrachten.

Dies war der Stand der Dinge am vorletzten Tage, ehe wir uns von *Wa-ge-tote* und seiner Gruppe zu trennen gedachten; und ohne mich mit der alten Frau geeinigt zu haben, nahm ich zeitig am Morgen mein Gewehr und ging auf die Elchjagd. Im weiteren Verlauf des Tages tötete ich einen fetten Bock, dessen Fleisch ich, als ich spät abends wiederkam, vor dem Zelt aufhing. Dann untersuchte ich vorsichtig das Zeltinnere in der Absicht, in einem anderen Zelt zu schlafen, falls die alte Frau das Mädchen hergebracht haben sollte, was aber nicht der Fall war.

Am nächsten Morgen besuchte mich *Wa-ge-tote* in meinem Zelt, interessierte sich wie stets für mich und meine Angelegenheiten und überhäufte mich mit den freundschaftlichsten Ratschlägen und vielen guten Wünschen. Danach kam *Net-no-kwa* zurück und bat mich von neuem, das Mädchen zu heiraten, was ich aber erneut ablehnte. Diese Versuche wiederholten sich auch später von Zeit zu Zeit, bis endlich das junge Mädchen einen anderen Mann fand.

Nachdem *Wa-ge-tote* und seine Gruppe uns verlassen hatten, zogen wir zu einem von mir ausgewählten Jagdgrund, wo wir einen großen Teil des Sommers verbrachten und stets reichlich zu essen hatten, da ich zahlreiche Elche, Biber und andere Tiere erlegte. Im Spätherbst gingen wir wieder zum Handelsposten am *Me-nau-ko-nos-keeg*, wo wir *Waw-*

zhe-kwaw-maish-koon, mit dem wir im Vorjahre zusammengewesen waren, wiedertrafen und mit ihm zusammenblieben.

Als der Händler auf diesem Überwinterungsplatz eintraf, wo viele Indianer sich versammelt hatten, gingen sie ihm bis zum See entgegen, der ein paar Meilen von seinem Haus entfernt lag. Er hatte wie üblich eine große Menge Alkohol bei sich und schlug vorerst am See sein Lager auf, damit die Indianer den Rum hier kaufen und trinken könnten, ehe er zum Handelsposten ging, weil er im Zeltlager weniger Unannehmlichkeiten mit ihnen hatte als dort. Ich besaß immerhin die Geistesgegenwart, sofort nach seinem Eintreffen einige für den Winter dringend benötigte Dinge, wie Schlafdecken und Munition, zu kaufen. Nachdem wir unseren Handel abgeschlossen hatten, nahm die alte Frau zehn erstklassige Biberfelle und schenkte sie dem Händler. Als Gegengabe für dieses übliche Geschenk erhielt sie von ihm wie alljährlich ein Häuptlingskostüm und den dazugehörigen Schmuck sowie ein Fünfundvierzigliterfaß Alkohol. Als ihr jedoch der Händler diese Gaben zusenden wollte, war sie schon zu betrunken, um aufzustehen. In dieser Notlage sah ich mich gezwungen, selbst hinzugehen und die Geschenke an ihrer Statt in Empfang zu nehmen. Auch ich hatte ziemlich viel getrunken und war nicht mehr nüchtern. So zog ich denn die Häuptlingskleidung selbst an, legte den Schmuck um, nahm das Faß auf meine Schulter, trug es in unser Zelt, stellte es auf und öffnete es mit einer Axt. Dazu sagte ich: »Ich bin nicht einer jener Häuptlinge, die den Schnaps aus einem kleinen Loch fließen lassen. Wer durstig ist, soll kommen und mit uns trinken.« Dennoch war ich so vorsichtig, etwa insgesamt fünfzehn Liter in ein kleines Fäßchen und einen Topf zu füllen und zu verstecken. Die alte Frau füllte ebenfalls drei Töpfe, und innerhalb von fünf Minuten war das große Faß leer.

Dies war das zweitemal, daß ich an einem indianischen Trinkgelage aktiv teilnahm, und diesmal benahm auch ich mich äußerst ungehörig. Häufig besuchte ich mein verstecktes Fäßchen und war zwei Tage lang betrunken. Den im Kessel befindlichen Rum brachte ich ins Zelt, wo ich ihn mit *Waw-zhe-kwaw-maish-koon* trank, den ich, da er der Sohn von *Net-no-kwas* Schwester war, als ›Bruder‹ anredete. Er selbst war noch nicht betrunken, jedoch lag seine Frau, deren Kleidung reich mit Silberschmuck verziert war und die schon sehr viel getrunken hatte, in einem

Zustand absoluter Regungslosigkeit am Feuer. Es war schon spät in der Nacht, aber aus allen Teilen des Lagers hörte man die Geräusche der Trunkenheit, und mein Kamerad und ich gingen fort, um uns Schnaps zu holen, wo wir ihn nur bekommen konnten. Da wir aber noch nicht sinnlos betrunken waren, versteckten wir den Kessel, der unseren Whisky enthielt, im Hintergrund des Zeltes und bedeckten ihn, wie wir dachten, sicher vor den Blicken jedes etwa Eintretenden. Erst einige Tage später kamen wir zurück. Die Frau lag noch immer bewegungslos am Feuer, aber ihr gesamter Silberschmuck war verschwunden, und als wir unseren Kessel voll Rum suchten, war er nicht zu finden. Der Ojibwa, der auch am Feuer gelegen hatte, war ausgegangen, aber einige Umstände ließen uns in ihm den Dieb vermuten. Er hatte außerdem behauptet, daß ich ihm Alkohol gegeben hätte. Am nächsten Morgen ging ich zu seinem Zelt und bat ihn, mir meinen Topf zurückzugeben, den er mir auch von seiner Frau aushändigen ließ. Nachdem wir nun sicher wußten, daß er der Dieb war, entdeckte *Waw-zhe-kwaw-maish-koon* auch den Silberschmuck am Kleid der Frau. Dieser Ojibwa war ein Mann von beträchtlichem Ehrgeiz, der sich gern als Häuptling behandelt sah. Jedoch setzte ihn dieser unglückliche Diebstahl in der Meinung der Leute herab. Man erinnerte sich noch lange der Sache, und wenn man seinen Namen erwähnte, geschah das stets in verächtlicher Weise.

Net-no-kwa begann nun langsam aus ihrem Dauerrausch zu erwachen. Sie rief mich zu sich und fragte, ob ich das Häuptlingskostüm und das Faß Rum erhalten hätte. Es erschien ihr unglaublich, daß ich den gesamten Inhalt des Fasses vertrunken hatte, ohne ihr etwas davon aufzuheben; aber als sie erfuhr, daß dies nicht nur in der Tat der Fall war, sondern daß ich auch zwei Tage lang völlig betrunken gewesen sei, machte sie mir ernste Vorwürfe, da ich mich nicht nur undankbar gegen sie verhalten, sondern mich auch ›wie ein Tier‹ betrunken hätte. Als die anderen Indianer dies hörten, sagten sie, sie dürfe sich nicht darüber beklagen, daß ich dem von ihr gegebenen Beispiel gefolgt sei. Um sie zufriedenzustellen, brachten sie so viel Rum, daß sie sich nochmals völlig betrank.

Sobald alle Felle durchgebracht waren, so daß den Indianern nichts anderes übrigblieb, als mit dem Trinken aufzuhören, verstreuten sich alle auf ihre Jagdgründe. Wir folgten erst dem Händler zu seinem Haus, um unsere Kanus dort zu lassen, und gingen dann mit *Waw-zhe-kwaw-maish-koon* zur Jagd in die Wälder. Wir stellten nun gewissermaßen eine einzige Familie dar. Die seine jedoch war sehr zahlreich, da er eine Menge kleine Kinder hatte. Die Kälte hatte gerade erst richtig eingesetzt, und der Schnee lag erst einen Fuß hoch, als wir bereits Hunger zu leiden begannen. Da fanden wir eine Herde Elche, verfolgten sie einen Tag lang und töteten vier der Tiere. Wenn die Indianer auf diese Art den Elch jagen, stören sie erst die Herde auf und verfolgen sie dann in einer Gangart, die man viele Stunden lang durchhalten kann. Die Elche erschrecken zuerst und überholen die Jäger um viele Meilen; aber die ihnen gemäßigten Schrittes folgenden Indianer holen sie dennoch ein. Dann machen sie für gewöhnlich einen weiteren Fluchtversuch und sind für eine oder zwei Stunden außer Sichtweite; aber die Pausen zwischen dem Sehen und Verschwinden werden immer kürzer, und endlich kann man die Herde stets im Auge behalten. Die Elche sind nun so müde, daß sie sich nur langsam vorwärts bewegen können; sie vermögen jedoch noch zu laufen. Wenn es soweit ist, sind auch die Indianer beinahe völlig erschöpft, haben aber meist gerade noch die Kraft, auf die Nachzügler der Herde zu schießen. Das Geräusch der Schüsse beschleunigt noch einmal die Gangart der Elche, und nur ein sehr rühriger und entschlossener Mann vermag sich nahe genug bei ihnen zu halten, um öfter als ein- oder zweimal auf die Tiere zu schießen, es sei denn bei sehr hohem Schnee. Da der Elch beim Laufen seine Beine nicht hoch vom Boden hebt, kann er im tiefen Schnee leicht zur Strecke gebracht werden. Es gibt wenige Indianer, die die Fähigkeit besitzen, einen Elch auf der flachen Prärie ohne Schnee oder Eis niederzurennen. Der Moose-Elch jedoch und die Büffel sind bedeutend schneller als der gewöhnliche Elch und können kaum von einem Mann zu Fuß verfolgt und erlegt werden.

Wir hatten das Fleisch der vier Elche getrocknet, es war aber keineswegs gleichmäßig oder im Verhältnis zur Größe und den Bedürfnissen unserer Familie verteilt worden. Ich beschwerte mich jedoch nicht darüber, da ich wußte, daß ich ein schlechter Jäger war und nur wenig zu ihrer Tötung beigetragen hatte. Ich wandte mich danach wieder mehr der Biberjagd zu. In der Gegend um mein Lager hatte ich mehr als zwanzig Biberfamilien beobachtet und begann nun ihre Baue zu zerstören. Zu meinem Erstaunen fand ich sie alle leer. Endlich merkte ich, daß unter diesen Tieren eine Seuche ausgebrochen war, der sie in großer Anzahl zum Opfer fielen. Sie lagen tot oder gerade verendend im Wasser, auf dem Eis und an Land. Zuweilen fand ich einen, der gerade einen Baum halb abgenagt hatte und dabei gestorben war, oder einen anderen, der einen Ast zu einem Baum geschleppt hatte und auf halbem Wege tot neben seiner Last lag. Viele, die ich aufschnitt, bluteten in der Herzgegend. Die in großen Flüssen und in fließendem Wasser lebenden Tiere litten weniger; aber beinahe alle, die in Teichen und in stehendem Wasser hausten, starben. Seit jenem Jahr sind die Biber am Roten Fluß und an der Hudson's Bay nie wieder so zahlreich gewesen wie früher. Wir wagten nicht, das Fleisch der an dieser Krankheit verendeten Tiere zu essen, aber ihre Pelze waren gut.

Während unseres Zusammenseins mit *Waw-zhe-kwaw-maish-koon* mußten wir häufig Hunger leiden. Einmal, nachdem ich einen Tag und eine Nacht lang gehungert hatte, ging ich mit ihm auf die Jagd, und wir fanden eine Herde Elche. Wir töteten zwei und verwundeten einen dritten, den wir die ganze Nacht lang verfolgten, bis wir ihn zur Strecke gebracht hatten. Sofort zerlegten wir ihn und bedeckten das Fleisch mit Schnee. Aber *Waw-zhe-kwaw-maish-koon* nahm nicht einen Mundvoll davon für unseren unmittelbaren Gebrauch mit, obwohl wir weit vom Zelt entfernt waren und es schon so spät war, daß wir erst am folgenden Tage nach Hause zurückkehren konnten. Ich wußte, daß er genausolange gefastet hatte wie ich, und obwohl mein Hungergefühl fast unerträglich war, hätte ich mich doch geschämt, ihn um etwas Nahrung zu bitten. Ich wollte den Hunger genausogut aushalten wie er. Am Morgen gab er mir ein wenig Fleisch, aber ohne uns mit der Zubereitung aufzuhalten, brachen wir zu unserem Zelt auf. Als wir am Nachmittag dort ankamen, empfing mich *Net-no-kwa* mit den Worten: »Na, mein Sohn, ich glaube, du hast gestern abend recht reichlich zu essen gehabt, nachdem du so lange fasten mußtest.« Ich sagte ihr, daß ich noch nichts gegessen hätte. Daraufhin kochte sie sofort einen Teil des Fleisches, das ich erhalten hatte, aber wir konnten doch nur zwei Tage lang davon leben.

Ich kannte noch immer zwei Biberfamilien, die der herrschenden

Seuche entgangen waren, und so nahm ich denn meine Fallen, um sie zu fangen. Bald hatte ich acht dieser Tiere gefangen, von denen ich *Waw-zhe-kwaw-maish-koon* zwei abgab.

Während dieses Winters kam einer der Söhne des berühmten Ojibwahäuptlings *Wesh-ko-bug* (›Der Süße‹), der am Blutegelsee (Leech Lake) lebte, zu unserem Zelt. Dieser Mann hieß *Ozaw-wen-dib* (›Gelbkopf‹) und gehörte zu denen, die sich wie Frauen kleideten und benehmen und infolgedessen von den Indianern als Frauen behandelt werden. In den meisten Stämmen gibt es solche Individuen, die man ihrem Verhalten entsprechend *A-go-kwa*[65] nennt. *Ozaw-wen-dib* war nun etwa fünfzig Jahre alt und hatte schon mit vielen Männern zusammen gelebt. (Tanner spricht im folgenden von diesem Homosexuellen in weiblicher Person. E. L.) Ich weiß nicht, ob sie mich schon gesehen oder nur von mir gehört hatte, jedenfalls ließ sie mich wissen, daß sie in der Hoffnung, mich zu treffen, von weit her gekommen sei, um mit mir zu leben. Sie bot sich mir geradezu an, ließ sich von meiner Ablehnung nicht entmutigen und setzte ihre abstoßenden Bewerbungen fort, so daß ich beinahe aus meinem Zelt vertrieben worden wäre. Die alte *Net-no-kwa* kannte den Charakter dieses Individuums genau, lachte aber nur über die Verlegenheit und Scham, die ich jedesmal, wenn es mich anredete, an den Tag legte. Sie schien *Ozaw-wen-dib* geradezu zu unterstützen und zu ermutigen, in unserem Zelt zu bleiben. Dieses Wesen widmete sich ganz der Frauenarbeit, die es außerordentlich geschickt verrichtete. Endlich verzweifelte sie am Erfolg ihrer Annäherungsversuche oder aber hatte genug von dem Hunger, der wie gewöhnlich in unserem Zelt herrschte. Jedenfalls verschwand sie und war drei oder vier Tage lang abwesend. Ich hatte schon zu hoffen begonnen, daß ich nicht mehr von ihr behelligt werden würde, als sie plötzlich mit einer Last getrockneten Fleisches zu uns zurückkehrte. Sie berichtete, daß sie *Wa-ge-to-tah-gun* und seine Gruppe getroffen hätte und daß der Häuptling uns durch sie eine Einladung, zu ihm zu kommen, übermitteln ließe. Er hatte auch von dem knausrigen Benehmen *Waw-zhe-kwaw-maish-koons* uns gegenüber erfahren und ließ mich durch den *A-go-kwa* mitteilen: ›Mein Neffe, ich wünsche nicht, daß du dort bleibst, wo du gezwungen bist, das von einem anderen erbeutete Fleisch anzusehen, der zu niedrig gesinnt ist, dir davon abzugeben. Komm zu mir, und weder du noch meine

97

Schwester sollen das entbehren, was in meiner Macht steht, mit euch zu teilen.‹ Ich freute mich sehr über diese Einladung, und wir machten uns sofort auf den Weg. Als wir unser erstes Lager für die Nacht aufgeschlagen hatten und ich mit irgendeiner Arbeit am Feuer beschäftigt war, hörte ich den *A-go-kwa* in der Nähe aus dem Wald pfeifen, um mich zu rufen. Als ich hinging, sah ich, daß sie ein Wild aufgespürt hatte, und entdeckte einen Moose-Elch. Ich schoß zweimal auf ihn, und er fiel zweimal um, aber es ist möglich, daß ich zu hoch schoß, denn es gelang ihm, mir zu entkommen. Die alte Frau machte mir darüber heftige Vorwürfe und sagte, sie fürchte, daß ich niemals ein guter Jäger werden würde.

Noch am nächsten Tage kamen wir bei *Wa-ge-totes* Zelt an, wo wir so viel zu essen erhielten, wie wir nur wünschten. Hier wurde ich auch von den unerträglichen Aufdringlichkeiten des *A-go-kwas* erlöst; denn *Wa-ge-tote*, der bereits zwei Frauen hatte, heiratete den Gelbkopf. Diese Einführung eines neuen Mitglieds in die Familie *Wa-ge-totes* verursachte ziemliche Heiterkeit und hatte einige groteske Zwischenfälle zur Folge, brachte aber weniger Unannehmlichkeiten und Streitereien mit sich, als wenn er sich eine neue Frau weiblichen Geschlechts zugelegt hätte.

Diese Gruppe bestand aus zahlreichen Indianern, und die Umgebung war bereits leergejagt, so daß nur wenige selbst der besten Jäger etwas Wild heimbrachten; aber es fügte sich so, daß gerade ich und ein anderer schlechter Jäger mehr erlegten als die anderen.

Die Indianer versammelten sich nun, um die ernste religiöse Zeremonie des *Midé*[66]-Tanzes abzuhalten, bei dem *Net-no-kwa* stets eine wichtige Funktion innehatte. Ich jedoch wollte nicht bei dieser so zahlreichen Gruppe bleiben, da Teilnehmer an solchen Massenansammlungen stets nach kurzer Zeit hungern müssen. Ich ging deshalb allein fort und stellte meine Biberfallen. Als ich *Wa-ge-tote* meinen Entschluß ihn zu verlassen, mitteilte, sagte er, er fürchte, daß ich allein noch mehr hungern würde, aber ich weigerte mich, seinen Argumenten Gehör zu schenken. Er bestand zum mindesten darauf, mich zu meinen Fallen zu begleiten, um zu sehen, welches Jagdgebiet ich mir ausgesucht hatte und ob ich in der Lage sein würde, meine Angehörigen zu versorgen. Als wir dort ankamen, sahen wir, daß bereits ein großer Biber gefangen war. So gab er mir denn noch einige wertvolle Ratschläge, ermutigte mich und sagte mir, wo er sein Lager aufschlagen würde, falls die Not mich zur Rückkehr zwingen sollte. Dann ging er zu den Seinen zurück.

Meine Familie hatte sich nun noch um eine von *Net-no-kwa* aufgenommene arme alte Ojibwafrau und ihre zwei Kinder vermehrt, die ohne männliche Fürsorge waren. Trotz dieses Zuwachses hielt ich es dennoch für besser, wenn wir für uns blieben. Ich jagte mit beträchtlichem Erfolg und blieb allein bis zur Zuckersaison, als *Net-no-kwa* beschloß, zum *Menaukonoskeeg* zurückzukehren, während ich zum Handelsposten am Roten Fluß gehen sollte, um dort einige notwendige Gegenstände einzuhandeln. Ich schnürte ein Bündel Biberfelle zusammen und fuhr allein in einem kleinen Büffellederkanu ab, das gerade groß genug war, mich und mein Pelzbündel zu tragen. So fuhr ich den Kleinen *Saskawjewun* hinunter.

Am Ufer dieses Flusses gibt es eine Stelle, der man es geradezu ansieht, daß sie ein idealer Lagerplatz für die Indianer ist. An der Flußwindung kann man bequem landen. Gleich dabei liegen eine kleine Wiese und ein dichter Wald, dahinter erhebt sich steil ein Hügel. Mit dieser so einladenden Stelle ist jedoch die Erinnerung an das ungewöhnliche Verbrechen eines Brudermordes verbunden, so daß der Ort gemieden und nur mit Schrecken betrachtet wird. Kein Indianer würde je mit seinem Kanu dort anlegen oder gar am ›Ort der beiden toten Männer‹ übernachten. Die Überlieferung berichtet, daß dort vor vielen Jahren eine Gruppe Indianer ihre Zelte aufgeschlagen hatte und daß zwei Brüder, die zum *she-she-gwi*-Totem (Klapperschlangentotem) gehörten, in Streit gerieten. Der eine zog sein Messer und tötete den anderen. Ihre Stammesgenossen fanden dieses Verbrechen so entsetzlich, daß sie den Mörder ohne Zögern töteten und beide gemeinsam begruben.

Als ich mich dieser Stelle näherte, gedachte ich dieser beiden Brüder, die zum selben Totem wie ich gehörten und die, wie ich annahm, mit meiner indianischen Mutter verwandt waren. Ich hatte erzählen hören, daß jeder, der in der Nähe der Gräber dieser Brüder übernachte – wie es noch kurz nach der Tat geschah –, die Brüder aus der Erde hervorkommen und den Streit und den Mord wiederholen sähe, was den Besucher so erschrecke, daß er nicht schlafen könne. Die Neugier trieb mich zu jener Stelle. Außerdem wollte ich den Indianern erzählen, daß ich an dem Ort, den sie mit so viel Angst und Vorsicht mieden, nicht nur gelegen, sondern auch friedlich geschlafen hätte.

Als ich dort ankam, ging die Sonne gerade unter. Ich brachte mein kleines Kanu ans Ufer, entzündete ein Feuer, aß mein Abendbrot, legte mich hin und schlief ein. Kurz danach sah ich die beiden Toten herbeikommen und sich mir gegenüber am Feuer niedersetzen. Sie blickten mich unverwandt an, aber lächelten nicht und sprachen auch kein Wort. Ich stand auf, setzte mich ans Feuer und fühlte plötzlich, daß ich wach war. Die Nacht war dunkel und stürmisch, aber jetzt sah ich weder irgendwelche Menschen, noch hörte ich etwas anderes als den Wind in den Baumwipfeln. Wahrscheinlich schlief ich daraufhin wieder ein, denn sofort sah ich die beiden Männer wieder. Sie standen jetzt am Flußufer. Ihre Köpfe waren in gleicher Höhe mit dem von mir angezündeten Feuer, und sie starrten mich an wie vorher. Nach ein paar Minuten kamen sie in meine Nähe, setzten sich mir gegenüber und lachten, wobei sie nach mir mit Stöcken stießen und verschiedene andere Dinge taten, um mich zu ärgern. Ich versuchte, zu ihnen zu sprechen, aber die Stimme versagte mir. Dann wollte ich fliehen, aber meine Füße gehorchten mir nicht. Während der ganzen Nacht befand ich mich in einem Zustand von Erregung und Überwachsamkeit. Unter anderem sagten sie zu mir, daß ich nach dem Gipfel des kleinen Hügels blicken sollte. Als ich das tat, erblickte ich dort ein gefesseltes Pferd, das mich ebenfalls ansah. »Dort, mein Bruder«, sagte die eine der Spukgestalten zu mir, »steht ein Pferd, das ich dir für deine morgige Reise gebe. Wenn du auf deiner Heimreise wieder hier vorbeikommst, kannst du uns rufen, das Pferd hierlassen und noch eine Nacht bei uns verbringen.«

Als der Morgen endlich kam und ich gewahr wurde, daß diese schrecklichen Visionen zusammen mit der Dunkelheit der Nacht verschwunden waren, war ich glücklicher, als ich sagen kann. Da ich schon lange unter Indianern gelebt hatte und viele Fälle kannte, in denen sich die in Träumen gemachten Angaben verwirklicht hatten, dachte ich ernsthaft an das Pferd, das das Gespenst mir in Aussicht gestellt hatte. Deshalb erstieg ich den Hügel und sah dort Spuren, denen ich folgte, bis ich tatsächlich ein Pferd fand, das dem Händler gehörte, den ich aufsuchen wollte. Da ich mehrere Meilen abkürzen konnte, wenn ich von hier aus zu Lande vom Kleinen *Saskawjewun* zum Assiniboin ritt, ließ ich mein Kanu zurück, fing das Pferd ein, lud ihm meine Last auf und ritt zum Handelsposten, wo ich am nächsten Tag ankam. Aber bei allen meinen weiteren Reisen durch diese Gegend mied ich sorgfältig den ›Ort der beiden Toten‹, und mein Bericht über das von mir dort Gesehene und Erlittene bestärkte nur noch die abergläubische Furcht der Indianer.

Nachdem ich von meinem Handelsgeschäft am Roten Fluß zurückgekehrt war, ließ ich mich am *Naowawgunwudju*, dem Hügel der Büffeljagd, in der Nähe des *Saskawjewun* nieder. Dieser Hügel ist hoch und sehr felsig und enthält wahrscheinlich irgendwelche Mineralablagerungen, denn man kann dort verschiedene Schichten erkennen. Hier gab es eine Menge Zuckerbäume – es war ein guter Aufenthaltsort für die Frühlingszeit. Auch war das Wild so zahlreich und die Gegend so angenehm, daß ich zu bleiben beschloß, statt mit den anderen Indianern zum Klarwassersee zu gehen, wo sie sich zu ihrem üblichen Trinkgelage versammelten. Ich hatte *Wa-me-gon-a-biew* benachrichtigt, der mit einem Pferd ankam, so daß wir drei Pferde besaßen. Diese, die Hunde und uns selbst beluden wir mit dem Fleisch eines Moose-Elches, den ich erlegt hatte. Er war der größte und fetteste, den ich je gesehen habe. Nachdem wir vier Tage lang zusammengewesen waren, verließ mich *Wa-me-gon-a-biew*, um sich, ohne es mir vorher zu sagen, nach *Wa-ge-tote* umzusehen. Als er wiederkam, erzählte er mir, daß er zu *Wa-ge-tote* wegen dessen Tochter, die mir so oft angeboten worden war, gegangen sei; und er wollte wissen, ob ich etwa die Absicht hätte, sie zu heiraten. Ich sagte ihm, daß dies nicht der Fall sei, daß ich ihm aber gern behilflich sein wolle, falls er das Mädchen zur Frau zu nehmen wünsche. Er bat mich, mit ihm dorthin zurückzukehren, um den alten Leuten selbst die letzte Hoffnung zu nehmen, daß ich mich um ihre Tochter bewerbe und daß ich ihn begleiten solle, wenn er sie heimführe. Ich stimmte diesem Vorschlag ohne Bedenken zu. Als wir unsere Vorbereitungen zur Abreise trafen, bemerkte ich am Verhalten *Net-no-kwas*, daß sie unseren Plan mißbilligte, obwohl sie nichts darüber sagte. Es fiel mir ein, daß es sich für junge Männer nicht gehörte, ihre Frauen heimzubringen, und ich machte *Wa-me-gon-a-biew* darauf aufmerksam, daß alle Leute uns auslachen würden. »Hier«, sagte ich, »ist unsere Mutter, deren Aufgabe es ist, uns Frauen zu suchen, wenn wir welche brauchen, und sie wird sie auch zu uns bringen und ihnen unsere Plätze im Zelt zeigen, sobald sie es für angebracht hält.« Die alte Frau freute sich außerordentlich über meine Worte und erklärte ihre Bereitschaft, sofort zu *Wa-ge-tote* zu gehen und uns seine Tochter zu bringen. Sie machte sich gleich auf den Weg. Zufälligerweise waren, als sie mit dem Mädchen zurückkam, *Wa-me-gon-a-biew* und ich gerade im Zelt. Anscheinend hatte ihr weder *Wa-me-gon-a-biew* noch die alte Frau gesagt, in wessen Auftrag sie geholt worden war, so daß sie offensichtlich nicht wußte, welcher der beiden anwesenden jungen Männer sie zur Frau gewählt hatte. *Net-no-kwa* bemerkte ihre Verwirrung und sagte ihr, sie solle sich neben *Wa-me-gon-a-biew* setzen, den sie von jetzt an als ihren Gatten zu betrachten habe. Nach einigen Tagen nahm er sie mit heim zu seiner anderen Frau, mit der sie in Harmonie zusammen lebte.

Im nächsten Herbst, als ich etwa einundzwanzig Jahre alt war, zog ich mit *Wa-me-gon-a-biew* und vielen anderen Indianerfamilien zum wilden Reis.[67] Während wir die Körner ernteten und zubereiteten, fielen viele der Unseren einer schweren Krankheit zum Opfer. Sie begann mit Husten und Heiserkeit und war oft von Mund- und Nasenbluten begleitet. Innerhalb kurzer Zeit gab es zahlreiche Tote, und keiner vermochte noch zu jagen. Obgleich auch ich der Krankheit nicht entkam, waren meine Anfälle zuerst doch leichter als die der meisten anderen. Seit Tagen schon gab es kein Fleisch in unserem Lager. Einige der Kinder waren nicht erkrankt, andere befanden sich in der Rekonvaleszenz und brauchten Nahrung. Außer mir war nur noch ein anderer Mann imstande, irgendwelche Strapazen auf sich zu nehmen, und auch dieser hatte wie ich die Krankheit erst überstanden. Wir konnten kaum laufen, und als die Kinder uns unsere Pferde brachten, vermochten wir kaum aufzusteigen. Aber abgesehen davon husteten wir so laut und unaufhörlich, daß wir niemals nahe genug an ein Beutetier herangekommen wären, um es zu töten. In dieser Notlage ritten wir in die Prärie hinein und hatten das Glück, einen Bären zu erlegen. Wir selbst vermochten vom Fleisch dieses Tieres nicht einen Mundvoll zu essen, aber wir brachten es heim und verteilten an jede Zeltgemeinschaft eine gleiche Portion. Dennoch machte meine Besserung Fortschritte, und ich glaubte, daß ich als einer der ersten meine Gesundheit zurückgewonnen hatte. Einige Tage danach ging ich auf die Elchjagd und tötete zwei innerhalb weniger Stunden. Danach fühlte ich mich etwas erregt und übermüdet. Ich schlachtete die Tiere, zerschnitt das Fleisch und schleppte wie gewöhnlich eine Last Fleisch auf meinem Rücken ins Lager. Dort aß ich reichlich von dem für mich zubereiteten und legte mich dann zum Schlafen nieder. Aber noch vor Mitternacht erwachte ich mit schrecklichen Ohrenschmerzen. Es kam mir vor, als ob sich ein Tier in meine Ohren hineinfräße, und ich rief *Wa-me-gon-a-biew*, damit er einmal nachsehe. Er konnte jedoch nichts finden. Während der beiden folgenden Tage wurden diese Schmerzen immer qualvoller, bis ich das Bewußtsein verlor. Als ich endlich wieder zu mir kam – ich war, wie man mir später sagte, zwei Tage lang ohnmächtig gewesen – befand ich mich außerhalb des Zeltes. Um mich herum saßen die Indianer und tranken, denn ein Händler war vorbeigekommen. Einige stritten sich, und inmitten einer geräuschvollen Gruppe stand *Wa-me-gon-a-biew*, der mit einem Messer nach einem Pferd stach. Nach diesem kurzen Erwachen wurde ich wieder einige Tage lang besinnungslos und konnte nichts, was um mich herum vorging, wahrnehmen, bis sich endlich unsere Gruppe aufmachte, um den Aufenthaltsort zu wechseln. Als ich das Bewußtsein wiedererlangte, hatte ich noch Kraft genug, mich auf meinen Füßen fortzubewegen.

Zu jener Zeit begann ich über alles nachzudenken, was ich unter den Indianern erlebt hatte. Im allgemeinen war ich, seitdem ich bei *Net-no-kwas* Familie war, recht zufrieden gewesen. Aber mir schien es, als bedeute diese Krankheit den Anfang unglücklicher Schicksale, die mir für den Rest meines Lebens bestimmt seien. Ich war fast taub geworden, denn in beiden Ohren hatten sich Abszesse gebildet und waren aufgegangen, so daß ich nur sehr schlecht hören konnte. Ich saß im Zelt und sah die Leute ihre Lippen bewegen, konnte aber nicht verstehen, was sie sagten. Wenn ich auf die Jagd ging, so bemerkten mich die Tiere, ehe ich sie sah, und wenn ich zufällig einen Moose-Elch oder Elch erblickte und versuchte, in seine Nähe zu gelangen, so schien es mir, als hätten mich meine Fähigkeiten und meine Erfolge für immer verlassen. Bald begann ich zu glauben, daß die Tiere wüßten, daß ich hilflos wie ein nutzloser alter Mann geworden war.

Unter dem Einfluß dieser schmerzlichen Gedanken beschloß ich, mir selbst ein Ende zu bereiten, denn dies war der einzige Ausweg aus all dem Unglück, dem ich mich ausgesetzt sah. Als alle zum Aufbruch bereit waren, brachte *Net-no-kwa* mein Pferd an den Zelteingang und fragte, ob ich imstande wäre, aufzusteigen und zu dem Ort zu reiten, wo die Gruppe ihr Lager aufschlagen wollte. Ich bejahte dies, bat sie um mein Gewehr und sagte, ich würde den anderen in einiger Entfernung nachfolgen. Dann nahm ich die Zügel meines Pferdes in die Hand und setzte mich hin, während die anderen gruppenweise an mir vorüberzogen und endlich verschwanden. Als die letzte Frau mit ihrer schweren Last *Pukkwi*-Matten hinter dem kleinen Präriehügel, der mir die Aussicht versperrte, verschwunden war, fühlte ich mich sehr erleichtert. Ich ließ die Zügel los, so daß das Pferd frei grasen konnte. Dann spannte ich den Hahn meines Gewehres und bewegte den Ladestock, um es abzuschießen. Ich wußte, daß das Schloß in Ordnung war und daß ich das Gewehr voll geladen hatte. Zu meinem Erstaunen fand ich es jedoch leer. Auch mein Pulverhorn und meine Kugeltasche, die immer Munition enthielten, waren leer. Ebenso war mein Messer, das ich stets an meiner Kugeltasche hängend trug, verschwunden. Da es mir auf diese Weise unmöglich gemacht war, mir das Leben zu nehmen, packte ich mein Gewehr mit beiden Händen am Rohr und warf es mit aller Gewalt von mir. Dann bestieg ich mein Pferd, das gegen alle Gewohnheit in meiner unmittelbaren Nähe geblieben war, obwohl ich es freigelassen hatte. Bald holte ich die wandernde Gruppe ein, die anscheinend meine Absichten erraten hatte. *Wa-me-gon-a-biew* und *Net-no-kwa* waren nur so weit gegangen, daß ich sie nicht mehr sehen konnte, und hatten sich dann hingesetzt, um abzuwarten, was ich täte. Vielleicht hatte ich ihnen in meiner Verzweiflung verraten, daß ich mich umbringen wollte und sie hatten mir deshalb wenigstens die offensichtlichsten Möglichkeiten genommen, mein Ziel zu erreichen.

Selbstmord kommt unter den Indianern nicht selten vor und wird durch Erschießen, Hängen, Ertrinken, Vergiften usw. ausgeführt. Die Ursachen, die zu einer solchen Verzweiflungstat führen, sind verschiedener Art. Einige Jahre vor der Zeit, von der ich hier spreche, war ich mit *Net-no-kwa* in Mackinac, wo ich einen sehr begabten und hochangesehenen jungen Ottawaindianer kannte, der sich auf dem indianischen Begräbnisplatz erschoß. Er hatte sich zum ersten Mal in seinem Leben sinnlos betrunken und sich in seinem vom Alkohol hervorgerufenen besinnungslosen Zustand die Kleider abgerissen und sich derart heftig aufgeführt, daß seine beiden Schwestern ihm die Hände und Füße gebunden und ins Zelt gelegt hatten, damit er sich und anderen keinen Schaden antäte. Am nächsten Morgen wachte er nüchtern auf, wurde losgebunden, ging zum Zelt seiner Schwestern, das in der unmittelbaren Nähe des Begräbnisplatzes lag, borgte sich ein Gewehr und ging auf den Friedhof, wo er sich erschoß. Wahrscheinlich hatte er, als er sich beim Erwachen gebunden sah, geglaubt, er habe sich in seiner Betrunkenheit einer schweren Verfehlung schuldig gemacht, und hatte daraufhin aus Scham und Gekränktheit seinem Leben gewaltsam ein Ende bereitet. Die Hauptursachen für Selbstmorde unter den Indianern sind Unglück, Verluste aller Art, auch der Tod von Freunden und manchmal Liebeskummer.

Ich machte *Wa-me-gon-a-biew* Vorwürfe, daß er sich in meine Angelegenheiten eingemischt, mein Gewehr entladen und meine Munition weggenommen hätte, obwohl dieses alles wahrscheinlich das Werk der alten Frau gewesen war. Als sich aber mein Gesundheitszustand langsam besserte, schämte ich mich meines Selbstmordversuches. Meine Freunde waren taktvoll genug, ihn niemals mir gegenüber zu erwähnen. Bald war ich wieder gesund, aber mein Gehör war immer noch schwer geschädigt, und es dauerte Monate, ehe ich wieder genausogut wie vor meiner Krankheit jagen konnte. Jedoch war ich durchaus nicht am schwersten von dieser Krankheit betroffen worden. Einige der Indianer, die sie überlebten, blieben taub für immer, andere hatten ihren Verstand verloren, und wieder andere hatten sich in der durch die Krankheit verursachten Raserei gegen Bäume und Felsen geworfen und dabei ihre Arme gebrochen oder sich sonst zu Krüppeln gemacht. Die meisten der Überlebenden litten an häufigen Absonderungen im Ohr oder, im Anfangsstadium, an starkem Nasenbluten. Diese Krankheit war den Indianern vollkommen neu, und sie hatten kein Heilmittel[68] dagegen.

Als ich zum Handelsposten am Mausfluß kam, hörte ich, daß einige weiße Amerikaner dort gewesen waren, um Vorräte für ihre Gesellschaft, die sich im Mandandorf aufhielt, zu kaufen. Ich bedauerte, sie nicht getroffen zu haben; aber als ich hörte, daß sie dort bleiben wollten, suchte ich eine Gelegenheit, sie zu besuchen. Ich weiß jetzt, daß diese Weißen die Begleiter von Gouverneur Clark und Hauptmann Lewis waren, die sich auf dem Weg zu den Rocky Mountains und zum Pazifik befanden.

Im Spätherbst zogen wir nach *Ke-nu-kau-ne-she-way-boant*, wo es viel Wild gab und wo wir beschlossen, den Winter zu verbringen. Hier nahm ich, zusammen mit *Wa-me-gon-a-biew* und anderen Indianern, zum ersten Mal leidenschaftlich am Glücksspiel teil, einem Laster, das für die Indianer mindestens ebenso schädlich ist wie die Trunksucht. Eines der von uns bevorzugten Spiele war das Mokassinspiel, das von jeder beliebigen Anzahl Teilnehmer, meist aber in kleinen Gruppen gespielt werden kann. Man benutzt dazu vier Mokassins; in einem wird von den Spielern der einen Partei ein kleiner Gegenstand, wie ein Stäbchen oder ein Stück Stoff, versteckt. Die Mokassins werden nebeneinander gelegt, und ein Mitglied der Gegenpartei berührt zwei davon mit dem Finger oder mit einem Stock. Wenn der Gegenstand bereits im ersten Mokassin gefunden wird, verliert der Spieler acht Einheiten an die Gegner, und der nächste ist an der Reihe. Befindet sich der Gegenstand weder im ersten noch im zweiten Mokassin, sondern im dritten oder vierten, die der Spieler nicht berührt hat, verliert er zwei. Findet er ihn aber beim zweiten Mal im vierten Mokassin, so gewinnt er acht. Die Cree spielen das Spiel anders. Sie stecken die Hand in alle Mokassins, wobei es darauf ankommt, den Gegenstand erst beim vierten Versuch zu entdecken. Wer bereits beim ersten Mal darauf stößt, verliert ebenfalls acht Einheiten. Die Spieleinheit wird vorher festgelegt. So kann etwa ein Biberfell oder eine Schlafdecke zehn oder ein Pferd hundert Punkte wert sein. Mit Fremden wird besonders hoch gespielt, so daß man ihnen oft schon für zehn Punkte ein Pferd abnimmt.

Das schlimmste Spiel, das mit der größten Leidenschaft und den schrecklichsten Folgen gespielt wird, ist jedoch das *Bug-ga-sauk* oder *Beg-ga-sah*. So bezeichnet man kleine Stücke Holz, Knochen oder auch Messing, die man erhält, indem man einen alten Kochkessel zerschneidet. Die eine Seite der ›Spielmarken‹ wird schwarz gefärbt, die andere ist hell. Man kann verschieden viele dieser Jetons verwenden, es dürfen aber nicht weniger als neun sein. Sie werden in eine große Schüssel oder auf ein zu diesem Zweck angefertigtes Spielbrett gelegt. Die beiden Spielergruppen, oft zwanzig bis dreißig Personen, setzen sich einander gegenüber oder bilden einen Kreis. Man spielt, indem man die Schüssel so anschlägt, daß alle *Beg-ga-sah-nuk* in die Luft fliegen, und von der Art, in der sie niederfallen, hängen Gewinn oder Verlust ab. Wenn der Wurf gut war, darf der Spieler wie beim Billard fortfahren, bis er verliert und der nächste sein Glück versucht. Alle Teilnehmer werden bald sehr aufgeregt, und häufig entstehen Streitereien, weil jemand seinem Nachbarn die Schüssel abnimmt, ehe dieser sie abzugeben braucht.

Alte und einsichtsvolle Personen sind sehr gegen dieses Spiel, und erst in jenem Winter erlaubte *Net-no-kwa* mir, zum ersten Mal daran teilzunehmen. Am Anfang hatte meine Partei viel Glück, aber wir spielten so oft, daß wir endlich alles verloren hatten. Da verließ uns die Gruppe, gegen die wir gespielt hatten, und schlug ihr Lager anderswo auf, prahlte aber wie üblich gewaltig mit ihrem Erfolg. Als ich davon erfuhr, rief ich unsere Männer zusammen und machte ihnen den Vorschlag, diese Großtuerei zu beenden und unser verlorenes Eigentum dadurch zurückzugewinnen, daß wir mit den anderen nach einem Ziel schießen wollten. Wir borgten uns von Freunden einige Gegenstände als Einsatz und gingen in geschlossener Gruppe zu unseren Gegnern. Als sie sahen, daß wir einige brauchbare Dinge mitbrachten, stimmten sie zu, noch einmal mit uns *Beg-ga-sah* zu spielen, wobei wir genug von unserem verlorenen Besitz zurückgewannen, um am nächsten Morgen den Schießwettbewerb mit sehr hohem Einsatz veranstalten zu können. Wir setzten alles, was wir überhaupt besaßen; und die anderen hatten durchaus keine Lust, mitzutun, mußten aber aus Anstand zustimmen.

Wir stellten unser Ziel in einer Entfernung von etwa neunzig Metern auf. Ich schoß als erster und traf fast genau ins Schwarze. Keiner der anderen Teilnehmer erreichte auch nur im entferntesten meine Schießkunst. So war ich denn der Sieger und erhielt den größten Teil des im Laufe des Winters Verlorenen zurück.

Im Frühling, als wir *Ke-nu-kau-ne-she-way-boant* gerade verlassen wollten, kam ein alter Medizinmann des *Midé*, namens *O-zhusk-koo-koon* (›Leber der Moschusratte‹) in mein Zelt. Er war von seiner jungen Enkelin und deren Eltern begleitet. Das Mädchen war sehr hübsch und nicht älter als fünfzehn, aber *Net-no-kwa* hatte keine gute Meinung von ihr. Sie sagte: »Mein Sohn, diese Leute werden nicht aufhören, dich zu belästigen; und da dieses Mädchen keinesfalls geeignet ist, deine Frau zu werden, rate ich dir, dein Gewehr zu nehmen und wegzugehen.

Schlag dir in einiger Entfernung ein Jagdlager auf und komm nicht eher wieder, bis sie Zeit genug gehabt haben, einzusehen, daß du diese Verbindung entschieden ablehnst.« Ich folgte ihrem Rat, und *O-zhusk-kookoon* gab scheinbar die Hoffnung auf, mich mit seiner Enkelin zu verheiraten.

Nach meiner Rückkehr stand ich eines Abends in der Nähe meines Zeltes, als ich ein sehr ansprechend aussehendes junges Mädchen bemerkte, das spazierenging und dabei rauchte. Sie sah mich ab und zu an und fragte mich endlich, ob ich nicht mit ihr rauchen wollte. Ich antwortete, daß ich niemals rauchte. »Du willst nur deshalb nicht rauchen«, sagte sie, »weil du meine Pfeife nicht anrühren willst.« Daraufhin nahm ich ihr die Pfeife ab und rauchte ein paar Züge daraus, obgleich ich das niemals vorher getan hatte. Sie blieb einige Zeit, plauderte mit mir und begann mir zu gefallen. Danach sahen wir uns häufiger, und ich fing an, mich in sie zu verlieben.

Ich erwähne dies, weil sie die Frau war, die ich später heiratete, und weil die Art unserer Bekanntschaft nicht der sonst bei den Indianern üblichen entsprach. Es ist meistens so, daß ein junger Mann, selbst wenn er eine Frau seiner eigenen Lokalgruppe heiratet, keinerlei persönlichen Umgang mit ihr gehabt hat. Sie mögen sich zuweilen im Dorf[69] begegnet sein, und er mag sie vielleicht beim Vorüberkommen betrachtet haben, aber höchstwahrscheinlich haben sie niemals miteinander gesprochen. Die Ehe wird von den alten Leuten arrangiert, und wenn das junge Paar von ihren Plänen hört, erheben sie meistens keinen Widerspruch dagegen, da sie wissen, daß die Beziehung, falls sie beiden Teilen oder einem der Partner als nicht wünschenswert erscheinen sollte, jederzeit abgebrochen werden kann.

Meine Unterhaltungen mit *Mis-kwa-bun-a-kwa* (›Roter Morgenhimmel‹) – dies war der Name des Mädchens, das mir seine Pfeife angeboten hatte – waren bald der Gegenstand des allgemeinen Klatsches. Auch der alte *O-zhusk-koo-koon* hörte davon, und da er dachte, daß ich wie andere junge Männer meines Alters wahrscheinlich heiraten wollte, kam er in mein Zelt und hatte diesmal eine andere seiner zahlreichen Enkelinnen an der Hand. »Diese«, sagte er zu *Net-no-kwa*,» ist die hübscheste und beste aller meiner Nachkommen; ich biete sie deinem

Sohne zur Frau an.« Mit diesen Worten ließ er sie im Zelt zurück und ging fort. Dieses junge Mädchen war ein Liebling von *Net-no-kwa* und wurde von allen Indianern unserer Gruppe als höchst begehrenswert angesehen. Die alte Frau fühlte sich sichtlich etwas verlegen; aber endlich nahm sie die Gelegenheit wahr und sagte mir: »Mein Sohn, dieses dir von *O-zhusk-koo-koon* angebotene Mädchen ist hübsch und gut; aber du brauchst sie nicht zu heiraten, denn ich habe das Gefühl, daß sie noch vor Jahresfrist im Grab liegen wird. Es ist aber notwendig, daß du eine starke und gesunde Frau bekommst. Deshalb wollen wir diesem Mädchen ein schönes Geschenk geben, das es verdient, und es dann zu ihrem Vater zurückschicken.« Ihren Worten entsprechend gab sie ihm Geschenke von beträchtlichem Wert und schickte es dann heim. Dieses junge Mädchen starb tatsächlich, noch ehe ein Jahr verstrichen war, genau, wie die alte Frau vorhergesagt hatte.

Inzwischen waren *Mis-kwa-bun-a-kwa* und ich immer vertrauter miteinander geworden. *Net-no-kwa* schien den von mir eingeschlagenen Weg nicht zu mißbilligen, den sie sprach nicht darüber, obwohl sie über mein Verhalten keinen Zweifel hegen konnte. Daß dies in der Tat so war, erfuhr ich, als ich, nachdem ich zum ersten Mal einen beträchtlichen Teil der Nacht mit meiner Geliebten verbracht hatte, und erst zu später Stunde ins Zelt geschlüpft war, um mich schlafen zu legen. Am nächsten Morgen weckte sie mich, indem sie mich auf meine nackten Füße schlug. »Aufgestanden!« sagte sie, einen Stock in der Hand, »auf, junger Mann, der du dich verheiraten willst. Los, und auf die Jagd gegangen! Es wird die Achtung deiner Zukünftigen vor dir erhöhen, wenn sie sieht, daß du zeitig am Morgen eine Menge Fleisch herbeibringst, statt zierlich aufgeputzt herumzustehen, während alle Jäger schon fort sind.« Ich vermochte ihr nichts zu antworten, aber ich nahm mein Gewehr und ging. Noch vor Mittag war ich mit einer solchen Ladung fetten Moose-Elchfleisches zurück, als ich nur tragen konnte, warf es vor *Net-no-kwa* nieder und sagte zu ihr in barschem Tone: »Hier, alte Frau, ist, was du am Morgen von mir verlangt hast.« Sie freute sich sehr und machte mir Komplimente. Ich sah nun deutlich, daß sie nichts gegen meine Beziehungen zu *Mis-kwa-bun-a-kwa* hatte, und freute mich sehr darüber, daß meine Pläne ihren Beifall fanden. Es gibt viele Indianer, die ihre alten Verwandten mißachten und vernachlässigen; aber obwohl

Net-no-kwa nun gebrechlich und kränklich war, hielt ich sie stets in hohen Ehren und habe das auch weiter getan, solange sie lebte.

Ich verdoppelte nun meinen Jagdeifer und kam meistens schon zeitig am Tage, zum mindesten aber vor Nachteinbruch, mit Fleisch zurück. Auch kleidete ich mich so schön ich konnte und spazierte im Dorf herum, wobei ich manchmal die *Pe-be-gwun*[70] blies. Zuerst behauptete *Mis-kwa-bun-a-kwa*, mich nicht heiraten zu wollen, aber nachdem sie von mir einige deutliche Proben meines Temperaments erhalten hatte, legte sie diese Ziererei gänzlich ab. Ich meinerseits fand merkwürdigerweise, daß mein anfänglicher ungestümer Drang, sie als Ehefrau in mein Zelt zu bringen, immer mehr abnahm.

Ich versuchte mehrmals, unsere Beziehungen abzubrechen und sie nicht wieder zu besuchen; aber meine Zuneigung zu ihr war doch zu stark. Als sie meine wachsende Gleichgültigkeit ihr gegenüber bemerkte, machte sie mir manchmal Vorwürfe oder versuchte, mich durch Tränen und Bitten zu erweichen, aber noch immer sagte ich der alten Frau nicht, daß ich *Mis-kwa-bun-a-kwa* als meine Frau heimführen wollte, und wurde mehr und mehr abgeneigt, sie öffentlich als meine Frau anzuerkennen.

Um diese Zeit ging ich zum Handelsposten am Roten Fluß, und zwar in Gesellschaft eines Halbbluts, der zu jener Firma gehörte und ein schnelles Pferd ritt. Danach haben die englischen Ansiedler dieser Gegend die von uns zurückgelegte Entfernung mit siebzig Meilen angegeben. Wir ritten und liefen abwechselnd, wobei derjenige, der zu Fuß ging, den Schwanz des Pferdes gepackt hielt und mit ihm Schritt hielt. Auf diese Weise brauchten wir nur einen Tag, um die ganze Strecke zu bewältigen. Den Rückweg machte ich allein und versuchte, sie ebenfalls in nur einem Tag zu schaffen, aber als es dunkel wurde, zwang mich die Erschöpfung, zehn Meilen von unserem Zelt entfernt zu übernachten.

Als ich am nächsten Tage dort ankam, sah ich *Mis-kwa-bun-a-kwa* auf meinem Platz sitzen. Ich blieb am Eingang stehen und zögerte einzutreten, worauf sie ihren Kopf senkte. *Net-no-kwa* jedoch redete mich in barscherem Tone an, als es sonst mir gegenüber ihre Gewohnheit war. »Geh nur zum Zelt hinaus und kränke damit diese junge Frau, die in jeder Hinsicht besser ist als du. Du hast diese Beziehung gesucht, nicht ich oder sie. Du bist ihr durch das ganze Dorf nachgelaufen; wenn du dich jetzt von ihr abwendest, so erweckst du den Anschein, als wäre sie eine, die sich anderen an den Hals wirft.« Ich gab *Net-no-kwa* zum Teil recht, zum anderen Teile aber sprach auch mein eigenes Gefühl. So kam ich denn herein und setzte mich an *Mis-kwa-bun-a-kwas* Seite nieder, und damit wurden wir Mann und Frau. Während meiner Abwesenheit hatte sich die alte *Net-no-kwa* ohne mein Wissen und ohne meine Zustimmung mit den Eltern der jungen Frau in Verbindung gesetzt und diese gleich mitgebracht, in der richtigen Annahme, daß es nicht schwierig sein würde, mich mit ihren Maßnahmen zu versöhnen. Bei den meisten Eheschließungen junger Leute haben die hauptsächlich daran Interessierten viel weniger zu sagen, als es hier der Fall war. Die Anzahl der Geschenke, die die Eltern eines Mädchens als Gegengabe für sie erwarten, nehmen mit der Zahl der Ehemänner ab, die sie bereits gehabt hat.

Kapitel
VIII

Vorbereitungen zu einem Kriegszug / Geräusche einer
fernen Büffelherde / Schreckliche Kämpfe der Bullen /
Verhaltungsmaßregeln für junge Krieger /
Ko-zau-bun-zich-e-gun oder Weissagekünste
zur Entdeckung des Feindes / Der Sinn der Sitte,
Je-bi-bug, Andenken an verstorbene Freunde,
auf dem Schlachtfeld wegzuwerfen /
Wie unser Kriegszug durch das Eingreifen
eines anderen Häuptlings abgebrochen wurde. /
Die Dummheit des Stachelschweins /
Ich rette das Leben meines Stiefbruders /
Albinobären / *Waw-be-no* /
Die Hochzeit von *Pi-che-to* und *Skwashish* /
Angriff durch eine Kriegergruppe der Sioux,
ihre Verfolgung zum Dorf am Häuptlingsberg
und zur Mündung des St.-Peters-Flusses

Vier Tage nach meiner Rückkehr vom Roten Fluß zogen wir in die Wälder: *Wa-me-gon-a-biew*, seine beiden Frauen und deren Kinder, *Waw-
be-be-nais-sa* mit seiner Frau und seinen Kindern, meine Frau und ich
und die Familie *Net-no-kwas*. Wir folgten der Richtung des *Pembina*,
denn wir suchten dort einen guten Platz, wo wir die Frauen und Kinder
lassen konnten, da wir vorhatten, uns einer gegen die Sioux ausziehen-
den Kriegergruppe anzuschließen.[71]

Als wir eine passende Stelle gefunden hatten, widmeten wir uns mit
großem Eifer der Jagd, um genug getrocknetes Fleisch für unsere Familien für die Dauer unserer Abwesenheit zu hinterlassen.

Eines Morgens ging ich mit nur drei Kugeln in meiner Tasche jagen.
Ich sah einen großen Moose-Elch, schoß recht hastig auf ihn und ver-
fehlte ihn zweimal hintereinander. Mein dritter Schuß traf ihn, aber ich
tötete ihn nicht, sondern verwundete ihn nur an der Schulter. So verfolgte ich ihn denn und überholte ihn endlich, aber da ich keine Kugeln
mehr hatte, nahm ich die Schrauben aus meinem Gewehr heraus und
band das Schloß mit einer Schnur an. Beim dritten Schusse fiel er.

Wir hatten eine beträchtliche Menge Fleisch zusammengebracht, das die Frauen trockneten, und wollten nun wissen, wie es um die Krieger am *Pembina* stand und wann sie losziehen wollten. Wir nahmen unsere Pferde und ritten hin. *Waw-be-be-nais-sa* blieb bei den Frauen zurück. Als wir bei den Kriegern ankamen, fanden wir vierzig Muskegomänner vor, die am nächsten Morgen aufbrechen wollten, und obwohl wir ohne unsere Mokassins und ohne die üblichen Vorbereitungen gekommen waren, beschlossen wir, sie zu begleiten. Es waren auch zahlreiche Ojibwa und Cree dort, aber sie schienen nicht geneigt zu sein, sich den Muskego anzuschließen, da diese von ihnen nicht hoch geachtet werden. Auch *Wa-me-gon-a-biew* versuchte, mich von der Teilnahme an diesem Kriegszug abzubringen, und meinte, daß wir ihn besser verschöben und im Herbst zusammen mit den Ojibwa ausziehen sollten.

Schon am zweiten Tage, nachdem wir den *Pembina* verlassen hatten, waren wir ohne einen Mundvoll Essen und begannen zu hungern. Wenn wir uns nachts in unserem Lager niederlegten und unsere Ohren nahe an den Boden hielten, konnten wir das Getrampel von Büffeln wahrnehmen. Sobald wir uns aber aufsetzten, war nichts zu hören, und auch am folgenden Morgen war nichts von ihnen zu sehen, obwohl wir eine vorzügliche Sicht über die Prärie hatten. Da wir aber wußten, daß sie nicht weit fort sein konnten, bestimmten wir acht Männer – zu denen ich gehörte – wenigstens einige Büffel zu töten und das Fleisch an eine Stelle zu bringen, wo wir uns für die kommende Nacht verabredeten. Auch am nächsten Morgen konnten wir das Geräusch hören, wenn wir unsere Ohren an die Erde legten. Es schien genausoweit entfernt zu sein und aus derselben Richtung zu kommen wie vorher. Wir brachen zeitig auf und ritten lange, ehe wir sie sahen. Die Außentiere der Herde befanden sich etwa zehn Meilen entfernt von uns. Die Büffel sahen wie eine schwarze Linie am Horizont aus oder wie eine niedrige Küstenlinie am Ufer eines Sees. Die Entfernung der Herde von unserem Ausgangspunkt betrug etwa zwanzig Meilen. Es war Brunstzeit, und die Herde befand sich wegen der schweren Kämpfe der Bullen in dauernder Bewegung. Zu dem Geräusch, das die Hufpaare auf der Erde verursachten, und zu ihrem unaufhörlichen Getrampel kam das laute und wilde Brüllen der Bullen, die alle in fürchterliche und schreckenerregende Kämpfe verwickelt waren. Wir wußten, daß wir uns jetzt der Herde nähern konnten, ohne die Alarmbereitschaft, die wir dort zu jeder anderen Jahreszeit gefunden hätten, fürchten zu müssen, und ritten geradewegs auf sie zu. Als wir näher kamen, tötete ich einen verwundeten Bullen, der kaum noch einen Versuch machte, uns zu entkommen. Er hatte Wunden in seinen Flanken, in die ich meine ausgestreckte Hand hineinlegen konnte. Da wir wußten, daß das Fleisch der Bullen um diese Zeit kaum genießbar ist, wollten wir sie gar nicht töten, obgleich wir mit Leichtigkeit viele hätten erlegen können. Wir stiegen ab, ließen unsere Pferde in der Obhut eines unserer Kameraden, der bereit war, zu diesem Zweck zurückzubleiben, und krochen dann auf die Herde zu, um einige Kühe zu töten. Ich hatte mich von den anderen abgesondert und fand mich plötzlich allein zwischen den Bullen. Ehe ich noch auf eine Kuh schießen konnte, begannen die Bullen in meiner unmittelbaren Nähe aufeinander loszugehen. Sie waren so erregt, daß sie meine Gegenwart überhaupt nicht bemerkten und mit solcher Gewalt auf mich zukamen, daß ich für meine Sicherheit fürchtete und mich in einer der Erdgruben versteckte, die in der Umgebung dieser Tiere häufig sind, da sie sich in die Erde hineinzuwühlen lieben. Sie kamen aber immer näher auf mich zu, so daß ich mich gezwungen sah, sie zu zerstreuen, was mir erst gelang, nachdem ich vier getötet hatte. Durch die Schüsse waren die Kühe so erschreckt worden, daß ich hier keine erlegen konnte. Deshalb holte ich mein Pferd und ritt zu einem anderen Teil der Herde, wo es den Indianern gelungen war, eine fette Kuh zu töten. Wie üblich, hatte die Herde diese gefallene Kuh sofort verlassen. Nur ein Bulle war noch da, der die Indianer in Schach hielt. »Ihr seid Krieger«, sagte ich, »die ihr Land verlassen haben, um einen Feind zu überfallen, und könnt noch nicht einmal diesem alten Bullen, der waffenlos ist, die Frau nehmen.« Mit diesen Worten ritt ich an ihnen vorüber und direkt auf den Bullen zu, der etwa einhundertachtzig Meter entfernt stand. Kaum sah er mich herankommen, als er auch schon mit solchem Ungestüm auf mich zuraste, daß ich, die meinem Pferd und mir drohende Gefahr erkennend, umkehrte und floh. Die Indianer lachten herzlich über meine Niederlage, aber ihre Versuche, an die Kuh heranzukommen, blieben erfolglos. Schließlich gelang es uns, die Aufmerksamkeit des Bullen dadurch abzulenken, daß wir ihn von verschiedenen Seiten beschlichen, und endlich konnten wir ihn niederschießen. Als wir das Fleisch der

Kuh in Stücke schnitten, kam eine andere alte Kuh, die wir für die Mutter der getöteten hielten, vom Geruch des Blutes angezogen, mit großer Heftigkeit auf uns zu. Die Indianer erschraken und flohen, manche ohne ihre Gewehre, aber ich hatte das meine sorgfältig neu geladen und hielt es schußbereit. Ich warf mich neben der toten Kuh nieder und wartete, von ihr gedeckt, bis die andere nur wenige Meter davon entfernt stand. Dann feuerte ich auf sie. Sie drehte sich, machte zwei Sprünge und fiel tot nieder. Wir hatten nun das Fleisch von zwei fetten Kühen – genau so viel, wie wir brauchten. So kehrten wir denn ohne weiteren Aufenthalt zu dem verabredeten Treffplatz zurück, wo wir unsere Genossen fanden, deren Hunger schon durch das Fleisch eines Hirsches, den einer erlegt hatte, gestillt war.

Ich machte nun eine der Zeremonien mit, die man als die feierliche Weihe der Krieger bezeichnen kann. Während der ersten drei Kriegszüge, an denen ein Mann teilnimmt, erfordert die Tradition der Indianer von ihm die Einhaltung einiger seltsamer, eigenartiger Bräuche, denen sich die alten Krieger ausschließen können, wenn sie wollen. Der junge Krieger muß stets sein Gesicht schwarz anmalen, eine Mütze oder einen bestimmten Kopfputz tragen und darf niemals den Alten vorangehen, sondern muß ihnen, in ihre Fußspuren tretend, folgen. Auch darf er keinesfalls sein Gesicht oder einen anderen Teil seines Körpers mit den Fingern kratzen, sondern muß, wenn es ihn juckt, einen kleinen Stab dazu benutzen. Das Gefäß, aus dem er ißt und trinkt, und das von ihm benutzte Messer darf von keiner anderen Person berührt werden. Diese beiden letzten Vorschriften gleichen denen, die verschiedene Stämme ihren jungen Mädchen anläßlich der ersten Menstruationsperioden vorschreiben. Wie lang und ermüdend auch der Marsch gewesen sein mag, der junge Krieger darf, solange es hell ist, weder essen noch trinken, noch sich niedersetzen. Bleibt er einen Augenblick stehen, so muß er das Gesicht seiner Heimat zuwenden, damit der Große Geist sieht, daß er die Absicht hat, wieder heimzukehren.

Auch nachts im Lager muß eine bestimmte Ordnung eingehalten werden. Wenn Büsche in der Nähe des Übernachtungsortes wachsen, muß der Lagerplatz in Form eines Vierecks oder Ovals mit Zweigen abgesteckt werden, wobei stets die Seite, die dem Land des Feindes zugekehrt ist, den Eingang aufweist. Ist kein Gebüsch in der Nähe, so muß der Boden in derselben Weise mit Stöcken und Grasbüscheln, wie sie in der Prärie wachsen, markiert werden. In der Nähe des Einganges zu dieser Umfriedung halten sich der Anführer und die alten Krieger auf; es folgen, nach Alter und Ansehen geordnet, die jüngeren Männer. Zuletzt kommen am gegenüberliegenden Ende des Lagers die jungen Leute mit den geschwärzten Gesichtern, die ihren ersten Kriegsausflug unternehmen. Alle Krieger, die alten wir die jungen, schlafen mit dem Gesicht ihrer Heimat zugewandt. Selbst wenn sie sehr unbequem liegen, dürfen sie unter keinen Umständen ihre Stellung verändern. Auch dürfen niemals zwei Männer auf einer Decke liegen oder sich mit einer Decke zudecken. Bei ihren Märschen dürfen die Krieger, falls sie sich niedersetzen, niemals auf der bloßen Erde sitzen, sondern müssen zumindest etwas Gras oder einige Büsche zwischen ihrem Körper und dem Boden haben. Wenn irgend möglich, dürfen ihre Füße nicht naß werden. Sind sie gezwungen, durch einen Sumpf zu waten oder einen Fluß zu überqueren, so müssen ihre Kleider trocken bleiben, und sie müssen sofort, wenn sie aus dem Wasser kommen, ihre Füße mit Grasbüscheln trocknen. Auch dürfen sie niemals einen ausgetretenen Pfad benutzen. Läßt sich dies jedoch nicht vermeiden, so müssen sie Medizin, die sie zu diesem Zweck bei sich tragen, auf ihre Beine streichen. Man darf über keinen Gegenstand, der einem Mitglied der Gruppe gehört – Gewehr, Decke, Tomahawk, Messer, Kriegskeule – hinwegsteigen. Sollte diese Regel unabsichtlich übertreten werden, so ist es die Pflicht des Besitzers, den Schuldigen zu packen und niederzuwerfen, was dieser sich gefallen lassen muß, selbst wenn er viel stärker ist als der andere.

Entsprechendes gilt für den Körper und die Gliedmaßen eines auf der Erde Sitzenden oder Liegenden.

Die Gefäße, aus denen man trinkt und ißt, bestehen meist aus Holz oder Birkenrinde und sind in der Mitte durch eine Markierung geteilt. Auf dem Hinweg wird stets die eine, auf dem Rückweg die andere Seite benutzt. Am Schluß des Kriegszuges, etwa eine Tagereise vom Heimatdorf entfernt, werden diese Gefäße entweder an Bäumen aufgehängt oder in der Prärie weggeworfen.

Ich vergaß noch zu erwähnen, daß der die Gruppe leitende Anführer nachts einige junge Männer vorausschickt, um den Boden für die Zeremonie des *Ko-zau-bun-ziche-gun*,[72] der Weissagung, vorzubereiten, mit deren Hilfe man die Position des Feindes feststellt. Von der vorgesehenen Fläche werden alle Pflanzen entfernt, und die Erde wird mit den Händen zerkrümelt, so daß sie ganz fein und weich ist. Dann wird das gereinigte Stück, das man *Pushkwaw-humme-genahgun* nennt, mit Pfählen in Form eines Parallelogramms eingezäunt, so daß niemand darauftreten kann. Wenn dem Anführer gemeldet worden ist, daß der Boden vorbereitet wurde, geht er dorthin und setzt sich am Ende nieder, das dem feindlichen Gebiet gegenüberliegt. Er beginnt nun zu singen und zu beten und legt am Rande des gereinigten Erdstücks, das man einem Gartenbeet vergleichen kann, zwei kleine runde Steine nieder. Nachdem der Anführer einige Zeit allein meditiert und den Großen Geist gebeten hat, ihm die Richtung zu zeigen, in die er seine jungen Männer führen soll, geht ein Bote von ihm zum Lager und wieder einen Teil des Weges zurück, wobei er die Namen einiger führender Männer ausruft und hinzufügt: ›Kommt zum Rauchen.‹ Auch andere, nicht gerufene Mitglieder der Gruppe können zum Häuptling gehen. Man zündet ein Feuer an und betrachtet nun das Resultat des *Ko-zau-bun-ziche-gun*. Die beiden vom Häuptling zuvor niedergelegten Steine haben sich nach der gegenüberliegenden Seite hin bewegt, um die von ihnen in der weichen Erde hinterlassenen Spuren zeigen den einzuschlagenden Weg.

Auf diesem Ort der Weissagung werden die aus Stoffstücken, Perlen und anderen Dingen bestehenden Opfergaben, die der Anführer und die anderen Männer bei sich tragen, während der Nacht an einem Pfahl aufgehängt, dazu die *Je-bi-bug* – Erinnerungsstücke an tote Freunde –, die man entweder auf dem Schlachtfeld wegwirft oder, wenn möglich, in die aufgerissenen Eingeweide der im Kampfe fallenden Feinde legt. Hat etwa ein Krieger ein Lieblingskind durch den Tod verloren, so trägt er ein Kleidungsstück oder Spielzeug dieses Kindes oder eine Haarlocke von ihm bei sich, die er auf dem Kampfplatz wegwirft. Die Späher, die einer Kriegergruppe ins Feindesland vorangehen und dort in der Nähe der Zelte oder früheren Lagerplätze herumschleichen, versuchen, Kinderspielzeug, wie kleine Bogen oder selbst die Stücke eines zerbrochenen Bogens, zu finden. Sie heben diese Funde sorgfältig bis zu ihrer Rückkehr zur Kriegergruppe auf, und wenn sie einen Mann kennen, der sein Kind verloren hat, werfen sie ihm diese Dinge mit den Worten zu: ›Dein kleiner Sohn ist dort; wir sahen ihn mit den Kindern unserer

Feinde spielen. Willst du nicht hingehen, um ihn wiederzusehen?‹ Der trauernde Vater hebt das Beutestück auf, betrachtet es, beginnt zu weinen und ist dann mit großem Eifer dabei, sich auf den Feind zu stürzen. Da ein indianischer Anführer an der Spitze einer Kriegergruppe seine Gefolgsmänner in keiner anderen Weise als durch seinen persönlichen Einfluß kontrollieren kann, ist es notwendig, die Teilnehmer mit solchen Mitteln zu erregen und zu besonderem Tatendrang anzureizen.

Der Muskegohäuptling *A-gus-ko-gaut,* den wir auf diesem Kriegszug begleiteten, nannte sich – genau wie der vor einigen Jahren unter den Shawnee aufgetauchte – einen Propheten des Großen Geistes. Er hatte vor kurzem seinen Sohn verloren und trug einen *Je-bi* in der Absicht, ihn auf einem blutigen Schlachtfeld zurückzulassen. Seine Absicht wurde jedoch von *Ta-bush-shah* (›Der plötzlich Ausweichende‹) vereitelt, der uns mit zwanzig Mann einholte. Dieser ruhelose und ehrgeizige Ojibwa wollte es nicht dulden, daß jemand anderes als er selbst kriegerisch gegen die Sioux auszieht und daß so gering geschätzte Leute wie die Muskego seine eigenen kühnen Taten übertreffen sollten. Als er sich uns zugesellte, zeigte er keinerlei ablehnende Einstellung gegenüber unserer geplanten Unternehmung. Im Gegenteil, er behauptete, seinen Brüdern, den Muskego, zu Hilfe geeilt zu sein. Obwohl *A-gus-ko-gaut* kaum im Zweifel über *Ta-bush-shahs* Gefühle und Absichten sein konnte, nahm er ihn doch mit größter Liebenswürdigkeit und scheinbarer Freude auf.

So reisten wir denn gemeinsam einige Tage lang weiter. Beim Durchqueren der weiten Prärie wurde unser Durst so unerträglich, daß wir einige der für Krieger geltenden Regeln durchbrechen mußten. Unsere Anführer kannten die Beschaffenheit der Gegend, die wir durchzogen, und wußten, daß es in einer Entfernung von wenigen Meilen Wasser gab. Aber die meisten der zu Fuß wandernden älteren Krieger waren von Müdigkeit und Durst außerordentlich geschwächt. In dieser Notlage erwies es sich als notwendig, daß einige der berittenen Teilnehmer wie *Wa-me-gon-a-biew* und ich vorauseilten und nach Wasser suchten, um der Hauptgruppe Zeichen zu geben, in welcher Richtung sie sich bewegen sollten. Ich war unter den ersten, die eine Wasserstelle fanden, aber noch ehe alle unsere Leute dort eintrafen, waren ihre Leiden unerträglich geworden. Die an der Quelle Angekommenen gaben während der ganzen Nacht Schüsse ab. Die Nachzügler trafen aus den verschiedensten Richtungen ein – einige erbrachen Blut, andere befanden sich im Zustand des Wahnsinns.

Während wir an dieser Quelle rasteten, veranstaltete ein alter Mann namens *Ah-tek-oons* (›Kleiner Karibu‹) eine *Ko-zau-bun-ziche-gun*, eine Weissagungszeremonie, und verkündete danach, daß sich eine große Gruppe Siouxkrieger in einer von ihm angegebenen Richtung befinde und daß sie direkt auf uns zukäme. Wenn wir nach rechts oder links auswichen, könnten wir unangefochten ihr Land erreichen und ihren Frauen verschiedenes antun; sollten wir sie aber herankommen und uns angreifen lassen, so würden wir bis zum letzten Mann niedergemacht werden. *Ta-bush-shah* drückte größtes Vertrauen in diese Vorhersage aus, während der Muskegohäuptling und alle anderen Muskego nichts davon hielten.

Es erhob sich ein unzufriedenes Gemurmel, und einige der Teilnehmer sprachen offen davon, *A-gus-ko-gaut* verlassen und in die Heimat zurückkehren zu wollen. Während einiger Tage geschah nichts, als daß unsere Kundschafter einen einzelnen Indianer in der Ferne erblickten, der bei unserem Anblick sofort floh und den wir für das Mitglied einer Kriegergruppe der Sioux hielten.

Eines Morgens trafen wir auf eine Büffelherde, und da wir nichts zu essen hatten, wurden einige unserer jungen Leute abgeordnet, einige Tiere zu erlegen. Seitdem wir den Sioux gesehen hatten, waren wir nur nachts gereist und hatten uns tagsüber versteckt gehalten. Da aber die Muskego ihre jungen Leute ganz offen zur Verfolgung der Büffel ausschickten und da sie am Tage einherritten und ihre Gewehre abschossen, nahm *Ta-bush-shah* die Gelegenheit wahr, die offenbar das einzige Ziel seiner Reise bildete: unsere Gruppe zu entzweien und alle Absichten *A-gus-ko-gauts* damit zu durchkreuzen.

Unser Lager war nun reichlich mit Fleisch versehen, und wir feierten eine Art Fest, das wir in aller Form vorbereitet hatten. Nach dem Mahl erhob sich *Ta-bush-shah* und hielt uns mit lauter Stimme eine Ansprache. »Ihr Muskego«, sagte er, »seid keine Krieger, wenn ihr auch, wie ihr behauptet, weit aus eurem Lande herbeigekommen seid, um die Sioux zu finden. Aber obwohl es wahrscheinlich Hunderte von Feinden in eurer unmittelbaren Nähe gibt, werdet ihr niemals imstande sein, auch

119

nur einen einzigen aufzuspüren, es sei denn, sie überfielen und töteten euch.« Am Schluß seiner Rede drückte er seinen Entschluß aus, sich von einer so schlecht geführten Gruppe zu trennen und mit seinen zwanzig Mann in seine Heimat zurückzukehren.

Als er gesprochen hatte, antwortete ihm *Pe-zhew-o-ste-gwon*, der offizielle Redner *A-gus-ko-gauts*. »Nun«, sagte er, »erkennen wir deutlich, warum unsere Brüder, die Ojibwa und die Cree, uns am Roten Fluß nicht begleiten wollten. Ihr befindet euch jetzt in der Nähe eures Stammlandes, und es ist völlig unwichtig für euch, ob ihr jetzt oder im Herbst auf die Sioux trefft. Wir aber kommen von weit her. Mit uns sind unsere Freunde und Kinder, die wir nur befriedigen können, wenn wir ins Lager unserer Feinde gelangen. Ihr wißt, wie es mit einer solchen Gruppe geht, selbst wenn sie so zahlreich ist wie die unsere jetzt. Wenn ihr nur einer den Rücken kehrt, werden andere ihm folgen, bis niemand mehr übrig ist. Aus diesem Grunde seid ihr zu uns gekommen, um eure jungen Männer von uns wegzuziehen und uns zur Rückkehr zu zwingen, ohne daß wir etwas erreicht haben.« Nach diesen Worten des Muskegosprechers erhob sich *Ta-bush-shah*, ohne etwas zu sagen, wandte sein Gesicht in die Richtung seiner Heimat und verließ uns mit seinen zwanzig Leuten.

A-gus-ko-gaut und die angesehensten Männer der Muskego blieben schweigend sitzen und sahen einen nach dem anderen ihrer jungen Männer aufstehen und den Ojibwa folgen. Zuerst schien diese Treulosigkeit *Ta-bush-shahs* einige der jungen Muskego zu erregen, denn sie schossen unvorsichtigerweise den abziehenden Ojibwa in den Rücken. Diese schienen darüber außer sich zu geraten, aber ihr kluger Anführer besänftigte ihren Rachedurst und gewann damit die Anerkennung anderer Muskego, die sonst zu gefährlichen Feinden geworden wären. *A-gus-ko-gaut* und seine wenigen Getreuen blieben den ganzen Tag an der Stelle auf dem Boden sitzen, wo sie die Rede *Ta-bush-shahs* angehört hatten; und als der alte Mann endlich seine Gruppe von sechzig auf fünf Teilnehmer zusammengeschmolzen sah, konnte er seine Tränen nicht zurückhalten.

Da auch *Wa-me-gon-a-biew* zu den Zurückkehrenden gehörte, war ich in die unmittelbare Nähe des Häuptlings aufgerückt, bei dem ich die ganze Zeit lang verblieb. Ich sagte zu ihm, daß ich, falls er die Absicht hätte, allein den Krieg fortzusetzen, ihn begleiten wolle, und wenn ich der einzige sei. Die drei anderen Männer, die ebenfalls zurückblieben, waren seine persönlichen Freunde. Auch sie waren bereit, mit ihm zu gehen, wenn er es wünsche. Er aber sagte, daß wir, da wir so wenige wären, kaum etwas unternehmen könnten und daß die Sioux uns einfach niedermachen würden. So gaben wir unsere kriegerischen Pläne auf, und jeder der Männer versuchte nur, so schnell und so gut wie möglich heimzugelangen, ohne sich noch um irgendetwas anderes als seine eigene Sicherheit und Bequemlichkeit zu kümmern. Bald holte ich *Wa-me-gon-a-biew* und drei andere Männer ein, und wir blieben beieinander. Als Rückweg wählten wir eine andere Route als die zuvor genommene. Es gab reichlich Wild, und wir brauchten nicht zu hungern.

Eines Morgens lag ich in meine Decke gewickelt an einem festgestampften Büffelweg, der von der Prärie zu dem kleinen Bach führte, wo wir unser Lager aufgeschlagen hatten. Es war nun bereits Spätherbst, und das dicke, derbe Präriegras, das schon Frost abbekommen hatte, war vollkommen trocken. Um einen Steppenbrand zu vermeiden, hatten wir unser Feuer auf dem Büffelweg gemacht. Einige der Indianer waren schon aufgestanden und saßen zu beiden Seiten des Pfades, um sich etwas zum Frühstück zuzubereiten, als wir plötzlich ein ungewöhnliches Geräusch hörten und ein Stachelschwein bemerkten, das langsam und linkisch den Pfad herunterkam. Ich hatte schon viel von der Dummheit dieser Tiere gehört, sie aber bis jetzt noch nicht selbst demonstriert bekommen. Ohne sich irgendwie um die herumliegenden Dinge und Menschen zu bekümmern, wanderte es weiter, bis seine Nase geradezu das Feuer berührte. Dann wich es mit den Vorderfüßen etwas zurück, stand aber noch so nahe an den Flammen, daß der Wind ihm die Barthaare versengte. So verweilte es für einige Minuten, während es stupid die Augen öffnete und schloß. Endlich wurde einer der Indianer müde, den dummen Kerl noch länger anzusehen, und schlug ihm mit einem Stück Elchfleisch, das er am Spieße briet, auf die Schnauze. Ein anderer tötete das Stachelschwein nun mit einem Tomahawk, und wir aßen das Fleisch, das sehr wohlschmeckend ist.

Wir begannen uns dann über die Angewohnheiten dieses Tieres zu unterhalten, und ich hörte, was ich seitdem bestätigt gefunden habe: Wenn das Stachelschwein nachts am Flußufer frißt und ein Mann im

Kanu ihm auf dem Paddel seines Ruders etwas von seinem Proviant hinhält, so frißt das Tier ganz ruhig davon, ohne die Gegenwart des Menschen zu bemerken. Fängt man es, so kann es weder beißen noch kratzen, da es keine Verteidigungsmittel außer seinem mit Widerhaken versehenen gefährlichen Stacheln hat. Man kann einen Hund kaum je dazu bringen, ein Stachelschwein anzugreifen, da er sich lebensgefährlich dabei verletzen und höchstwahrscheinlich an seinen Wunden sterben würde.

Vier Tage danach setzten wir unsere Rückreise fort und erreichten den Großen Waldfluß (Large Wood River), der von einem Berge herunterfließt, ein langes Stück durch die Prärie und zehn Meilen unterirdisch weiterläuft, um dann in den Roten Fluß zu münden. Dort, wo er unter der Prärie fließt, trägt er einen anderen Namen, aber es ist zweifellos derselbe Fluß. Hier erlegten wir ein gewöhnliches Reh, das denen von Kentucky glich, obwohl man diese Spezies im Norden nur sehr selten sieht.

Als wir zu meiner Familie zurückkehrten, hatte ich nur noch sieben Kugeln, und kein Händler war in der Nähe. So konnte ich im Augenblick keine weitere Munition erhalten. Mit den sieben Kugeln tötete ich zwanzig Moose-Elche und gewöhnliche Elche. Manchmal geht beim Schießen eines Elches die Kugel nicht ganz durch das Tier hindurch und kann wieder benutzt werden.

Gegen Ende des Herbstes ging ich zum Handelsposten am Mausfluß, um verschiedene Einkäufe zu machen. Dort trennte sich *Wa-me-gon-a-biew* von uns, aber *Net-no-kwa* zog es vor, bei mir zu bleiben. Ehe er mich verließ, trafen wir im Handelsposten am Mausfluß einige Mitglieder einer Familie, die vor langen Zeiten Streit mit Verwandten von *Wa-me-gon-a-biew* gehabt hatten. Sie waren uns fremd und gehörten einer zahlreichen, für uns viel zu mächtigen Gruppe an. Wir hörten von ihrer Absicht, *Wa-me-gon-a-biew* zu töten, und konnten nicht vermeiden, mehr und mehr in ihren Machtbereich zu geraten. Deshalb hielten wir es für angebracht, uns mit ihnen zu verständigen oder doch zum mindesten ihren guten Willen durch ein Geschenk zu erkaufen. Wir besaßen zwei Fässer Whisky, die wir der Gruppe gaben, wobei eins davon für das Oberhaupt der Familie, die uns bedroht hatte, bestimmt war. Als sie zu trinken anfingen, bemerkte ich das Verhalten eines Mannes, der unter großen Freundschaftsbezeigungen *Wa-me-gon-a-biew* zum Mithalten aufforderte und selbst zu trinken vorgab. Um das letzte Mißtrauen meines Bruders zu beheben, begann dieser Mann sich bald wie ein Betrunkener zu benehmen, obwohl ich sah, daß er vollkommen nüchtern war, da er seit unserem Zusammensein kaum etwas getrunken hatte. Ich erriet ohne Mühe seine Absichten und beschloß, wenn irgend möglich, *Wa-me-gon-a-biew* vor etwaigen Anschlägen dieses Mannes zu bewahren. In der Hoffnung, einige freundschaftliche Gefühle für uns bei jener Creefamilie zu erwecken, hatten wir unser Feuer ganz nahe dem ihren angezündet, und als ich merkte, daß *Wa-me-gon-a-biew* zu betrunken war, um sich noch irgendwelchen Zwang anzutun, schaffte ich ihn in unser Zelt. Ich hatte ihn kaum dort niedergelegt und seine Decke über ihn gebreitet, als ich mich auch schon von der feindlichen Familie umringt sah. Sie hatten Gewehre und Messer in ihren Händen und sprachen offen von ihrer Absicht, meinen Bruder zu töten. Zum Glück hatte unser alkoholisches Geschenk das Denkvermögen aller stark beeinträchtigt – es blieb jedoch immer noch jener bereits erwähnte Mann übrig, den ich als den gewichtigsten unserer Feinde ansah. Als zwei Mitglieder dieser Familie in der offenbaren Absicht, *Wa-me-gon-a-biew* zu erstechen, näher herankamen, trat ich zwischen sie und hinderte sie daran. Sie packten mich bei den Armen, was ich mir ohne Widerstand gefallen ließ, da sie mich zum mindesten mit einer Hand loslassen mußten, wenn sie mich mit dem Messer angreifen wollten, was mir die Flucht ermöglichen konnte. Ich hatte außerdem ein langes und scharfes Messer, auf das ich vertraute, unter meiner Schulterdecke versteckt und hielt es mit der rechten Hand fest. Bald nachdem sie mich so gepackt hatten, hob der links von mir stehende Indianer, der meine linke Hand weiter festhielt, sein Messer, um es mir in die Rippen zu stoßen. Sein etwas betrunkener Begleiter fühlte in seinen Gürtel, um sein Messer zu ziehen, merkte, daß er es verloren hatte, und rief seinem Gefährten zu, er solle warten, bis er sein Messer gefunden hätte, um ihm bei meiner Ermordung zu helfen. Damit ließ er meine rechte Hand los und ging zum Feuer, um sein Messer zu suchen. Dies war meine Chance. Mit einem plötzlichen Sprung riß ich mich von dem einen, der meine linke Hand noch hielt, los und ließ ihn gleichzeitig mein Messer sehen. Ich war nun frei und hätte mich durch die Flucht retten können. Aber ich beschloß, *Wa-me-gon-a-biew* nicht zu verlassen, da er sich in einer Lage befand, die, wenn ich ihn sich selber überlassen hätte, seinen sicheren Tod bedeuten mußte. Mein plötzlicher Widerstand und meine Flucht schienen die beiden Indianer für einen Augenblick stutzig zu machen. Sie staunten noch mehr, als sie mich den Körper meines betrunkenen Bruders aufheben und ihn nach zwei oder drei Sprüngen in ein am anderen Ufer befindliches Kanu legen sahen. Ich fuhr sofort zur anderen Seite des Flusses, denn die Entfernung zwischen dem Lager und dem Handelsposten war nur gering. Noch heute verstehe ich nicht, warum sie nicht auf mich schossen, solange das Lagerfeuer mich noch beleuchtete. Vielleicht waren sie doch dadurch, daß ich so wohlbewaffnet, so aktiv und so vollkommen nüchtern war, etwas eingeschüchtert. Besonders der letztere Umstand gab mir ihnen gegenüber offensichtlich einen Vorteil.

Kurz nach diesem Zwischenfall verließ mich *Wa-me-gon-a-biew,* wie er es sich schon vorher vorgenommen hatte, und ich schlug am Assiniboinfluß ein Lager für mich auf. Wir waren dort kaum ein paar Tage, als auch schon ein Bruder *Net-no-kwas* namens *A-ke-wah-zains* eintraf, um einige Zeit bei uns zu wohnen. Er war noch nicht lange bei uns, als wir eines Tages einen alten Mann in einem kleinen Kanu den Fluß heraufahren sahen. *A-ke-wah-zains* erkannte in ihm sofort den Vater der Männer, vor deren Wut ich kürzlich *Wa-me-gon-a-biew* errettet hatte. Als wir ihn anriefen, kam er auch tatsächlich ans Ufer, aber wir merkten bald, daß er nichts von dem wußte, was sich zwischen seinen Kindern und uns zugetragen hatte. Als *A-ke-wah-zains* ihm das Vorgefallene berichtete, regte er sich so dabei auf, daß ich ihn nur mit Mühe davon abhalten konnte, den hilflosen alten Mann auf der Stelle umzubringen. Ich ließ es jedoch zu, daß er einen Teil des Rums, den der Alte bei sich hatte, behielt, und verhalf dem letzteren zu schnellster Flucht, da er bei uns nicht mehr sicher gewesen wäre, sobald sein Alkohol gewirkt hätte.

Am gleichen Abend bat mich *A-ke-wah-zains,* mein schweres, langes und sehr gutes Gewehr gegen das seine zu vertauschen, das kurz und leicht war. Obwohl ich damals noch nicht wußte, wie ungleich der Wert der beiden Waffen war, weigerte ich mich zunächst, den Tausch vorzunehmen. Auch *Net-no-kwa* war dagegen, aber ich fand einfach keinen

Weg, die Bitte dieses Mannes abzuschlagen, zumal dies unter den Indianern keineswegs üblich ist.

Einige Zeit danach tötete ich eine alte Bärin, die ganz weiß war und vier Junge hatte: Eines war weiß mit roten Augen und roten Krallen wie sie selbst, ein anderes braun, und zwei waren schwarz. Sie hatte die Größe und sonstigen Merkmale des gewöhnlichen schwarzen Bären, aber außer der Farbe ihrer Lippen war nichts Schwarzes an ihr. Der Pelz derartiger Tiere ist sehr schön, wird aber von den Händlern nicht so hoch gewertet wie der braune. Die alte Bärin war sehr zahm. Ich tötete sie ohne Schwierigkeit. Zwei der Jungen erlegte ich im Bau, aber die beiden anderen entkamen auf einen Baum. Ich hatte gerade diese Tiere geschossen, als drei Männer, die das Geräusch meines Gewehrs wohl herbeigelockt hatte, auf mich zukamen. Da diese Männer sehr hungrig waren, nahm ich sie mit heim, gab ihnen zu essen und beschenkte außerdem jeden von ihnen mit einem Stück Fleisch zum Mitnehmen. Am nächsten Tage jagte ich einen anderen Bären in eine niedrige Pappel, und dort sah ich so recht, wie wertlos das von *A-ke-wah-zains* erhaltene Gewehr war. Fünfzehnmal mußte ich schießen, ohne den Bären zu töten. Am Schluß war ich gezwungen, den Baum zu erklimmen und die Mündung des Gewehres ganz nahe an den Kopf des Bären zu halten, ehe ich ihn töten konnte. Einige Tage später scheuchte ich auf der Jagd gleichzeitig einen Elch und drei junge Bären auf. Die letzteren kletterten einen Baum hinauf. Ich schoß auf sie, und zwei fielen nieder, waren aber wahrscheinlich nur verwundet. So sprang ich zur Baumwurzel hin. Dort sah ich plötzlich die alte Bärin aus der entgegengesetzten Richtung herbeikommen. Sie blieb bei dem Jungen, das in ihrer unmittelbaren Nähe heruntergefallen war, stehen, stellte es mit ihren Tatzen auf und stand dabei auf ihren Hinterbeinen, wobei sie das Kleine wie eine Frau ihr Kind hielt. Sie betrachtete es, schnüffelte an der Einschußstelle im Bauche des Tieres und begriff plötzlich, daß es tot war. Sie warf das Junge nieder und kam mit knirschenden Zähnen auf mich zu. Dabei ging sie aufrecht, und ihr Kopf war in einer Höhe mit dem meinen. All dies geschah so plötzlich, daß ich kaum Gelegenheit hatte, mein Gewehr wieder zu laden. Ich konnte es gerade noch heben, als sie schon im Bereich der Mündung war. Ich erkannte hier die Richtigkeit einer Indianerregel, die ich nur ganz selten außer acht ließ: daß man, nachdem man einen Schuß abgegeben hat, an nichts anderes denken soll als daran, das Gewehr sofort wieder zu laden.

Während des einen Monats, den ich dort blieb, tötete ich trotz der geringen Qualität meines Gewehres vierundzwanzig Bären und etwa zehn Moose-Elche. Da wir nun über unseren Bedarf hinaus mit Bärenfett versorgt waren, suchte ich das *Sunjegwun* auf, das ich an der Stelle, wo ich die zwanzig Moose-Elche mit sieben Kugeln erlegte, errichtet hatte, und speicherte dort das Bärenfett. Als später unser Mundvorrat sehr knapp wurde, kehrte ich mit meiner Familie zu dieser Vorratsstätte zurück, um bis zum Frühling von den aufbewahrten Nahrungsmitteln zu leben. Aber es zeigte sich, daß *Wa-me-gon-a-biew* mit seiner Familie und auch verschiedene andere da gewesen waren, sie erbrochen und alles bis auf das letzte Pfund Fleisch genommen hatten. Da wir auf diese Weise der Gefahr des unmittelbaren Verhungerns ausgesetzt waren, sah ich mich gezwungen, auf die Büffeljagd zu gehen. Glücklicherweise trieb die Härte des Winters diese Tiere nun in die Wälder hinein, so daß ich innerhalb weniger Tage eine ganze Menge Büffel töten konnte. *Wa-me-gon-a-biew* und andere Indianer gesellten sich zu uns. Wir schlugen unser Lager innerhalb einer kleinen bewaldeten Stelle der Prärie auf. In einer Nacht ereignete es sich, daß sowohl *Net-no-kwa* als auch einige andere Mitglieder meiner Familie davon träumten, daß sich ein Bär in der Nähe unseres Zeltes aufhielt. Am nächsten Morgen ging ich auf die Suche nach ihm und fand ihn in seiner Höhle. Ich schoß, und sobald sich der Rauch verzog, sah ich ihn auf dem Bauch liegen und ging mit dem Kopf voran in das Loch, um ihn herauszuziehen. Da mein Körper das Licht absperrte, merkte ich nicht, daß er noch am Leben war, bis ich meine Hand auf ihn gelegt hatte. Er drehte sich und sprang mich an. Ich zog mich zurück, so schnell ich nur konnte, er aber schnappte mit seinen Zähnen in solcher Nähe nach mir, daß ich seinen warmen Atem auf meinem Gesicht fühlte. Er hätte mich sofort packen können, tat es aber nicht. Als ich die Höhle mit einem Sprung verließ, ergriff ich mein Gewehr, den Bären dicht auf den Fersen. Sobald ich glaubte, einen kleinen Vorsprung gewonnen zu haben, feuerte ich hinter mich, ihm brach der Kiefer, und ich konnte ihn bald darauf töten. Später ging ich nur unter entsprechenden Vorsichtsmaßnahmen in Bärenhöhlen und vor allem erst, nachdem ich mich überzeugt hatte, daß das Tier wirklich tot ist. Als der Winter zu Ende ging, gab es so viele Büffel in unserer unmittelbaren Nähe, daß wir sie mit dem Bogen schossen und die jüngeren sogar mit Lederschlingen fangen konnten.

Zu Beginn der Zuckersaison gingen wir zum *Pe-kau-kau-ne Sah-ki-e-gun* (Buffaloe Hump Lake, ›Büffelhöckersee‹), der zwei Tagereisen vom Pembinahfluß entfernt liegt, um Biber zu fangen. Wir nahmen unsere Frauen mit auf die Jagdgründe, ließen aber *Net-no-kwa* und die Kinder zum Zuckermachen zurück. Wir hatten nun vor, genügend Biber zu erlegen, um vom Erlös der Felle ein gutes Pferd kaufen zu können, denn ich wollte im kommenden Sommer an dem geplanten Kriegszug gegen die Sioux teilnehmen. Innerhalb von zehn Tagen tötete ich zweiundvierzig große und schöne Biber und *Wa-me-gon-a-biew* ebenso viele.

Mit den Fellen gingen wir zum Handelsposten am Mausfluß, um Pferde zu kaufen. Mr. M'Kie hatte versprochen, mir ein sehr großes und schönes Pferd zu geben, das ich bereits gesehen hatte. Ich war sehr enttäuscht, als ich erfuhr, daß er es an die Nordwestkompanie verkauft hatte. So sagte ich ihm: »Da das Pferd zu den Nordwestleuten gegangen ist, werden auch die Biberfelle dorthin gehen.« Ich fuhr also zum anderen Ufer hinüber und kaufte eine große graue Stute für dreißig Biberfelle. Dieses Pferd war in vieler Hinsicht genausogut wie das andere, machte mir aber nicht die gleiche Freude. Auch *Wa-me-gon-a-biew* kaufte ein Pferd, jedoch von den Indianern, und wir kehrten zum Großen Waldfluß zurück, um *Net-no-kwa* zu finden, aber sie war schon zum Roten Fluß gezogen, wohin wir ihr nachfolgten.

Wir hielten uns eine Zeitlang am Assiniboinfluß auf, wo sich zahlreiche Indianer zu uns gesellten, darunter einige Verwandte meiner Frau, die ich immer noch nicht kannte. Unter ihnen befand sich ein verkrüppelter Onkel, der schon seit Jahren nicht mehr laufen konnte. Als er hörte, daß ich ein Weißer sei, nahm er an, daß ich nicht jagen könne. Daher fragte er meine Frau: »Nun, meine Tochter, ich höre, daß du jetzt verheiratet bist. Erlegt dein Mann jemals ein Stück Wild?« – »Ja«, antwortete sie, »wenn sich ein Elch verlaufen hat oder bereits altersschwach ist und vor ihn kommt, gelingt es ihm manchmal, ein solches Tier zu töten.« – »Er ist heute zur Jagd ausgegangen, nicht? Wenn er etwas erwischen sollte, so werde ich es selbst heimholen, und du wirst mir das Fell geben, damit wir ein Paar Mokassins daraus machen können.«

Er sagte dies, um mich zu verspotten. Ich aber gab ihm das Fell eines Elches, den ich an diesem Tag erlegt hatte, damit er sich Mokassins machen konnte. Da ich auch weiterhin erfolgreich jagte, konnte ich alle Verwandten meiner Frau mit Wild versorgen. Daraufhin hörte ich keine verächtlichen Bemerkungen mehr. Bald aber war der Wildvorrat erschöpft, so daß wir uns nach verschiedenen Richtungen hin zerstreuen mußten. Ich zog den Assiniboin zehn Meilen weit entlang und fand dort zwei Zeltgemeinschaften mit *Po-ko-taw-ga-maw* (›Kleiner Teich‹) als Anführer. Diese Gruppe bestand ebenfalls aus Verwandten meiner Frau. Als wir ankamen, kochte *Po-ko-taw-ga-maws* Frau gerade eine Elchzunge für ihren Mann, der noch nicht von der Jagd zurück war. Diese gab sie uns sofort und hätte noch mehr für uns getan, wenn nicht ihr Mann zurückgekehrt wäre. Danach gab sie uns nichts mehr, obwohl unsere kleinen Kinder vor Hunger weinten und reichlich Fleisch im Zelt vorhanden war. Es war schon zu spät, um noch jagen zu gehen, und ich erlaubte den Frauen nicht, Fleisch zu kaufen. Beim ersten Morgengrauen nahm ich mein Gewehr, stellte mich in den Zelteingang und sagte mit absichtlich lauter Stimme: »Kann niemand außer *Po-ko-taw-ga-maw* einen Elch heimbringen?« Meine Frau kam aus meinem Zelt heraus und gab mir ein etwa handgroßes Stück getrocknetes Fleisch, das, wie sie sagte, ihre Schwester für sie gestohlen hätte. Es kamen nun verschiedene Indianer aus ihren Zelten und ich warf das Stück Fleisch den Hunden vor, wobei ich sagte: »Sollen meine Kinder solches Fleisch essen, während die Wälder von Elchen wimmeln?« Noch vor Mittag hatte ich zwei fette Elche getötet und kam mit einer großen Ladung Fleisch in mein Zelt zurück. Es gelang mir auch, zahlreiche Büffel zu erlegen, die wir unter uns verteilten, um getrocknetes Fleisch daraus zu machen, denn wir hatten vor, unsere Familien zu verlassen, um den Kriegszug mitzumachen. Vorher gingen wir noch einmal in die Wälder, um gute Elch- und Moose-Elchfelle für Mokassins zu erbeuten. Denn die Felle der Tiere in der offenen Prärie sind zu zart und ergeben kein gutes Leder.

Als wir eines Tages durch die Prärie zogen und uns umblickten, sahen wir in einiger Entfernung einen mit Gepäck beladenen Mann, der auch zwei große *Ta-wa-e-gun-num*-Trommeln bei sich hatte, wie sie bei den Zeremonien des *Waw-be-no*[73] benutzt werden. Wir erwarteten eine

Erklärung von unseren jungen Frauen und erkannten in dem näher kommenden Wanderer keinen anderen als *Pich-e-to*, der zu der Gruppe unfreundlicher Verwandter gehörte, die wir vor kurzem verlassen hatten. Das Gesicht des Bowwetig-Mädchens *Skwawshish* verriet, daß sie irgendetwas über *Pich-e-tos* Absichten wußte.

Zu jener Zeit war der *Waw-be-no*-Glaube unter den Ojibwa sehr populär, aber die älteren und höchstangesehenen Männer betrachteten ihn als eine falsche und gefährliche Religion. Die Riten des *Waw-be-no* unterscheiden sich wesentlich von denen des *Midé* und sind für gewöhnlich von Ausschweifungen begleitet. Die dabei benutzte *Ta-wa-e-gun*-Trommel unterscheidet sich grundlegend von der beim *Midé* benutzten *Woin Ah-keek* oder *Me-ti-kwaw-keek*, da sie wie eine Soldatentrommel aus einem Reifen besteht, während die letztere aus einem ausgehöhlten Stück Baumstamm gemacht wird, über das man das Trommelfell bindet. Auch die *She-zhe-gwun*, die Rassel, ist gänzlich anders als die beim *Midé* benutzte. Beim *Waw-be-no* tanzen Männer und Frauen gemeinsam, wobei allerlei Gaukelkünste und Feuerkünste vollführt werden. Die Mitglieder nehmen feurige Holzkohle und rotglühende Steine in ihre Hände und manchmal in den Mund. Manchmal reiben sie ihre Handflächen mit Schießpulver ein und reiben sie dann an Holzkohle oder glühenden Steinen, damit das Pulver brennt. Mitunter läßt einer der Hauptteilnehmer am *Waw-be-no* einen mit kochendem Wasser gefüllten Kessel vor sich hinsetzen, und ehe es noch abkühlt, reicht er mit seinen Händen auf den Boden des Gefäßes, um einen Hundekopf oder den Teil eines anderen Tieres zum Vorschein zu bringen, der hineingelegt worden ist. Während er wie ein Verrückter singt und umhertanzt, reißt er mit den Zähnen das Fleisch ab und danach die Knochen, wobei er immer noch singt und wie irrsinnig herumtanzt. Sie machen den Unwissenden vor, daß sie die Fähigkeit, die Einwirkungen des Feuers und anderer heißer Substanzen zu ertragen, einer höheren Macht verdanken; in Wirklichkeit reiben sie sich mit gewissen Pflanzen ein, die unempfindlich gegen Feuer machen. Dabei handelt es sich um *Waw-be-no-wusk* und *Pe-zhe-ke-wusk*. Die erstere wächst in großen Mengen auf der Insel von Mackinac und wird von den weißen Amerikanern ›Yarrow‹ (Schafgarbe) genannt; die andere wächst nur in der Prärie. Diese Pflanzen werden gemischt und zerstoßen oder zusammengekaut und über Hände und Arme gestrichen. Die *Waw-be-no-wusk* ist als Umschlag ein ausgezeichnetes Mittel gegen Verbrennungen und wird von den Indianern oft zu diesem Zweck benutzt, während die beiden Pflanzen gemischt der Haut und selbst den Lippen und der Zunge eine erstaunliche Widerstandsfähigkeit gegen die Einwirkungen des Feuers verleihen.

Pich-e-to war nun mit seinen beiden *Ta-wa-e-guns* endlich zu uns herangekommen. *Net-no-kwa* verlor keine Zeit, ihn zu fragen, was ihn herführe. Als sie erfuhr, daß sich seine Absichten nur auf das Bowwetig-Mädchen konzentrierten, gab sie ihre Zustimmung und verheiratete die beiden auf der Stelle. Am nächsten Morgen kamen *Waw-be-be-nais-sa* und *Wa-me-gon-a-biew* mit mir von der Mündung des Assiniboin. Sie hatten einen Elchbock und ich einen Moose-Elch geschossen. Ich wandte nun eine neue Jagdmethode an, die viel meiner langsam erworbenen Geschicklichkeit beitrug. Ich hatte mir nämlich vorgenommen, jedes Tier, auf das ich schoß, auch zu töten, und wenn es mich die größten Anstrengungen kosten sollte. Nachdem ich diesen Grundsatz als eine Notwendigkeit erkannt hatte, wurde ich viel vorsichtiger beim Anschleichen und schoß auch erst dann, wenn ich es für aussichtsreich hielt. Im Frühling faßte ich diesen Entschluß und erlegte während des Sommers viele Tiere; insgesamt fehlte ich nur zweimal. Um einen Moose-Elch im Sommer zu erlegen, bedarf es besonderen Geschicks und großer Vorsicht. Man fing an, mich als einen guten Jäger zu betrachten. Besonders *Waw-be-be-nais-sa* wurde eifersüchtig auf meine Erfolge, und oft schlich er in meiner Abwesenheit hinterlistig in mein Zelt, um mein Gewehr zu verbiegen, oder er lieh es sich unter dem Vorwand aus, daß das seine reparaturbedürftig sei, und gab es mir dann beschädigt zurück.

In diesem Frühling hatten wir zahlreiche schwere Gewitter. Eines Nachts regte sich *Pich-e-to* sehr über ein solches Gewitter auf, erhob sich und bot dem Donner etwas Tabak an, um ihn zum Aufhören zu bewegen. Die Ojibwa und die Ottawa glauben, daß der Donner die Stimme von gewissen Lebewesen sei, die sie *An-nim-me-keeg* nennen. Einige legen ihnen Menschengestalt bei, während andere glauben, daß sie mehr wie Vögel aussehen. Es ist sehr zweifelhaft, ob sie den Zusammenhang zwischen dem Donner und dem ihm vorangehenden Blitz erkennen, da sie den Blitz für Feuer halten. Finden sie nach einem Gewitter eine vom Blitz getroffene Baumwurzel, so versichern sie, daß man unmittelbar nach dem Erscheinen des Blitzes eine feurige Kugel auf dem Erdboden finden kann. Ich habe oft nach dieser Feuerkugel gesucht, aber niemals eine gefunden. Oft habe ich auch den Lauf eines Blitzes im Wald etwa bis zu einer großen Wurzel verfolgt, sah aber nie etwas anderes auf dem Boden als das, was dorthin gehört. Nach einem besonders heftigen Gewitter fanden wir am Morgen eine noch brennende Ulme. Da sich die Indianer vor solchen vom Blitz verursachten Feuern fürchten, wollte niemand etwas von diesem Feuer holen, obwohl das unsere vom Regen gelöscht worden war. Endlich ging ich selbst hin, aber ich tat das nicht ohne ein Gefühl von Furcht. Ich war in diesen Dingen weniger ängstlich als die Indianer, aber dennoch nicht völlig frei von gewissen abergläubischen Vorstellungen, von denen ihr Leben unaufhörlich geprägt ist.

Nachdem wir eine Menge Fleisch erbeutet und getrocknet hatten, errichteten wir ein *Sunjegwun,* wo wir so viel davon speicherten, daß wir den Unterhalt unserer Frauen während unserer Abwesenheit für gesichert hielten. Noch ehe wir unsere Vorbereitungen für die Abreise beendet hatten, wurden wir von einer etwa zweihundert Mann zählenden Kriegergruppe der Sioux überfallen, die einige unserer Leute töteten. Eine kleine Gemeinschaft von Assiniboin und Cree waren schon ins Siouxland gezogen und waren unterwegs zufällig auf diese Kriegergruppe getroffen. Sie waren ihnen entkommen, hatten sich aber einige Male so nahe an sie herangemacht, daß sie bereits den Kranichkopf sahen, den Siouxhäuptlinge bei der Wahrsagezeremonie des *Ko-zau-bun-ziche-gun* zur Ermittlung der Position des Feindes statt der Steine benutzen. Diese kleine Gruppe von Assiniboin und Cree hatte nicht den Mut, die Sioux zu überfallen, benachrichtigten aber die Ojibwa auf Umwegen von deren Anwesenheit.

Die Ojibwa versammelten sich im Zelt ihres Oberhäuptlings, der in der Vorhut seines Stammes jagte und es verachtete, Furcht zu zeigen. Er hätte der drohenden Gefahr entgehen können, wenn er sich sofort zum Handelsposten zurückgezogen hätte. Er wollte auch aufbrechen, aber seine alte Frau, die auf die jüngere, die bei ihm in höherer Gunst stand, eifersüchtig war, machte ihm Vorwürfe und sagte, daß er der jungen Frau mehr Liebesbeweise erzeigt hätte als ihr. Er antwortete: »Du hast mich seit langer Zeit mit deiner Eifersucht und deinen Vorwürfen geärgert. Ich habe es satt. Die Sioux sind in unserer Nähe, und ich werde auf sie warten.« Deshalb blieb er, wo er war, und setzte seine Jagd fort. Eines Morgens stieg er auf eine in der Nähe seines Zeltes befindlichen Eiche, um die Prärie nach Büffeln abzusuchen, und wurde beim Herunterklettern von zwei jungen Sioux erschossen, die sich während des größten Teils der Nacht dort verborgen hatten. Sein Ruf hatte ihnen solche Furcht eingeflößt, daß sie ihn nicht schon eher überfallen hatten. Schon hörte man das Getrappel der Pferde, und die Begleiter des erschossenen Häuptlings hatten kaum Zeit, ihre Zelte zu verlassen, als sie auch schon von den berittenen Sioux umringt waren. Einer der Kundschafter, die sich im Haselnußgesträuch verborgen hatten, war ein Onkel des berühmten Yanktonhäuptlings[74] *Wah-ne-taw*, dessen Vater als Anführer der Kriegergruppe fungierte. *Wah-ne-taw* selbst, damals noch nicht so bekannt wie später, war auch dabei. Der Kampf dauerte einen ganzen Tag lang, und alle Ojibwa (etwa zwanzig), außer *Ais-ainse* (›Kleine Muschel‹), zwei Frauen und einem Kind, wurden getötet.

Mr. H., der Händler von *Pembina*, gab den Ojibwa ein Fünfundvierzigkilofaß Pulver und hundert Pfund Kugeln zur Verfolgung der Sioux, da der Häuptling, sein eigener Schwiegervater, getötet worden war. Vierhundert Krieger machten sich auf, von denen hundert Assiniboin und die übrigen dreihundert Cree, Ojibwa und Muskego waren. Am ersten Tage nach der Abreise von *Pembina* verließen uns hundert Ojibwa und zogen in ihre Heimat zurück. In der nächsten Nacht gingen die meisten Assiniboin, nachdem sie zahlreiche Pferde, darunter vier, die *Wa-me-gon-a-biew* und mir gehörten, gestohlen hatten. Ich hatte nur sieben Paar Mokassins mitgenommen, da ich den Kriegszug beritten mitmachen wollte, und der Verlust meiner Pferde war für mich schon deshalb ein großes Unglück. Ich ging zu *Pe-shau-ba*, dem Häuptling der Ottawagruppe, zu der ich gehörte, und sagte ihm, daß ich von den wenigen Assiniboin, die noch bei uns waren, Ersatz für das Verlorene fordere; aber er wollte dies nicht gestatten. Er sagte mit Recht, daß die aus einer solchen Maßnahme resultierende Unzufriedenheit zu Streitereien führen und unser gesamtes Unternehmen gefährden könne. Obwohl ich seinen Rat für weise hielt, soweit er das Interesse der Allgemeinheit betraf, enthob er mich doch nicht meiner privaten Nöte, und ich ging unter den Ottawa und meinen Ojibwafreunden herum und versuchte sie zu veranlassen, den Assiniboin ihre Pferde wegzunehmen. Niemand außer einem jungen Mann namens *Gish-kau-ko* wollte mir zustimmen. Er war ein Verwandter des gleichnamigen Mannes, der mich als Kind gefangengenommen hatte. Er verabredete mit mir, gemeinsam die dreizehn Assiniboin, die noch bei uns geblieben waren, zu überwachen und mir, wenn sich die Gelegenheit böte, dabei zu helfen, ihnen ihre Pferde wegzunehmen. Bald danach sah ich eines Morgens acht dieser Männer im Lager herumbummeln und glaubte, daß sie die Absicht hätten, uns zu verlassen. Ich rief *Gish-kau-ko*, und wir belauerten sie gemeinsam. Kaum hatten die meisten Ojibwa das Lager verlassen, als diese Männer auch schon ihre Pferde bestiegen und ihre Gesichter in Richtung Heimat wandten. Obwohl sie gut bewaffnet waren, folgten wir ihnen nach. Da wir wußten, daß wir ihnen ihre Pferde nicht mit Gewalt abnehmen konnten, ließen wir unsere Waffen im Lager zurück und folgten den Assiniboin mit leeren Händen. Einer, der am Ende der Gruppe ritt, stieg ab, um sich mit uns zu unterhalten; aber sie paßten alle zu gut auf, als daß wir ihnen hätten ihre Pferde abnehmen können. Wir versuchten, durch Bitten zu unserem Ziel zu gelangen. Aber statt sie zu erweichen, erreichten wir damit nur, daß sie einen Boten auf dem schnellsten Pferd ins Lager zurückschickten, um die fünf dort noch verbliebenen Assiniboin, mit deren Sicherheit ich ihnen gedroht hatte, vor mir zu warnen.

Wir kehrten zu Fuß zurück und gingen sofort zu den Zelten dieser fünf Assiniboin, aber da sie von unserem Kommen benachrichtigt waren, flohen sie auf ihren Pferden.

Bei einem See am Roten Fluß fanden wir im Wald an einem Baume hängend die Leiche eines jungen Sioux namens Red Thunder (Roter Donner). Wir befanden uns nun auf der Spur der zurückkehrenden Kriegergruppe, zu der dieser junge Mann gehörte und die unseren Häuptling ermordet hatte. Die Ojibwa rissen die Leiche herunter und schlugen, traten und skalpierten sie. *Pe-shau-ba* verbot mir, an diesen unmännlichen Ausbrüchen der Ojibwa teilzunehmen. In der Nähe fanden wir auch einen Marterpfahl[75] wo um die Gefangenen getanzt worden war. Daran erkannten wir, daß einige unserer Freunde lebendig erwischt worden waren. Die Spuren der Krieger waren noch frisch. Wir waren etwa zwei bis drei Tagereisen hinter ihnen.

Am Quersee (Lake Traverse) hatte sich unsere Zahl bereits auf einhundertzwanzig verringert. Von diesen waren drei Männer Assiniboin-Halbblut, etwa zwanzig Cree und ebensoviele Ottawa und die anderen Ojibwa. Viele waren durch ungünstige Vorhersagungen entmutigt worden, die *Pe-shau-ba*, der Ottawahäuptling, in der ersten Nacht, nachdem wir *Pembina* verlassen hatten, gemacht hatte. Er sagte uns damals, daß er in einem Traum die Augen der Sioux wie Sonnen gesehen hätte, die überallhin blicken und alle Ojibwa sahen, ehe diese noch nahe genug herangekommen waren, um sie anzugreifen. Auch hätte er unsere Gruppe unverletzt, aber ohne Skalpe zurückkehren gesehen. Außerdem hatte er an der linken Seite des Quersees in entgegengesetzter Richtung unseres Weges zwei verlassene Siouxzelte gesehen und wollte sie auf dem Rückweg überfallen.

Westlich vom Quersee, etwa zwei Tagereisen davon entfernt, befindet sich *O-ge-mad-wud-ju*, der Häuptlingsberg, in dessen unmittelbarer Nähe das Dorf lag, zu dem die Gruppe gehörte, die wir verfolgten. Als wir uns diesem Berg näherten, bewegten wir uns mit größter Vorsicht vorwärts. Meistens versteckten wir uns tagsüber im Wald und rückten nur in der Nacht weiter vor. Als wir uns dem Dorf nur auf wenige Meilen genähert hatten, machten wir mitten in der Nacht halt und warteten auf die frühe Morgendämmerung, die von den Indianern bei Angriffen bevorzugte Tageszeit. Es war noch völlig dunkel, als Black Duck (Schwarze Ente), ein hochangesehener Krieger, die Zügel seines Pferdes in die Hand nahm, auf das Dorf zuging und mir erlaubte, ihn zu begleiten. Im Morgengrauen erreichten wir einen kleinen Hügel, der uns vor der Sicht der Dorfbewohner schützte. Schwarze Ente lugte vorsichtig hervor und sah zwei Männer, die ganz in der Nähe vorbeigingen. Er kletterte den Hügel hinunter und warf seine Decke in einer besonderen Art hoch. Dies war das Signal zum Angriff für die Ojibwa. Es folgte das Abnehmen der Gamaschen, das Weglegen der Schulterdecken, und innerhalb eines Augenblicks schlich unsere gesamte Gruppe nackt hinter Schwarze Ente her. Wir erkletterten leise, aber schnell den Gipfel des Hügels und standen vor dem Dorf. Als die beiden Männer die Krieger entdeckten, kamen sie, statt zu fliehen, direkt auf die Anführer zu – es waren zwei junge Leute unserer eigenen Gruppe. Sie hatten uns verlassen, als wir haltmachten, und ohne uns zu benachrichtigen die Position des Feindes ermittelt. Sie fanden das Lager schon seit Stunden verlassen vor und verjagten, als wir ankamen, die Wölfe von den Abfallhaufen. Der *Sas-sah-kwi*, das Kriegsgeschrei, ertönte von den Lippen aller Teilnehmer, als sie vorwärts stürzten. Dieser laute und durchdringende Schrei schüchtert die Schwachen und die ohne Waffen überrumpelten ein, während er den Geist der zur Schlacht Bereiten erregt. Er hat auch, wie ich oft erfahren habe, einen überraschenden Einfluß auf die Tiere. Ich habe einen Büffel so übermannt davon gesehen, daß er einfach niederfiel, ohne noch weiterlaufen oder auch Widerstand leisten zu können; und ein Bär, der es hört, erschrickt manchmal so sehr darüber, daß er völlig hilflos seine Höhle verläßt oder von einem Baum herunterfällt.

Unsere Anführer waren nicht gewillt, das Ziel der Reise aufzugeben, und so verfolgten wir denn die Spuren der Sioux noch tagelang. In jedem ihrer verlassenen Lager fanden wir ihr *Ko-zau-bun-zich-e-gun*-Erdstück, aus dessen Zustand wir ersahen, daß sie von Tag zu Tag genau unsere Position kannten. Die jungen Leute unserer Gruppe bekamen nun Lust zu desertieren. Dies versuchten die Häuptlinge zu verhindern, indem sie vertrauenswürdige Personen als Wachtposten aufstellten, und zwar sowohl im Lager als auch auf dem Marsch. Diese oft geübte Maßnahme erweist sich jedoch stets als wirkungslos und scheint die Anzahl der Deserteure nur zu vermehren, wahrscheinlich, weil die jungen Männer jede Art von Zwang verabscheuen. Nachdem wir bei der Verfolgung der Sioux den St.-Peters-Fluß gekreuzt hatten, wurden sie immer unruhiger und undisziplinierter. Am oberen Teil des Flusses haben die Händler eine Festung, in die die Sioux geflohen waren. Als wir einen Tagesmarsch weit davon entfernt waren, verbreiteten sich Angst und Zögern unter allen Teilnehmern. Die Häuptlinge wollten einige junge Männer voraus schicken, um die Position des Feindes auszukundschaften, aber niemand meldete sich zu diesem Amt.

So blieben wir an Ort und Stelle und nahmen die Gelegenheit wahr, uns einige notwendige Artikel wie Mokassins und anderes zu verschaffen. Ein Mann, der sich auf einem Kriegszug befindet und Mokassins, Schießpulver, Kugeln oder etwas anderes Lebensnotwendiges braucht, nimmt einen einzelnen solchen Gegenstand in seine Hand und geht damit durch das Lager, wobei er bei anderen Teilnehmern stehenbleibt, von denen er Hilfe erhofft. Er braucht dazu nichts zu sagen, da ihm die Besitzer reichlicher Mengen des von ihm Benötigten für gewöhnlich sofort geben. Sollte dieser Versuch fehlschlagen, so geht der Häuptling selbst von einem Mann zum anderen und nimmt von denen, die genügend von dem Gebrauchten haben, das Notwendige weg. Bei einer solchen Gelegenheit ist er wie für die Schlacht gekleidet, und zwei oder drei junge Krieger begleiten ihn.

Nach einem zweitägigen Aufenthalt in der Nähe des Forts der Händler kehrten wir alle um. Da wir aber mit dem Ausgang unserer Unternehmung nicht zufrieden waren, gingen wir noch einmal in das Dorf am Häuptlingsberg, um dort vielleicht doch einige unserer Feinde zu finden. Nachdem wir den Häuptlingsberg verlassen hatten und auf dem Heimweg über die Prärie hinzogen, merkten wir, daß uns etwa hundert Sioux verfolgten.

Am *Gaunenoway*, einem großen Fluß, der am Häuptlingsberg entspringt und einige Tagereisen weit vom Quersee in den Roten Fluß einmündet, stritt sich *Pe-shau-ba* mit einem Ojibwa namens *Ma-men-o-guaw-sink* wegen eines Pferdes, das ich einigen mit den Assiniboin befreundeten Cree als Ersatz für die mir geraubten abgenommen hatte. Da dieser Mann einmal einen Cree getötet hatte, bemühte er sich nun, Freunde aus diesem Stamm zu gewinnen. *Pe-shau-ba* und ich wanderten gerade etwas entfernt von der Hauptgruppe, und ich führte das von mir genommene Pferd am Zügel, als *Ma-men-o-guaw-sink* von einigen Freunden begleitet, zu uns kam und das Pferd zurück verlangte. *Pe-shau-ba* spannte den Hahn seines Gewehres, setzte ihm die Mündung aufs Herz und schüchterte ihn mit Drohungen und Vorwürfen so ein, daß er von seinem Anliegen Abstand nahm. Zehn Ottawa hielten nun an. Mit *Pe-shau-ba* an der Spitze fielen sie der Hauptgruppe in den Rükken, damit es nun keinen weiteren Streit um dieses Pferd geben sollte, da alle der Meinung waren, ich sollte es behalten.

Zehn zu uns gehörende Männer gingen zu Fuß in sechs Tagen vom Häuptlingsberg zum *Pembina*, unsere Hauptgruppe jedoch brauchte, obwohl viele beritten waren, zehn Tage, um denselben Weg zurückzulegen. Einer der vier war ein alter Ottawamann aus *Wau-gun-uk-kezze* oder L'Arbre Croche.

Als ich am *Pembina* ankam, erfuhr ich, daß meine Familie zur Mün-

dung des Assiniboin gezogen war. Nachdem sich unsere Gruppe aufgelöst und die meisten meiner Freunde mich verlassen hatten, wurde eines
Nachts mein Pferd doch noch gestohlen. Ich kannte den Täter, und da
er sein Zelt nicht weit von mir aufgeschlagen hatte, ging ich am nächsten Morgen bewaffnet hin, um das Tier zurückzuholen. Aber auf dem
Weg begegnete ich *Pe-shau-ba*, der, ohne eine Frage an mich zu stellen,
meine Absicht erriet und mir strikt verbot, weiterzugehen. *Pe-shau-ba*
war ein guter Mann und hatte großen Einfluß innerhalb der Gruppe.
Ich hätte entgegen seinem Befehl das Pferd dennoch zurückholen können, aber ich zog vor, dies nicht zu tun, und kehrte mit ihm um. Ich
hatte nun keine Mokassins mehr und regte mich so über den Verlust
meines Pferdes auf, daß ich nichts essen konnte. Als ich endlich nach
zwei Tagesmärschen von *Pembina* bei den Meinen ankam, war ich vor
Müdigkeit völlig erschöpft. Meine Füße waren wund und geschwollen,
und ich fand meine Familie halb verhungert vor. Drei Monate war ich
fortgewesen, hatte lange und mühevolle Märsche gemacht und nichts
erreicht.

Es war absolut notwendig, daß ich sofort auf die Jagd ging, obwohl
ich nur mit größten Schmerzen stehen konnte. Dennoch hatte ich das
Glück, gleich am Morgen meiner Rückkehr einen Moose-Elch zu töten.
Noch am selben Tag fiel Schnee, so daß ich reichliche Mengen Wild
erlegen konnte.

Kapitel
IX

Besuch einiger Assiniboindörfer,
um gestohlene Pferde zurückzuerhalten /
Eigentümliche Sitten /
Ich erbeute ein Assiniboinpferd /
Kriegszug zum Schildkrötenberg /
Schlacht in einem Mandandorf /
Die Lehren des Shawneepropheten /
Folgen der Trunkenheit

Kurz nachdem ich zu meiner Familie zurückgekehrt war, hörte ich, daß die Assiniboin damit prahlten, mein Pferd gestohlen zu haben. Sofort machte ich mich bereit, zu ihnen zu gehen. Aber ein Ojibwa, der schon oft versucht hatte, mich von meinen Versuchen abzuhalten, dieses oder ein anderes Pferd an seiner Statt zurückzuholen, gab mir eines der seinen unter der Bedingung, daß ich keine weiteren Versuche machen würde, mein eigenes wiederzubekommen. Aus diesem Grund sagte ich eine Zeitlang nichts weiter darüber.

Nachdem ich den Winter an der Mündung des Assiniboin verbracht hatte, ging ich zum Zuckermachen an den Großen Waldfluß (Great Wood River), aber auch dort hörte ich, daß sich die Assiniboin noch immer des Besitzes meines Pferdes rühmten. Ich überredete daraufhin *Wa-me-gon-a-biew*, mich zum Assiniboin zu begleiten, um möglicherweise mein Pferd zurückzuerbeuten. Nachdem wir vier Tage gereist waren, kamen wir zehn Meilen entfernt vom Handelsposten am Mausfluß zum ersten Assiniboindorf, das aus etwa dreißig Lederzelten bestand. Wir wurden gesehen, ehe wir noch ins Dorf kamen, denn die Assiniboin, die eine abgesplitterte, abtrünnige Gruppe der Sioux sind und sich mit den Ojibwa verbündet haben, leben in dauernder Angst vor Siouxangriffen und stellen deshalb stets Wachtposten auf, die die Annäherung jedes Fremden beobachten. Der Streit, um dessentwillen sich diese Gruppe der *Bwoirnug*[76] vom Hauptstamm abgespalten hatte, entstand vor einigen Jahren um einer Frau willen. Jetzt leben so viele Ojibwa und Cree unter den Assiniboin, daß die meisten die Ojibwasprache verstehen, wenn auch ihr eigener Dialekt, der dem der Sioux gleicht, völlig verschieden vom Ojibwa ist.

Unter den Männern, die zu unserem Empfang herbeikamen, befand sich auch *Ma-me-no-kwaw-sink*. Er war der Indianer, mit dem *Pe-shau-ba* vor einiger Zeit um meinetwillen in Streit geraten war. Er fragte, wohin wir gingen. Ich antwortete: »Wir kommen um unserer Pferde willen, die die Assiniboin gestohlen haben.« – »Ihr geht am besten dahin zurück, woher ihr gekommen seid«, war seine Antwort, »denn wenn ihr euch dem Dorf nähert, werden wir euch das Leben nehmen.« Ich ignorierte diese Drohung und erkundigte mich nach *Ba-kis-kung-nung*, denn Männer aus dessen Familie hatten unsere Pferde genommen. Man antwortete mir, daß man nicht wisse, wo er sich aufhielte, da er gleich nach seiner Rückkehr zu den Mandan gegangen und noch nicht zurückgekehrt sei. Bei den Mandan habe der frühere Besitzer mein Pferd, als er es wiedererkannte, dem Sohne von *Ba-kis-kung-nung* abgenommen, worauf letzterer sich durch den Diebstahl eines guten schwarzen Pferdes schadlos gehalten habe. Seitdem habe man nichts mehr von ihm gehört.

Wa-me-gon-a-biew, den die Art, wie wir im Dorf behandelt wurden, entmutigte und vielleicht sogar einschüchterte, versuchte, mich von weiteren Schritten in dieser Angelegenheit abzuhalten. Als er merkte, daß er mich nicht umstimmen konnte, kehrte er nach Hause zurück und ließ mich allein die Suche nach meinem Pferd fortsetzen. Ich ließ mich nicht davon beeinflussen und beschloß, lieber jedes Mandandorf und -lager nach meinem Pferd zu durchsuchen, als ohne es umzukehren. Ich ging zum Handelsposten am Mausfluß, und nachdem ich den Zweck meiner Unternehmung erklärt hatte, erhielt ich dort zwei Pfund Schießpulver, dreißig Kugeln, einige Messer und kleinere Gegenstände und außerdem genaue Anweisungen, wie das nächste Dorf der Mandan zu finden sei. Allein überquerte ich nun ein großes Stück flacher Prärie, wo ich in der Ferne etwas auf der Erde liegen sah, das einem Baumstamm glich. Da ich wußte, daß es hier keine Baumstämme gab, es sei denn, daß sie von Menschen hergebracht worden wären, hielt ich den Gegenstand für ein Kleidungsstück oder für die Leiche eines Menschen, der hier vielleicht bei der Jagd verunglückt war. Ich schlich mich vorsichtig an und sah endlich, daß es sich um einen auf dem Bauch liegenden Mann handelte, der mit dem Gewehr in der Hand auf vorüberfliegende Wildgänse wartete. Er hatte seine Aufmerksamkeit auf die mir entgegengesetzte Richtung konzentriert, und ich hatte ihn schon beinahe erreicht, als er aufsprang und in einen Schwarm Gänse schoß. Sofort warf ich mich auf ihn, denn die Klappern aus Habichtschnäbeln, die ich trug, und das Klirren meines Silberschmucks hätten ihn in der Nähe auf mich aufmerksam gemacht. Ehe er noch Widerstand leisten konnte, fing ich ihn in meinen Armen auf, da ja sein Gewehr nicht geladen war. Als er sich gefangen sah, schrie er: »Assiniboin«, und ich antwortete: »Ojibwa!« Wir waren beide erleichtert, als wir merkten, daß wir einander als Freunde behandeln konnten, und obwohl wir uns sprachlich nicht verständigen konnten, forderte ich ihn durch Gesten auf, sich neben mich zu setzen, was er sofort tat. Ich gab ihm eine vor kurzem getötete Gans, und nachdem wir uns eine Weile zusammen ausgeruht hatten, bedeutete ich ihm, daß ich mit in sein Zelt kommen wollte. Wir wanderten zwei Stunden lang zusammen, bis wir das Dorf erreicht hatten, und ich folgte ihm sogleich in sein Zelt. Als ich hinter ihm eintrat, bedeckten die dort befindlichen beiden Frauen ihre Köpfe mit ihren Schulterdecken, und mein Begleiter ging in ein kleines Nebenzelt, das gerade für eine Person Platz hatte. Dort blieb er versteckt, und seine Frau brachte ihm das Essen. Obwohl er vor unseren Blicken verborgen war, unterhielt er sich mit den anderen. Sobald er das Zelt verlassen wollte, benachrichtigte seine Frau ihre Eltern, die daraufhin ihre Köpfe versteckten. Das taten sie auch, wenn er zurückkam.

Diese Sitte wird bei den Assiniboin streng von allen verheirateten Männern eingehalten und ist auch bei den anderen *Bwoirnug* oder Dakota, wie sie sich selber nennen, üblich. Sie besteht ebenfalls bei den am Missouri lebenden Omaha. Diesem Brauch sind nicht nur die Beziehungen eines Mannes zu seinen Schwiegereltern unterworfen, er wird auch auf die Onkel und Tanten ausgedehnt, die sich alle gegenseitig nicht erblicken dürfen. Wenn ein Mann das Zelt betritt, in dem sein Schwiegersohn sitzt, muß dieser sein Gesicht bedecken, bis er wieder fortgegangen ist. Wenn der junge Mann im Zelt seiner Schwiegereltern wohnt, so hat er entweder darin ein eigenes kleines Sonderzelt, oder es wird für ihn durch das Aufhängen von Matten oder Fellen ein Sonderbereich geschaffen, wohin sich auch seine Frau nachts zurückzieht. Tagsüber ist sie die zwischen ihm und den anderen Familienmitgliedern vermittelnde Person. Ein Mann darf niemals den Namen seines Schwiegervaters aussprechen; tut er es dennoch, so wird dies als im höchsten Grade unschicklich und respektlos angesehen. Diese Sitte ist bei den Ojibwa völlig ungebräuchlich und wird von ihnen als äußerst töricht und lästig angesehen.

Die Bewohner dieses Zeltes behandelten mich mit größter Freundlichkeit. Obwohl der Mais dort sehr selten ist, hatten sie doch einen kleinen Vorrat davon aufgespeichert, von dem sie mir Mahlzeiten zubereiteten und gaben. Der junge Mann erzählte ihnen, wie sehr ich ihn in der Prärie erschreckt hatte, und sie alle lachten herzlich hierüber. Dieses Dorf bestand aus fünfundzwanzig Zelten; aber obwohl ich mich überall erkundigte, wußte niemand, wo ich *Ba-gis-kung-nung* finden könnte. Vielleicht befand er sich in dem eine Tagereise entfernt gelegenen Nachbardorf. Ich blieb einige Zeit im Zelt des jungen Mannes, den ich in der Prärie getroffen hatte, und wanderte dann zum nächsten Dorf. Da ein Schwarm Gänse darüber hinwegflog, schoß ich hinein und traf einen der Vögel. Er fiel zwischen einer Gruppe Assiniboin nieder. Unter ihnen befand sich ein sehr alter, arm aussehender Mann, dem ich Zeichen machte, daß er sie sich holen sollte. Er fühlte sich jedoch zuerst veranlaßt, mir seine Dankbarkeit in einer Weise auszudrücken, die ich nie vorher gesehen hatte. Er trat an mich heran, legte seine beiden Hände auf meinen Kopf und streichelte mehrere Male das lange Haar, das mir über die Schultern hing, wozu er etwas, was ich nicht verstehen konnte, in seiner Sprache sagte. Dann hob er die Gans auf und gab mir durch Zeichen zu verstehen, daß ich ihn in sein Zelt begleiten und dort mit ihm essen müsse, ehe ich das Dorf verlassen könne. Während er die Gans zubereitete, ging ich von Zelt zu Zelt, um mir die Pferde anzusehen, in der Hoffnung, das meine unter ihnen zu entdecken, aber ich fand es nicht. Einige der jungen Männer begleiteten mich auf diesem Gang, aber ohne Waffen und in freundlicher Weise. Als ich mich jedoch zum nächsten Dorf aufmachte, bemerkte ich, daß einer dieser jungen Leute ein schnelles Pferd bestieg und mir voranritt.

Als ich dort ankam, beachtete mich niemand oder schien mich auch nur zu sehen. Dort wohnte eine Gruppe, die mir völlig unbekannt und scheinbar gegen mich voreingenommen war. Ihr Häuptling *Kah-oge-maw-weet* Assiniboin (›Der oberste Assiniboin‹) war ein hervorragender Jäger, kam aber bald nach meinem Besuch um. Er war ungewöhnlich lange von zu Hause fortgeblieben, und als man seinen Spuren nachfolgte, zeigte es sich, daß ein Grizzlybär ihn angegriffen und getötet hatte.

Da diese Leute ausgesprochen unfreundlich zu mir waren, ging ich in keines ihrer Zelte, sondern stand nur herum, um ihre Pferde zu betrachten und möglicherweise meines darunter zu entdecken. Ich hatte viel von der Schnelligkeit und Schönheit eines jungen Pferdes aus dem Besitz des Häuptlings gehört und erkannte bald dieses mir nur von Beschreibungen her bekannte Tier.

Ich verbarg ein Halfter unter meiner Schulterdecke, wartete auf eine passende Gelegenheit, streifte es über den Kopf des Pferdes, bestieg es und flog mehr auf ihm davon als ich floh. Ich hatte mich wegen der Unfreundlichkeit der Dorfbewohner zu dieser Tat entschlossen, obwohl es meine ursprüngliche Absicht gewesen war, nur mein eigenes Pferd und kein anderes zu nehmen. Als das Pferd und ich völlig außer Atem waren, sah ich mich nach den Assiniboinzelten um, die kaum mehr sichtbar waren und wie kleine Punkte auf der fernen Prärie erschienen. Ich dachte nun über mich nach und hielt das Getane für falsch, da ich das Lieblingspferd eines Mannes, der mich nicht ausgesprochen beleidigt hatte, stahl, obgleich er mir gegenüber die dem Fremden geschuldete Gastfreundschaft nicht verletzt hatte. Ich stieg ab und wollte das Pferd laufen lassen, als ich plötzlich dreißig bis vierzig berittene Männer erblickte, die eine Bodensenkung vor meinen Blicken verborgen hatte und die mir schon ganz nahe auf den Fersen waren. Ich konnte gerade noch auf ein Dickicht aus niedrigen Haselnußbüschen zulaufen, als sie bei mir angekommen waren. Sie ritten umher, um nach mir Ausschau zu halten, und dieser Aufenthalt gab mir die Möglichkeit, ein Versteck zu finden. Endlich stiegen sie ab und verteilten sich in verschiedene Richtungen, um mich zu suchen. Einige waren ganz in meiner Nähe, wandten sich dann aber um und suchten mich anderswo. Ich hatte mein Versteck so gewählt, daß ich ihre Bewegungen verfolgen konnte, ohne mich der Gefahr, von ihnen gesehen zu werden, auszusetzen. Ein junger Mann riß seine Kleider ab, als ginge es in die Schlacht, sang sein Kriegslied, legte sein Gewehr beiseite und ging mit seiner Kriegskeule geradewegs auf die Stelle zu, wo ich versteckt lag. Er stand etwa zwanzig Schritt von mir entfernt. Mein Gewehr war geladen, und ich zielte gerade auf sein Herz, als er sich plötzlich umdrehte und wegging. Ich glaubte nicht, daß er mich sah, aber das Gefühl, von einem ungesehenen bewaffneten Feind beobachtet zu werden, dessen Standort er nicht entdecken konnte, hatte ihn wahrscheinlich zur Umkehr bewegt. Sie setzten ihre fruchtlose Suche bis in die Nacht hinein fort und kehrten dann endlich unter Mitnahme des Häuptlingspferdes in ihr Dorf zurück.

Beglückt über meine Rettung trat ich die Heimreise an, ohne mir nur die geringste Nachtruhe zu gönnen. Am dritten Abend erreichte ich den Handelsposten am Mausfluß. Die Händler sagten, ich sei ein Narr gewesen, das Pferd, für das sie mir einen hohen Preis gezahlt hätten, nicht mitgebracht zu haben.

In dem zehn Meilen von diesem Handelsposten entfernt liegenden Assiniboindorf hatte ich einen Freund namens *Be-na* (›Fasan‹). Diesen bat ich, während meiner Abwesenheit mein Pferd zurückzuholen oder mindestens herauszubekommen, wo ich *Ba-gis-kung-nung* finden könne. Als ich nach einem Besuch beim Handelsposten am Mausfluß zu ihm zurückkehrte, führte *Be-na* mich sogleich in ein Zelt, in dem zwei alte Frauen wohnten. Von dort aus zeigte er mir durch die Ritzen der Zeltbedeckung das Zelt *Ba-gis-kun-nungs* und seiner vier Söhne. Ihre Pferde grasten in der Nähe, und wir erkannten unter ihnen das schöne schwarze, das sie anstatt des meinen von den Mandan mitgebracht hatten.

Wa-me-gon-a-biew war auch beim Handelsposten gewesen, aber noch vor mir zum Dorf zurückgekehrt, wo er im Zelt der Söhne eines Bruders von *Taw-ga-we-ninne* wohnte, die seine Vettern waren und ihn mit großer Freundlichkeit behandelten. Er hatte Boten zu *Ba-gis-kun-nung* geschickt, die diesem ein gutes Gewehr, einen Häuptlingsmantel und alle bewegliche Habe, die er bei sich trug, anboten, wenn er ihm dafür ein Pferd zur Heimreise gäbe. Als ich das erfuhr, machte ich ihm schwere Vorwürfe und sagte, daß ich ihm nicht nur mein Pferd, sondern auch jene Geschenke hätte abnehmen müssen, wenn *Ba-gis-kun-nung* sie angenommen hätte.

Kaum war ich im Dorf angekommen, als ich auch schon zu *Ba-gis-kun-nung* ging und zu ihm sagte: »Ich will ein Pferd haben.« – Er antwortete: »Ich gebe dir keins.« – »So werde ich dir eines wegnehmen.« – »Wenn du das tust, werde ich dich erschießen.« Nach dieser Unterhaltung kehrte ich in das Zelt von *Be-na* zurück und traf meine Vorbereitungen für einen zeitigen Aufbruch am nächsten Morgen. *Be-na* gab mir eine neue Büffeldecke, auf der ich heimreiten konnte; außerdem bekam ich von einer alten Frau einen langen Lederriemen für einen Halfter, da ich meinen an dem Häuptlingspferd gelassen hatte. Ich schlief nicht in *Be-nas* Zelt, sondern in dem unserer Vettern. Ganz zeitig früh, als ich zum Aufbruch fertig war, ging ich zu *Be-na*, aber er schlief noch. Ohne ein Geräusch zu machen, breitete ich eine schöne neue Decke, die ich besaß, über ihn und ging dann mit *Wa-me-gon-a-biew* fort. Als wir bei *Ba-gis-kun-nungs* Zelt ankamen, sahen wir seinen ältesten Sohn draußen sitzen und die Pferde bewachen. *Wa-me-gon-a-biew* versuchte, mich von meiner Absicht, eins wegzunehmen, abzubringen, da das unmöglich war, ohne gesehen zu werden, und da wir reichlich Grund zu der Annahme hatten, daß man bereit sei, Gewaltmaßnahmen zu ergreifen, um unseren Versuch zu vereiteln. Ich sagte ihm, daß ich seinen Rat nicht befolgen würde, stimmte aber zu, etwa zweihundert Meter weiter zu gehen, unser Gepäck dort niederzulegen und dann gemeinsam zurückzukehren, um das Pferd zu holen. Als wir so weit außer Sicht waren, wie ich es für nötig hielt, legte ich meine Last nieder. Aber *Wa-me-gon-a-biew*, erschreckt von meiner Entschlossenheit, begann zu laufen. Während er vom Dorf weglief, kehrte ich genausoschnell dorthin zurück. Sobald der Sohn von *Ba-gis-kun-nung* mich erblickte, fing er an, so laut er konnte, etwas in seiner Sprache zu rufen. Die einzigen Worte, die ich verstand, waren ›*Wah-kah-towah*‹ und ›*Shoonk-ton-gah*‹ (›Pferd‹). Wahrscheinlich sagte er: ›Ein Ojibwa nimmt ein Pferd.‹ Ich antwortete: »*Kah-ween-gwautch Ojibwa*« (»Nicht ganz ein Ojibwa«). Sofort war das ganze Dorf auf den Beinen. Auf den Gesichtern der um mich Versammelten konnte ich keinen festen Entschluß lesen, für oder gegen mich Stellung zu nehmen; im Gegenteil, mein Freund *Be-na* und die ihn umgebenden Cree ermutigten mich geradezu. Ausgesprochene Feindseligkeit war nur bei *Ba-gis-kun-nung* und den Seinen vorhanden. Ich war so aufgeregt, daß ich mit meinen Füßen nicht einmal mehr den Boden fühlte, aber Furcht hatte ich keine. Als ich mein Halfter um den Kopf des schwarzen Pferdes gelegt hatte, zögerte ich einen Augenblick mit dem Aufsitzen, denn dazu brauchte ich meine beiden Arme und setzte mich damit einer etwaigen Attacke von hinten aus. Unentschlossenheit wäre aber in diesem Augenblick das Unangebrachteste gewesen. So sprang ich denn auf das Pferd. Aber ich sprang viel höher und weiter als notwendig und fiel infolgedessen mit dem Gewehr in der einen Hand und Bogen und Pfeilen in der anderen an der Seite des Pferdes nieder. So schnell ich konnte, stellte ich mich wieder auf die Füße und beobachtete die Gesichter meiner Feinde. Alle außer den *Ba-gis-kun-nungs* waren in Gelächter ausgebrochen, was mir mein Selbstvertrauen zurückgab, denn ich wußte, daß sie, wenn sie einen offenen Angriff auf mich hätten unternehmen wollen, den Augenblick gewählt hätten, als ich auf dem Boden lag, und nicht den, als ich mich wieder wehren konnte. Ich bestieg also das Pferd, diesmal mit Vorsicht, wobei das laute und herzliche Lachen der Indianer mich davon überzeugte, daß sie mein Verhalten nicht als unverzeihlich ansahen.

Als ich mich umwandte, um davonzureiten, sah ich *Wa-me-gon-a-biew* noch immer wie einen aufgescheuchten Truthahn rennen; er war schon fast außer Sicht. Ich holte ihn ein und sagte zu ihm: »Mein Bruder, du mußt müde sein. Ich will dir mein Pferd leihen«, und wir zogen gemeinsam weiter. Endlich machten sich aus dem Dorf zwei berittene Männer auf, um uns zu verfolgen. *Wa-me-gon-a-biew* erschrak, wollte davonreiten und mich allein zurücklassen, um sich selbst aus der Situation zu ziehen. Aber als ich seine Absicht erkannte, sagte ich ihm, er solle mir das Pferd wiedergeben. Er tat dies und raste zu Fuß davon. Als die beiden Männer etwa auf eine halbe Meile an mich herangekommen waren, stieg ich vom Pferd, nahm die Zügel in die Hand und erwartete sie, indem ich ihnen mein Gesicht zuwandte. Sie hielten auf dem Pfad in meiner Nähe an und sahen nach der anderen Richtung hin, woraus ich schloß, daß sich *Wa-me-gon-a biew* im nahen Gebüsch versteckt hatte.

Die zwei blieben auf dem Weg, während ich mit dem Pferd am Zügel fast bis Mittag auf demselben Platz stehenblieb. Zahlreiche Dorfbewohner standen auf einem kleinen Hügel in der Nähe der Zelte und beobachteten uns, um zu sehen, was sich ereignen würde. Die beiden *Ba-gis-kun-nungs* wurden es endlich satt, noch länger dort zu stehen. Sie trennten sich und kamen mir von zwei verschiedenen Richtungen aus entgegen, so daß ich annahm, daß sie mich einkreisen und niederschießen wollten. Aber nachdem sie verschiedene Male auf mich zugegangen waren, kehrten sie wieder um und warteten auf dem Pfad zwischen mir und *Wa-me-gon-a-biew*. Ich hatte nun genug von ihrem kläglichen Benehmen, bestieg das Pferd und ritt auf sie zu. Sie wichen mir aus und gingen zum Dorf zurück. In dieser Situation verhielt sich *Wa-me-gon-a-biew* noch feiger als gewöhnlich. Die Häuptlinge und erfahrenen alten Männer der Gruppe, zu der *Ba-gis-kun-nung* und seine Söhne gehörten, waren geradezu froh, daß ich diesen ein Pferd weggenommen hatte, denn die Männer dieser Familie galten bei ihnen als Unruhestifter und üble Leute. Dies war der Grund, warum ich mein Unternehmen zu gutem Ende führen konnte, obwohl mir *Wa-me-gon-a-biew* nicht den geringsten Beistand leistete.

Nachdem die beiden Männer in ihr Dorf zurückgekehrt waren, ritt ich weiter, und *Wa-me-gon-a-biew* kam aus dem Gebüsch hervor, in das er sich verkrochen hatte. Am Abend erreichten wir das Zelt unseres alten Freundes *Waw-so*, der früher mit *Pe-shau-ba* zusammen gelebt hatte. Da ich nicht wünschte, *Waw-so* von meinem Abenteuer zu erzählen, versteckte ich das geraubte Pferd im Wald. Aber während der Nacht, als ich schon eingeschlafen war, erzählte ihm *Wa-me-gon-a-biew* alle Geschehnisse des vergangenen Tages. Als *Waw-so* hörte, wie ich über das Pferd hinweggesprungen war (ich hatte es *Wa-me-gon-a-biew* erzählt), lachte der alte Mann so laut und herzlich, daß ich davon aufwachte.

Wir verbrachten also die Nacht bei *Waw-so* und reisten am nächsten Morgen nach *Ko-te-kwaw-wi-ah-we-se-be*, wo ich damals wohnte, weiter. Ich besaß nun zwei Pferde, und da ich einem Freund begegnete, der keines hatte, versprach ich ihm eins. Er wollte es aber erst haben, wenn er heimginge. So verschob ich die Schenkung bis zu seiner Rückkehr. Inzwischen starb das Pferd, das ich für ihn bestimmt hatte, an einer aufgerissenen Ader, so daß mir nur das schwarze verblieb. Ich nannte es Man-

dan und gewann es außerordentlich lieb. Als der Mann jedoch zurückkam, mußte ich mein Versprechen halten und gab ihm dieses Pferd.
Meine Frau weinte, und auch mir tat es sehr leid, mich von diesem wert-
vollen Tier zu trennen.

Drei Monate später schickten die Cree Tabak an die Ojibwa, damit
sie mit ihnen zu den Mandan zögen, um an einem Kriegszug gegen die
Sioux in der Missouri-Gegend teilzunehmen. Während diese Botschaften ausgetauscht wurden, ließ mich *Ba-gis-kun-nung* wissen, daß er mir
das Leben nehmen würde, falls ich an diesem Kriegszug teilnehmen
sollte. Ich kümmerte mich aber nicht darum.

Es waren sechs Tagereisen von meinem Aufenthaltsort bis zum
Schildkrötenberg (Turtle Mountain), wo sich die Cree in beträchtlicher
Anzahl versammelten. Ich hielt mich schon etwa einen Monat lang bereit, als *Wa-ge-tote* mit sechzig Leuten auf dem Weg zu dem Treffpunkt
bei mir vorüberkam. Acht der Unseren gesellten sich ihnen zu, nachdem wir ihnen unsere Hilfe gewährt hatten, denn diese Gruppe litt
schon seit einiger Zeit schrecklichen Hunger. Nach zwei bis drei Tagen
ging es uns allen genauso, und wir schickten zwanzig junge Leute auf die
Büffeljagd. *Wa-ge-tote* wollte, daß ich mit ihnen ginge, aber ich lehnte
dies ab. Er bat mich immer wieder und nahm endlich mein Gepäck mit
den Worten auf seine Schulter: »Mein Neffe, nun mußt du gehen. Ich
werde dir deine Last tragen, bis du wiederkommst.« So ging ich denn
mit auf die Jagd und hatte das große Glück, gleich einen Elch zu erlegen. Die Indianer fielen wie hungrige Hunde darüber her, und bald war
kein Stück mehr davon übrig, obwohl kaum die Hälfte der am meisten
Hungernden etwas davon abbekommen hatten. Die zwanzig jungen
Leute, die wir auf die Büffeljagd geschickt hatten, kehrten ohne Beute
zurück.

Manche wurden nun so schwach vor Hunger, daß wir sie zurücklassen mußten, da sie nicht mehr zu laufen imstande waren. Tagelang hatten wir keine andere Nahrung als die Wurzeln der *Me-tush-koo-she-min*,
der Grasbeere, eine eßbare Wurzel, die die Franzosen pomme blanche
(›weiße Kartoffel‹) nennen. Sie gehört zur Art der Psoralea, die in der
Missouri-Gegend außerordentlich häufig wächst. Wenn man diese
Wurzeln kocht oder brät, so sind sie sehr wohlschmeckend und nahr-
haft, jedoch erzeugt ihr ausschließlicher Genuß bald Verdauungsstö-

rungen. Ich befand mich bereits in einem sehr elenden Zustand, als mich eines Nachts ein alter Mann, ein Verwandter meiner Frau, weckte, und mir eine kleine Portion *Pemmikan*,[77] die er sorgfältig verborgen gehalten hatte, in die Hand gab. Mit Hilfe dieser Nahrung konnte ich den Schildkrötenberg erreichen, wo gleichzeitig etwa die Hälfte der Gruppe *Wa-ge-totes* ankam. Die anderen, von denen wir uns getrennt hatten, trafen zum Teil später ein, andere waren in ihre Heimat zurückgegangen, und wieder andere blieben verschollen.

Die Assiniboin und die Cree, mit denen wir uns am Schildkrötenberg verabredet hatten, waren schon einige Tage vorher aufgebrochen. Wir folgten ihren Spuren, als sie plötzlich umkehrten. Sie erzählten, daß sie gleichzeitig mit einer Siouxgruppe, die das Mandandorf überfallen wollte, dort angekommen seien. Der Mandanhäuptling hatte zu ihnen gesagt: »Meine Freunde, diese Sioux sind hierhergekommen, um mein Feuer zu löschen. Sie wissen nicht, daß ihr hier seid. Da sie nicht gegen euch ausgezogen sind, braucht ihr euer Blut nicht in unserem Streit zu vergießen. Bleibt bei uns im Dorf, und ihr werdet sehen, daß wir Männer sind und keine Hilfe brauchen, wenn man uns in unserer Heimat überfällt.« Das Mandandorf war von einem Palisadenzaun umgeben, den die Sioux den ganzen Tag über belagerten. Als endlich eine Kampfpause eingetreten war, sagte der Mandanhäuptling zu den Sioux: »Verlaßt unser Dorf, oder unsere Freunde, die Ojibwa, werden euch überfallen. Sie haben schon den ganzen Tag hier gewartet und sind ausgeruht und nicht ermüdet wie ihr.« Die Sioux antworteten: »Das ist leere Prahlerei, mit der ihr eure Schwäche verbergen wollt. Bei euch sind keine Ojibwa, und selbst wenn Hunderte da wären, würden sie nichts gegen uns bedeuten. Die Ojibwa sind Weiber, und wenn euer ganzes Dorf voll von ihnen wäre, würden wir euch nur um so schneller besiegen.« Als die Cree und Assiniboin diese Sticheleien hörten, ärgerten sie sich und kamen herbei, um die Sioux anzugreifen, die bei ihrem Anblick nach allen Richtungen flohen. Obgleich die Ojibwa kaum an dem Kampf teilgenommen haben, erhielten sie einige der dabei erbeuteten Skalpe. Auch unser Anführer *Wa-ge-tote* bekam einen, obwohl er sich einige Tagesmärsche entfernt vom Kampfplatz aufgehalten hatte. Mit dieser Trophäe kehrte er in seine Heimat zurück.

Als wir auf dem Heimweg wieder am Schildkrötenberg ankamen, litten wir wieder furchtbaren Hunger, und einige der Unseren konnten sich kaum mehr weiter fortbewegen. Wir mußten deshalb doch ein Lager aufschlagen, und wer von uns noch etwas Kraft besaß, ging auf die Jagd. Es waren dies ein alter Mann namens *Gitch-e-weech* (›Großer Biberbau‹), zwei junge Leute und ich. Der alte *Gitch-e-weech* befand sich in munterer Stimmung und war davon überzeugt, daß er etwas erlegen würde. »Als ich noch ein kleiner Junge war«, erzählte er, »kam nach dreitägigem Fasten der Große Geist zu mir, da er mein Weinen vernommen hatte. Er sagte, daß er mein häufiges Jammern und Klagen nicht mehr anhören wolle, aber wenn ich jemals dem unmittelbaren Hungertode ausgesetzt sei, solle ich ihn anrufen, denn dann würde er kommen und mir zu essen geben. Ich habe niemals davon Gebrauch gemacht, habe aber die ganze vorige Nacht singend und betend verbracht und weiß nun, daß ich jetzt von dem Überfluß, über den der Große Geist verfügt, ernährt werde werden. Niemals vorher habe ich um Nahrung gebeten, deshalb weiß ich, daß er nun sein Versprechen halten wird.« Am Morgen zogen wir alle gemeinsam aus, verteilten uns aber in verschiedene Richtungen. Den ganzen Tag über versuchte ich, ein Tier zu erlegen, war aber so schwach, daß ich nur ein ganz kleines Gebiet absuchen konnte. Als ich zurückkehrte, war es schon spät, die beiden anderen jungen Männer waren auch da, aber ebenfalls ohne Beute, und wir alle begannen zu verzweifeln. Nur der alte *Gitch-e-weech* fehlte noch. Endlich kam er zu sehr später Stunde an und schritt gebückt unter einer schweren Last erbeuteten Fleisches. Ich wurde bestimmt, das Fleisch zuzubereiten und in gleiche Portionen aufzuteilen. Am nächsten Morgen gingen wir zu der Stelle, wo er einen Moose-Elch geschossen hatte, und bald hatten wir alles bis zum letzten Rest aufgezehrt.

An dieser Stelle entdeckte *Wa-me-gon-a-biew* einen großen Vorrat von Sachen, die eine Gruppe von Assiniboin hier als Medizinopfer niedergelegt hatte. Man nennt solche Opfergaben *midé-sas-sah-ge-witch-e-gun* oder *puk-ketch-e-gun-nun.* Jede den Spendern befreundete Gruppe hat das Recht, sie zu nehmen. Nur Opfergaben, die zur Heiligung von Kriegszügen in dieser Weise niedergelegt werden und die man *sah-sah-ge-witch-e-gun* nennt, darf man nicht anrühren. *Wa-me-gon-a biew* hatte von der Krone eines Baumes aus die Entdeckung gemacht und sie sofort den Indianern mitgeteilt. Als er mit ziemlicher Verspätung bei unserer

Gruppe ankam, waren bereits Decken, Stoff und alle anderen Wertge-
genstände fortgenommen worden. Er war hierüber sehr verärgert, sagte
aber nichts. Er setzte sich abseits auf einen Baumstamm. Dort stöberte
er mit seinem Fuß in einem Blätterhaufen herum und fand dabei einen
umgekehrt vergrabenen Kupferkessel, der einige wertvolle Opfergaben
enthielt, die der Erde geweiht waren. Diese nahm er nun für sich und
hatte damit wertvollere Gegenstände erbeutet als alle anderen Indianer.
Die Schlaf- und Schulterdecken, die warmen Stoffe usw. waren in weit
größeren Mengen, als es sonst bei solchen Opfern üblich ist, an den
Bäumen aufgehängt worden. Auf ihrem Weg ins Siouxland hatten die
Assiniboin hier zum Großen Geist gebetet.

Auf dem Rückweg in die Heimat konnte ich kein Wild mehr erlegen
und war deshalb schon wieder halb verhungert. Als ich endlich ankam,
fand ich meine Familie in demselben Zustand vor. Am nächsten Tage
aber war das Glück mir hold. Ich konnte einen Elch schießen und erhielt auch danach durch meine eigenen Bemühungen einen schönen
Nahrungsvorrat.

Während ich noch hier am Großen Waldfluß lebte, drang das Ge-
rücht von einem großen Manne der Shawnee zu mir, der durch die
Gnade des Großen Geistes eine Offenbarung erfahren hatte.[78] Ich jagte
gerade in der Prärie, als ich einen Fremden herankommen sah. Erst hielt
ich ihn für einen Feind; als er aber näher kam, erkannte ich ihn als
Ojibwa, der sich jedoch sehr seltsam benahm. Er machte mir Zeichen,
daß ich nach Hause gehen sollte, ohne sein Begehren näher zu erklären.
Auch weigerte er sich, mich anzusehen oder sich mit mir zu unterhalten.
Ich hielt ihn für geistesgestört, begleitete ihn jedoch zu meinem Zelt.
Nachdem wir zusammen geraucht hatten (als Zeichen des Friedens.
E. L.), berichtete er endlich, daß er mit einer Botschaft des Shawneepro-
pheten gekommen sei. »Von jetzt an«, so sagte er, »darfst du das Feuer
in deinem Zelt niemals ausgehen lassen. Sommer und Winter, Tag und
Nacht, bei Gewitter oder bei gutem Wetter mußt du daran denken, daß
das Leben in deinem Körper und das Feuer in deinem Zelt dasselbe
sind. In dem Augenblick, wo du dein Feuer ausgehen läßt, wird auch das
Leben in deinem Körper erlöschen. Du darfst keinen Hund am Leben
lassen und darfst niemals ein Wesen schlagen, sei es nun ein Mann, eine
Frau, ein Kind oder ein Hund. Der Prophet selbst wird kommen und

deine Hand schütteln. Ich bin ihm vorausgeeilt, um dir den Willen des Großen Geistes, so wie er sich ihm offenbart hat, mitzuteilen und dir zu sagen, daß die Erhaltung deines Lebens in jedem Augenblick von deinem völligen Gehorsam abhängt. Von nun an dürfen wir niemals trinken, stehlen, lügen oder gegen unsere Feinde ausziehen. Wenn wir diesen Geboten gehorchen, so werden uns die Sioux, selbst wenn sie in unser Land einfallen, nicht sehen können, und wir werden geschützt und glücklich sein.«

Ich hörte ihm aufmerksam zu, sagte aber, daß ich nicht glauben könne, daß wir alle sterben müßten, falls unser Feuer einmal ausginge. Außerdem wäre es zuweilen sehr schwierig, die Kinder in gewissen Fällen nicht zu bestrafen, und unsere Hunde wären unerläßlich bei der Jagd, so daß ich nicht glauben könne, daß der Große Geist sie von uns nehmen wolle.

Noch bis in die späte Nacht hinein redete er zu uns und legte sich dann in meinem Zelt schlafen. Am Morgen wachte ich als erster auf und bemerkte, daß das Feuer ausgegangen war. Ich weckte ihn und sagte, er solle sich überzeugen, wie viele der Unseren noch lebten und wie viele tot seien. Er sah, daß ich seine Lehre lächerlich zu machen suchte und begegnete mir mit Würde, indem er feststellte, daß ich ja auch noch nicht die Hand seines Propheten geschüttelt hätte. Der Zweck seines Kommens sei es ja gerade, mich auf dieses wichtige Ereignis vorzubereiten und mich auf die damit zusammenhängenden Pflichten und Gefahren hinzuweisen. Ich muß sagen, daß ich mich mit meinem Unglauben nicht sehr wohl fühlte.

Im allgemeinen empfinden die Indianer die Lehren dieses Mannes mit großer Demut und Angst. Alle Gesichter zeigten Bedrückung und Furcht. Viele töteten ihre Hunde und versuchten, die Lehren dieses neuen Predigers zu befolgen, der immer noch bei uns blieb. Wie stets in solcher Lage wandte ich mich an die Händler, denn ich glaubte, wenn die Gottheit wirklich irgendwelche Botschaften an die Menschen auszurichten hätte, so würden diese zuerst an die Weißen gelangen. Die Händler machten sich über die Offenbarung des göttlichen Willens an einen armen Shawnee lustig und bestärkten mich in meinen Zweifeln. Dennoch drückte ich meinen Unglauben den Indianern gegenüber nicht offen aus, sondern weigerte mich nur, meine Hunde zu töten, und zeigte auch keinen großen Eifer, den anderen Geboten nachzukommen. Solange ich unter den Indianern lebte, habe ich mich immer allen ihren Sitten gefügt, soweit das mit meinem Wohlbefinden und meiner Bequemlichkeit vereinbar war. Ich habe viele ihrer Vorstellungen zu den meinen gemacht, aber auch immer andere darunter gefunden, die ich keinesfalls anzunehmen bereit war.

Der erwähnte Ojibwa blieb einige Zeit unter den Indianern meiner Umgebung und übte vor allem auf die Anführer seinen Einfluß aus und veranlaßte, daß ein Zelt eingerichtet und eine Zeit für die öffentliche Verkündigung der Lehren des Propheten festgelegt wurde. Als die Indianer, unter denen auch ich mich befand, in das für die Feier errichtete lange Zelt eingelassen wurden, sahen wir, sorgsam unter einer Decke versteckt, etwas liegen, das dem Körper eines Mannes glich. Zwei junge Männer hielten dort Wache, bereiteten nachts wie für einen Menschen ein Bett und schliefen selbst in der Nähe. Solange die Versammlung dauerte, näherte sich niemand diesem Lager oder wagte etwa, die Decke aufzuheben, die den unbekannten Inhalt bedeckte. Vier Schnüre[79] schimmeliger und mißfarbener Bohnen waren alles, was man zu sehen bekam. Nach einer langen Ansprache, während der die wichtigsten Züge der neuen Offenbarung dargelegt und dem Geist der Versammelten eingehämmert wurden, brachte man die vier Schnüre, die angeblich aus dem Fleisch des Propheten gemacht worden waren, unter großer Feierlichkeit zu den in dem Zelt versammelten Männer. Jeder mußte dann jede Schnur vorsichtig am oberen Ende halten und die Bohnen zart durch seine Hand gleiten lassen. Man nannte dies: ›die Hand des Propheten schütteln‹, und gelobte durch diese symbolische Handlung Gehorsam gegenüber seinen Vorschriften und Annahme seiner Eingebungen als vom Großen Geist kommend. Alle Indianer, die die Bohnen berührten, hatten vorher ihre Hunde getötet; sie gaben ihre Medizinsäcke auf[80] und bemühten sich, alles von ihnen Verlangte getreulich auszuführen.

Es hatten sich bei uns recht beträchtliche Menschenmengen angesammelt. Auch hatten wir viel Aufregung und Schrecken durchgemacht und begannen nun den Hunger zu fühlen. Die Männer sahen ungewöhnlich sorgenvoll aus; die aktivsten unter ihnen wurden gleichgültig, und selbst der Mut der tapfersten schien gelitten zu haben. Ich machte mich mit meinen Hunden, die ich mich zu töten oder töten zu lassen geweigert hatte, zur Jagd auf. Mit ihrer Hilfe fand und tötete ich einen Bären. Als ich zurückkehrte, sagte ich zu einigen Indianern: »Hat uns der Große Geist nicht unsere Hunde gegeben, damit sie uns helfen, das zum Lebensunterhalt Notwendige zu beschaffen? Kannst du wirklich glauben, daß er vorhat, uns ihre nützliche Hilfe zu entziehen? Man erzählt uns, der Prophet erlaubt nicht, daß das Feuer in unseren Zelten ausgehe, und wenn wir reisen oder jagen, so läßt er uns kein Feuerzeug benutzen, auch soll nach seinem Gebot kein Mann einem anderen Feuer geben. Soll es also der Wunsch des Großen Geistes sein, daß wir ohne Feuer in unseren Jagdlagern liegen, oder ist es sein Wille, daß wir durch das Aneinanderreiben von zwei Hölzern, nicht aber mit Hilfe von Flint und Stahl unser Feuer erzeugen?« Aber sie wollten nicht auf mich hören. Die ehrliche Begeisterung, die die meisten ergriffen hatte, beeinflußte mich so sehr, daß ich mein Flint und Stahl wegwarf, meinen Medizinsack fortlegte und in vielen Einzelheiten die neue Lehre annahm; jedoch tötete ich meine Hunde nicht. Ich lernte es bald, Feuer durch das Reiben eines trockenen Zedernstäbchens zu erzeugen, das ich stets bei mir trug; aber der Verzicht auf Flint und Stahl brachte vielen Indianern große Unbequemlichkeit und große Leiden.

Der starke und beklagenswerte Einfluß des Shawneepropheten äußerte sich bei allen Ojibwa, von denen ich Kenntnis hatte, dennoch hatten sie nicht das Gefühl, daß seine Lehre dazu beitragen könnte, sie alle zu irgendeinem höheren Zweck zu vereinigen. Zwei oder drei Jahre lang wurde allerdings bedeutend weniger getrunken als früher; man dachte weniger an Kriegszüge, und die gesamte Lebensauffassung hatte sich durch den Einfluß eines einzigen Mannes etwas verändert. Langsam aber wurden jene Eindrücke verwischt, Medizinsäcke, Stahl und Flint wurden wieder benutzt; man zog wieder Hunde auf und schlug auch die Frauen und Kinder wieder, und endlich verachtete man den Shawneepropheten. Noch heute wird er von den Indianern als ein Betrüger und schlechter Mensch angesehen.

Nachdem sich die mit dieser Angelegenheit verbundene Aufregung etwas gelegt hatte und die Boten uns verließen, um entferntere Lokalgruppen aufzusuchen, ging ich mit einer zahlreichen Gruppe Indianer an einem der oberen Nebenflüsse des Roten Flusses auf die Biberjagd.

Ich weiß nicht, ob die Vorhersage des Propheten, daß wir für die Sioux unsichtbar werden sollten, uns kühner gemacht hatte, aber jedenfalls wagten wir uns weiter in deren Land hinein als je zuvor. In diesem Grenzgebiet, wo weder sie noch wir bisher zu jagen gewagt hatten, fanden wir Biber in außerordentlich großen Mengen. Nur mit Hilfe von Fallen erlegte ich dort, ohne mein Gewehr zu benutzen, innerhalb eines Monats hundert große Biber. Meine Familie zählte nun zehn Köpfe, unter denen sich sechs Waisenkinder befanden, und obgleich ich der einzige war, der für sie jagte und Fallen stellte, konnte ich lange Zeit gut für sie sorgen. Endlich wurden jedoch die Biber rar, und ich sah mich gezwungen, einen Elch zu schießen. Meine Familie hatte so lange nicht mehr den Schuß eines Gewehres gehört, daß sie bei diesem Geräusch das Zelt verließ und in den Wald floh, da sie annahm, daß die Sioux auf mich geschossen hätten. Ich mußte nun meine Fallen in größerer Entfernung aufstellen und konnte sie nur einmal gegen Mittag besuchen. Mein Gewehr war stets bereit; mußte ich irgendwelche Handgriffe tun, so hielt ich es in der einen Hand und arbeitete mit der anderen. Ich schlief meistens bei Tage und bewachte während der Nacht mein Zelt.

Da wir wieder einmal kein Fleisch hatten, ging ich in den Wald auf die Suche nach Moose-Elchen und tötete vier. Ohne mein Gewehr beiseite zu legen, schnitt ich sie auf und zerteilte sie. Als ich das letzte der Tiere ausnahm, hörte ich einen Schuß in einer Entfernung von etwa zweihundert Metern. Ich wußte, daß ich mich mehr als jeder andere Ojibwa der Siouxgrenze genähert hatte, und nahm nicht an, daß sich irgendwelche Ojibwa in der Nähe befänden. Ich glaubte deshalb, daß mich ein Sioux gehört haben müsse, aber es kam keine Antwort. Ich paßte noch genauer auf als vorher und schlich mich bei Anbruch der Dunkelheit so leise und vorsichtig heim wie nur möglich. Am nächsten Tage ging ich wieder zu der Stelle, wo ich den Schuß gehört hatte, und folgte den Spuren. Es waren die eines Ojibwa, der auf einen von ihm verfolgten Bären wahrscheinlich mit so großer Hingabe geschossen hatte, daß er meinen Ruf nicht hörte. Bald darauf fand ich viele Spuren und stellte fest, daß ich mich nicht weit von einem von den Ojibwa erbauten befestigten Lager befand. Dreimal erhielt ich Botschaften von den in diesem Lager lebenden Häuptlingen, die mich wegen meiner viel zu gefährlichen Position warnten und aufforderten, zu ihnen zu ziehen.

Aber ich liebte es nicht, an einem so dichtbevölkerten Orte zu wohnen. Ich entschloß mich erst dann, diese Zufluchtsstätte aufzusuchen, als ich die Spuren eines Sioux gefunden hatte, der mein Lager offensichtlich belauerte.

In der Nacht vor unserer Abreise herrschten in meinem Zelt mehr Schrecken und Alarm, als sie sonst bei den Indianern üblich sind. Ich hatte die von mir beobachteten Spuren erwähnt und zweifelte nicht daran, daß sich eine Gruppe Sioux in meiner unmittelbaren Nähe befand und mich noch vor Tagesanbruch überfallen würde. Etwa die halbe Nacht war verstrichen, ohne daß wir Schlaf gefunden hätten, als wir plötzlich draußen verdächtige Geräusche hörten und unsere Hunde aufgeregt zu uns hineinliefen. Ich sagte meinen Kindern, daß die Zeit gekommen wäre, wo wir alle miteinander sterben müßten, setzte mich in den Vorderteil des Zeltes, vergrößerte die Zeltöffnung, steckte die Mündung meines Gewehres hindurch und erwartete jeden Augenblick das Herannahen des Feindes. Schritte wurden deutlich hörbar, aber da die Nacht sehr dunkel war, konnte ich nichts sehen. Endlich bewegte sich ein kleiner schwarzer Gegenstand, nicht größer als der Kopf eines Mannes, langsam und in direkter Richtung auf mein Zelt zu. Hier erfuhr ich wieder, wie stark die Angst das Sehvermögen beeinflußt, denn dieser kleine Gegenstand schien beim Näherkommen die Höhe eines Mannes anzunehmen, sah aber dann plötzlich wieder so klein aus wie vorher. Nachdem ich mich endlich davon überzeugt hatte, daß es nur ein kleines Tier sein konnte, ging ich hinaus und fand ein Stachelschwein, das ich mit meinem Tomahawk tötete. Trotzdem wurde der Rest der Nacht in derselben Unruhe verbracht.

Gleich am nächsten Morgen floh ich in das befestigte Ojibwalager. Die Häuptlinge hielten bei meiner Ankunft eine Ratssitzung ab und sandten zwei junge Männer aus, um sie nach den dort zurückgelassenen Sachen sehen zu lassen. Da ich aber wußte, daß sich die Sioux in der Nähe aufhielten und daß, wenn den jungen Männern etwas zustoßen sollte, ihre Freunde die Schuld auf mich schieben würden, ging ich auf Umwegen auch dorthin, um dabeizusein, falls etwas geschehen sollte. Ich fand mein Zelt unbelästigt vor, und wir konnten meine Sachen ungestört in die Festung bringen.

Die Sioux kamen ab und zu, um unsere Befestigungen zu studieren, aber sie wagten sie nie anzugreifen. Eines Tages im Frühling gingen alle Ojibwa fort. Nur ich mußte bleiben, da ich für einen abwesenden Händler verschiedene Ballen in Verwahrung hatte, die ich nicht forttragen konnte. Die Häuptlinge machten Einwände gegen mein Bleiben und sagten, daß ich geradezu mein Leben wegwürfe, denn die Sioux wüßten längst, daß unsere Hauptgruppe abgezogen sei, und würden, sobald ich allein bliebe, die Gelegenheit wahrnehmen, über mich herzufallen. Diese Ermahnungen erregten mich und stimmten mich traurig, besonders da immer wieder Fälle gemeldet wurden, daß Männer, Frauen und Kinder gerade an dieser Stelle von den Sioux getötet worden waren. Aber ich hatte keine Wahl und blieb. Nachts verrammelte ich alle zum Lager führenden Eingänge, so gut ich vermochte, ermahnte meine Familie, sich vollkommen ruhig zu verhalten, und wachte innerhalb der Palisaden.

Die Nacht war noch nicht weit fortgeschritten, als ich im hellen Mondlicht zwei Männer entdeckte, die direkt auf den Haupteingang zuschlichen. Als sie ihn verschlossen fanden, umkreisten sie die Befestigung und versuchten, über den Zaun zu sehen. Die Angst drängte mich, sofort auf sie zu schießen, aber da kam mir der Gedanke, daß sie vielleicht keine Sioux sein könnten. Ich wählte also eine Position, von der aus ich, ohne mich zu exponieren, direkt auf sie zielen konnte, und rief sie an. Tatsächlich waren es der Händler, um dessentwillen ich zurückgeblieben war, und ein ihn begleitender Franzose. Sehr erleichtert öffnete ich ihnen meine Festung und verbrachte, beruhigt durch die erhaltene Verstärkung, eine gute Nacht. Am nächsten Morgen verließen wir das Lager, nahmen die Bündel des Händlers mit und folgten dem Pfad der Ojibwa.

Ich hatte keine Lust, wieder mit einer so großen Gruppe zu leben, und zog mich allein in den Wald zurück. Später tat ich mich mit einigen vom Roten Fluß stammenden Ojibwa zusammen, deren Häuptling *Begwa-is* (›Der den Biberbau Aufbrechende‹) hieß. Alle Jäger dieser Gruppe hatten seit Tagen versucht, einen alten Moose-Elchbock zu schießen, der wegen seiner Schlauheit und Vorsicht geradezu berühmt bei ihnen geworden war. Schon am ersten Tag, als ich zur Jagd auszog, sah ich diesen Elch, vermochte ihn jedoch nicht zu erlegen. Statt dessen tötete ich einen anderen und kehrte am nächsten Tag zurück, entschlossen, dieses Tier, wenn irgend möglich, zu erwischen. Ich hatte das Glück, daß Wind und Wetter meinem Unternehmen sehr günstig waren, und vermochte deshalb diesen Moose-Elchbock zu schießen. Mein Erfolg war zum größten Teil dem Zufall oder doch mindestens Umständen, die außerhalb meiner Macht lagen, zuzuschreiben; die Indianer jedoch führten ihn auf meine Überlegenheit zurück und sahen mich seitdem als den besten Jäger ihrer Gruppe an.

Unter *Be-gwa-is* zogen wir nun zu zwölft ins Land der Sioux auf die Biberjagd und ließen unsere Frauen im Wald zurück. Bei diesem Jagdausflug wurden alle Indianer schneeblind, und da ich der einzige Jagdfähige war, ernährte und versorgte ich die ganze Gruppe mehrere Tage lang. Der Zustand der Augen meiner Kameraden besserte sich sofort, als im Frühling der Schnee zu verschwinden begann. Wir teilten uns in drei Gruppen ein, von denen eine, aus vier Mann bestehende, zum Büffelfluß (Buffalo River) zog, von den Sioux angegriffen wurde und zwei ihrer Leute verlor, von denen einer getötet und der andere verwundet und gefangengenommen wurde.

Ich hatte mich durch einen unglücklichen Zufall mit meinem Tomahawk am Knöchel verletzt und konnte deshalb nicht schnell vorwärts kommen. Gerade da gerieten meine Gefährten vor Angst außer sich, weil sie glaubten, die Sioux wären uns ganz dicht auf den Fersen. Ohne die geringste Rücksicht auf mich zu nehmen, flohen sie, so schnell sie nur konnten. Es war im Vorfrühling; den ganzen Tag lang hatte es geregnet und geschneit, und am Abend erhob sich ein kalter Nordwestwind, so daß das Wasser wieder zu frieren begann. Ich folgte langsam meinen Gefährten nach und holte sie spät in der Nacht ein. Sie hatten in einem schlechten Lager Unterschlupf gefunden. Da sie den Lehren jenes Propheten anhingen, hatten sie nicht gewagt, ein Feuer anzuzünden. Einer dieser Männer war *Wa-me-gon-a-biew*, der mich, wie stets in gefährlichen Situationen, wieder einmal verlassen hatte, worin die anderen ihm in nichts nachstanden. Am nächsten Morgen war das Eis dick genug, daß wir den Fluß zu Fuß überqueren konnten, und da dieser plötzlichen Kältewelle warmes Wetter vorausgegangen war, litten wir sehr. Wir kehrten vier Tage lang ins Zuckerlager zu unseren Frauen zurück und gingen dann wieder ins Siouxgebiet, wo wir die zwei Männer trafen, die von der von den Sioux überfallenen Gruppe übriggeblieben waren. Sie befanden sich in sehr elendem Zustand und waren halb verhungert.

Auf dieser Reise trafen wir auch einen amerikanischen Händler, an dessen Namen ich mich nicht mehr entsinne, der mich aber mit besonderer Liebenswürdigkeit behandelte und mir riet, die Indianer zu verlassen und mit ihm in die Staaten zurückzukehren. Aber ich war arm, hatte nur wenige wertvolle Pelze und besaß außerdem eine Frau und ein Kind. Er sagte, daß die Regierung und die Bevölkerung der Vereinigten Staaten mich mit Großzügigkeit behandeln würden, und versprach mir auch persönlich alle erdenkliche Hilfe. Ich lehnte jedoch sein Angebot ab, da ich vorläufig lieber unter den Indianern blieb, wenn es auch mein endgültiges Ziel war, sie später einmal zu verlassen. Ich erfuhr von diesem Mann, daß meine Verwandten bis Mackinac nach mir gesucht hatten, und diktierte ihm einen Brief an sie, den dieser Herr versprach, an ihre Adresse gelangen zu lassen. Als wir uns trennten, gab er *Wame-gon-a-biew* und mir je ein Rindenkanu und andere wertvolle Geschenke.

Als wir uns dem Roten Fluß näherten, begann unser Anführer *Wyong-je-cheween*, dem wir die Leitung unserer Gruppe anvertraut hatten, sehr unruhig zu werden. Wir zogen an einem langen Fluß entlang, der in den Roten Fluß mündet. Ich sah ihn mit äußerster Aufmerksamkeit umherblicken und alle die Zeichen untersuchen, die die Nähe von Menschen verraten – seien es Tierfährten, die Art des Vogelfluges und andere Dinge, die die Indianer so gut zu deuten verstehen. Er sprach nicht über seine offensichtliche Besorgnis, da ein Indianer dies unter solchen Umständen nur selten oder niemals tut. Aber als er mich eines Nachts ein Feuer in unserem Lager anzünden sah, stand er auf, hüllte sich in seine Decke und ging davon, ohne ein Wort zu sagen. Ich beobachtete ihn und sah ihn einen Platz wählen, der ihn völlig verbarg und ihm gleichzeitig den Ausblick auf ein beträchtliches Stück Land ermöglichte. Da ich die Gründe für dieses Verhalten erkannte, folgte ich seinem Beispiel, und auch die anderen taten dasselbe. Am nächsten Morgen kamen wir wieder zusammen und machten ein Feuer an, um uns eine Mahlzeit zuzubereiten. Wir hatten gerade unseren Kessel gefüllt und über das Feuer gehängt, als wir etwa eine halbe Meile von uns entfernt die Sioux entdeckten. Sofort gossen wir den Inhalt des Kessels auf das Feuer und flohen. In der Ebene erbauten wir uns ein befestigtes Lager, und ich stellte meine Fallen.

Unter den Geschenken, die ich von dem amerikanischen Händler erhalten hatte, befand sich auch ein kleines Faß mit sechzehn Litern Rum, das ich bisher auf meinem Rücken getragen hatte. *Wa-me-gon-a-biew* und die anderen Indianer hatten dies stets mit der Begründung abgelehnt, daß die alten Männer, die Häuptlinge und alle anderen nach unserer Rückkehr gemeinsam davon trinken sollten. Als ich aber einmal fortging, um nach meinen Fallen zu sehen, nahmen sie die Gelegenheit war und öffneten das Faß. Bei meiner Rückkehr fand ich sie alle betrunken und miteinander streitend vor. Da ich mir unserer gefährlichen und exponierten Lage voll bewußt war, begann ich mich zu sorgen, besonders, weil einige meiner Gefährten sinnlos betrunken und unfähig zu denken oder zu handeln waren. Zum mindesten versuchte ich, sie zu ruhigerem Verhalten zu überreden, gefährdete damit aber meine eigene Sicherheit. Als ich zwei, die gerade übereinander herfallen wollten, mit meinen Händen auseinanderhielt, kam ein dritter, ein alter Mann, von hinten und stach mit seinem Messer nach mir. Ich konnte gerade noch ausweichen. Da ich ihnen Feigheit vorgeworfen hatte, waren alle beleidigt. Und doch war es wahr, daß sie es alle vorzogen, wie Kaninchen in ihrem Loch zu bleiben, statt entweder ihre Feinde anzugreifen oder auf die Jagd zu gehen, damit wir etwas zu essen hätten. Da ich sie schon seit einiger Zeit ernährt und unterhalten hatte, ärgerte ich mich über ihre Torheit. Nachdem sich jedoch nichts Aufregendes mehr ereignete, fingen die Indianer langsam wieder zu jagen an, und wir hatten alle so viel Glück dabei, daß wir fast ein ganzes Kanu mit Pelzen füllen konnten.

Der Rest des noch in dem Faß befindlichen Rums, den ich sorgfältig versteckt hatte, wurde von ihnen in meiner Abwesenheit gestohlen, und sie veranstalteten ein weiteres Trinkgelage.

Nachdem wir unsere Jagd abgeschlossen hatten, zogen wir zusammen weiter. Als wir beim Roten Fluß ankamen, hörten wir wildes Gewehrfeuer. Meine Gefährten glaubten, es rühre von den Sioux her, verließen mich, flohen quer über Land und konnten so das Hauptlager in weniger als einer Tagereise erreichen. Da ich entschlossen war, das Kanu mit unseren Pelzen nicht zu verlassen, blieb ich allein zurück und kam nach vier Tagen sicher zu Hause an.

Um diese Zeit versammelten sich die Indianer am *Pembina*, um ihre Pelze zu verkaufen und ihre üblichen alkoholischen Orgien zu feiern. Sie brachen gerade auf, als ich anlangte, und zwar zogen sie zu Lande fort, während die Frauen die Lasten in den Kanus nachbrachten. Ich versuchte, *Wa-me-gon-a-biew* und meine näheren Freunde von ihrem törichten und schädlichen Vorhaben abzubringen, aber ich konnte sie nicht überreden, und sie zogen mir voran. Ich folgte ihnen langsam nach, jagte und trocknete Fleisch und kam erst am *Pembina* an, als die meisten Mitglieder der Gruppe schon mehrere Tage lang getrunken hatten. Sogleich erfuhr ich, daß *Wa-me-gon-a-biew* seine Nase verloren hatte; einem anderen war ein großes Stück aus seiner Backe herausgebissen worden, und die übrigen waren ebenfalls mehr oder minder verletzt.

Man erzählte mir, daß mein Bruder – wie ich *Wa-me-gon-a-biew* immer nannte – gerade angekommen war, als er in ein Zelt ging, wo ein junger Mann, ein Sohn von *Ta-bush-shish*, eine alte Frau schlug. *Wa-me-gon-a-biew* machte keinen Gebrauch von seinen Waffen. Da kam der alte *Ta-bush-shish* herein und mißverstand in seiner Trunkenheit wahrscheinlich die Rolle, die *Wa-me-gon-a-biew* hier spielte. Er packte ihn an seinem Haarschopf und biß ihm die Nase ab. In diesem Augenblick kam auch *Be-gwa-is*, ein alter Häuptling, mit dem wir uns stets gut verstanden hatten, sah, daß man sich in den Haaren lag, und beschloß mitzutun. Der über den Verlust seiner Nase wütende *Wa-me-gon-a-biew* stand mit gesenktem Kopf, warf plötzlich seine Hände in die Luft, packte den nächsten Haarschopf, den er erwischen konnte, und biß unbesehen dem Mann die Nase ab. Zufällig war es unser Freund *Be-gwa-is*. Nachdem sich seine Raserei etwas gelegt hatte, erkannte er seinen Freund und rief erschreckt aus: »Weh! Mein Vetter!« *Be-gwa-is* war ein guter und freundlicher Mann, und da er genau wußte, daß *Wa-me-gon-a-biew* nur irrtümlich auf ihn losgegangen war, zeigte er nicht den geringsten Ärger oder Nachträglichkeit gegenüber dem Mann, der, ohne es zu wollen, zum Urheber seiner Verstümmelung geworden war. »Ich bin ein alter Mann«, sagte er, »und man wird nur noch kurze Zeit darüber lachen, daß ich keine Nase mehr habe.«

Was mich selber anbelangt, so war ich sehr böse auf *Ta-bush-shish*, da mir schien, daß er die Gelegenheit wahrgenommen hatte, einen alten

Groll an *Wa-me-gon-a-biew* auszulassen. Ich ging in das Zelt meines Bruders und setzte mich zu ihm. Sein Gesicht und alle seine Kleider waren mit Blut bedeckt. Lange Zeit sagte er gar nichts, als er dann aber sprach, merkte ich, daß er vollkommen nüchtern war. »Morgen«, sagte er, »werde ich mit meinen Kindern weinen. Aber übermorgen gehe ich zu *Ta-bush-shish*. Wir müssen beide sterben, denn ich habe keine Lust, weiterzuleben, wenn sich jeder, den ich treffe, über mich lustig macht.« Ich sagte ihm, daß er jederzeit auf meine Mithilfe rechnen könne, wenn er *Ta-bush-shish* töten wolle, und ich hielt mich dementsprechend in Bereitschaft. Nachdem er aber nochmals über die Sache nachgedacht und einen Tag lang mit seinen Kindern geweint hatte, kam *Wa-me-gon-a-biew* davon ab, sein blutiges Vorhaben auszuführen, und beschloß, wie *Be-gwa-is*, seinen Verlust so würdevoll wie möglich zu ertragen.

Kapitel
X

Wenige Tage nach diesen Ausschreitungen in der Trunkenheit wurde *Ta-bush-shish* schwer krank. Er litt an brennendem Fieber, magerte ab und war offensichtlich dem Tode nahe, als er zwei Kessel und andere Geschenke von beträchtlichem Wert mit einer Botschaft an *Wa-me-gon-a-biew* sandte. ›Mein Freund‹, so lautete die Botschaft, ›ich habe dich häßlich gemacht, und du hast mir dafür die Krankheit geschickt. Ich habe schon viel gelitten, und wenn ich jetzt sterben sollte, so müssen meine Kinder noch mehr leiden. Ich schicke dir diese Geschenke, damit du mich am Leben läßt.‹ *Wa-me-gon-a-biew* sagte dem Boten, er solle *Ta-bush-shish* das Folgende ausrichten: ›Ich habe deine Krankheit nicht verursacht, deshalb kann ich dir auch deine Gesundheit nicht zurückgeben und nehme deine Geschenke nicht an.‹ *Ta-bush-shishs* Krankheit dauerte über einen Monat, und all sein Haar fiel aus. Dann endlich begann sich sein Zustand langsam zu bessern, und wir alle zogen in die Prärie. Aber wir verstreuten uns nach den verschiedensten Richtungen hin und blieben weit voneinander entfernt.

Als die Frühlingsjagd vorüber war, beschlossen wir, gegen die Sioux zu ziehen, und eine große Gruppe Teilnehmer, die hauptsächlich aus meinen Nachbarn bestand, versammelte sich. Auch *Wa-me-gon-a-biew* und ich waren dabei. Nach vier Tagen kamen wir in dem Lager an, wo sich *Ta-bush-shish* jetzt aufhielt. Noch ehe wir es erreichten, hatte sich uns *Wa-ge-tote* mit sechzig Mann zugesellt. Nachdem wir in der Nähe von *Ta-bush-shishs* Zelt geruht und gegessen hatten und bereit zum Aufbruch waren, sahen wir ihn nackt, bemalt und wie zur Schlacht geschmückt herauskommen. Er zeigte uns ein sehr zorniges Gesicht, und wir wußten nicht, was er eigentlich von uns wollte, bis er sich uns näherte und die Mündung seines Gewehrs auf *Wa-me-gon-a-biews* Rücken richtete. Dazu sagte er: »Mein Freund, wir haben lange genug gelebt und uns Kummer und Schmerz bereitet. Ich habe dich gebeten, mit der Krankheit, die du mir geschickt hast, zufrieden zu sein, aber du hast mir das verweigert. Da du mir immer noch weitere Übel zufügst, ist mein Leben nutzlos geworden. Deshalb wollen wir zusammen sterben.« Ein Sohn *Wa-ge-totes* und ein anderer junger Mann, die *Ta-bush-shishs* Absicht erkannten, legten ihm von beiden Seiten die Spitzen ihrer Speere[81] an die Weichen, aber er schien sie nicht zu beachten. *Wa-me-gon-a-biew* war völlig eingeschüchtert und wagte nicht, seinen Kopf zu heben. *Ta-bush-shish* wollte kämpfen und *Wa-me-gon-a-biew* eine gleiche Chance für sein Leben bieten, aber letzterer hatte nicht den Mut, die Herausforderung anzunehmen. Von da an hatte ich noch weniger Achtung für *Wa-me-gon-a-biew* übrig als vorher. Die Tapferkeit und Großzügigkeit, die den Charakter der meisten jungen Indianer auszeichnen, fehlten ihm fast ganz. Weder *Ta-bush-shish* noch ein anderes Mitglied seiner Gruppe nahmen an unserem Kriegszug teil.

Wir zogen weiter von Ort zu Ort, aber statt unsere Feinde aufzusuchen, verwandten wir den Hauptteil des Sommers darauf, Büffel zu jagen. Im Herbst kehrte ich zum *Pembina* zurück, denn ich hatte vor, den Winter auf dem Jagdgrund des Händlers, der mich in die Vereinigten Staaten mitnehmen wollte, zu verbringen. Ich erfuhr aber, daß inzwischen ein Krieg zwischen den Vereinigten Staaten und Großbritannien ausgebrochen war und daß Mackinac bereits gefallen sei. So machte ich keinen Versuch, die Grenze der Vereinigten Staaten, wo Krieg herrschte, zu überschreiten.

Im Frühling danach versammelte sich wieder eine große Gruppe

Ojibwa am Roten Fluß, um in das Gebiet der Sioux zu ziehen. Diesmal bestand aber angeblich nicht die Absicht, die Sioux zu überfallen, sondern man wollte nur in ihrem Lande jagen. Ich reiste mit einer zahlreichen Gruppe, die dem Häuptling *Ais-ainse* (›Kleine Muschel‹) unterstand. Auch dessen Bruder, *Wa-ge-to-ne*, war ein bemerkenswerter Mann. Wir waren den Roten Fluß schon etwa hundert Meilen hinuntergezogen, als wir den Händler Mr. Hanie trafen, der uns etwas Rum gab. Ich hauste mit mehreren Männern und deren Familien, die zumeist Verwandte meiner Frau waren, in einem einzigen großen Zelt mit drei Feuern. Es war Mitternacht oder auch schon später, als ich plötzlich von einem Mann, der mich roh an der Hand packte und hochzerrte, aus dem Schlaf geweckt wurde. Ein kleines Feuer brannte noch im Zelt, und ich erkannte über mir das böse und drohende Gesicht von *Wa-ge-to-ne*, dem Bruder unseres Häuptlings. »Ich habe feierlich gelobt«, sagte er, »daß du nicht mehr leben sollst, wenn du wirklich mit uns in dieses Land ziehen würdest. Steh auf und mach dich bereit, mir zu antworten.« Dann ging er zu dem neben mir schlafenden *Wah-zhe-gwun*, den er mit ähnlichen unverschämten Worten bedrohte. Inzwischen aber hatte sich ein alter Verwandter von mir, *Mah-nuge*, der auf der gegenüberliegenden Seite schlief, mit dem Messer in der Hand von seinem Lager erhoben. Als *Wa-ge-to-ne* bei ihm angekommen war, erhielt er eine scharfe Antwort. Daraufhin kehrte er zu mir zurück, zog sein Messer und bedrohte mich mit dem sofortigen Tod. »Du bist hier ein Fremdling«, sagte er, »und einer von den vielen, die in fernen Gegenden wohnen, nur um sich und ihre Kinder hier mit Nahrung versorgen, die ihnen nicht gehört. Ihr seid aus eurem Land vertrieben worden, weil ihr zu schwach und wertlos seid, um ein eigenes Heim und eine eigene Heimat zu besitzen. Deshalb kommt ihr zu uns. Ihr seid auf unseren besten Jagdgründen gewesen und habt die Tiere ausgerottet, die der Große Geist uns zur Nahrung gegeben hat. Verlaß deshalb auf der Stelle diese Gegend und belaste uns nicht länger mit deiner Gegenwart, sonst werde ich dir ganz bestimmt das Leben nehmen.« Ich antwortete, daß ich nicht zu dem Zweck, Biber zu jagen, in das Land reiste, in das wir unterwegs waren. Sollte ich dies aber dennoch tun, so hätte ich das gleiche Recht dazu wie er, und ich wäre stark genug, dieses Recht zu verteidigen. Unsere Unterhaltung wurde etwas geräuschvoll, so daß der alte

Mah-nuge mit seinem Messer in der Hand herbeikam und den lauten und halb angetrunkenen *Wa-ge-to-ne* aus dem Zelt vertrieb. Ich sah diesen Mann lange Zeit nicht wieder. Sein Bruder *Ais-ainse* jedoch bat mich, seine Worte nicht ernst zu nehmen.

Hier holte uns nun auch ein Bote ein, der für die Ottawa die Nachricht brachte, daß *Muk-kud-da-be-na-sa* (›Amsel‹), ein Ottawa aus *Waw-gun-uk-ke-zie* (L'Arbre Croche) vom Huronsee gekommen sei, um uns alle nach dort heimzurufen. So kehrten wir denn um, und einer nach dem anderen ging seiner Wege, bis nur noch *Wa-ge-to-ne* übrig war, der sich einem zu jener Zeit vom Blutegelsee (Leech Lake) ausgehenden Kriegszug der Ojibwa anschloß. Ein Teil dieser Gruppe hatte am Wilden Reisfluß (Wild Rice River)[82] haltgemacht. Hier jagten sie, stellten Fallen und verstreuten sich in unbesonnener Weise, als eine große Gruppe Sioux in der Nähe auftauchte.

Ais-ainse, der Ojibwahäuptling, kam eines Abends mit zwei erlegten Elchen von einer erfolgreichen Jagd zurück, und am folgenden Morgen machten sich seine Frau und deren junger Sohn an die Bereitung von Trockenfleisch. Sie waren schon weit vom Lager entfernt, als der Junge als erster die ganz in der Nähe befindliche Siouxgruppe entdeckte und seiner Mutter zurief: »Die Sioux kommen!« Die alte Frau zog ihr Messer, durchschnitt den Gürtel, der seine Schulterdecke hielt, und sagte ihm, er solle mit aller ihm zur Verfügung stehenden Kraft heimlaufen. Sie selbst ging den Kriegern mit dem Messer in der Hand entgegen. Der Junge hörte viele Schüsse, und von der alten Frau hat man nie wieder etwas gehört. Er lief immer weiter, und als er merkte, daß die Verfolger nahe hinter ihm waren, verlor er die Besinnung. Als er endlich in dem befestigten Lager ankam, befand er sich in einem Zustand geistiger Umnachtung, und die Sioux waren etwa einhundertzwanzig Meter hinter ihm. Einige Tage lang erbrach er Blut und erhielt niemals wieder seine Kraft und Gesundheit zurück, obwohl er noch etwa ein Jahr lebte.

Einige der Ojibwa jagten in entgegengesetzter Richtung von der Stelle, wo die Frau von *Ais-ainse* die Krieger getroffen hatte. Sobald die Sioux aus der Gegend des Forts verschwanden, wurden junge Männer als Späher ausgesandt und entdeckten, daß sie den Jägern auf der Spur waren. Zwei oder drei von ihnen erreichten auf Umwegen *Ais-ainse*, und zwar gerade, als die heranschleichenden Sioux den Häuptling erschießen wollten. Ein langer Kampf entspann sich ohne Verluste auf beiden Seiten. Endlich wurde einer der Ojibwa am Bein verwundet, und seine Gefährten zogen sich etwas zurück, damit er unter der Deckung einiger Büsche entkommen könne; aber diese Bewegung entging den Sioux nicht. Ungesehen von den Ojibwa folgten einige von ihnen dem Verwundeten, töteten ihn, nahmen seinen Skalp und seine Medaille – denn er war der Lieblingssohn des Ojibwahäuptlings *Ais-ainse* –, kehrten zum Kampfplatz zurück und warfen diese Trophäen mit einigen triumphierenden und aufschneidenden Worten unter die Ojibwa. Der bei diesem Anblick rasend gewordene Vater sprang aus seinem Hinterhalt, erschoß einen der Sioux, schnitt ihm den Kopf ab und hielt ihn den Überlebenden entgegen. Die anderen Ojibwa faßten bei diesem Vorgehen *Ais-ainses* neuen Mut, machten einen gemeinsamen Angriff und schlugen die Sioux in die Flucht.

Ein anderer bedeutender Ojibwa, der ebenfalls *Ta-bush-shish* hieß, hatte in Begleitung eines Gefährten in einer anderen Richtung gejagt. Er hörte die Schüsse, die den Tod der alten Frau und den Kampf *Ais-ainses* begleiteten, und kehrte ins Lager zurück. Die Indianer sagten von ihm, was sie oft einem Mann nach seinem Tode nachrühmen: daß er eine Vorahnung des ihm Bevorstehenden hätte. Schon am Abend vorher war er, wie es den Indianern oft geht, verärgert heimgekommen, da ihm die Zungenfertigkeit seiner alten Frau, die auf die Galanterien gegenüber einer Jüngeren und Hübscheren eifersüchtig war, auf die Nerven ging. Bei dieser Gelegenheit hatte er gesagt: ›Schimpf nur, alte Frau, denn ich höre es zum letzten Mal.‹ So befand er sich denn im Lager, als ein Teilnehmer der Schlacht ankam, der sich versteckt gehalten hatte und mit der Botschaft von dem Kampf, in den *Ais-ainse* verwickelt war, nach Hause floh. *Ta-bush-shish* besaß zwei prächtige Pferde und sagte zu einem seiner Freunde: »*Be-na*, ich glaube, du bist ein Mann. Willst du eines meiner Pferde nehmen und mit mir nachsehen gehen, was *Ais-ainse* den ganzen Tag lang getan hat? Sollten wir uns nicht schämen, ihn in Rufweite so lange kämpfen zu lassen, ohne ihm zu Hilfe zu eilen? Wir sind etwa hundert, die zitternd in diesem Lager herumgestanden haben, während unser Bruder wie ein Mann gekämpft hat, mit nur vier oder fünf jungen Leuten, die ihm beistehen.« Sie ritten fort, folgten einer

Spur der Sioux und kamen zu einer Stelle, wo noch ein Feuer brannte. Dort ruhten sie einen Augenblick aus. Dann schlichen sie sich näher heran, aber da sie es nicht für angebracht hielten zu schießen, gingen *Ta-bush-shish* und *Be-na* auf den Pfad, den die Sioux nehmen mußten, und legten sich in den Schnee. Es war schon Nacht, aber es war nicht sehr dunkel. Als die Sioux weiterzogen, entdeckten einige das Versteck der beiden Ojibwa. *Ta-bush-shish* und *Be-na* sprangen auf und feuerten auf sie, aber *Be-na* floh gleich danach, als hätte er die Anweisung dazu bekommen. Als er sich schon in beträchtlicher Entfernung befand und sah, daß er nicht verfolgt wurde, blieb er stehen, um zu horchen, und er hörte während des größten Teiles der Nacht hin und wieder einen Schuß, dazu den schrillen und einsamen Kriegsruf *Ta-bush-shishs* von verschiedenen Richtungen her. Endlich ertönten zahlreiche Schüsse auf einmal, worauf das Triumphgeschrei der Sioux beim Fallen eines Feindes erklang, und alles blieb still. Daraufhin kehrte er ins Lager zurück. So starben sie denn alle auf einmal: die alte Frau, *Ta-bush-shish* und der Sohn von *Ais-ainse.*

Später erfuhren wir, daß am selben Tage die Kriegergruppe vom Blutegelsee, der sich *Wa-ge-to-ne* angeschlossen hatte, vierzig Siouxzelte in der Prärie überfiel. Sie hatten zwei Tage lang gekämpft, und es gab viele Tote auf beiden Seiten. *Wa-ge-to-ne* war der erste Mann, der ein Siouxzelt angriff. *Wah-ka-zhe*, der Bruder des *Muk-kud-da-be-na-sa*, begegnete am Winnipegsee den vom Wilden Reisfluß zurückkehrenden Ottawa. Zehn Jahre lang hatte er sich in den Rocky Mountains und in den umliegenden Gebieten aufgehalten, wollte aber nun zu seinem eigenen Volk heimkehren. Im Laufe seines langen Lebens hatte er lange unter den Weißen gelebt und war mit den verschiedenen Arten, wie man dort seinen Lebensunterhalt finden kann, wohlvertraut. Er sagte mir, daß ich unter den Weißen eine bedeutend bessere Stellung einnehmen könne, jedoch wäre es mir unmöglich, ein Händler zu werden, da ich ja nicht schreiben könne. Auch zum Farmer wäre ich nicht geeignet, da ich dauernde harte Arbeit nicht liebe. Es gäbe nur ein Amt, das meinen Gewohnheiten und Fähigkeiten entspräche: das eines Dolmetschers.

Durch ihn erfuhren wir vieles, so zum Beispiel die Geschichte eines Missionars, der zu den Ottawa von *Waw-gun-uk-kezie* gekommen sei und sie aufgefordert habe, ihre Religion aufzugeben und dafür die der

Weißen anzunehmen. Auch erzählte er uns im Zusammenhang damit die Anekdote von einem getauften Indianer, der nach seinem Tode zur Pforte des Himmels der Weißen ging, um Einlaß zu begehren. Aber der Mann am Tor sagte, daß Rothäute nicht eingelassen würden. ›Geh nach Westen‹, fuhr jener Wächter fort, ›denn dort befinden sich die Dörfer und Jagdgründe der Söhne deines Volkes, die vor dir auf der Erde gelebt haben.‹ So machte sich der Indianer dorthin auf. Aber als er das Dorf erreicht hatte, wo die Toten seines Volkes wohnten, weigerte sich der Häuptling, ihn hereinzulassen. ›Du hast dich unserer geschämt, während du noch lebtest; du hast es vorgezogen, dem Gott der Weißen zu dienen. Geh nun zu seinem Dorf und laß ihn für dich sorgen.‹ So verstießen ihn beide aus ihrem Himmel.

Da *Wah-ka-zhe* der Angesehenste unter uns war, übertrugen wir es ihm, unsere Wanderzüge zu leiten. Aber aus Bequemlichkeit, vielleicht auch, weil er mich schätzte, bestimmte er, daß nicht nur er selbst, sondern auch die gesamte Gruppe meinen Anordnungen folgen solle. Da wir kein anderes Ziel verfolgten, als für unseren Lebensunterhalt zu sorgen, und da ich als ein sehr guter Jäger angesehen wurde und diese Gegend besser kannte als alle anderen Mitglieder unserer Gruppe, war diese Entscheidung taktisch richtig.

So riet ich denn den anderen, den Winter am *Be-gwi-o-nush-ko*-Fluß zu verbringen. Dieser mündet zehn Meilen unterhalb von *Pembina* in den Roten Fluß, und zu jener Zeit war das Land dort voller Wild. Wir lebten deshalb angenehm und im Überfluß, und *Wah-ka-zhe* rühmte sich oft seiner Weisheit, die ihn veranlaßt habe, mich zum Anführer der Gruppe zu bestimmen. Aber als ein Teil des Winters bereits um war, begann *Wa-me-gon-a-biew* mit dem Gedanken zu spielen, daß *Wah-ka-zhe* geopfert werden müsse, da er mit dem Mann, der *Taw-ga-we-ninne*, *Wa-me-gon-a-biews* Vater, getötet hatte, entfernt verwandt war. Ich weigerte mich, mit diesem Plan irgendetwas zu tun zu haben oder gar ihn in seinem Vorhaben zu unterstützen. Trotz meiner Vorhaltungen ging er eines Tages mit dem Messer in der Hand in *Wah-ka-zhes* Zelt, um ihn zu töten. Jedoch erriet ein Sohn *Wah-ka-zhes* seine Absicht und verhinderte sie. Daraufhin forderte er sofort *Wa-me-gon-a-biew* zum Zweikampf heraus, aber dieser verweigerte ihm dies in seiner gewohnten feigen Art. Ich machte nicht nur *Wa-me-gon-a-biew* wegen seines unmännlichen Verhaltens ernste Vorwürfe, sondern schlug auch *Wah-ka-zhe* vor, ihn aus unserer Gruppe auszuschließen, da ich ihn nicht länger als meinen Bruder betrachtete. *Wah-ka-zhe* war jedoch ein besonnener und gütiger Mann, der allen Unfrieden und jede Ruhestörung verabscheute. Deshalb vergab er ihm.

Ein junger Mann namens *O-ke-mah-we-nin-ne*, der Sohn *Wah-ka-zhes*, galt unter den Mitgliedern dieser Gruppe als der beste Jäger. Deshalb entwickelte sich zwischen uns ein freundschaftlicher Wettbewerb. Er tötete neunzehn Moose-Elche, einen Biber und einen Bären; ich hingegen siebzehn Moose-Elche, hundert Biber und sieben Bären. Trotzdem wurde er als der bessere Jäger angesehen, da die Moose-Elche die am schwierigsten zu erlegenden Tiere sind. Viele Indianer, die den ganzen Winter lang in dieser Gegend jagen, töten nur zwei oder drei Moose-Elche, und manche können überhaupt keinen erwischen.

In *Be-gwi-o-nush-ko* hatten wir stets genug Wild, bis eine zahlreiche Gruppe Ojibwa zu uns kam, die alle halb verhungert waren. Unter ihnen befand sich auch ein Mann namens *Gish-kaw-ko*, der ein Neffe des Indianers war, der mich gefangengenommen hatte. Dieser Mann ging auf die Jagd und tötete an einem Tage zwei Moose-Elche. Er rief mich herbei, um mit ihm das Fleisch dieser Tiere zu holen, und hatte die Absicht, seinen Jagderfolg von den anderen Mitgliedern unserer Gruppe geheimzuhalten, aber ich weigerte mich, ihn darin zu unterstützen. Statt dessen ging ich sogleich mit *Muk-kud-da-be-na-sa* und zwei anderen Männern jagen, und wir hatten das Glück, vier Bären zu erlegen, deren Fleisch wir unter die Hungernden verteilten.

Da wir zu viele geworden waren, hielten wir es für angebracht, uns nach verschiedenen Richtungen hin zu verstreuen. Ich schlug mein Lager zwei Tagereisen entfernt von unserem bisherigen Standort auf, und zwar gemeinsam mit *Muk-kud-da-be-na-sa*, *Wah-ka-zhe* und einem anderen. Eines Morgens gingen wir alle zusammen auf die Jagd, trennten uns aber im Laufe des Tages. Als ich spät abends zurückkehrte, fand ich zu meiner Überraschung statt unseres Zeltes nur einen Haufen trockenen Grases vor, den wir als Bett benutzt hatten. Darunter lag *Muk-kud-da-be-na-sa*, der etwas vor mir eingetroffen war und geglaubt hatte, der einzige Zurückgelassene zu sein. Als wir am nächsten Tage den Spuren unserer Gefährten folgten, trafen wir Boten, die gekommen waren, um uns mitzuteilen, daß der Sohn von *Nah-gitch-e-gum-me*, der Mann, der uns gemeinsam mit *Wah-ka-zhe* so unerwartet verlassen hatte, durch einen Unglücksfall fast getötet worden sei. Sein Gewehr hatte sich plötzlich entladen und ihn getroffen, als er sich sorglos auf den Lauf stützte, wobei die Kugel durch die Achselhöhle in den Kopf des Jägers drang. Trotz dieser schrecklichen Verwundung lebte der junge Mann noch zwanzig Tage, allerdings in einem Zustand von Besinnungslosigkeit und Stumpfheit. Erst dann starb er. Die Indianer schrieben das *Nah-gitch-e-gum-me* und *Wah-ka-zhe* widerfahrene Unglück der Tatsache zu, daß sie *Muk-kud-da-be-na-sa* und mich so abrupt verlassen hatten.

Bald danach kehrte der Hunger bei uns ein, und wir kamen so herunter, daß wir beschlossen, eine Medizinjagd zu veranstalten. Als besten Jäger der Gruppe schickte *Nah-gitch-e-gum-me* mir und *O-ge-ma-we-ninne* je einen kleinen Ledersack voll Medizin, der gewisse feingestoßene und mit roter Farbe vermischte Wurzeln enthielt, mit denen wir kleine Figuren der Tiere bestrichen, die wir zu erlegen hofften. Dieselbe Methode, jedenfalls so weit es den Gebrauch der Medizin anlangt, wird von den Indianern angewandt, wenn sie einem anderen eine Krankheit oder etwas Böses anzaubern wollen. Man fertigt von dem Mann, der Frau oder dem Tier, an dem man die Kraft der Medizin erproben will, eine Zeichnung oder eine kleine Figur an. Will man sie töten, so punktiert man die Stelle des Herzens mit einem scharfen Werkzeug und bestreicht sie mit der Medizin. Die dazu benutzte Zeichnung oder Figur wird *Muz-zin-ne-neen-suk*[83] genannt; dasselbe Wort bezeichnet die roh auf Birkenrinde eingeritzte oder sorgfältiger aus Holz geschnitzte Figur eines Mannes oder einer Frau.

Mit großer Hoffnung auf Erfolg gingen wir so ausgerüstet auf die Jagd. Aber *Wah-ka-zhe* kam uns nach, um uns vor dem Gebrauch der Medizin, die *Nah-gitch-e-gum-me* uns gegeben hatte, zu warnen, denn diese sei bestimmt, uns Unglück und vielleicht sogar den Tod zu bringen. Wir machten deshalb keinen Gebrauch von ihr, hatten aber das Glück, verschiedene Tiere zu erlegen. *Nah-gitch-e-gum-me*, der unseren Erfolg seiner Medizin zuschrieb, verlangte einen großen Anteil von unserer Jagdbeute. Da ich weitere Hungersnot voraussah, trennte ich mich von der Gruppe, um allein zu jagen. Ich hatte immer das Gefühl, daß ich allein am besten für meine Familie sorgen könne. *Wah-ka-zhe* und *Muk-kud-da-be-na-sa* zogen an den Winnipegsee weiter, von wo sie, wie ich erwartete, nicht zurückkehrten.

Nachdem die Jagdsaison vorüber war und die Zeit für die Frühlingsversammlungen herannahte, fuhr ich den *Be-gwi-o-nush-ko* hinunter, um zu den Händlern am Roten Fluß zu gelangen. Die meisten der Indianer hatten bereits ihre Lager verlassen und waren vor mir aufgebrochen. Als ich eines Morgens an einem unserer ehemaligen Rastplätze vorüberkam, sah ich einen Stab im Ufersande stecken, an dessen Spitze ein Stück Birkenrinde befestigt war. Als ich die Rinde näher untersuchte, fand ich darauf eine Klapperschlange und ein Messer eingeritzt. Der Griff des Messers berührte die Schlange, und die Spitze steckte in einem Bären, dessen Kopf nach unten hing. Neben der Klapperschlange war ein weiblicher Biber eingeritzt, und eine der Zitzen dieses Tieres berührte die Schlange.

Dies war eine Nachricht an mich, aus der ich erfuhr, daß *Wa-me-gon-a-biew*, dessen Totem *She-she-gwah*, die Klapperschlange, war, einen Mann vom Bärentotem getötet hatte. Daß *Wa-me-gon-a-biew* der Mörder war, wurde außerdem dadurch angezeigt, daß seine Mutter vom Bibertotem stammte – diese Mutter war niemand anders als *Net-no-kwa*. Da in unserer Gruppe nur wenige Mitglieder des Bärentotems lebten, war ich überzeugt, daß es sich bei dem Opfer um einen jungen Mann namens *Ke-zha-zhoons* handelte. Daß er tot und nicht etwa nur verwundet war, verriet mir der herabhängende Kopf des Bären.

Diese Nachricht hielt mich nicht von der Fortsetzung meiner Reise ab. Im Gegenteil, ich beeilte mich nun ganz besonders und wurde gerade noch Zeuge des Begräbnisses des jungen Mannes, den mein Bruder getötet hatte. *Wa-me-gon-a-biew* selbst grub ein Grab, das groß genug für zwei Leichen war. Dann brachten *Ke-zha-zhoons'* Freunde den Toten herbei. Als er in das Grab hinabgesenkt wurde, zog *Wa-me-gon-a-biew* seine Kleider bis auf einen Hüftschurz aus, setzte sich nackt zu Häupten den Grabes, zog sein Messer und bot es dem nächsten männlichen Anverwandten des Verstorbenen an. »Mein Freund«, sagte er dabei, »ich habe deinen Bruder getötet. Du siehst, daß ich ein Grab gemacht habe, das groß genug für uns beide ist. Ich bin bereit und willens, bei ihm zu schlafen.« Der erste und auch der zweite sowie alle anderen

Freunde des Ermordeten verweigerten nacheinander die Annahme des ihnen von *Wa-me-gon-a-biew* angebotenen Messers, denn die Verwandten *Wa-me-gon-a-biews* waren mächtig unter den Indianern, und es war die Angst vor ihnen, die ihm das Leben rettete. Er hatte den jungen Mann deshalb umgebracht, weil er ihn mit ›abgeschnittene Nase‹ angeredet hatte. Da keiner der männlichen Verwandten des Toten gewünscht hatte, öffentlich seine Ermordung zu rächen, sagte *Wa-me-gon-a-biew* zu ihnen: »Diese Sache hat sich nun für jetzt und für die Zukunft erledigt. Sollte aber irgendeiner unter euch mich in gleicher Weise beleidigen, so werde ich wieder tun, was ich getan habe.«

Die Art, wie ich in der Ferne von diesem Mord erfuhr, stellt eine bei den Indianern allgemein übliche Methode der Nachrichtenübermittlung dar, die in den meisten Fällen vollkommen exakt und zufriedenstellend funktioniert. Alle Männer des Stammes sind mit den Totems, zu denen die einzelnen Mitglieder gehören, vertraut. Erscheint auf einer Zeichnung die Figur eines Mannes ohne diese spezifische Angabe, bedeutet dies, daß er entweder ein Sioux oder zum mindesten ein Fremder ist. In den meisten Fällen – wie auch dem obigen – werden Menschenfiguren überhaupt nicht gezeichnet, sondern durch die Bilder ihres Totems ersetzt. Wenn die Nachricht andeuten soll, daß sich ein Mann in Hungersnot befindet, so wird manchmal eine Menschengestalt dargestellt, deren Mund man mit weißer Farbe bemalt, oder aber man kennzeichnet den Mund des gezeichneten Totemtieres mit weißer Farbe.

Nachdem ich den Händler am Roten Fluß besucht hatte, verließ ich ihn in der Absicht, in die Staaten zu gehen. Am Winnipegsee hörte ich jedoch, daß der Krieg zwischen Großbritannien und den Vereinigten Staaten noch immer andauere und daß es besonders an den Grenzen so viele Zwischenfälle gäbe, daß ich sie nicht in Sicherheit hätte überschreiten können. So mußte ich denn bleiben, wo ich war. Bald kamen drei Zeltgemeinschaften zu der meinen hinzu, und ich befand mich wieder in der Gesellschaft von *Pe-shau-ba*, *Waw-zhe-kah-maish-koon* und anderen. *Waw-so*, der alte Freund und Gefährte *Pe-shau-bas*, war auf der Jagd versehentlich von einem Assiniboin erschossen worden. Wir lebten im Überfluß und in Zufriedenheit, nur wurde *Pe-shau-ba*, den der Tod seines Freundes *Waw-so* sehr mitgenommen hatte, plötzlich schwer krank. Er fühlte sein Ende nahen und sagte oft zu uns, daß er nicht mehr lange leben würde. Eines Tages erzählte er mir das Folgende: ›Ehe ich auf die Welt kam, befand ich mich oben beim Großen Geist. Dort sah ich viele gute und begehrenswerte Dinge und unter anderem auch eine schöne Frau, die ich nicht müde wurde, täglich zu betrachten. Da sagte der Große Geist zu mir: ‚Pe-shau-ba, liebst du die Frau, die du so oft betrachtest?‘ Als ich dies bejahte, fuhr er fort: ‚Geh hinunter und verbringe ein paar Winter auf der Erde. Du kannst aber nicht allzu lange dort bleiben. Denke stets daran, meine Kinder, die du unten sehen wirst, freundlich und mit Güte zu behandeln.‘ So kam ich denn auf die Erde und habe nie vergessen, was er zu mir sagte. Wenn mein Volk seine Feinde bekämpfte, habe ich stets im Pulverdampf zwischen den beiden Gruppen gestanden. Niemals habe ich in den Zelten meine Freunde geschlagen. Wenn junge Männer mich beleidigten, so habe ich ihre Torheit nicht beachtet und bin auch immer bereit gewesen, unsere Tapferen gegen die Sioux zu führen. Ich bin immer schwarz angemalt wie jetzt wieder in die Schlacht gegangen, so wie es sich für einen Indianer gehört. Nun aber höre ich wieder dieselbe Stimme, die zu mir sprach, ehe ich auf diese Welt gelangte – sie sagt mir, daß ich nicht länger hier bleiben kann. Dir, mein Freund, bin ich ein Beschützer gewesen, und du wirst traurig sein, wenn ich weg muß; sei aber nicht wie eine Frau, denn du wirst mir bald auf meinem Wege nachfolgen.‹ Darauf zog er die neuen Kleider an, die ich ihm gegeben hatte, verließ das Zelt, um noch einmal die Sonne, den Himmel, den See und die fernen Berge zu betrachten. Dann legte er sich ruhig auf seinen Platz im Zelt, und innerhalb weniger Minuten hörte er auf zu atmen.

Nach dem Tode Pe-shau-bas machte ich einen erneuten Versuch, in die Staaten zu gelangen, aber Waw-zhe-kah-maish-koon hinderte mich daran. Ich verbrachte den Rest des Winters mit ihm und ging im Frühling zum Ne-bo-wese-be (Dead River, ›Toter Fluß‹), wo wir Mais pflanzten und den Sommer verbrachten. Ein alter Freund von mir, der Ottawa Sha-gwaw-koo-sink, hatte den Anbau von Mais unter den Ojibwa im Gebiet des Roten Flusses eingeführt. Nachdem wir im Herbst den Mais geerntet hatten, gingen wir zu unseren Jagdgründen.

Ein alter Ojibwa namens Crooked Finger (Krummer Finger) hatte ein Jahr lang in meinem Zelt gelebt und während der ganzen Zeit nicht ein einziges Tier getötet. Als ich auf die Büffeljagd auszog, folgte er mir jedoch, und als wir eine große Herde erblickten, versuchte der alte Mann wegen meines Rechts auf diesen Jagdgrund einen Streit vom Zaun zu brechen. »Ihr Ottawa«, so sagte er, »habt kein Anrecht auf diesen Teil des Landes; und obwohl ich euch nicht alle kontrollieren kann, so habe ich doch wenigstens dich in meiner Gewalt und bin entschlossen, dich zu töten, falls du nicht endlich in dein eigenes Gebiet zurückgehst.« Diese Drohung machte keinen Eindruck auf mich, und ich verbot ihm, mich noch weiter zu belästigen. Noch etwa eine Stunde lang setzte er seine Zänkereien fort, begann aber danach endlich die Büffelherde mit anzuschleichen und mit auf die Tiere zu schießen. Bald gesellten sich zwei Ottawa zu uns, die den Streit mit angehört hatten, als sie herankamen und sich daraufhin im Gebüsch versteckten. Nach drei oder vier erfolglosen Schüssen auf die Büffel trollte sich der alte Mann heim, da er sich anscheinend gleichermaßen über seine Unverschämtheit mir gegenüber wie über seine schlechten Jagdtalente schämte. So ging ich allein mit den beiden Ottawa auf die Büffel los, und wir erlegten eine ganze Anzahl fetter Kühe.

Kurz danach hatte ich einen ganzen Tag auf der Jagd zugebracht, als ich auf dem Rückweg spät in der Nacht auf den Gesichtern aller Bewohner meines Zeltes den Ausdruck ungewöhnlicher Schwermut bemerkte. Bei ihnen saß ein Mann namens *Chik-ah-to*, der mir nahezu unbekannt war. Er sowohl wie die anderen schienen von einer plötzlichen, unerwartet schlechten Nachricht ganz niedergeschlagen zu sein. Als ich meine Frau nach dem Grund fragte, gab sie mir keine Antwort. Endlich beantwortete *Waw-zhe-kah-maish-koon* meine ernsten Fragen und sagte mit äußerster Feierlichkeit und mit sehr besorgter Stimme, daß der Große Geist auf die Erde zurückgekehrt sei. »Warum ist er so bald wiedergekommen?« fragte ich. »Seit einiger Zeit kommt er recht oft: dennoch denke ich, wir müssen auf das hören, was er uns zu sagen hat.« Die leichte und unverbindliche Art, in der ich mich ausdrückte, erschien den meisten Indianern sehr frivol, und so schienen sie alle entschlossen zu sein, mir keine weiteren Mitteilungen über diese Sache zu machen. Ich kümmerte mich nicht darum und ging wie üblich am folgenden Morgen auf die Jagd. Meine Gleichgültigkeit und Verachtung gegenüber diesen angeblichen Offenbarungen des göttlichen Willens ließen mich für einige Zeit in Unwissenheit über den Inhalt des jüngst erfahrenen. Später jedoch habe ich gelernt, daß meine Skepsis den Großen Geist, in dessen Namen diese Offenbarungen gemacht wurden, zwar nicht kränkte, daß sie aber diejenigen, die sich als Botschafter seines Willens fühlten, sehr gegen mich aufbrachte und daß ich mich dadurch vielen Unannehmlichkeiten und Gefahren aussetzte.

Nachdem wir uns im Frühling beim Handelsposten in *Pembina* versammelt hatten, bauten die Häuptlinge eine große Hütte und riefen alle Männer zusammen, um ihnen den kürzlich offenbarten Willen des Großen Geistes kundzutun. Der Hauptträger dieser Offenbarung war ein Mann namens *Manito-o-geezhik*, ein zwar nicht sehr hervorragender, aber wohlbekannter Ojibwa dieser Gegend. Er hatte sich auf etwa ein Jahr zurückgezogen und behauptete, während dieser Zeit den Aufenthaltsort des Großen Geistes besucht und seinen Anweisungen gelauscht zu haben. Einige Händler jedoch sagten mir, daß er in Wirklichkeit in St. Louis am Mississippi gewesen sei.

Ais-ainse nahm es auf sich, den Zweck unserer Zusammenkunft zu erklären. Nachdem er gesungen und gebetet hatte, übermittelte er uns die Hauptpunkte der von *Manito-o-geezhik* empfangenen Offenbarung. Die Indianer sollten nicht mehr gegen ihre Feinde in den Kampf ziehen, sie sollten auch nie wieder stehlen, betrügen oder lügen; ebenfalls sollten sie sich weder betrinken noch heißes Essen oder heiße Brühe zu sich nehmen. Im Gegensatz zu den Forderungen des Shawneepropheten waren die von *Manito-o-geezhik* übermittelten Gebote nicht sehr beschwerlich. Im Gegenteil, viele hatten einen gewissen bleibenden Nutzwert, und die Nachwirkungen ihres Einflusses zeigten sich auch zwei oder drei Jahre lang im besseren Verhalten und der etwas veränderten Lebensweise der Indianer.

Ehe wir vom Handelsposten aufbrachen, lud *Ais-ainse* einige der Unseren und ganz besonders mich ein, ihn zu seinem Hauptaufenthaltsort am *Man-e-to-sah-gie-e-gun* (Geistersee) zu begleiten, aber ich mochte nicht dorthin gehen, da ich wegen der Jagd auf Pelztiere in einer waldigen Gegend bleiben wollte. Zehn Männer, unter denen sich auch *Wage-to-ne* und *Gi-ah-ge-git* befanden, nahmen seine Einladung an und begleiteten ihn mit zahlreichen Frauen. Ehe sie uns in *Pembina* verließen, machte ein Freund von *Ais-ainse* namens *Se-gwun-oons* (›Frühlingshirsch‹) die Voraussage, daß dieser am Geistersee getötet werden würde. Da sich schon viele seiner Vorahnungen im täglichen Leben erfüllt hatten, nahmen die Indianer seine Warnung über die am Geistersee zu erwartenden Gefahren ernst genug, um *Wa-me-gon-a-biew* und andere zur Rückkehr zu veranlassen. Als letzter traf *Match-e-toons* ein, ein törichter und verlogener junger Mann. Er brachte uns die Nachricht, daß sich die Gefahren um *Ais-ainse* und seine Begleiter immer mehr verdichteten. Obwohl er vor seiner Flucht weit von ihnen entfernt gewesen war, behauptete er, in der Gegend ihres Lagers Gewehrschüsse der Sioux gehört zu haben. Wir schenkten seinen Berichten zuerst keinen Glauben, sondern warteten von Tag zu Tag mit großer Spannung auf Neuigkeiten. Endlich beschlossen die Häuptlinge, zwanzig Männer auszusenden, die erforschen sollten, ob seine Behauptungen tatsächlich irgendwelche Berechtigung hätten. Als diese Gruppe im Lager von *Ais-ainse* eintraf, fanden sie, daß alle dort befindlichen Indianer von ihren Gefährten abgeschnitten worden waren. Vor dem Eingang lag die Leiche *Se-gwun-oons'*, des jungen Mannes, der den Angriff vorausgesagt hatte, ehe er *Pembina* verließ. Bei ihm fanden sie den Körper eines anderen gleichaltrigen jungen Mannes, und weiter hinten lag voller Pfeile der massige Körper von *Ais-ainse*. Innerhalb des Lagers befanden sich die verstreuten Leichen zahlreicher Frauen und Kinder. Etwas entfernt sahen sie in sitzender Stellung den mit *Puk-kwi*-Matten aus den Ojibwazelten bedeckten Körper eines toten Sioux. Niemand außer *Match-e-toons* war also davongekommen, aber wir zweifelten daran, ob er bereits am Abend vorher geflohen war wie er berichtet hatte, oder nicht eher während des Kampfes. So also starb *Ais-ainse*, Kleine Muschel, der letzte der bedeutenden Indianer seines Alters unter den Ojibwa des Roten Flusses. Nach dem Verlust so vieler Männer erschien unser Dorf wie ausgestorben.

Wir wanderten zum Roten Fluß, pflanzten Mais und verbrachten dort den Sommer.

Als wir im folgenden Herbst auf unsere Jagdgründe zurückkehrten, waren dort die Wölfe ungewöhnlich zahlreich und lästig geworden. Sie griffen mein Pferd und einige meiner Hunde an und verwundeten und töteten sie. Eines Tages hatte ich gerade einen Moose-Elch erlegt und war mit meiner Familie fortgegangen, um das Fleisch zu holen. Als wir zum Zelt zurückkehrten, fanden wir es von den Wölfen niedergerissen vor. Außerdem hatten sie viele Pelze, Tragriemen und alle Pelz- und Ledergegenstände, die sie erwischen konnten, weggeschleppt. Ich vernichtete sie in großen Mengen, aber sie fuhren fort, mich zu quälen. Der schlimmste war ein altes Wolfsmännchen, das sich so oft am Zelteingang zeigte, daß ich es genau kannte und mit seinen Gewohnheiten vertraut wurde. Die Hälfte seiner Haare waren ihm schon vor Alter ausgefallen. Dieser Wolf griff stets zuerst meine Hunde an und trieb sie ins Zelt; dann schlich er draußen herum und stahl von den aufbewahrten Nahrungsmitteln, was er nur konnte. Endlich lud ich mein Gewehr und ging ihm entgegen. Er sprang mich direkt an, aber ich konnte ihn gerade noch erschießen, ehe er sich in mich einkrallen konnte.

Kapitel
XI

Zehn Jahre lang war Mr. Henry in *Pembina* Händler gewesen; ihm folgten, allerdings nur für kurze Zeit, Mr. M'Kenzie und dieser Mr. Wells, den die Indianer wegen seiner dicken runden Gestalt *Gah-se-moan* (›Segel‹) nannten. Er baute am Roten Fluß in der Nähe der Assiniboinmündung ein starkes Fort. In diesem Teil des Landes besaß die Hudson's Bay Company nun keinen Handelsposten mehr, und die Indianer erkannten bald, wie groß doch die Vorteile gewesen waren, die ihnen aus dem Konkurrenzkampf der beiden Handelskompanien erwachsen waren. Zu Beginn des Winters rief Mr. Wells uns alle zusammen, gab den Indianern ein Fünfundvierzigliterfaß Rum und etwas Tabak und sagte ihnen gleichzeitig, daß er ihnen auch nicht den Wert einer Nadel Kredit geben würde. Wenn sie aber Felle brächten, so würde er sie ihnen abkaufen und ihnen dafür die für ihren Lebensunterhalt während des Winters benötigten Gegenstände geben.

Während er diese Rede hielt, war ich nicht anwesend. Als man mir davon berichtete und mir dazu meinen Anteil an den Geschenken gab, weigerte ich mich nicht nur, irgendetwas davon anzunehmen, sondern machte den Indianern schwere Vorwürfe wegen ihrer Feigheit, derartige Bedingungen anzunehmen. Seit vielen Jahren waren sie gewohnt, im Herbst Kredit zu bekommen, und benötigten nun dringend Kleidung, Munition, Gewehre und Fallen. Wie konnten sie sich und ihre Familien ohne die gewohnte Hilfe der Händler durch den Winter bringen? Einige Tage später ging ich zu Mr. Wells und sagte ihm, daß ich arm sei und eine große Familie mit der Arbeit meiner Hände ernähren müsse und daß ich schwer leiden und vielleicht sogar untergehen würde, wenn er mir nicht den Kredit gäbe, den ich stets im Herbst gewohnt war zu empfangen. Er wollte meine Vorstellungen nicht anhören und sagte mir mit groben Worten, daß ich sein Haus verlassen sollte. Ich holte nun acht Silberbiber, wie sie von den Frauen als Schmuck ihrer Kleidung getragen werden, die ich im Vorjahr zu genau dem doppelten Preis, den man für einen Wettermantel bezahlt, erstanden hatte. Ich legte sie vor ihm auf den Tisch und bat ihn, mir einen Wettermantel dafür zu geben oder sie wenigstens so lange als Pfand zu behalten, bis ich den Preis für den Mantel in Fellen bezahlen könne. Er nahm den Schmuck in die Hand, warf ihn mir ins Gesicht und verbot mir, sein Haus je wieder zu betreten.

Da das kalte Winterwetter noch nicht eingesetzt hatte, ging ich sofort auf meinen Jagdgrund, tötete eine Anzahl Moose-Elche und ließ uns von meiner Frau für die Wintersaison geeignete Kleidungsstücke aus den Fellen machen; denn ich sah nun, daß wir gezwungen waren, sie anstatt der Schulterdecken und der wollenen Sachen zu tragen, die wir gewohnt gewesen waren, von den Händlern zu bekommen.

Ich setzte meine Jagd mit guten Erfolgen fort. Der Winter war noch nicht zur Hälfte vorüber, als ich erfuhr, daß Mr. Hanie, ein Händler der Hudson's Bay Company, in *Pembina* angekommen sei. Ich ging sofort zu ihm, und er gab mir allen Kredit, den ich verlangte, und zwar im Wert von siebzig Biberfellen. Dann ging ich zum Moschusrattenfluß (Muskrat River), wo ich im weiteren Verlauf des Winters Marder, Biber, Otter usw. in großer Anzahl erlegte.

Zu Beginn des Frühlings ließ ich Mr. Hanie durch einige Indianer benachrichtigen, daß ich zur Mündung des Assiniboin kommen würde, wo ich ihn zu treffen hoffte, um die mir kreditierte Summe zurückzuzahlen, denn ich hatte nun mehr als genug Felle dafür. Als ich dort ankam, war Mr. Hanie noch nicht vorbeigekommen, und ich wartete auf ihn gegenüber von Mr. Wells' Handelsposten. Ein alter Franzose bot mir Unterkunft in seinem Haus an und bewahrte meine Pelze unter dem Ort, den er mir zum Schlafen anwies, auf.

Als Mr. Wells erfuhr, daß ich angekommen war, sandte er dreimal nach mir und ließ mich bitten, ihn zu besuchen. Endlich gab ich den Vermittlungsversuchen meines Schwagers nach und überquerte den Fluß, um den Handelsposten des Mr. Wells zu besuchen. Dieser war hocherfreut über mein Kommen und behandelte mich mit äußerster Liebenswürdigkeit, auch bot er mir Wein und Nahrung an und alles, was sein Haus nur bieten konnte. Ich hatte außer etwas Tabak nichts angenommen, als ich den Franzosen mit meinen Pelzbündeln hereinkommen sah. Sie wurden an mir vorüber und in Mr. Wells Schlafzimmer getragen. Daraufhin verschloß er die Tür und steckte den Schlüssel ein. Sofort stellte er nun seine mir erzeigte Höflichkeit und Zuvorkommenheit ein. Ich sagte nichts, fühlte mich aber außerordentlich beklommen und unbehaglich, denn ich wollte mich weder der Mittel beraubt sehen, Mr. Hanie meine Schulden zurückzuzahlen, noch mein Eigentum durch Gewalt und ohne meine Zustimmung verlieren. Ich beobachtete genau das Haus und fand endlich auch eine Gelegenheit, in das Schlafzimmer zu schleichen, während Mr. Wells etwas aus einem Koffer nahm. Er versuchte zwar, mich zu verscheuchen und herauszudrängen, aber ich war zu kräftig für ihn. Nachdem er gewalttätig gegen mich geworden war, zögerte ich nicht meine Pelzbündel zu holen, aber er entriß sie mir. Ich erbeutete sie zurück. Während wir noch darum rangen, rissen die Schnüre, die die Bündel zusammenhielten, und meine Pelze lagen über dem Fußboden verstreut umher. Als ich sie aufsammelte, zog er eine Pistole, lud sie und setzte sie mir auf die Brust. Ich stand einen Augenblick lang bewegungslos und glaubte, er würde mich töten, da er sich sehr aufgeregt hatte. Dann packte ich seine Hand, drehte sie im Gelenk um und zog aus meinem Gürtel ein langes Messer hervor, das ich fest in der rechten Hand hielt, während ich ihn noch mit der linken gepackt hatte. Als er sich so vollkommen in meiner Gewalt sah, rief er erst seine Frau, dann seinen Dolmetscher und forderte sie auf, mich aus dem Haus zu werfen. Darauf antwortete der Dolmetscher: »Du kannst das ebensogut wie ich.« Einige Franzosen waren auch anwesend, weigerten sich aber, ihm beizustehen. So merkte er denn, daß er mir mit Gewalt nichts anhaben konnte, und nahm seine Zuflucht zu milderen Mitteln. Er bot mir an, meine Pelze mit mir zu teilen, so daß ich die Hälfte für die Hudson's Bay-Leute verwenden könne. »Du hast stets zur Nordwestkompanie gehört«, sagte er, »warum läßt du uns plötzlich wegen der Hudson's Bay Company-Händler im Stich?« Er begann dann die Pelze zu zählen und zwei getrennte Bündel daraus zu machen. Ich sagte ihm aber, daß dies unnötig sei und daß er nicht ein einziges Fell von mir erhalten würde. »Im vorigen Herbst«, sagte ich, »bin ich hungrig und verzweifelt zu dir gekommen, und du hast mich wie einen Hund von deiner Tür gejagt. Die Munition, mit der ich diese Pelztiere geschossen habe, wurde mir von Mr. Hanie geliehen, und deshalb gehören diese Felle ihm. Aber auch wenn dies nicht so wäre, würdest du nicht ein einziges bekommen. Du bist ein Feigling und hast nicht einmal so viel Mut wie ein Kind. Besäßest du wenigstens das Herz einer Frau, wo würdest du nicht deine Pistole auf meine Brust gesetzt haben, ohne mich zu töten. Mein Leben war in deiner Hand, und nichts hätte dich daran hindern können, es mir zu nehmen, noch nicht einmal die Furcht vor meinen Freunden, denn du weißt, daß ich hier ein Fremder bin und daß nicht einer unter den hiesigen Indianern seine Hand erheben würde, um meinen Tod zu rächen. Du hättest meinen Körper wie den eines Hundes in den Fluß werfen können, und keiner hätte dich gefragt, was du getan hast – aber dein Mut reichte noch nicht einmal dazu.« Er fragte mich, ob ich nicht ein Messer in meiner Hand gehabt hätte. Ich zeigte ihm zwei, ein großes und ein kleines, und sagte ihm, er solle sich hüten, mich zu ihrem Gebrauch zu reizen. Endlich ermüdete ihn unser Wortwechsel. Er ging und setzte sich mir gegenüber in dem großen Raum nieder; und obgleich er sich weit von mir entfernt befand, konnte ich sein Herz schlagen hören, so groß war seine Erregung. Ich blieb eine Weile dort sitzen und ging dann im Hof auf und ab. Ich suchte meine Felle zusammen, und der Dolmetscher half mir dabei, sie wieder zusammenzuschnüren. Dann lud ich die Bündel auf meinen Rücken, verließ das Haus, ging dicht an Mr. Wells vorüber, legte sie in mein Kanu und fuhr zum Hause des Franzosen ans andere Ufer hinüber.

Am nächsten Morgen hatte Mr. Wells erneut über die Sache nachgedacht und fand es nun wohl nicht mehr richtig, mir mein Eigentum mit

Gewalt wegnehmen zu wollen. Er schickte mir seinen Dolmetscher, um mir sein sehr wertvolles Pferd anbieten zu lassen, wenn ich um diesen Preis vergessen wollte, was er getan hatte. »Sag ihm«, trug ich dem Dolmetscher auf, »daß er ein Kind ist, das den einen Tag einen Streit verursacht und am nächsten diese Streitereien zu vergessen wünscht. Aber ich bin nicht seinesgleichen. Ich habe selbst ein Pferd und werde meine Pelzbündel behalten. Außerdem werde ich niemals vergessen, daß er mir seine Pistole auf die Brust gesetzt hat, ohne den Mut aufzubringen, mich zu erschießen.«

Am folgenden Morgen traf einer der Angestellten des Handelspostens der Nordwestkompanie vom Mausfluß ein, und als er hörte, was geschehen war, erbot er sich, mir meine Pelzbündel abzunehmen. Obgleich ihn Mr. Wells ausdrücklich warnte, beschloß er dennoch, wenigstens den Versuch zu machen. Es war gegen Mittag, als der Franzose zum Fenster seines Hauses heraussah und mir sagte: »Mein Freund, mir scheint, nun wirst du deine Pelzbündel doch verlieren. Vier schwerbewaffnete Männer kommen, um dich zu besuchen, und ich glaube nicht, daß sie etwas Gutes vorhaben.« Als ich dies hörte, legte ich meine Pelzbündel in die Mitte des Zimmers, setzte mich darauf und nahm eine Biberfalle in die Hand. Als der Handelsangestellte in Begleitung von drei jungen Männern hereingekommen war, forderte er kurzerhand meine Pelzbündel. »Welches Recht hast du«, fragte ich, »sie von mir zu verlangen?« – Er antwortete: »Du hast Schulden bei mir.« – »Wann habe ich je der Nordwestkompanie etwas geschuldet, was ich nicht prompt zum vereinbarten Termin bezahlt habe?« – »Vor zehn Jahren«, sagte er, »hat dein Bruder *Wa-me-gon-a-biew* bei mir Schulden gemacht, die er bis auf zehn Felle bezahlt hat. Diese schuldet er mir noch, und du mußt sie bezahlen.« – »Gut«, war meine Antwort, »ich will bezahlen, was du verlangst. Aber du mußt mir gleichzeitig die vier Pelzbündel bezahlen, die wir dir von der Großen Tragstelle aus geschickt haben. Deine Quittung ist, wie du weißt, in *Ke-nu-kaw-ne-she-wa-bo-ant* mitsamt meinem Zelt verbrannt, und du hast weder mir noch einem Mitglied meiner Familie für diese hundertsechzig Biberfelle auch nur den Wert einer Nadel gezahlt.« Als er merkte, daß seine Methode erfolglos blieb, und da er, obwohl er sie ignorierte, die Richtigkeit meiner Antwort einsah, versuchte er, genau wie am Vortage Mr. Wells, gewaltsam vorzugehen, was ihm jedoch ebenfalls nicht gelang. So kehrte er zum Fort zurück, ohne von mir auch nur ein einziges Marderfell erhalten zu haben.

Da sich Mr. Hanies Ankunft immer noch verzögerte, ging ich an den Toten Fluß, und während ich dort auf ihn wartete, tötete ich vierhundert Moschusratten. Endlich traf Mr. Hanie an dem Ort ein, wo ich zusammen mit einem anderen Mann auf ihn wartete. Er erzählte mir, daß er zur Mittagsstunde an Mr. Wells' Handelsposten an der Assiniboinmündung vorübergefahren sei und daß die gesamte Bemannung seines Kanus dabei gesungen habe. Sobald Mr. Wells ihn sah, habe er ihn sofort in einem mit bewaffneten Leuten besetzten Kanu verfolgt. Als Mr. Hanie dies bemerkte, habe er am Ufer angelegt, seine Leute im Kanu gelassen und sei etwa achtzehn Meter weit in die offene Prärie hineingezogen. Dorthin sei Mr. Wells ihm mit einigen bewaffneten Männern nachgegangen. Als sie etwa neun Meter von ihm entfernt waren, habe Mr. Hanie ihnen Halt geboten. Eine lange Diskussion entwickelte sich, in deren Verlauf Mr. Hanie freie Weiterreise gewährt wurde. Ich erzählte ihm, wie ich von diesem Mann behandelt worden war, und bezahlte meine Schulden. Für den Rest meiner Pelze tauschte ich bei ihm verschiedene Waren ein, und nachdem wir unser Handelsgeschäft abgeschlossen hatten, gab er mir einige sehr schöne Geschenke, unter denen sich ein wertvolles Gewehr befand. Als ich den Roten Fluß wieder hinauffuhr, traf ich noch einmal Mr. Wells. Er benötigte etwas frisches Wild und bat mich darum; ich hätte es ihm auch gegeben, wenn es in meiner Macht gestanden hätte. Er schrieb meine abschlägige Antwort jedoch meinem bösen Willen zu. Als ich dann schon weit von ihm entfernt war, schickte er mir sein Pferd nach und tat dies auch noch einmal in *Pembina*, aber ich weigerte mich stets, es anzunehmen.

Trotz meiner hartnäckigen und wiederholten Weigerung erfuhr ich später, daß er das Pferd stets als mein Eigentum bezeichnet hatte, und nach seinem drei Jahre später erfolgten Tod rieten mir die anderen Händler, das Pferd zu nehmen. Ich habe das jedoch nicht getan, und es kam in die Hände eines alten Franzosen. Nach dem Tode von Mr. Wells, aber niemals zu seinen Lebzeiten, kehrte ich zur Nordwestkompanie zurück und trieb mit ihnen Handel wie zuvor. Hätte er damals auf mich geschossen und mich noch so schwer verwundet, ich hätte ihm das nicht halb so übel genommen wie die Tatsache, daß er mir die Pistole auf die Brust gesetzt und sie wieder weggenommen hat, ohne mich zu erschießen.

Esh-ke-buk-ke-koo-sa, ein Häuptling vom Blutegelsee, kam später mit etwa vierzig jungen Männern nach *Pembina,* und ich wurde zusammen mit einigen anderen eingeladen, seinen Bericht über die Offenbarungen anzuhören, die der Große Geist dem *Manito-o-geezhik* übermittelt hatte. Zur Abhaltung der damit verbundenen Tänze und Feste wurde ein langes Zelt errichtet, in dem wir uns eines Nachts versammelten, um der Rede des Häuptlings zu lauschen. Da hörten wir plötzlich das Geräusch zweier kurz aufeinanderfolgender Gewehrschüsse aus der Richtung des Handelspostens der Nordwestkompanie, der zu diesem Zeitpunkt bis auf zwei eben angekommene Franzosen unbewohnt war. Die alten Männer tauschten Blicke des Zweifels und der Bestürzung. Jemand vermutete, daß die Franzosen vielleicht auf Wölfe schössen, aber *Esh-ke-buk-ke-koo-sa* sagte: »Ich kenne das Geräusch von Siouxgewehren.« Die Nacht war sehr dunkel. Alle jungen Männer ergriffen sofort ihre Gewehre und folgten mir unter meiner Anführung, wobei viele über Strünke und Baumstämme stolperten und kaum vorwärts kamen. Ich ging den Pfad entlang und blieb an der Spitze, als plötzlich eine dunkle Gestalt an mir vorbeilief und ich im gleichen Augenblick die Stimme von Black Duck (Schwarze Ente) hörte: »Neen-dow – in-ninne!« (»Ich bin ein Mann!«) Ich hatte oft den Heldenmut dieses Mannes rühmen hören und hatte ihn ja auch im Siouxdorf am Häuptlingsberg die von uns geplante Attacke anführen sehen. Deshalb hielt ich mich auch jetzt in seiner Nähe. Wir hatten uns etwa auf Gewehrschußnähe an das Fort herangeschlichen, als er von einer Seite auf die andere im Zickzack zu springen begann und sich schnell auf das Tor der Festung zubewegte. Ich folgte seinem Beispiel. Er sprang mit erstaunlicher Behendigkeit fast anderthalb Meter hoch durch das offene Tor.

Innerhalb der Befestigung sahen wir das Fenster und die Tür des Hauses hell erleuchtet. Schwarze Ente trug eine Büffeldecke über den Schultern, deren dunkle Farbe ihn vor den Blicken des von innen Ausschau haltenden Mannes verbarg. Mich verriet meine weiße Schulterdecke, und schon fühlte ich die Mündung eines Gewehres an meinem Kopf. Es wurde jedoch nicht abgeschossen, denn Black Duck fing den erschreckten Franzosen, der mich für einen Sioux gehalten hatte, als dieser gerade auf mich schießen wollte, in seinen Armen auf. Der zweite Franzose kauerte mit den Frauen und Kindern in einer Ecke des Zimmers, und alle weinten vor Angst. Der beherztere der beiden, der uns vom Fenster aus beobachtet hatte, war kurz vorher mit seinem Pferd außerhalb der Befestigung gewesen, um dem Tier Wasser zu geben, als es von einem am Eingang versteckten Mann erschossen wurde. Zuerst hielt er uns für die Leute, die sein Pferd erschossen hatten. Er sah aber bald seinen Irrtum ein, wußten wir doch nicht einmal, daß das Tier tot im Eingang lag, da wir darüber hinweggesprungen waren. Dieser Franzose wollte das Fort nicht verlassen; aber Schwarze Ente bestand als Verwandter einer der Frauen darauf, daß diese ins Indianerlager gebracht werden sollte. Einige unserer jungen Leute waren nun auch da, und wir beschlossen, die Nacht durch zu wachen. Am nächsten Morgen entdeckten wir die Spuren zweier Männer, die den *Pembina* überquert hatten; eine Kriegergruppe hatte sich auf der anderen Seite versammelt. Die beiden Männer waren der berühmte Yanktonhäuptling *Wah-ne-tow* und sein Onkel. Sie hatten sich mit der Absicht, jeden Herauskommenden oder Hineingehenden zu erschießen, am Tor der Festung versteckt. Zufällig ging zuerst das Pferd des Franzosen durch das Tor, und so hatten sie es einfach niedergeschossen, ohne zu wissen, ob sie Mensch oder Tier getroffen hatten. Danach waren sie über den Fluß zurückgeflohen.

Nachdem wir festgestellt hatten, daß die Siouxgruppe nicht allzugroß war, beschlossen viele der Unsrigen, sie zu verfolgen. Aber *Esh-ke-buk-ke-koo-sa* sagte: »Nicht so, meine Brüder. *Manito-o-geezhik,* dessen Bote ich bin, sagt, daß wir nicht mehr gegen unsere Feinde ausziehen sollen. Wahrscheinlich hat der Große Geist uns auch in diesem Fall beschützt. Wären die Sioux zu unseren Zelten gekommen, während wir unbewaffnet unser Fest feierten, wie leicht hätten sie uns alle töten können. Aber sie wurden irregeleitet und hielten das Pferd des Franzosen für einen Ojibwa. So wird es immer bleiben, wenn wir den erhaltenen Anweisungen folgen.« Ich begann mich um meine allein zurückgelassene Familie zu sorgen, da ich fürchtete, daß die Sioux ihr beim Rückzug in ihre Heimat einen Besuch abstatten könnten. Als ich ihm meine Befürchtungen mitteilte, sagte *Esh-ke-buk-ke-koo-sa:* »Geh, aber glaube nicht, daß die

Sioux deiner Frau und deinen Kindern ein Leid antun werden. Ich will, daß du gehst, damit du mir auf dem Rückweg deinen Medizinsack mitbringst und ich dir zeigen kann, was du mit seinem Inhalt tun sollst.« Ich gehorchte ihm, und er befahl mir, den Inhalt meines Medizinbeutels außer der Kriegs- und Jagdmedizin ins Feuer zu werfen. »Das müssen wir von jetzt an tun«, sagte er. »Wenn jemand krank ist, müssen wir eine Schüssel aus Birkenrinde und etwas Tabak nehmen, und der Kranke selbst – wenn er zu laufen imstande ist – oder sein nächster Verwandter soll damit zu einem fließenden Gewässer gehen. Der Tabak muß dem Wasser geopfert werden. Dann schöpft man mit der Schüssel etwas Wasser in der Stromrichtung, trägt es heim und läßt den Kranken davon trinken. Ist der Patient sehr schwer erkrankt, so soll die Schüssel so tief eingetaucht werden, daß ihr Boden den Grundschlamm des Flusses berührt.« Dann gab er mir einen kleinen Holzreifen, den ich wie eine Kappe auf meinem Kopf tragen sollte. Auf der einen Seite war eine Schlange eingeritzt, die das Wasser symbolisiert, auf der anderen befand sich die Gestalt eines den Großen Geist darstellenden Mannes. Dieses Stirnband sollte ich nicht etwa täglich tragen, sondern nur, wenn ich zur Heilung eines kranken Verwandten oder Freundes Wasser schöpfen ging. Ich ärgerte mich sehr über die Zerstörung des Hauptinhalts meines Medizinbeutels, denn es hatten sich Wurzeln und andere Substanzen darin befunden, die mir in den Zufällen meines Lebens nützlich gewesen waren. Noch unzufriedener war ich darüber, daß wir diese Mittel, die ich für wertvoll hielt, von jetzt an nicht mehr benutzen sollten. Da sich aber alle Indianer unserer Gruppe in der gleichen Lage befanden, blieb mir nichts anderes übrig, als mich zu fügen.

Für den Frühling hatte ich ein Zusammentreffen mit *Sha-gwaw-ko-sink* verabredet. Zur vereinbarten Zeit kam ich an dem ausgemachten Ort an, und bald darauf erschien auch der alte Mann allein und zu Fuß, um mich zu suchen. Er hatte sein Lager zwei Meilen von dieser Stelle aufgeschlagen und war schon zwei Tage dort. Er besaß einen reichlichen Vorrat an frischem Fleisch, was mir sehr angenehm war, denn ich hatte seit einiger Zeit nur wenig erlegen können.

Mit ihm verbrachte ich den Sommer. *Sha-gwaw-ko-sink* war nun zu alt und zu schwach, um selbst zu jagen; aber er hatte einige junge Männer bei sich, die ihn mit Wild versorgten, soweit es vorhanden war. Im Spätherbst jedoch leerten sich unsere Jagdgründe. Das Wetter war sehr kalt, die Erde hart gefroren, aber kein Schnee fiel, so daß es sehr schwer war, etwa den Spuren eines Moose-Elches zu folgen. Außerdem verrieten das Geräusch unserer Schritte auf dem harten Boden und das Rascheln des dürren Laubes den Tieren schon von weitem unsere Gegenwart. Da es unverändert so weiterging, litten wir alle schreckliche Hunger und beschlossen, als letzte Maßnahme eine Medizinjagd zu unternehmen. Ich verbrachte die Hälfte der Nacht mit Singen und Beten und legte mich dann schlafen. In meinem Traum sah ich einen schönen jungen Mann durch die obere Zeltöffnung zu mir hereinkommen. Er stand direkt vor mir. ›Was bedeuten dieser Lärm und dieses Weinen, das ich höre?‹ fragte er, ›glaubst du, daß ich nicht weiß, wann du hungrig und verzweifelt bist? Ich sehe immer auf dich herab, und es ist unnötig, mich mit diesem lauten Geschrei zu rufen.‹ Dann deutete er direkt in die Richtung des Sonnenuntergangs und sagte: ›Siehst du diese Spuren?‹ – ›Ja‹, antwortete ich, ›es sind die Spuren zweier Moose-Elche.‹ – ›Ich gebe dir diese zwei Moose-Elche zur Nahrung.‹ Dann deutete er in die entgegengesetzte Richtung, wo die Sonne aufgeht, zeigte mir eine Bärenspur und sagte: ›Auch dieses gebe ich dir.‹ Dann verließ er mein Zelt durch den Eingang, und als er seine Schulterdecke hob, sah ich, daß der Schnee zu fallen begann.

Ich wachte bald danach auf, und da ich zu erregt war, um wieder einzuschlafen, bat ich den alten *Sha-gwaw-ko-sink*, mit mir zu rauchen, und bereitete dann mein *Mut-zin-ne-neen-suk* vor, so wie ich es hier aufgezeichnet habe. Es stellt die Tiere dar, die ich im Traum gesehen hatte.

Noch während der zeitigen Morgendämmerung verließ ich das Zelt bei heftigem Schneefall, schlug die angegebene Richtung ein, fand längst vor Mittag die Spuren zweier Moose-Elche und tötete sie. Es waren ein Männchen und ein Weibchen, beide außerordentlich fett.

Die für diese Medizinjagd benutzten Gesänge hängen mit den religiösen Anschauungen der Indianer zusammen. Oft sind sie an *Na-na-boo-shoo* oder *Na-na-bush*[84] gerichtet, der als Vermittler angefleht wird, die jeweiligen Bitten an den Höchsten weiterzuleiten. Zuweilen wenden sie sich auch an *Me-suk-kum-mik O-kwi* (die Erde, die als Urgroßmutter aller Wesen gilt). In diesen Liedern wird geschildert, wie *Na-na-bush* die Erde schuf, um die Wünsche des Großen Geistes zu erfüllen und wie alle Dinge, die die Onkel und Tanten *Na-na-bushs* (als solche betrachten sich die Indianer. E. L.) zu ihrem Lebensunterhalt brauchen, dem Schutz und der Fürsorge der Großen Mutter anvertraut wurden. *Na-na-bush* ist stets der wohlwollende Vermittler zwischen dem Höchsten Wesen und der Menschheit. So veranlaßte er, daß die Tiere zum Nutzen der Indianer erschaffen wurden, deren Fleisch zur Nahrung und deren Haut als Leder zur Kleidung benötigt wird. Er schickte den Menschen auch mit übernatürlichen Kräften ausgestattete Wurzeln und Medizin, um ihre Krankheiten zu heilen und ihnen in Hungerszeiten das Erlegen der Jagdtiere zu ermöglichen. Alle diese Dinge wurden dem Schutz *Me-suk-kum-mik O-kwis* anvertraut. Und damit die Menschen sie niemals umsonst zu rufen brauchen, wurde die Urgroßmutter Erde angewiesen, stets daheim in ihrem Zelt zu bleiben. Deshalb graben gute Indianer niemals Medizinwurzeln aus, ohne gleichzeitig eine Opfergabe als Geschenk an *Me-suk-kum-mik O-kwi* in die Erde zu tun.

Auch singen die Indianer davon, wie einst in früheren Zeiten der Große Geist den Bruder des *Na-na-bush* tötete und dieser darüber zornig wurde und sich gegen den Höchsten erhob. So gewaltig war seine Empörung gegen den großen Manito, daß dieser ihm zur Beruhigung die heilige Religion des Midéwiwin gab. Hierüber freute sich *Na-na-bush* sehr, und er brachte ihn seinen Onkeln und Tanten auf der Erde.

Viele dieser Lieder werden mittels einer wahrscheinlich nur den Indianern bekannten Methode auf Birkenrinde oder auf flache Holzstückchen niedergeschrieben. Man stellt die auszudrückenden Gedanken durch sinnbildliche Figuren dar – ähnlich wie bei der Nachrichtenübermittlung.

Etwa zwei Jahre vor der Zeit, von der ich hier berichte, verlor in unserer Gruppe *Ais-kaw-ba-wis*, ein ruhiger, unbedeutender Mann und schlechter Jäger, seine Frau durch den Tod, und seine Kinder hatten noch mehr Hunger zu leiden als gewöhnlich. Der Tod der Frau war von seltsamen Umständen begleitet, und *Ais-kaw-ba-wis* wurde schwermütig und verzweifelt, was wir aber auch seiner allgemeinen melancholischen Gemütsveranlagung zuschrieben. Endlich rief er die Häuptlinge zusammen und verkündete ihnen mit großem Ernst, daß er vom Großen Geiste durch eine Offenbarung ausgezeichnet worden sei. Er zeigte uns eine aus Erde gemachte, geglättete und mit roter Farbe beschmierte Kugel, die etwa halb so groß war wie der Kopf eines Mannes. »Als ich Tag für Tag weinend, betend und singend vor meinem Zelt saß«, sagte er, kam endlich der Große Geist zu mir mit den Worten: ›*Ais-kaw-ba-wis*, ich habe deine Gebete gehört. Ich habe beobachtet, wie du die Matten deines Zeltes mit deinen Tränen befeuchtet hast, und habe deine Wünsche vernommen. Ich gebe dir diese Kugel, die, wie du siehst, rein und neu ist, damit du die gesamte Erde rein und neu machst – so wie sie ursprünglich war, als *Na-na-bush* sie aufbaute. Alle alten Sachen müssen weggeworfen und zerstört werden; alles muß neu angefertigt werden – und in deine Hände, *Ais-kaw-ba-wis*, lege ich diese große Aufgabe.‹«

Ich befand mich unter den ersten, die er einlud, seinen Verkündigungen zu lauschen. Bis er uns wieder entlassen hatte, sagte ich überhaupt nichts über seine Lehren, äußerte aber dann gegenüber einigen Gefährten meine Zweifel. »Mir kann es recht sein«, sagte ich, »daß wir auf so billige Art mit dem gesamten Wesen und Willen des Großen Geistes bekannt gemacht werden sollen. Plötzlich stehen unter uns diese gottbegnadeten Lehrer in Massen auf, aber zum Glück taugen sie sonst meist zu nichts anderem. Der Shawneeprophet lebt in weiter Ferne von uns; und obwohl *Ke-zhi-ko-we-ninne* und *Manito-o-geezhik* zu unserem Stamme gehören, waren sie zur Zeit ihrer angeblichen Offenbarung anderswo. Jedoch waren dies immerhin Männer. Dieser neue Prophet aber ist zu arm, zu träge und zu geistlos, um seine eigene Familie ernähren zu können. Dennoch will er uns Glauben machen, daß der Große Geist ausgerechnet ihn erwählt habe, die Erde zu erneuern.« Ich hatte von

diesem Mann immer eine ungünstige Meinung, da er einer der un-
brauchbarsten unter den Indianern war, und mich verstimmte sein Versuch, sich als auserwählter und begnadeter Bote des Großen Geistes
über uns erheben zu wollen. Überall, wohin ich ging, machte ich seine
anmaßenden Behauptungen lächerlich, aber obwohl ihn das Unglück
auf allen Wegen verfolgte,[85] übte der doch einen gewaltigen Einfluß auf
die Seelen der Indianer aus. Sein andauerndes nächtliches Trommeln
verjagte das Wild aus unserer Gegend, und seine unverschämte Heu-
chelei machte ihn mir widerwärtig. Dennoch hatte er einen Weg gefunden, den Geist vieler Menschen zu verwirren, und meine gegen ihn an-
gefachte Opposition blieb wirkungslos.

Als wir uns noch dort aufhielten und schon tagelang Hunger gelitten
hatten, ging ich auf die Jagd und verwundete einen Moose-Elch. Ich erzählte dies bei meiner Rückkehr und sagte auch, daß der Elch so schwer
verwundet sei, daß er verenden würde. Am folgenden Morgen kam *Ais-
kaw-ba-wis* in mein Zelt und verkündete mir mit größtem Ernst, daß der
Große Geist bei ihm gewesen und ihm von dem verwundeten Moose-
Elch Kenntnis gegeben habe. »Er ist nun tot«, setzte er hinzu, »und du
kannst ihn dort und dort finden. Es ist der Wille des Großen Geistes,
daß dieser Elch hierhergebracht und als Opfertier zubereitet wird.« Ich
hielt es nicht für unwahrscheinlich, daß der Moose-Elch wirklich tot
war, ging hin und fand ihn noch lebend vor. Dies gab mir einen neuen
Anlaß, *Ais-kaw-ba-wis'* Weissagungen lächerlich zu machen, dennoch
erschütterte es in keiner Weise das von den Indianern in ihn gesetzte
Vertrauen. Kurz darauf verwundete ich wieder einen Elch, ohne ihn zu
töten. »Dieses«, sagte *Ais-kaw-ba-wis*, »ist der Moose-Elch, den der
Große Geist mir gezeigt hat.« Ich ging und holte ihn, und da viele Indianer sehr hungrig waren, war ich bereit, ein Festessen zu veranstalten,
allerdings nicht, um damit *Ais-kaw-ba-wis* seinen Willen zu tun. Da wir
zu wenige waren, um alles Fleisch auf einmal aufzuessen, schnitten wir
es von den Knochen ab und häuften diese, da sie ja von einem zeremo-
niell genossenen Tiere stammten, ungebrochen vor *Ais-kaw-ba-wis* auf.
Danach wurden sie an einem sicheren Ort außerhalb der Reichweite
der Hunde und Wölfe in den Bäumen aufgehängt, denn kein Knochen
eines derart geopferten Tieres darf gebrochen werden. Da ich am nächsten Tage schon wieder einen fetten Moose-Elch tötete, sagte *Ais-kaw-*

ba-wis: »Du siehst, mein Sohn, wie dein gutes Verhalten belohnt wird. Du hast das erste Tier dem Großen Geist gegeben, und er sorgt nun dafür, daß es dir an nichts fehlt.« Auch am nächsten Tage töteten mein Schwager und ich je einen Moose-Elch, und *Ais-kaw-ba-wis* pries mit großen Redensarten die Wirkung des durch ihn veranlaßten Opfers, was die abergläubischen Vorstellungen der Indianer noch weiter verstärkte. Obwohl sich dieser Mann jetzt infolge seiner Verschlagenheit hoher Achtung erfreute, hatte er einst während einer Hungerzeit seine eigene Frau aufgegessen. Derartige Verbrecher wurden sonst von den Indianern als des Lebens unwürdig getötet.

Als zu Beginn des Frühlings die Schneedecke auf der Oberfläche hart zu werden begann, gingen verschiedene Männer unserer Gruppe und ich mit *Shaw-gwaw-ko-sink, Wau-zhe-gaw-maish-koon, Ba-po-wash, Gish-kau-ko* fort, um in einiger Entfernung ein Jagdlager aufzuschlagen, und ließen nur *Ais-kaw-ba-wis* bei den Frauen zurück. Da es zu dieser Jahreszeit sehr leicht ist, Elche und Moose-Elche zu schießen, erlegten wir viel Wild. Die Schneekruste trägt dann wohl einen Menschen, verurteilt diese Tiere aber fast ganz zur Bewegungslosigkeit.

Einmal ging *Gish-kau-ko* heim, um nach seiner Familie zu sehen, und brachte mir auf dem Rückweg etwas Tabak und eine Nachricht von *Ais-kaw-ba-wis* mit: ›Dein Leben ist in Gefahr.‹ – »Mein Leben«, antwortete ich darauf, »gehört weder *Ais-kaw-ba-wis* noch mir, sondern ist in der Hand des Großen Geistes. Sollte er wünschen, es in Gefahr zu bringen oder zu beenden, so habe ich keinen Grund zur Klage. Jedoch kann ich nicht glauben, daß er seine Absichten einem so wertlosen Menschen wie *Ais-kaw-ba-wis* offenbart haben sollte.« Seine Andeutungen hatten jedoch alle Indianer, die mit mir waren, erschreckt, und sie kehrten so schnell sie konnten zu dem Lager zurück, wo sich *Ais-kaw-ba-wis* und die Frauen aufhielten. Ich folgte ihnen auf Umwegen, um noch einige der von mir gestellten Fallen aufzusuchen. Da ich einen Otter gefangen hatte, nahm ich ihn auf den Rücken und kam etwas nach ihnen an. Hier fand ich alle unsere Zelte in ein einziges großes verwandelt vor, und die Frauen und Kinder saßen draußen um ein Feuer herum und zitterten vor Kälte. Als ich fragte, was all dies bedeute, erfuhr ich, daß sich *Ais-kaw-ba-wis* gerade auf eine wichtige Offenbarung vom Großen Geist vorbereitete. Um darauf zu warten, hatte er lange allein in diesem großen Zelt verbracht, zu dem niemand außer ihm Zutritt hatte. Auf ein bestimmtes Zeichen hin sollte *Ba-po-wash* gefolgt von den anderen den Tanz aufführen, viermal um das Zelt tanzen und sich dann nach innen niedersetzen, jeder an seinem Platz. Als ich dies hörte, betrat ich sofort das Zelt, warf meinen Otter nieder und setzte mich neben das Feuer. *Ais-kaw-ba-wis* warf mir einen wütenden und tückischen Blick zu und schloß dann wieder seine Augen, um das durch mein Eintreten unterbrochene Gebet fortzusetzen. Bald begann er zu trommeln und laut zu singen, und nach der dritten Pause – dem mit *Ba-po-wash* vereinbarten Zeichen – betrat dieser tanzend das Zelt, gefolgt von Männern, Frauen und Kindern. Viermal umkreisen sie das Zelt und setzten sich dann alle auf ihre Plätze nieder.

Eine Zeitlang herrschte nun völliges Schweigen, während *Ais-kaw-ba-wis* mit geschlossenen Augen auf einem Stück glatten und gereinigten Boden sitzenblieb, so wie die Kriegshäuptlinge es für das *Ko-zau-bun-zitch-e-kun* vorbereiten. Dann rief er jeden einzelnen Mann nacheinander auf und lud ihn ein, sich in seiner Nähe niederzusetzen. Endlich rief er auch mich, und ich setzte mich auf den mir von ihm angewiesenen Platz. »*Shaw-shaw-wa ne-ba-se*«, sagte er zu mir, »mein Sohn, es ist möglich, daß du dich jetzt fürchten wirst, denn ich habe dir etwas sehr Unangenehmes mitzuteilen. Der Große Geist hat mich, wie ihr alle wißt, schon in der Vergangenheit durch die Offenbarung seines Willens ausgezeichnet. Seit einiger Zeit pflegt er mir nun auch zu sagen, was mit jedem von euch in der Zukunft geschehen soll. Euch, meinen Freunden« – er wandte sich zu *Sha-gwaw-go-nuck* und den anderen Indianern –, »hat er das volle Lebensalter eines Mannes gewährt, wie diese lange und gerade Linie anzeigt. Dein Leben aber, *Shaw-shaw-wa ne-ba-se*, der du dich vom rechten Pfad abgewandt und meine Mahnungen nicht beachtet hast, wird durch diese kurze, krumme Linie angezeigt. Du wirst nur die Hälfte der Spanne eines vollen Manneslebens erreichen. Die dritte jäh endende Linie auf der anderen Seite zeigt das Schicksal der jungen Frau unseres *Ba-po-wash* an.« Während er so sprach, zeichnete er die genannten Linien auf die Erde.

Ba-po-wash hatte nun gerade die feinsten Stücke eines fetten Bären in der Absicht getrocknet, im Frühling ein Medizinfest zu veranstalten. Während er noch in unserem Jagdlager war, hatte *Ais-kaw-ba-wis* zu

Ba-po-washs Schwiegermutter gesagt: »Der Große Geist hat mir mitgeteilt, daß nicht alles ist, wie es sein sollte. Schick jemanden, um nachzu-
sehen, ob der fette Bär, den dein Sohn für ein Medizinfest aufgehoben
hat, noch da ist, wo er ihn verwahrt hat.« Sie ging hin und fand, daß der
Bär verschwunden war. *Ais-kaw-ba-wis* selbst, der ein großer Fresser war,
hatte ihn gestohlen.

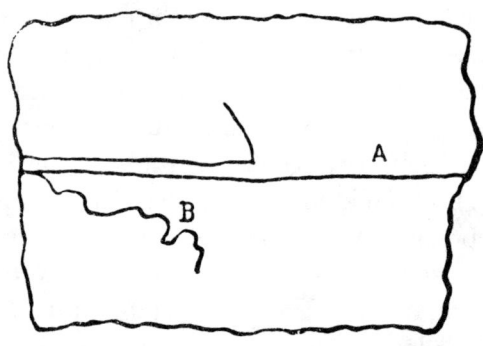

Als *Ba-po-wash* diese schlechten Nachrichten hörte und sich sehr aufregte, gab er *Ais-kaw-ba-wis* zur Abwendung des Übels nicht nur den
Rest des Bärenfleisches, sondern dazu auch noch eine große Portion
Mark, die er für das Fest verwahrt hatte, außerdem andere kostbare Geschenke.

Danach gingen wir wieder zu einer Insel namens *Me-nau-zhe-taw-
naun* am Waldsee, wo wir diesmal statt auf unseren alten Feldern am
Toten Fluß beschlossen hatten, Mais zu pflanzen. Unterwegs schlugen
wir ein Lager auf, um Zucker zu machen, und ließen *Ais-kaw-ba-wis* wieder bei den Frauen zurück. Zufällig hatte *Gish-kau-kos* Frau aus Versehen ihren Kessel im Zuckerlager in einiger Entfernung von der Stelle,
wo wir uns wieder treffen sollten, zurückgelassen. Als die Männer fort
waren, ließ *Ais-kaw-ba-wis* – der in einem kleinen Zelt für sich lebte, da
er angeblich zu heilig war, um sich unter die anderen zu mischen – diese
Frau zu sich kommen und sagte zu ihr: »Der Große Geist ist nicht damit
zufrieden, daß du dein Eigentum im Stich läßt und verlierst. Deshalb
geh und hole den Kessel, den du im Zuckerlager zurückgelassen hast.«
Die Frau gehorchte. Kaum hatte sie das Lager verlassen, als er auch

schon, angeblich um auf die Jagd zu gehen, in einer anderen Richtung fortging. Sobald er aber außer Sichtweite der Zelte war, folgte er den Fußspuren von *Gish-kau-kos* Frau. Sie war schon früher von ihm belästigt worden und ahnte auch jetzt, warum er sie nach dem Kessel geschickt hatte. Kaum sah sie ihn hinter sich herlaufen, als auch sie zu laufen anfing. Gerade in diesem Augenblick kam ich mit den anderen Indianern vom Handelsposten zurück, und wir beobachteten diese Jagd aus einiger Entfernung. Wir regten uns sehr darüber auf, denn wir sahen die Frau voranlaufen, und ihr Verfolger zeigte solchen Ernst, daß wir glaubten, einen Sioux vor uns zu haben, der in unser Land gekommen war, um unsere Frauen und Kinder zu ermorden. Als wir jedoch näher herankamen, gab der angebliche Prophet seine Verfolgung auf, setzte sich zu uns und trank mit uns von dem Rum, den wir vom Handelsposten mitgebracht hatten und von dem wir ihm sehr freigiebig einschenkten. Zu Hause mußte die Frau jedoch den Wettlauf irgendwie erklären. Sie gab zu, daß *Ais-kaw-ba-wis* schon oft die Gelegenheit gesucht habe, mit ihr allein zu sein. Sie fürchtete sich so sehr vor ihm, daß sie niemals davon zu sprechen gewagt, sondern ihr Heil stets in der Flucht gesucht hatte. Diese Tatsache löste jedoch keinerlei Unruhe aus und verringerte *Ais-kaw-ba-wis'* Einfluß in keiner Weise. Wir wollten ihm einen großen Anteil von dem mitgebrachten Rum geben, aber als unser Anführer ihn holen lassen wollte, ließ er sagen, er könne nicht kommen. »Sagt dem Häuptling«, war seine Antwort, »daß er in mein Zelt kommen soll, wenn er mir etwas mitzuteilen hat.« Tatsächlich trug man ihm daraufhin den Schnaps ins Zelt. Die Wirkung des Getränks war eine gute: Er schien geselliger und leutseliger zu werden, jedenfalls erschien er gegen Mitternacht schwankend in meinem Zelt. Auch nicht ein Teil seines Körpers war mit einem Kleidungsstück bedeckt. Er war äußerst possierlich anzusehen, und ich versäumte nicht, seinen Zustand zum Gegenstand derber Späße zu machen.

Wir zogen dann zum Waldsee, wo ich etwa einen Monat lang jagte, um dann in die Gegend, aus der ich herkam, zurückzukehren. Alle anderen Indianer blieben in *Me-nau-zhe-tau-naung*, um den Boden vorzubereiten und Mais zu pflanzen. Ich aber begann die Konsequenzen der Feindschaft *Ais-kaw-ba-wis'* zu fühlen. Er nahm die Indianer und vor allem die Verwandten meiner Frau so sehr gegen mich ein, daß meine

Lage in *Me-nau-zhe-tau-naung* unerträglich wurde und ich mich gezwungen sah, an den Roten Fluß zurückzukehren.

Um diese Zeit kamen über hundert Schotten in diese Gegend, um sich unter dem Schutz der Hudson's Bay Company am Roten Fluß niederzulassen. Bei dieser Gelegenheit sah ich zum ersten Mal, seit ich ein Mann geworden war, zum ersten Mal seit vielen Jahren also, eine weiße Frau. Ich wurde in die Dienste der Hudson's Bay Company genommen, und der Geschäftsführer Mr. Hanie schickte mich, einige andere Männer und den Dolmetscher auf die Büffeljagd. Die Büffel befanden sich zu jener Zeit weit von dieser Gegend entfernt, und die Schotten waren in dringender Not um Nahrungsmittel. Ich hatte das Glück, ganz in der Nähe zwei Büffelbullen aufzuspüren und zu schießen, sandte das Fleisch zum Handelsposten und ging dann der Herde nach.

Nach einigen Tagen wurden wir um vier Handelsangestellte und etwa zwanzig schottische Arbeiter verstärkt. Die letzteren waren beauftragt, das von mir erbeutete Fleisch in mein Zelt zu bringen, von wo es auf Karren zur Niederlassung gefahren wurde. Alle diese Männer lebten in meinem Zelt, jedoch benahm sich einer der Angestellten, namens M'Donald, sehr ausfällig gegen meine Frau und meine Kinder. Mr. Hess wies ihn wiederholt zurecht, da er sich aber nicht besserte, beschwerte sich Mr. Hess bei Mr. Hanie. Daraufhin wurde M'Donald an einen mehrere Meilen entfernten Ort geschickt, wo die Indianer etwa zwanzig Büffel getötet hatten, die im Augenblick nicht fortgeschafft werden konnten. So blieb er dort zwei Monate lang allein und hatte keine andere Arbeit und kein anderes Vergnügen, als die Wölfe von dem Fleisch zu verjagen. Unter den drei bei mir verbleibenden Angestellten war ein Mr. M'Kenzie, der genau das Gegenteil von M'Donald war. Denn nach vier Monaten, als die meisten Leute in die Niederlassung zurückgerufen wurden, bat er Mr. Hanie um die Erlaubnis, noch länger mit mir zusammenbleiben zu dürfen, da er seine Kenntnisse der Ojibwasprache verbessern wollte. Er blieb bis nach der Zuckersaison bei mir.

Während der vier Monate, die ich für die Hudson's Bay Company gejagt hatte, tötete ich etwa hundert Büffel. Die meisten davon wurden in meinem Zelt gegessen, aber ich lieferte vierzig ganz fette Büffel an Mr. Hanie ab, der mir im Frühling dafür dreihundertzehn Dollar bezahlte. Diese schottischen Arbeiter, die sich während jener Zeit bei mir aufhielten, waren in ihrem Benehmen roher und brutaler als alle anderen Menschen, denen ich je zuvor begegnet war. Selbst zur Zeit des Überflusses aßen sie wie verhungerte Hunde und stritten sich stets um das Fleisch. Sie wurden von den Angestellten geschlagen und bestraft, aber sie setzten ihre Zänkereien trotzdem fort.

Mr. Hanie und der Gouverneur der Hudson's Bay Company boten mir eine Dauerstellung und ein Haus an, aber ich verschob die Annahme dieses Angebots, da ich daran zweifelte, daß ihr Ansiedlungsversuch gelingen würde.

Einige der Indianer, mit denen ich am Waldsee gewesen war, kamen mir nach, verbrachten auch den Winter mit mir und kehrten dann wieder heim. Ich befand mich noch allein am Roten Fluß, als *Wa-ge-tote* aus *Me-nau-zhe-tau-naung* herbeikam, um mir eine Botschaft meiner Schwiegereltern zu überbringen, die einige ihrer Kinder durch den Tod verloren hatten, sich einsam fühlten und mich bitten ließen, zu ihnen zu kommen. Diese Nachricht übermittelte mir *Wa-ge-tote* in Gegenwart der Händler und einiger anderer Personen; dann aber rief er mich hinaus und sagte: »Glaube nicht, daß dich dein Schwiegervater in friedlicher Absicht nach *Me-nau-zhe-tau-naung* ruft. Als die Kinder krank waren, riefen sie *Ais-kaw-ba-wis* zu Hilfe. Er veranstaltete ein *Chees-suk-kon*[86] und behauptete, dich dabei zu sich gerufen und zu dem Eingeständnis gezwungen zu haben, daß du die Kinder mit böser Medizin verzaubert hättest, obwohl du zu jener Zeit am Roten Fluß warst. Er flößte deinem Schwiegervater und auch den meisten anderen Indianern der Lokalgruppe den Glauben ein, daß du die Macht über Leben und Tod seiner Kinder gehabt hättest und daß sie durch deinen Zauber getötet worden sind. Du kannst deshalb überzeugt sein, daß sie dich nur in der Absicht gerufen haben, dich zu töten.« Trotz dieser Warnung machte ich mich sofort auf den Weg. Hätte ich es nicht getan, so wären sie dadurch in ihrer unbegründeten Annahme meiner Schuld nur bestärkt worden.

Von den Schotten am Roten Fluß hatte ich ein neues Hemd gekauft, das ich auf dieser Reise anzog. Es verursachte mir jedoch einen so heftigen und quälenden Hautausschlag, daß ich einen Monat lang am *Begwi-o-nus-ko*-Fluß bleiben mußte und für lange Zeit kaum in der Lage war, mich zu rühren. Ich errichtete mein Zelt direkt am Fluß, und als ich nicht mehr gehen konnte, ernährte ich mich und meine Familie durch Fischfang. Sie legten mich in das Kanu, in dem ich drei bis vier Tage verbrachte. Nachts wurde ich mit einer Matte zugedeckt. Auch meine Frau erkrankte leicht, konnte aber wenigstens herumlaufen. Als sich mein Zustand zu bessern anfing, versuchte ich alle nur erdenklichen Medizinen. Das beste Mittel war angefeuchtetes Schießpulver, das ich in die sehr großen entzündeten Stellen einrieb. Diese von den Schotten übertragene Krankheit verbreitete sich auch unter den anderen Indianern und forderte zahlreiche Todesopfer.

Nach meiner Genesung fuhr ich den *Be-gwi-o-nus-ko* flußaufwärts und jagte in dem kleinen See desselben Namens, wo ich eine Menge Wild erlegte. Während ich mich dort aufhielt, kamen eines Tages vier junge Männer aus dem Indianerdorf *Me-nau-zhe-tau-naung* zu mir. In einem, der sein Gesicht geschwärzt hatte, erkannte ich meinen Schwager. Da drei seiner Geschwister tot waren, hatten ihn der Kummer und das Gefühl der Verlassenheit bewogen, sich einer Kriegergruppe anzuschließen, um so auf ehrenhafte Weise sein ihm zum Überdruß gewordenes Leben zu opfern. Seine drei Gefährten, die ihn nicht allein gehen lassen wollten, hatten sich ihm freiwillig angeschlossen. Ich gab ihm mein Pferd und ging dann zum Waldsee zu meinem Schwiegervater, bei dem ich einige Tage lang blieb. Da zu dieser Zeit die Wildgänse in der Mauser waren und nicht fliegen konnten, fingen wir sie in Massen.

Nach vier Tagen sagte ich zu den alten Leuten: »Ich kann nicht hierbleiben, da mein kleiner Bruder weinend fortgezogen ist und von niemandem beschützt wird. Ich weiß, daß sein Weg Gefahren birgt, und werde ihm folgen, um ihn darauf aufmerksam zu machen. Er sucht die Gefahr und will sich einer Kriegergruppe anschließen; oft liegt die Gefahr gerade dort, wo wir sie am wenigsten erwarten.« Ich wußte, daß *Wa-me-gon-a-biew* diesen Jungen beleidigen, überfallen und vielleicht töten würde, da er entfernt mit dem Mann verwandt war, der *Taw-ga-we-ninne* in Mackinac verwundet hatte. Zum mindesten aber würde er wahrscheinlich diese Tatsache zum Vorwand nehmen. *Shaw-gwaw-ko-sink* ließ sich von meiner Entschlossenheit und den von mir vorgebrachten Gründen überzeugen und wollte mich begleiten. So zogen wir denn zusammen zum Roten Fluß, wo wir hörten, daß *Wa-me-gon-a-biew* dem

Jungen das ihm von mir geschenkte Pferd abgenommen und ihn sogar schon mit dem Tode bedroht hatte. Ich ging sofort zu *Wa-me-gon-a-biew*. Wegen dieses jungen Mannes wären wir bestimmt in ernsten Streit geraten, wenn nicht *Net-no-kwa* zwischen uns getreten wäre und uns getrennt hätte, gerade als wir übereinander herfallen wollten. Wir beschlossen nun alle, gemeinsam mit den Cree und Assiniboin gegen die Sioux auszuziehen, und ich warnte meinen jungen Schwager, während der ganzen Reise *Wa-me-gon-a-biew* nicht aus den Augen zu lassen. Als wir den Roten Fluß verließen, waren wir insgesamt vierzig Mann. Aber noch längst, ehe wir am Schildkrötenberg ankamen, schlossen sich uns aus den Cree- und Assiniboinlagern und -dörfern so viele Krieger an, daß unsere Gruppe nun aus zweihundert Mann bestand. Als wir in der Nähe eines der Creedörfer lagerten, wurden *Wa-ge-tote* und die Häuptlinge zu einem Fest weggerufen, und *Wa-me-gon-a-biew* begann, von meinem Schwager zu reden. Da ich ihm nicht zuhören mochte, verließ ich das Lager und lief in der Umgegend umher und kam erst wieder, als ich glaubte, die Häuptlinge seien zurückgekehrt. An den Gesichtern der Anwesenden bemerkte ich gleich, daß inzwischen etwas geschehen war. Sofort suchte ich den jungen Mann auf, um dessentwillen ich mich hauptsächlich sorgte, fand ihn in Sicherheit und ging in mein eigenes Zelt. Auf dem Weg bemerkte ich einen alten Mann, der mein neu gewesenes, jetzt aber zerbrochenes Gewehr in der Hand hielt und zu reparieren versuchte. Sofort verstand ich, wem es zu verdanken war, daß ich mein Gewehr zu einem Zeitpunkt verlieren mußte, wo ich es so sehr brauchte. In meiner ersten Wut packte ich es und ging damit auf *Wa-me-gon-a-biew* los. Aber *Wa-ge-tote* hinderte mich daran, ihn zu schlagen, obwohl er selbst wie auch die anderen Häuptlinge sein Verhalten sichtlich mißbilligten.

Trotz des Verlustes meines Gewehres kehrte ich nicht um. Ich bewaffnete mich mit meinem Gewehrkolben wie mit einer Kriegskeule, dazu mit einem Speer und zog weiter mit. An Zahl nun schon auf vierhundert Mann angewachsen, kamen wir zwei Tage später am Schildkrötenberg an. Dort hatten sich alle zu treffen verabredet, die an dem Kriegszug teilnehmen wollten. Wir hatten geglaubt, viel zahlreicher zu sein als die anderen, fanden dort aber zu unserem Erstaunen bereits tausend Assiniboin, Cree und Ojibwa vor.

Damit erst die Häuptlinge wegen der Begrüßungszeremonie miteinander Fühlung nehmen konnten, hielten wir uns zunächst in einiger Entfernung voneinander, denn es ist bei befreundeten Kriegergruppen üblich, beim Zusammentreffen zuerst in einem Schaugefecht einige Schüsse zu wechseln, die von demselben Springen, Schreien und Heulen begleitet werden wie eine wirkliche Schlacht. Hier jedoch waren beide Gruppen so zahlreich und die eine davon so sehr in der Überzahl, daß die Häuptlinge es für weiser hielten, sich in anderer Weise zu begrüßen.

Der Oberhäuptling *Match-a-to-ge-wub* (Ojibwa: ›Viele sitzende Adler‹, in der Creesprache: *Mait-cha-to-ke-wub*) ordnete an, daß alle seine jungen Männer in ihren Zelten bleiben sollten. Nur zwanzig Krieger aus unserer Gruppe sollten die anderen begrüßen, indem sie ein Manöver ausführten, das die Einnahme eines Dorfes darstellt. Ein großes Zelt, das zerschossen werden sollte, wurde aufgebaut. Unter den für das Manöver Ausgesuchten war auch ich. Ich war mit einem Gewehr ausgerüstet, das ich mir von einem der zurückgebliebenen Männer geliehen hatte. Nur unter äußerstem Kräfteaufwand konnte ich es meinen Gefährten im Rennen, Springen, Gewehrladen und Schreien gleichtun, und obwohl wir uns viermal ausruhten, war ich bei unserer Ankunft im zerschossenen Häuptlingszelt vollkommen erschöpft. Ein Mitglied unserer Gruppe setzt sich unvorsichtigerweise und unaufgefordert während dieser Begrüßungszeremonie unserem Angriff aus. Seine Kleider wurden ihm versengt vom Rücken gerissen, sein Zelt verbrannt und er selbst schwer verletzt. Aber er hatte keinen Grund zur Beschwerde, da er sich freiwillig in Gefahr begeben hatte und da sein Unglück außerdem einer ehrenvollen Unternehmung zuzuschreiben war. Schon während der ersten Nacht dieses Stammeszusammentreffens wurden drei Ojibwa getötet. Die nächsten Opfer waren zwei Assiniboinpferde, denen noch drei weitere folgten. Wenn sich solche Menschenmengen aus verschiedenen und weit entlegenen Gebieten versammeln, werden unwillkürlich auch einige alte Feinde zusammengebracht, und es ist durchaus nicht überraschend, daß die geringe Macht der Häuptlinge und ihr schwacher Einfluß nicht ausreichen, um Unruhen und Blutvergießen zu verhindern. Besonders diesmal waren Männer aus den entferntesten Gebieten versammelt, Männer verschiedenster Geisteshaltung und Sprache; und kein einziger wollte eine außerhalb seines eigenen Willens liegende Autorität anerkennen. Zu normalen Zeiten bringen sie wohl den Häuptlingen, denen zu folgen sie sich entschlossen haben, ein gewisses Maß an Respekt und Gehorsam entgegen, aber in den meisten Fällen hält dies nur so lange an, wie ihr Wille mit dem des Häuptlings identisch ist. Manche Indianer waren ein ganzes Jahr lang gereist, um hierherzugelangen. Zweihundert Zeltgemeinschaften hatten sogar ihre Frauen mitgebracht.

Bald nachdem wir uns alle am Schildkrötenberg vereinigt hatten, nahm mich ein vom Präriefort stammender Cree in seine Familie auf, holte mein Gepäck und lud mich in sein Zelt ein. Er nannte mich stets *Ne-je* (›mein Freund‹) und behandelte mich mit größter Freundlichkeit. Zahlreiche andere Männer, die kein Zelt mithatten, wurden in ähnlicher Weise in die Familien aufgenommen.

Kaum waren ein paar Tage verstrichen, als auch schon einige Gruppen kleiner Jungen im Spiel gegeneinander loszogen; jedoch befanden sich bemerkenswerterweise auf der einen Seite nur Assiniboin, auf der anderen hingegen nur Cree und Ojibwa. Langsam gesellten sich jeder Partei immer größere Jungen und endlich Männer zu, und was als Spiel begonnen hatte, drohte als ernsthafter und blutiger Kampf zu enden. *Match-a-to-ge-wub* lief mit ausgestreckten Händen und unter äußerstem Stimmaufwand zwischen den Streitenden hin und her. Dasselbe taten *Wa-ge-tote* und die anderen Häuptlinge, aber die jungen Männer schenkten ihnen kaum Beachtung. Die angestachelte Erregung verschärfte sich zur Wut, und die Häuptlinge rannten in äußerster Angst und Verzweiflung umher. Da erschien plötzlich ein alter Mann mit schneeweißem Haar und so gebückt vom Alter, daß er an zwei Stöcken ging und mehr einem Hund als einem Menschen glich. Seine Stimme war so schwach, daß man sie schon in geringer Entfernung nicht mehr hören konnte. Kaum aber war er da, so stellten alle Assiniboin ihre gewalttätigen Handlungen ein, und damit endete der Streit. Zwei in diesem Kampf Verwundeten starben bald darauf; andere wurden wegen ihrer Wunden in die Heimat zurückgeschickt. Nur die Tatsache, daß viele Unbewaffnete an dieser Schlägerei teilgenommen hatten, verhinderte größeres Unheil.

Obwohl ich mich eingehend dafür interessierte, konnte ich weder den Namen noch sonst etwas Zufriedenstellendes über die Geschichte jenes alten Mannes erfahren, der diese Sache durch sein Einschreiten zu einem so rechtzeitigen Ende gebracht hatte. Unter uns gingen unbestimmte und wahrscheinlich sehr übertriebene Gerüchte über ihn um.

Kapitel
XII

Abergläubische Vorstellungen der Indianer /
Gewalttätige und ungerechte Vorurteile /
Unglück innerhalb der Familie /
Bemerkenswerte Fähigkeiten des Otters
und anderer kleiner Tiere /
Reibereien zwischen der Hudson's Bay Company
und der Nordwest-Pelzkompanie

Am Abend nach diesem Vorkommnis gingen die Häuptlinge durch das Dorf und sprachen zu allen Leuten. Ihre Worte gipfelten in der Aufforderung, am nächsten Morgen lieber ins Siouxgebiet vorzustoßen, statt sich untereinander zu streiten und aufzureiben. So wurde denn das Lager aufgelöst. Die eine Hälfte der Indianer kehrte in ihre Heimat zurück, die andere zog vorwärts nach dem Siouxland. Es war nun schon Spätherbst; und zwei Tage, nachdem wir den Schildkrötenberg verlassen hatten, überraschten uns Regen- und Schneestürme. Zwei Pferde kamen in diesem Wetter um, aber auch viele Männer waren vom gleichen Schicksal bedroht, vor allem die Ojibwa, von denen jeder auf seinem Rücken ein *Puk-kwi* aus Birkenrinde trug, das groß genug war, um drei Männer teilweise zu bedecken. Da sich alle bemühten, den in Bedrängnis Geratenen den bestmöglichen Beistand zu gewähren, konnten viele geborgen werden.

Gleich nach dem Unwetter erfuhr ich, daß sich *Ba-gis-kun-nung* auf dem Weg zu mir befand, um mich wegen des ihm von mir entführten Pferdes zur Rede zu stellen. »Gut«, sagte ich, »ich glaube, *Ba-gis-kun-*

nung hat noch ein oder zwei Pferde mehr. Sollte er mich wegen des einen ihm abgenommenen belästigen wollen, so werde ich mir noch eins holen.« Gegen Mittag traf er ein, aber *Wa-ge-tote, Ke-me-wun-nis-kung* und andere der mir befreundeten Gruppe zugehörigen Männer waren bereit, jede etwa geplante Gewalttat zu verhindern. Ich briet mir gerade ein Stück Fleisch, als er auf mich zukam und mich etwa zwei Stunden lang stehend fixierte, ohne ein einziges Wort zu sagen. Dann ging er wieder fort.

Zwei Tage später kehrten zweihundert Assiniboin in ihre Heimat zurück. Sie wurden von den Verbleibenden geschmäht und beschimpft; jedoch schien dies ihren Entschluß in keiner Weise zu beeinflussen. Desertationen kleiner Gruppen waren nun an der Tagesordnung. In der Hoffnung, diese zu vermeiden, bestimmten die Häuptlinge fünfzig junge Männer als Wachtposten über die anderen, aber wie schon früher brachte diese Maßnahme keinen Nutzen. Als wir uns endlich auf eine Entfernung von zwei Tagemärschen dem Dorf, das wir angreifen wollten, genähert hatten, waren wir nur noch vierhundert Mann stark, und von diesen waren nur sehr wenige bereit, *Match-a-to-ge-wub* zu folgen. Er brach zur üblichen Zeit auf und rückte allein vor. Aber als er etwa eine Meile von uns entfernt war und merkte, daß keiner ihm folgte, setzte er sich in der Prärie nieder. Von Zeit zu Zeit erhob sich der eine oder andere Mann, um ihm zu folgen, aber für jeden, der vorwärts ging, zogen etwa zwanzig ab. Ich erwartete mit meinem jungen Schwager das Endergebnis. Als wir sahen, daß von den ehemals vierhundert noch etwa zwanzig bereit waren, dem Häuptling weiter vorwärts zu folgen, beschlossen wir, uns diesen anzuschließen. Wir waren kaum etwas weiter vorwärts gekommen, als einer der umkehrenden Assiniboin absichtlich das Präriegras anzündete. Nun kehrten außer dem Häuptling und einem oder zwei anderen Männern alle um. Er ging in die Nähe des Siouxdorfes, umschlich es einen oder zwei Tage lang, fand sich entdeckt und floh daraufhin, ohne Weiteres zu unternehmen. Die Sioux folgten unseren Spuren, kamen in Sicht, belästigten uns aber nicht. So kehrten wir alle sicher in unsere Heimat zurück. Das also war das Ende des großen Kriegsausfluges, für den so umfassende Vorbereitungen getroffen worden waren und von dem wir so viel erwartet hatten. Auf dem Rückweg nahm *Ke-me-wun-nis-kung* dem Assiniboin, der Feuer in der Prärie gelegt hatte, das Pferd weg und schlug ihn. Er wagte keinen Widerstand.

Als wir wieder in *Pembina* angelangt waren, wurde, wie es nach Kriegszügen üblich ist, ein Trinkgelage abgehalten. Ich nahm daran teil, aber nur in sehr bescheidenem Maße. Ich hatte gerade ein bißchen getrunken, als ich jemanden verächtlich von meinem von *Wa-me-gon-a-biew* zerbrochenen Gewehr reden hörte. Mein Messer hatte ich an einen Mann geborgt, der Tabak damit schneiden wollte. Aber am Feuer lag ein angespitzter Stab, an dem Fleisch geröstet worden war. Mit diesem Stab in der Hand lief ich los, und da ich *Wa-me-gon-a-biews* Pferd neben seinem Zelt stehen sah, stach ich auf das Tier ein und gebrauchte dabei mit lauter Stimme genau dieselben Worte, die sein Besitzer beim Zerbrechen meines Gewehres gesprochen hatte. Das Pferd fiel augenblicklich nieder, starb aber erst am nächsten Morgen.

Wir kehrten danach zu sechst zum Waldsee zurück. Unser Anführer *She-gwaw-koo-sink*, der über das Geschehene etwas beunruhigt war, verließ uns in einem kleinen Kanu noch während der Nacht. Ich wollte keinesfalls um diese Zeit abreisen, auch nicht im Morgengrauen, damit *Wa-me-gon-a-biew* nicht dächte, ich hätte etwa Angst vor ihm. Ich hielt mich so lange in der Nähe seines Zeltes auf, bis ich sowohl ihn als auch *Net-no-kwa* gesehen und die Hände aller meiner Freunde geschüttelt hatte. Erst gegen Mittag folgte ich *She-gwaw-koo-sink* nach, der im Wald auf mich wartete. *Wa-me-gon-a-biew* beschwerte sich nicht darüber, daß ich ihm sein Pferd getötet hatte; wahrscheinlich sah er dies als ganz natürlich an, denn jeder Indianer erwartet, daß eine von ihm begangene Rechtsübertretung auch sofort ihre Sühne findet. Ein Mann, der in einem solchen Fall nicht die angemessene Rache nimmt, wird von ihnen nur gering geachtet.

Am *Muskeeg*-Tragplatz wurden wir von starkem Schneefall und bitterem Frost überrascht. Die Bäume knackten vor Kälte, trotzdem war das Wasser des Sumpfes noch nicht tief genug gefroren, um uns tragen zu können. Andererseits konnten wir aber nicht mehr in Kanus reisen. Selbst mit äußerstem Kräfteaufwand gelang es nicht, sie von der Stelle zu bringen. Hungrig und übermüdet setzten wir uns nieder, um einen Ausweg zu überlegen, als wir plötzlich unsere Frauen erblickten, die vom Waldsee herkamen und ihre leichten Kanus durch Wasser, Eis und kniehohen Schnee hinter sich herzogen. Es waren meine Frau, die Frauen von *She-gwaw-koo-sink* und *Ba-po-wash* und meine Schwiegermutter. Unsere anderen drei Gefährten, deren Frauen nicht mitgekommen waren, mußten allein zum Waldsee zurückkehren. Die Frauen lachten uns aus und sagten, wir benähmen uns nicht wie Krieger, sondern wie alte Weiber, da wir uns vor ein wenig Wasser und Eis fürchteten und vor Kälte zitternd in einem festgefrorenen Kanu saßen. Sie hatten Mais, Störe und andere Nahrungsmittel mitgebracht. Wir kehrten mit ihnen zu unserem letzten Lager zurück, wo wir uns ein paar Tage ausruhten, und gingen dann zum Roten Fluß, um dort den Winter zu verbringen.

Dort lag kein Schnee, aber es war außerordentlich kalt und die Erde so hart gefroren, daß es fast unmöglich schien, irgendwelches Wild zu erlegen. Ohne den geringsten Erfolg jagte ich Tag für Tag. Wir litten bereits äußersten Hunger, als es mir endlich unter großen Schwierigkeiten gelang, an einen Moose-Elch heranzuschleichen. Ich wollte gerade auf ihn zielen, als mir mein Lieblingshund, den ich im Zelt zurückgelassen hatte, nachgelaufen kam und den Elch verscheuchte. Nach Hause zurückgekehrt, rief ich den Hund vor dem Zelt zu mir und sagte ihm, daß ich durch seine Schuld ohne Nahrung zu meinen Kindern hätte zurückkehren müssen. Daraufhin tötete ich ihn und gab ihn meiner Familie zu essen.

Da sich auch die anderen Familien in verzweifelter Not befanden, baten sie mich, eine Medizinjagd zu veranstalten. So schickte ich *Mezhick-ko-naum* nach meiner Trommel und wies meine Familie an, sich in einer Stellung niederzulegen, die sie mindestens die halbe Nacht lang beibehalten konnte. Denn wenn ich erst mit meinen Gebeten und Gesängen begonnen hatte, durfte sich niemand bis zum Ende rühren. Ich habe stets das Gefühl gehabt, daß mein Dasein vom Willen einer unsichtbaren, mir überlegenen Macht abhängt. Nie aber habe ich dies stärker empfunden als zu Zeiten der Verzweiflung und Gefahr. Ich betete mit äußerstem Ernst und in der Überzeugung, mich an ein verständnisvolles und hilfreiches Wesen zu wenden, das ich bat, die Leiden meiner Familie zu sehen und Erbarmen mit uns zu haben. Am nächsten Tage tötete ich einen Moose-Elch, und bald danach begann ein starker Schneefall, der uns aus der unmittelbaren Gefahr des Verhungerns rettete.

Aber trotz dieser vorübergehenden Erleichterung kehrte keineswegs etwa der Überfluß bei uns ein. Eines Tages fand ich auf der Jagd die Spur eines Bären. Meine Hunde nahmen sie drei Tage lang auf, hatten ihn aber auch dann noch nicht gestellt. Meine Mokassins und Gamaschen waren in Fetzen, und ich fühlte mich vom unmittelbaren Hungertode bedroht. Ohne mehr als acht Fasane erbeutet zu haben, sah ich mich zur Heimkehr gezwungen. *Me-zhick-ko-naum*, *Be-po-wash* und die anderen Indianer verließen mich nun; aber allein zurückgeblieben, vermochte ich bald genug Wild zu töten, um für den Bedarf meiner Familie zu sorgen. Ich verbrachte dort noch den Rest des Winters, aber im Frühling kehrten meine Freunde zurück, und wir gingen gemeinsam zu unserem Dorf am Waldsee.

In *Me-nau-zhe-tau-naung* erwartete mich vielerlei Unglück. Zunächst möchte ich jedoch auf ein wichtiges früheres Ereignis kurz nach dem Tode meines Freundes *Pe-shau-ba* zurückkommen, daß ich zu erwähnen vergessen habe. Ich befand mich damals in unseren Maisfeldern am Toten Fluß, als ein Ojibwa vom Roten See namens *Gi-ah-ge-wa-go-mo* während meiner Abwesenheit in mein Zelt ging und einen meiner Söhne, einen sechsjährigen Jungen, mitnahm. Sobald ich zurückkehrte, teilte mir meine Frau das Geschehene mit, und ich machte mich sofort an die Verfolgung. Nach einer Tagereise holte ich *Gi-ah-ge-wa-go-mo* ein und nahm ihm ohne seine Zustimmung eines seiner Pferde ab, um meinen Sohn darauf zurückbringen zu können. Außerdem drohte ich ihm mit strengster Bestrafung, falls er es etwa wagen sollte, seinen Versuch zu wiederholen. Aber vier Monate später, als die Erde schon von Schnee bedeckt war und ich von der täglichen Jagd zurückkehrte, mußte ich dieselbe Geschichte von der Entführung meines Sohnes durch *Gi-ah-ge-wa-go-mo* noch einmal hören. Ich war nun sehr aufgeregt, erkundigte mich bei den anderen Männern danach, welches Pferd er geritten hatte, bestieg mein eigenes bestes Reittier und verfolgte den Räuber. Er war zwar von dem Lager, wo ich ihn beim ersten Mal erwischt hatte, weggezogen, aber ich holte ihn während der Reise ein. Als ich mich der Gruppe näherte, sah ich, daß *Gi-ah-ge-wa-go-mo* und sein Begleiter *Nana-bush* als Nachhut ihrer Freunde im Gebüsch auf mich warteten. Kaum war ich in Schußweite, als ich sie anrief, damit sie wußten, daß ich sie entdeckt hatte. Mein geladenes und schußbereites Gewehr im

Arm ritt ich an ihnen vorüber. Ich holte die anderen ein, erblickte meinen kleinen Jungen und nahm ihn, ohne abzusteigen, zu mir. Dann drehte ich um, um *Gi-ah-ge-wa-go-mo* und *Na-na-bush* wieder zu begegnen. Sie hatten nun das Dickicht verlassen und standen auf dem Pfad. *Gi-ah-ge-wa-go-mo* hielt sein Lieblingspferd beim Halfter. Als ich auf sie zuritt, ließ ich meinen Jungen mit den Zügeln in der Hand auf dem Pferde sitzen. Dann stieg ich ab und stach mit einem extra zu diesem Zweck mitgebrachten Messer zweimal auf *Gi-ah-ge-wa-go-mos* Pferd ein. Er packte sein Gewehr wie eine Keule und wollte es auf mich niedersausen lassen. Ich fing es jedoch auf und entwand es seinen Händen. Er drohte, mein Pferd zu erschießen, sobald er ein Gewehr erwischen würde, worauf ich ihm sein eigenes mit der Aufforderung zurückgab, dies gleich jetzt zu tun. Aber er wagte es nicht. »Mir scheint«, sagte ich, »du hast vergessen, was ich dir vor vier Monaten sagte, als du meinen Sohn zum ersten Mal entführen wolltest. Ich aber habe es, wie du siehst, nicht vergessen.« Damit verließ ich ihn. Meine Freunde konnten kaum glauben, daß ich sein Pferd getötet hatte. Sie machten mir jedoch keine Vorwürfe über meine Handlungsweise, was übrigens *Gi-ah-ge-wa-go-mo* ebenfalls nicht tat. Zum mindesten kam mir niemals eine etwa von ihm herrührende derartige Äußerung zur Kenntnis, und seit jenem Vorfall hat er mich nie wieder belästigt.

Nach *Me-nau-zhe-tau-naung* zurückgekehrt ging ich nun daran, mir ein Feld zu roden. Ich fand jedoch die dortigen Indianer, die vor allem von *Ais-kaw-ba-wis* gegen mich aufgehetzt worden waren, so unfreundlich, daß ich mich entschloß, sie zu verlassen. Da erlitt ich jedoch einen Unfall, der mir monatelang zu schaffen machte. Ich war in einen hohen Baum hinaufgestiegen und schlug ihm die Zweige ab. Nachdem der größte Teil dieser Arbeit getan war, stieg ich noch höher, um die Spitze ebenfalls abzuschlagen. Da schnellten einige der oberen Äste gegen die Krone eines anderen Baumes und schleuderten mir den abgehauenen Teil des Stammes mit solcher Gewalt gegen die Brust, daß ich aus großer Höhe auf den Boden herabstürzte. Längere Zeit lag ich dort bewußtlos. Als ich endlich zu mir kam, versagte mir die Stimme, so daß ich die Indianer nicht bitten konnte, mir etwas Wasser zu bringen. Bei dem Versuch, mein Zelt zu erreichen, fiel ich dreimal in Ohnmacht.

Da ich einige meiner Rippen gebrochen hatte, dauerte es lange, bis ich wieder imstande war, ohne Hilfe zu gehen. Als jedoch Dr. M'Laughlin, der am Regensee Handel trieb, von meinem Zustand hörte, schickte er einen Mr. Tace zu mir, der mich in sein Haus am Weißfischsee (Whithe Fish Lake) brachte. Dort litt ich lange an blutigem Erbrechen und fühlte bei jeder Bewegung das Vorhandensein einer heißen Flüssigkeit im Inneren meines Körpers. Mr. Tace und andere Herren der Nordwestkompanie behandelten mich mit größter Aufmerksamkeit und Freundlichkeit. Gegen Ende des Winters war endlich eine Besserung in meinem Befinden eingetreten, aber ich erlitt noch einmal einen Rückfall und war unfähig zu jagen.

Als wir im Frühling die langen Stromschnellen des Regenflusses (Rainy Lake River) hinauffuhren, kenterten und sanken unsere Kanus, und ich trug meine Kinder auf dem Rücken ans Ufer. Auch Mr. Tace' Kanu ging unter, aber alle Insassen wurden gerettet. Einige Tage später erreichten wir den Handelsposten des Mr. M'Laughlin am Regensee. Er war so freundlich, mir ein Zimmer in seinem Hause zur Verfügung zu stellen, wo meine Kinder eine Zeitlang meine Pflege übernahmen. Alles Notwendige wurde mir gegeben, und der Doktor wollte mich ein Jahr lang bei sich behalten; aber ich fühlte mich einsam und unbefriedigt und wollte zum Waldsee zurückkehren, wo sich meine Frau aufhielt. Auch hoffte ich, daß die mir durch *Ais-kaw-ba-wis* verursachten Unannehmlichkeiten nun aufhören würden.

Ich wurde dort jedoch nicht so empfangen, wie ich gehofft hatte; trotzdem blieb ich im Dorf, bis der Mais gepflanzt war. Dann zogen wir fort, um die in dieser Gegend in großen Mengen wachsenden Blaubeeren zu trocknen. Danach gingen wir zu den Reissümpfen und kehrten dann zurück, um den Mais zu ernten. Das waren unsere Beschäftigungen während des Sommers.[87]

Im Spätherbst wurde ich wieder krank, denn ich war immer noch nicht ganz von dem Sturz genesen; außerdem machte sich wieder eine neue Krankheit unter den Indianern bemerkbar. Eines Tages lag ich in meinem Zelt, ohne mich aufsetzen oder herumlaufen zu können. Die Frauen arbeiteten auf dem Feld. Ganz unerwartet kam plötzlich meine Schwiegermutter mit einer Hacke in der Hand zu mir herein und schlug mich damit auf den Kopf. Ich konnte mich kaum wehren und versuchte es auch gar nicht, sondern fand mich mit dem Gedanken ab, sterben zu müssen, da ich glaubte, daß sie mich ganz sicher töten würde. Während sie auf dem Felde arbeitete, hatte sie aus Schmerz um ihre verstorbenen Kinder zu weinen begonnen, und da sie nun glaubte, den Mann, der nach ihrer Ansicht deren Tod verursacht hatte, in ihrer Gewalt zu haben, lief sie zu mir, um mich zu töten. Aus einem mir unbekannten Grund jedoch ließ ihre Wut, nachdem sie einige Zeit lang auf mich eingeschlagen hatte, plötzlich nach, und da ich meinen Kopf mit einer Decke geschützt und mit meinen Armen und Händen die dem ersten Angriff folgenden Schläge abgewehrt hatte, war ich weniger schwer verletzt, als ich zunächst vermutete. *Ais-kaw-ba-wis* hatte meine Schwiegermutter derart aufgehetzt, daß sie nicht im geringsten daran zweifelte, ich habe den Tod ihrer Kinder verschuldet. Da ich dieses klar erkannte, nahm ich ihr ihre Handlungsweise weniger übel, als ich es sonst getan haben würde. Obwohl sie jedoch davon abgesehen hatte, mir das Leben zu nehmen, verstärkten sich ihre unfreundlichen Gefühle gegen meine Frau und mich von Tag zu Tag. Dazu trug weiter der Umstand bei, daß ich wegen meiner Krankheit längst nicht mehr so gut wie vorher für meine Familie sorgen konnte. Trotz all dieser entmutigenden und niederdrückenden Umstände kehrten meine Gesundheit und Kraft langsam zurück, und als sich die Indianer im Spätherbst auf die Wanderschaft begaben, um einen Händler aufzusuchen, war ich imstande, sie zu begleiten.

Ich besaß ein kleines Kanu, in dem ich mit meinen Kindern reiste, während meine Frau und meine Schwiegermutter mit den Nahrungsvorräten und dem Gepäck in einem größeren nachfolgten. Während des ersten Reisetages fuhr ich mit den anderen Indianern voran und überließ es den Frauen, mich an unserem ausgemachten Lagerplatz zu treffen. Ich fällte Holz für die Zeltstangen und stellte sie auf, aber weder die *Puk-kwi* noch der Proviant, noch die Frauen erschienen. Am nächsten Tage schämte ich mich, den anderen gestehen zu müssen, daß ich nichts zu essen hatte. Die Kinder begannen vor Hunger zu weinen, und es war mir peinlich, mich bei den anderen Indianern aufzuhalten. Mir war klar geworden, daß meine Frau mich verlassen hatte, und es bestand kein Grund zu der Annahme, daß sie bald zu mir zurückkehren würde. Ich fuhr deshalb den anderen Indianern voraus und überholte die Stelle, wo sie, wie ich wußte, ihr nächstes Lager aufschlagen wollten.

Hier gelang es mir, einen fetten Schwan zu erlegen, und ich konnte meinen Kindern dadurch etwas Nahrung geben. Es wurde bereits sehr kalt, und ich hatte eine ziemlich große Wasserfläche zu überqueren. Der Seegang war recht stark, aber ich wollte mich keinesfalls von den Indianern überholen lassen. So hieß ich denn die Kinder, sich im Kanu niederzulegen und bedeckte sie mit einem großen Büffelfell. Stärker und stärker wehte der Wind, und die Wellen schlugen über meinem kleinen Kanu zusammen. An den Seiten bildete sich Eis, die Kinder wurden naß und hatten sehr zu leiden. Auch ich war von der Kälte so mitgenommen, daß ich das Kanu nicht ordnungsgemäß steuern und vorwärts bewegen konnte. Ganz nahe an dem Ufer, wo ich zu landen gehofft hatte, wurde das Boot gegen eine felsige Sandbank geworfen und zerschmettert. Zum Glück war das Wasser von dort bis zum Ufer nicht tief, und obwohl sich eine dünne Eisschicht gebildet hatte, konnte ich sie aufbrechen und meine Kinder ans Land tragen. Da aber mein Zunderholz naß geworden war und ich keine Möglichkeit hatte, ein Feuer anzuzünden, wären wir beinahe erfroren. Mir kam jedoch der Gedanke, mein Pulverhorn zu zerbrechen, in dessen Mitte ich etwas trockenes Schießpulver fand, an das das Wasser nicht herangekommen war. Damit gelang es mir, ein Feuer anzuzünden, das uns allen das Leben rettete. Am nächsten Tag kam Mr. Sayre vom nahe gelegenen Handelsposten herbei, der von meiner Lage gehört hatte. Die Indianer hatten ihm mitgeteilt, daß ich verschwunden sei, und so hatte er mich gesucht, um mich zu seinem Haus zu bringen. Hier nahm ich Vorschuß für meine gesamte Familie, obgleich ich nicht wußte, ob meine Frau mir nachfolgen würde oder nicht.

Der Häuptling dieses Gebietes, der mir bereits vorher die Erlaubnis gegeben hatte, auf einem von mir ausgewählten kleinen Stück Land zu jagen, ohne daß seine Leute mich daran behindern durften, versuchte nun, mich zu überreden, doch keinesfalls den Winter dort allein zu verbringen. Er sagte, ich sollte mich entweder bei den anderen Indianern aufhalten oder aber eine andere Frau nehmen. Da meine Kinder zu jung waren, um mir helfen zu können, und da meine Gesundheit noch recht schwankend war, hielt er es für außerordentlich unvorsichtig von mir, mich während des Winters allein durchschlagen zu wollen. Ich aber mochte nicht auf seine guten Ratschläge hören. Ich hatte weder Lust, mit den Indianern zu leben, noch eine andere Frau zu nehmen.

Deshalb legte ich mir sofort einen Pfad an, der zu meinem Winterjagd-
grund führte. Zuerst trug ich die im Handelsposten erstandenen Waren
dorthin und holte dann die Kinder nach. Meine Tochter Martha war
gerade drei Jahre alt, und die anderen Kinder waren noch kleiner. Kurz
nachdem ich den Jagdgrund erreicht hatte, geriet ich in bitterste Not
aus der ich jedoch durch eine Medizinjagd errettet wurde.

Ich hatte keine *Puk-kwi*, um mein Zelt damit zu bedecken, und mußte
deshalb einen Unterschlupf aus Pfählen und langem Gras bauen. Ich
reinigte und gerbte Elchfelle und machte für mich und die Kinder Mokassins und Gamaschen. Außerdem beschaffte ich unser Feuerholz und
kochte für mich und die Meinen, fertigte uns Schneeschuhe an usw. Die
viele Hausarbeit hinderte mich am Jagen, und so war ich denn oft ganz
verzweifelt und wußte nicht, woher ich uns genügend Nahrung verschaffen sollte. Während der Nacht tat ich die im Zelt notwendigen Arbeiten, und sobald es hell genug war, holte ich das Feuerholz und erle-
digte die Außenarbeiten. Dazwischen besserte ich meine und der Kinder Kleider aus und reparierte die Schneeschuhe. Während dieses ganzen Winters hatte ich stets nur wenige Stunden Schlaf.

Auch im Frühling schlug ich mich noch auf diese Weise durch, als
mich ein junger Mann namens *Se-bis-kuk-gu-un-na* (›Starkbein‹), ein
Sohn des inzwischen verstorbenen *Wau-zhe-gaw-maish-koon*, besuchte.
Er und seine Freunde, die in der Nähe ihr Lager aufgeschlagen hatten,
waren dem Hungertode nahe. Meine Hunde waren nun schon so gut
abgerichtet, daß sie einen halben Moose-Elch ziehen konnten. So belud
ich einen Schlitten mit Fleisch und sagte ihm, er solle mit den Hunden
zu seinen Leuten gehen und sie zu mir bringen, um mit mir zu leben.
Drei Tage später kamen sie. Aber obwohl ihr Hunger durch das ihnen
übersandte Fleisch gemildert worden war, sahen sie so heruntergekom-
men aus, daß sie bestimmt gestorben wären, wenn sie mich nicht getroffen hätten.

Zu Beginn der wärmeren Jahreszeit zogen wir alle zum Waldfluß. Als
wir an seinem Ufer ankamen, fanden wir ihn noch mit Eis bedeckt, auf
dem wir in einiger Entfernung einen Otter sahen. Ich hatte die Indianer
oft sagen hören, daß selbst der stärkste Mann keinen Otter ohne Waffen töten kann. Das hatten sowohl *Pe-shau-ba* als auch andere starke
Männer und gute Jäger mir versichert, aber ich zweifelte dennoch

daran. Deshalb beschloß ich, die Wahrheit dieser Behauptung einmal selbst auszuprobieren. Ich fing den Otter und strengte mich unter Aufwendung meiner letzten Kräfte an, ihn zu töten. Ich schlug ihn und trat nach ihm, sprang auf ihn – aber ohne mein Ziel zu erreichen. Dann versuchte ich, ihn mit meinen Händen zu erwürgen; aber nachdem er einen Augenblick still gelegen hatte, verkürzte er seinen Hals und zog seinen Kopf so unter meinen Händen weg, daß er atmen konnte. Tatsächlich mußte ich endlich zugeben, daß ich nicht imstande war, ihn ohne Waffen zu töten.

Es gibt noch andere kleine, scheinbar nicht sehr starke Tiere, die ein unbewaffneter Mann nicht zu töten vermag. Als ich einmal an einem Kriegszug teilnahm, überfiel mich die Sucht, durch meine Kühnheit aufzufallen, und ich versuchte, einen Iltis mit bloßen Händen zu erlegen – verlor jedoch dabei fast mein Augenlicht. Er bespritzte mein Gesicht mit einer beißenden Flüssigkeit, die eine schmerzhafte Entzündung verursachte und mir große Teile Haut wegätzte.

Auch der weiße Kranich ist, wenn man zu nahe an ihn herankommt, gefährlich, da er mit seinem Schnabel dem Angreifer tödliche Wunden zufügen kann.

Nachdem ich jenen Otter erlegt hatte, ging ich auf die Bärenjagd. Ich besaß nun drei Hunde, von denen einer noch nicht ganz erwachsen war. Dieser Hund von sehr guter Rasse war ein Geschenk von Mr. Tace, der ihn mir gegeben hatte, nachdem der Hund sein Halsband zerrissen hatte, um mir zu folgen. Bei dieser Bärenjagd lief er mir und den anderen Hunden voran und griff den Bären sofort am Kopf an, aber das wütende Tier tötete ihn augenblicklich, packte ihn mit seinen Zähnen und trug ihn noch fast eine Meile lang weiter, bis es endlich überwältigt und erlegt wurde.

Für gewöhnlich schmilzt das Eis des Waldsees erst sehr spät im Frühling. Als ich mit *Wau-zhe-gaw-maish-koons* Sohn ankam, waren die dort kampierenden Indianer schon seit langer Zeit vom Hungertode bedroht; aber mein Kanu war mit Nahrungsmitteln beladen, die ich sofort unter sie verteilte. Am Tage nach meiner Ankunft erschienen auch meine Frau und ihre Mutter. Als sie mich sah, lachte sie und lebte wieder mit mir genau wie vorher. Auch *She-gwaw-koo-sink* und *Ais-kaw-bawis* waren dort und benahmen sich höchst unfreundlich gegen mich, aber ich tat, als bemerkte ich ihre zahlreichen Versuche, mir Übles anzutun, überhaupt nicht.

Als die Zeit zum Säen kam, sandten die Händler der Nordwestkompanie Boten mit Geschenken an alle Indianer, um sie aufzufordern, an einem Überfall auf den Handelsposten der Hudson's Bay Company am Roten Fluß teilzunehmen. Mir kamen diese Kämpfe zwischen Verwandten unnatürlich vor, und ich mochte nicht daran teilnehmen, obwohl ich seit langem mit der Nordwestkompanie Handel getrieben hatte und mich gewissermaßen als zu ihr gehörig betrachtete. Viele andere Indianer jedoch folgten dem Ruf, und zahlreiche Grausamkeiten und Morde wurden verübt. Auf der Seite der Nordwestkompanie waren viele Halbblutindianer, unter denen besonders einer namens Grant hervorragte. Viele Leute der Hudson's Bay Company wurden im offenen Kampf getötet, andere wurden nach ihrer Gefangennahme umgebracht. Einem Mr. M'Donald oder M'Dolland, der als ein Gouverneur der Hudson's Bay Company bezeichnet wurde, lauerte man auf, und er fiel in die Hände eines Mr. Herschel oder Harshield, einem Angestellten der Nordwestleute. Dieser Mann zwang ihn, mit einem Franzosen und einem Halbblut ein Kanu zu besteigen. Die Insassen hatten den Auftrag, ihn zu töten und ins Wasser zu werfen. Als sie sich in einiger Entfernung befanden, wollte der Halbblutindianer – sein Name war Maveen – den Gouverneur töten, aber der Franzose lehnte das ab. So ließen sie ihn denn auf einer kleinen Felseninsel zurück, von der er nicht entkommen konnte, so daß sie ihn dem sicheren Untergang preisgegeben glaubten. Er wurde jedoch von einigen Muskegoe-Indianern gefunden und befreit. Mr. Harshield schlug und beschimpfte den Franzosen, der es verabsäumt hatte, den in seiner Gewalt befindlichen Gouverneur zu töten. Er schickte nun andere Männer aus, um ihn zu verfolgen. Tatsächlich wurde der Gouverneur wieder gefangengenommen und aufs neue dem Halbblut Maveen übergeben, dazu einem Weißen, der einst Soldat gewesen war und dessen bekannte Brutalität ihn für den Auftrag geeignet erscheinen ließ. Die beiden ermordeten den Gouverneur in einer Weise, deren Details zu grausam und widerwärtig sind, um sie hier wiederzugeben, und kehrten mit einem genauen Bericht über ihre Tat zu Mr. Harshield zurück.

Nachdem der Handelsposten am Roten Fluß niedergebrannt und die

213

Leute von der Hudson's Bay Company aus der Gegend vertrieben worden waren, ließen sich die von der Nordwestkompanie angestellten Indianer und Halbblutindianer an einem Ort namens *Sah-gi-uk* am Abfluß des Winnipegsees nieder, um alle Hudson's Bay Company-Leute, die etwa aus dieser Gegend kommen könnten, zu entdecken und umzubringen. Mein Schwager *Ba-po-wash* hatte endlich genug davon, dort Hunger zu leiden, und kehrte in unser Dorf zurück, wo ich geblieben war, da ich mich weigerte, an diesen Kämpfen teilzunehmen, auf welcher Seite es auch sei. Auf seiner Reise traf er Mr. M'Dolland von der Hudson's Bay Company, der mit seinem Dolmetscher Mr. Bruce nach der gefährlichen Stelle unterwegs war. Dieser Herr wollte den Ratschlägen des Mr. Bruce, der mit der Situation in diesem Gebiet weit besser vertraut war und für seine Sicherheit fürchtete, durchaus kein Gehör schenken. Als sie *Ba-po-wash* trafen, den Mr. Bruce genau kannte, erhielten sie durch ihn unter dem Vorwand, auf seiten der Nordwestkompanie zu stehen, genaue Nachrichten über alles Vorgefallene. Endlich konnte sich nun Mr. M'Dolland von der Wahrheit der Angaben überzeugen und ließ sich zur Rückkehr überreden, wodurch er höchstwahrscheinlich sein Leben rettete.

Er besuchte mich dann in *Me-nau-zhe-tau-naung*, und ich konnte die Mitteilungen *Ba-po-washs* nur bestätigen. Daraufhin eilte er zum Sault Ste. Marie zurück, wo er Lord Selkirk traf, der gerade im Lande eingetroffen war, um die Angelegenheiten der beiden konkurrierenden Firmen endgültig zu regeln.

Ich verbrachte den Sommer wie gewöhnlich in stiller Zurückgezogenheit, jagte, arbeitete im Maisfeld, sammelte wilden Reis und fischte. Als wir von den Reissümpfen zurückkehrten, machte ich auf dem Weg nach dem Regensee auf einer dort gelegenen kleinen Insel halt, um einen Bären zu jagen, dessen Versteck ich seit langem kannte. Nachdem ich diesen Bären getötet hatte und nachts still in meinem Zelt lag, hörte ich zu meinem Erstaunen vom Eingang her eine Stimme, die ich sogleich als die des bereits erwähnten Mr. Harshield erkannte. Ich erfuhr von ihm, daß er sich auf der Suche nach jemandem befände. Als er mein Licht aus der Entfernung bemerkte, glaubte er, es käme aus dem Lager des Lord Selkirk, und hatte mein Zelt mit der listigen Heimlichkeit eines indianischen Kriegers beschlichen – sonst hätte er nicht so nahe an mich herankommen können, ohne daß ich es bemerkte. Anfangs verriet er mir seine Absicht, Selkirk umzubringen, nicht, aber ich kannte ihn und seinesgleichen und war sofort im Bilde. Sein kunstvoll verschleiertes Vorhaben wurde mir ebenfalls augenblicklich klar: mich dazu zu bringen, ihn zum Regensee zu begleiten. Als er jedoch merkte, daß ihn seine Andeutungen und vorsichtigen Hinweise nicht zum Ziel führten, gab er offen zu, daß er vorhabe, Lord Selkirk zu ermorden, sobald er seiner habhaft würde. Er rief nun seine beiden Kanus herbei, um sie mir zu zeigen. In jedem saßen zehn starke, tatkräftige und wohlbewaffnete Männer. Er wandte die verschiedensten Methoden an, mich zum Mitgehen zu veranlassen; aber alles scheiterte an meiner entschlossenen Ablehnung.

Nachdem er mich verlassen hatte, reiste er zum Regensee und besuchte dort Mr. Tace' Handelsposten. Dieser Herr aber, der ebenfalls ein Feind von Gewaltmaßnahmen war, gab ihm den Rat, schleunigst wieder dahin zurückzukehren, woher er kam. Ich weiß nicht, welcher überzeugenden Argumente Mr. Tace sich dabei bediente, jedoch kehrte Mr. Harshield schon nach zwei Tagen an den Roten Fluß zurück. Allerdings versteckte sich in den Wäldern in der Nähe des Handelspostens jener Soldat, der im Vorjahr gemeinsam mit Maveen den Gouverneur ermordet hatte. Wir wußten nicht genau, welche Instruktion dieser Mann erhalten hatte, aber scheinbar gefiel ihm sein einsamer Aufenthalt im Wald gar nicht, denn vier Tage später kehrte er zum Fort zurück.

Inzwischen hatte Lord Selkirk das damals von Mr. M'Gillivray für die Nordwestkompanie gehaltene Fort William erobert. Von dort aus sandte er einen Hauptmann und einige Mann zu Mr. Tace' Handelsposten, wo der Soldat, der seinerzeit den Gouverneur M'Dolland ermordet hatte, aufgefunden wurde. Zusammen mit einigen anderen, die nach der Einnahme von Fort William einen Aufstand planten, wurde er nach Montreal geschickt, und ich habe gehört, daß er dort gehängt wurde.

Um jene Zeit faßte ich den Entschluß, das Land der Indianer zu verlassen und in die Staaten zu gehen. Einer der Gründe dafür war, daß ich unter den Indianern, vor allem in der durch *Ais-kaw-ba-wis* aufgehetzten Familie meines Schwiegervaters, allzu viele Unfreundlichkeiten erdulden mußte. Ich traf mich vor allem mit Mr. Bruce, der mir viele Aufklärungen und Ratschläge gab. Er war viel weiter gereist als ich, hatte viel mehr Weiße gesehen als ich, und seine Schilderungen gaben mir Mut.

Der Krieg von 1812 war jetzt vorüber, und ich glaubte, daß meiner Rückkehr in mein Heimatland nun keine unüberwindlichen Schwierigkeiten mehr entgegenstehen würden.

Ich hatte eine gute Maisernte gehabt und außerdem sehr viel wilden Reis gesammelt, und da ich den Winter am Regensee verbringen wollte, nahm Mr. Bruce, der die gleiche Reise machte, zwanzig Säcke von meinem Mais für mich mit. Ich folgte ihm mit meiner Familie nach. Als ich am Handelsposten am Regensee ankam, erwartete ich dort – da ich von den Veränderungen noch nichts wußte – Mr. Tace vorzufinden. Statt dessen empfing mich der erwähnte Hauptmann. Er behandelte mich mit großer Zuvorkommenheit und hätte mir auch Waren gegeben; jedoch war alles, was von der Nordwestkompanie her noch dort vorhanden gewesen war, bereits an die Indianer verteilt worden. Mehrere Tage lang führten wir vielerlei Gespräche, die mich überzeugten, daß das Recht in dem Streit der beiden Handelsgesellschaften auf seiten Hudson's Bay Company war und daß diese allein im Namen der britischen Regierung handelte. Er versprach mir seine Hilfe bei meiner geplanten Rückkehr in die Vereinigten Staaten, beschenkte mich reich, behandelte mich gut und machte mir so viele Versprechungen, daß ich mich erbot, ihn und seine Leute zum Handelshaus der Nordwestkompanie an der Mündung des Assiniboinflusses zu führen. Der Winter stand vor der Tür, aber Hauptmann Tussenon – das war, wenn ich mich recht entsinne, sein Name – versicherte, daß seine Leute nicht am Regensee bleiben könnten und daß es deshalb notwendig sei, zum Roten Fluß zu gehen.

Mit zwanzig Mann übernahm ich die Vorhut und führte sie zuerst zum *Be-gwi-o-nus-ko Sah-gie-gun* (Rush Lake, ›Binnensee‹), wo wir die Pferde zurückschickten und der Hauptmann uns mit den übrigen fünfzig Soldaten einholte. Hier ließen wir uns Schneeschuhe machen, und *She-gwaw-koo-sink, Me-zhuk-ko-nong* und andere Indianer wurden als Jäger engagiert. Da wir große Mengen wilden Reis mit uns führten, waren wir mit Nahrung reich versehen. Wir mußten jedoch bei tiefem Schnee eine lange Strecke durch die offene Prärie ziehen. Wenn uns das Fleisch ausging, wurden die Soldaten meist rebellisch, es ereigneten sich aber keinerlei ernste Zwischenfälle. Vierzig Tage nach unserer Abreise vom

Regensee kamen wir am Roten Fluß an und nahmen ohne jede Schwierigkeit das Fort an der *Pembina*mündung ein, in dem sich nur Frauen, Kinder und ein paar alte Franzosen befanden.

Ich ließ meine Kinder in *Pembina* zurück, und wir erreichten in vier Tagereisen den Assiniboinfluß zehn Meilen unterhalb seiner Mündung, nachdem wir kurz vorher den Roten Fluß gekreuzt hatten. Dort wurden wir von einem Ojibwaführer namens *Be-gwais* und einigen seiner jungen Leute empfangen. Unser Hauptmann schien selbst auf die Nachricht hin, daß sich nur zwölf Leute in dem Fort der Nordwestkompanie am Assiniboin befänden, nicht zu wissen, wie er dessen Eroberung zuwege bringen sollte.

Er besprach sich mit *Be-gwais*, der ihm den Rat gab, auf das Fort zuzumarschieren und seine Truppen zu zeigen. Dies würde zur sofortigen Übergabe führen. Als mich Hauptmann Tussenon am Regenfluß in seine Dienste nahm, hatte ich ihm gesagt, ich wäre in der Lage, ihn direkt von dort bis zum Schlafzimmer des Mr. Harshield zu führen. Ich wußte, daß ich dies zuwege gebracht hätte, und war deshalb sehr verärgert, daß ich bei seinen neuen Verhandlungen nicht zugezogen wurde. In der Nacht nun – wir befanden uns schon in unmittelbarer Nähe des Forts – sprach ich mit dem Dolmetscher Loueson Nowlan über meine Unzufriedenheit. Er kannte die Gegend sehr gut und hatte einen Halbbruder im Fort, der dort als Angestellter Mr. Harshields arbeitete. Als wir den Ort der Ratstagung verließen und am Feuer lagen, unterhielten wir uns noch lange, und Nowlan stimmte mit mir darin überein, daß wir beide allein durchaus in der Lage wären, vorzurücken und das Fort zu überraschen und einzunehmen. Wir teilten dies einigen Soldaten mit, die sich uns anschlossen. Weder Hügel, Gebüsch noch sonst etwas war in Sicht, um unseren Anmarsch zu verbergen, aber die Nacht war dunkel und so furchtbar kalt, daß wir nicht an eine sorgfältige Bewachung des Forts glaubten. Wir machten eine Leiter, wie die Indianer sie benutzen, indem wir einen Baum schlugen und die Ansatzstellen der Äste lang genug ließen, um als Sprossen zu dienen. Diese Leiter lehnten wir an die Umzäunung des Forts, stiegen einer nach dem anderen leise hinüber und kamen gerade bei der Schmiedewerkstatt an. Nachdem genug Männer auf diese Weise ins Innere gelangt waren, gingen wir auf die Suche nach den Bewohnern. An der Tür jedes Raumes, in den wir eindrangen, ließen wir zwei bis drei Bewaffnete zurück, damit sich niemand dort versammeln oder anderswie zum Widerstand rüsten konnte. Erst bei Tageslicht entdeckten wir das Schlafzimmer Harshields. Als er unser Eindringen bemerkte, kam er schwer bewaffnet herbei und versuchte, uns Widerstand zu leisten. Wir überwältigten ihn jedoch mit Leichtigkeit. Er wurde gebunden; da er aber sehr laut und beleidigend war, befahl uns der inzwischen mit dem Hauptmann herbeigekommene Gouverneur, ihn in den Schnee hinauszuwerfen. Dort war es jedoch so kalt, daß er einfach erfroren wäre. So durfte er wieder hereinkommen und sich am Feuer aufhalten. Als er mich unter seinen Feinden erkannte, wußte er sofort, daß ich die Gruppe geführt haben mußte, und warf mir laut meine Undankbarkeit vor, denn er behauptete, mir früher viele Gefälligkeiten erwiesen zu haben. Ich antwortete ihm, daß er seine Freunde, Menschen seiner eigenen Hautfarbe, ermordet hätte und daß ich mich wegen dieser Taten und wegen seiner anderen Verbrechen mit seinen Feinden zusammengetan hätte. »Als du im Herbst zu meinem Zelt kamst und ich dich freundlich aufnahm«, sagte ich, »sah ich noch nicht, daß deine Hände vom Blut deiner eigenen Verwandten rot waren. Ich hatte noch nicht die Asche der Häuser deiner Brüder gesehen, die du am Roten Fluß verbrennen ließest.« Aber er fuhr fort, nicht nur mich, sondern auch die Soldaten und jeden, der sonst in seiner Nähe war, zu verfluchen und zu beleidigen.

Von den Bewohnern des Handelspostens wurden nur drei Personen als Gefangene behandelt, und zwar Mr. Harshield, dann der Halbblutindianer Maveen – der Mitschuldige am Mord des Gouverneurs der Hudson's Bay Company und ein Handelsangestellter. Alle anderen durften sich frei bewegen. Joseph Cadotte, der Halbbruder Nowlans, entschuldigte sich in unterwürfiger Weise für sein Verhalten und versprach, daß er, wenn man ihn nur freiließe, sofort seinen Jagdgrund aufsuchen und sich nicht wieder mit den Händlern einlassen würde. Daraufhin durfte er gehen. Statt aber seinen Worten gemäß zu handeln, begab er sich sofort zum Handelsposten am Mausfluß, brachte dort vierzig bis fünfzig Halbblutindianer auf die Beine und kehrte mit ihnen zurück, um das Fort wieder einzunehmen. Aber sie wagten sich nicht näher als bis auf eine Meile heran und schlugen dort ihr Lager auf.

Nach zwanzig Tagen kehrte ich nach *Pembina* zu meiner Familie zurück und ging dann mit *Wa-ge-tote* in die Prärie auf die Büffeljagd. Ich erfuhr nun, daß viele Halbblutindianer dieser Gegend wegen meiner Handlungsweise gegen die Nordwestkompanie sehr aufgebracht waren, und einer der Anführer sagte, daß man mir nach dem Leben trachte. Ich ließ ihnen zur Antwort sagen, daß sie mich schon im Schlaf überfallen müßten – wie ich es mit den Leuten der Nordwestkompanie getan hatte –, andernfalls würden sie nicht imstande sein, mir etwas anzutun. Sie kamen tatsächlich in meine Nähe und umschlichen mich mehrere Male in der deutlichen Absicht, mich zu töten, konnten aber ihre Absicht nicht verwirklichen.

Ich verbrachte den Rest des Winters mit den Indianern und kehrte dann an den Assiniboin zurück. Im Frühling kam auch Lord Selkirk von Fort William, und einige Tage später erschienen Mr. Cumberland und ein anderer Angestellter der Nordwestkompanie in einem Kanu. Da sie nicht am Fluß haltmachten, ließ Lord Selkirk sie zu Boot verfolgen, zurückbringen und gefangennehmen.

Auch die Leute vom Handelshaus am Mausfluß, das der Nordwestkompanie gehörte, kamen um diese Zeit an. Sie fürchteten sich aber, das Fort zu passieren, und schlugen deshalb ihr Lager in einiger Entfernung auf. Nun begannen sich die Indianer aus den weiter gelegenen Gebieten, die noch nichts von den stattgefundenen Veränderungen und Unruhen wußten, zu versammeln und waren sehr erstaunt, ihre gewohnten Händler nicht mehr im Besitz des Forts anzutreffen.

Ebenfalls in diesem Frühling oder schon zu Beginn des Sommers kam ein Brief des Richters Codman, in dem eine Belohnung von zweihundert Dollar für die Gefangennahme und Auslieferung von drei Halbblutindianern ausgesetzt war, die sehr aktiv an den Unruhen beteiligt gewesen waren, und zwar handelte es sich um den Anführer der Halbblutindianer der Nordwestkompanie, Grant, um Joseph Cadotte und um einen Mann namens Assiniboin. Alle drei wurden aus unserem Fort heraus verhaftet, wobei Nowlan Dolmetscherdienste leistete. Sie wurden jedoch unter der Bedingung freigelassen, daß sie sich bei der Ankunft des Richters Codman wieder einstellen würden. Kaum waren diese Leute entlassen, als auch schon Assiniboin zurückkehrte und sich uns ergab. Er brachte fernerhin die Nachricht, daß Grant und Cadotte geflohen seien, sobald Nowlan und seine Gruppe ihnen den Rücken gekehrt hätten. Sie gingen in das Stammesgebiet der Assiniboin, von wo sie mit Gewalt zurückgeholt werden mußten. Sie wurden dem Gerichtshof übergeben, während der freiwillig zurückgekehrte Mann begnadigt wurde.

Lord Selkirk wartete schon lange Zeit auf die Ankunft des Richters, der allen Kapitalverbrechern den Prozeß machen und gleichzeitig den Streit der beiden rivalisierenden Handelskompanien schlichten sollte. Er wurde nun äußerst ungeduldig und schickte einen Boten mit Proviant und Geschenken nach *Sah-gi-uk* mit dem Auftrag, so lange nach dem Richter zu suchen, bis er ihn gefunden hätte. In einem der Häuser der Nordwestkompanie in der Nähe von *Sah-gi-uk* wurde dieser Mann von einem Angestellten namens Black gefangengenommen und schwer verprügelt. Aber gerade um diese Zeit traf der Richter ein, und Mr. Black floh gemeinsam mit einem Mr. M'Cloud. Sie versteckten sich unter den Indianern, und auch als Richter Codman sie vom Roten Fluß aus suchen ließ, konnten sie nicht gefunden werden.

Die Prozesse nahmen eine lange Zeit in Anspruch, und täglich wurden zahlreiche Gefangene entlassen. Mr. Harshield jedoch und der Halbblutindianer Maveen wurden in schwere Eisen gelegt und schärfer bewacht. Um unparteiisch zu erscheinen, hatte der Richter sein Hauptquartier in der Mitte zwischen unserem Fort und dem Lager der Leute von der Nordwestkompanie aufgeschlagen.

Eines Morgens stand ich an der Pforte des Forts, als ich den Richter, einen großen, fetten Mann, auf mich zukommen sah. In seiner Begleitung waren Mr. M'Kenzie, ein Halbblut namens Cambell und ein alter Nadowayindianer. Sie betraten das Haus, besichtigten jeden Raum und betraten zuletzt das Zimmer, in dem sich Selkirk aufhielt. Cambell folgte dem Richter. Er hatte ein Stück Papier in seiner einen Hand und legte die andere auf Selkirks Schulter, wobei er etwas sagte, was ich nicht verstand. Es folgte eine lange Unterredung, von der ich kein Wort verstehen konnte, jedoch beobachtete ich, daß sowohl Mr. M'Kenzie als auch Cambell fast den ganzen Tag stehend verbrachten. Es war schon fast dunkel, als Nowlan mir mitteilte, daß der Richter die Nordwestkompanie zu einer beträchtlichen Geldstrafe verurteilt hatte – ich weiß nicht mehr, ob es dreihundert oder dreitausend Dollar waren – und daß Lord Selkirk aus der Untersuchungshaft entlassen worden war. Anschließend verließen Mr. M'Kenzie und Mr. Cambell das Fort und wurden auf dem Weg zu ihrem Lager von den Leuten der Hudson's Bay Company mit Schimpfreden überhäuft. Der Richter jedoch blieb und dinierte mit Lord Selkirk.

Oberst Dickson, der jetzt am Roten Fluß stationiert war, sandte einen Mann aus, um die Sioux herbeizurufen und ihnen die veränderte Sachlage mitzuteilen. Im vorhergehenden Winter waren, gerade als ich nach *Pembina* zurückgekehrt war, zwei Ojibwafrauen mit Pfeifen aus dem Siouxlande eingetroffen, um die Ojibwa zu veranlassen, mit ihren Feinden Frieden zu schließen. Diese Frauen waren Gefangene der Sioux gewesen, und ihre Freilassung wie auch die von ihnen überbrachte Botschaft sollte den Wunsch der Sioux anzeigen, mit den Ojibwa Frieden zu schließen.

Eine dieser Frauen war mit einem Sioux verheiratet, und ihr Mann hing sehr an ihr. Als die öffentliche Meinung der Sioux ihre Rücksendung zu den Ojibwa forderte, sandte ihr Siouxehemann eine Botschaft an ihren früheren Ojibwaehemann und bot ihm an, im Austausch gegen sie eine seiner Frauen zu wählen. Jener Ojibwaehemann aber war nicht gewillt, das Angebot anzunehmen, und es fand sich auch niemand bereit, seine abschlägige Antwort auszurichten, bis endlich Mr. Bruce – der schon erwähnte Dolmetscher – seine Vermittlung anbot. Obwohl diese Verhandlungen nicht gerade zu einem Resultat führten, machten sie doch die Gemüter der Sioux der Botschaft von Oberst Dickson zugänglicher. Sie leisteten seiner Aufforderung Folge und schickten zweiundzwanzig Abgeordnete, dazu zwei gefangene Ojibwa, die sie freiließen. Eine dieser Gefangenen war eine junge Frau, die Tochter von *Gitche-ope-zhe-ke* (›Großer Büffel‹), die ebenfalls einen Sioux geheiratet hatte. Ihr Mann, einer der zweiundzwanzig Ankömmlinge, war jung und sehr in seine Frau verliebt. Als sich die Anführer der Gruppe auf den Rückweg machten, versuchten sie, ihn zu bewegen, sie zu verlassen. Da er sich aber hartnäckig weigerte, sahen sie sich gezwungen, ihn zurückzulassen, obgleich er sich damit in unmittelbare Lebensgefahr begab, da er es wagte, allein im Ojibwaland zu verbleiben. Nachdem seine Kameraden abgezogen waren, lief er herum und weinte wie ein Kind. Als ich seine Verzweiflung bemerkte, lud ich ihn in mein Zelt ein, und obwohl wir uns sprachlich schwer verständigen konnten, versuchte ich ihn zu trösten und ihn davon zu überzeugen, daß er selbst unter den Ojibwa einige Freunde finden könne. Aber am nächsten Morgen schon hatte er beschlossen, seinen Freunden zu folgen und in seine Heimat zurückzukehren. Er verließ uns und folgte ihrer Fährte etwa zwei- bis dreihundert Meter weit, dann warf er sich auf den Boden, weinte und wälzte sich auf der Erde wie ein Verrückter. Dann aber siegte die Liebe zu seiner Frau über sein Heimweh und die Angst um sein Leben; er kehrte um und wollte bei uns bleiben. Wir hörten aber, daß verschiedene Ojibwa ihn umzubringen drohten, und wir waren uns darüber im klaren, daß er sich kaum lange bei uns aufhalten könnte, ohne daß man sein Leben bedrohte. Unsere Häuptlinge *Wa-ge-tote* und *Be-gwais* griffen ein und beschlossen, ihn zurückzuschicken. Sie suchten acht vertrauenswürdige Männer – zu denen auch ich gehörte – aus und ordneten an, daß er eine Tagereise weit in Richtung des Siouxlandes hin gebracht werden sollte. Wir sahen uns gezwungen, ihn mit Gewalt mit uns fortzuziehen, da wir ihn nicht anders vorwärts bewegen konnten. An der Kreuzungsstelle des Assiniboinflusses trafen wir zweihundert Assiniboin. Zum Glück war der junge Sioux vorsichtig gewesen, sich wie ein Ojibwa zu kleiden, und als der Häuptling der Assiniboin fragte, wohin wir gingen, sagten wir, unsere Häuptlinge hätten uns auf die Büffeljagd geschickt. Dieser Assiniboinhäuptling namens *Ne-zho-ta-we-nau-ba* war ein guter und diskreter Mensch, und obwohl ihm die Angst des jungen Sioux diese Täuschung sofort verriet, nahm er keine Notiz davon und lenkte sogar die Aufmerksamkeit seiner eigenen Leute von unserer Gruppe ab, bis sie an uns vorübergezogen waren. Dann sagte er zu dem jungen Sioux: »Fliehe, junger Mann, und denke daran, falls du erwischt wirst, ehe du deine Heimat erreichst, gibt es nur wenige Assiniboin oder Ojibwa, die dir nicht gern das Leben nehmen würden.« Daraufhin begann der junge Mann schnellstens fortzulaufen. Als er etwa hundert Meter weit von uns entfernt war, hörten wir ihn in lautes Weinen ausbrechen; aber wir erfuhren später, daß er seine Kameraden in *Pembina* einholte und sicher mit ihnen in sein Land zurückkehrte.

Über den angeblichen Friedensschluß zwischen den Sioux und den Ojibwa wurde viel gesprochen, und Oberst Dickson prahlte oft damit, daß die Sioux keinesfalls als erste den Friedensvertrag brechen würden, da sie nichts ohne seine Zustimmung unternähmen. Er war gerade wieder dabei, solche Reden zu führen, als ein Ojibwahäuptling an der Spitze von vierzig Mann erschien, die noch blutige Pfeile in ihren Händen trugen. Sie waren von den Sioux in einem Handelsposten, dessen Besitzer Mr. Dickson selbst war, auf die Ojibwa geschossen worden und hatten verschiedene Leute getötet. Damit hörte das Renommieren auf. Auch Lord Selkirk rief nun die Indianer zusammen, beschenkte sie mit Tabak, Alkohol usw. und hielt ihnen eine jener langen, väterlichen Reden, wie sie in den indianischen Ratsversammlungen üblich sind. »Meine Kinder«, sagte er, »der einst dunkle, bewölkte Himmel über euren Häuptern ist nun wieder klar und hell. Euer großer Vater jenseits des Wassers, dem, wie ihr wißt, die Interessen seiner roten Kinder stets am meisten am Herzen liegen, hat mich zu euch geschickt, um die Dornen auf eurem Pfad zu entfernen, damit eure Füße nicht mehr zu bluten brauchen. Wir haben jene bösen Weißen von euch genommen, die euch um ihres Vorteils willen eure Pflichten gegenüber eurem weißen Vater vergessen machen wollten; sie werden nie wieder zurückkehren, um euch zu quälen. Wir haben auch die Sioux zu uns gerufen, die so lange eure Feinde gewesen sind, obwohl ihre Haut rot ist wie die eure. Sie werden nun in ihrem Lande bleiben. Der geschlossene Friede bringt euch Sicherheit. Dieser jetzt beendete Krieg begann schon, längst ehe eure Väter geboren wurden; und statt still eurer Jagd nachzugehen, um eure Frauen und Kinder zu ernähren, habt ihr euch gegenseitig ermordet. Doch diese Zeit ist nun vorüber, und ihr könnt jetzt jagen, wo es euch gefällt. Eure jungen Männer müssen diesen Frieden respektieren, und jeder, der von neuem sein Tomahawk erhebt, wird von eurem großen Vater als Feind betrachtet werden.«

Die Indianer beantworteten dies mit den üblichen Versprechungen und Beteuerungen – als sie aber am Abend das Fort verließen, stahlen sie alle Pferde, die Lord Selkirk und seinen Leuten gehörten. Am Morgen war nicht ein einziges Pferd mehr da, und die meisten Indianer waren ebenfalls verschwunden.

Es war nun schon so spät im Jahr geworden, daß ich die Vereinigten Staaten im Herbst nicht mehr hätte erreichen können. Aber Lord Selkirk, der wahrscheinlich verschiedenes aus meiner Lebensgeschichte gehört hatte, begann sich jetzt für mich zu interessieren. Er erkundigte sich nach meinem vergangenen Leben und ich erzählte ihm vieles, vor allem berichtete ich ihm von der Rolle, die ich bei der Einnahme des Forts gespielt hatte. Auch Richter Codman, der im Fort geblieben war, sprach oft mit Lord Selkirk über mich. »Dieser Mann«, sagte er, »hat Ihre Leute im Winter unter großen Mühen vom Waldsee hierhergeführt; er hat bei der Einnahme des Forts eine wichtige Rolle gespielt und sein Leben gewagt – und das alles für eine Bezahlung von vierzig Dollar. Das mindeste, was Sie für ihn tun sollten, wäre, daraus achtzig Dollar zu machen und ihm eine lebenslängliche Rente von zwanzig Dollar pro Jahr zu gewähren.« Lord Selkirk stimmte zu. Das Jahresgehalt für die ersten fünf Jahre wurde mir ausgezahlt. Die zweiten fünf Jahre sind noch nicht verstrichen.

Aus Furcht vor den Nordwestleuten konnte Lord Selkirk die Assiniboinmündung nicht so schnell verlassen, wie er es ursprünglich geplant hatte. Denn seine Konkurrenten hatten ihre Leute, als Indianer verkleidet, zu ihm geschickt – besonders einer namens Sacksayre war darunter – und auch Indianer beauftragt, ihm aufzulauern und ihn zu ermorden. Als der Lord das erfuhr, schickte er Oberst Dickson ins Siouxland und ließ sich dort eine aus hundert Sioux bestehende Wache zusammenstellen. Erst als diese Indianer angekommen waren, wagte er, wegzugehen. Er floh eines Nachts aus dem Fort und holte Dickson in *Pembina* ein.

Er nahm auch einen Brief mit, den er für mich und in meinem Namen an meine Freunde in den Vereinigten Staaten geschrieben hatte und der einige der wichtigsten Ereignisse meines Lebens schilderte. Er versuchte seine ganze Überredungskunst, um mich zu bewegen, ihn zu begleiten; aber ich glaubte ja damals, daß alle meine Verwandten von den Indianern ermordet worden waren. Und selbst wenn jemand übrig geblieben sein sollte, dachte ich, so war inzwischen so viel Zeit vergangen, daß wir uns wie Fremde gegenübertreten würden. Er schlug mir auch vor, ihn nach England zu begleiten, aber ich fühlte mich zu den Indianern gehörig, und meine Heimat war das Land der Indianer. Ich hatte unter ihnen den größten Teil meines Lebens verbracht und wußte, daß es zu spät für mich war, neue Bindungen einzugehen. So ließ ich mich denn wenigstens von sechs Mann zum Waldsee zurückbringen, wo ich im Spätherbst nach der Maisernte eintraf. Zu Anfang des Winters ging ich zum *Be-gwi-o-nus-ko-See* und, nachdem der erste Schnee gefallen war, von dort in die Prärie auf die Büffeljagd.

Dort versammelten sich viele Indianer, bis wir eine so große Gruppe geworden waren, daß der Hunger wieder bei uns einzog. Das Wetter war sehr ungünstig, und unsere Leiden nahmen immer mehr zu. Als erste starb eine junge Frau des Hungertodes. Kurz darauf verfiel ihr Bruder, ein junger Mann, in eine Art Delirium, in den Wahnsinn, der dem Tode der Verhungernden vorauszugehen pflegt. In diesem Zustand hatte er das Zelt seiner entkräfteten und verzweifelten Eltern verlassen. Als ich spät am Abend von der Jagd zurückkehrte, wußten sie nicht, was aus ihm geworden war. Ich verließ das Lager gegen Mitternacht, folgte seiner Spur und fand ihn in einiger Entfernung tot im Schnee liegend.

Kapitel
XIII

Durch den Hunger verursachte Leiden der Ojibwa /
Was *Waw-be-be-nais-sa* mir antat
und die Unfreundlichkeit
meiner indianischen Verwandten /
Reise nach Detroit /
Gouverneur Cass – Ratssitzung in St. Mary
am Miamifluß

Alle Männer, die noch zu gehen imstande waren, beschlossen nun, die Büffel zu jagen, die sich in unserer Nähe befinden mußten. Ich selbst und ein anderer guter Jäger jedoch blieben zurück, da wir die Büffeljagd nicht für sehr aussichtsreich hielten. Tatsächlich erlegten wir innerhalb einer kurzen Zeitspanne fünf Moose-Elche, deren sofort unter die leidenden Frauen und Kinder verteiltes Fleisch einige Erleichterung brachte, so daß sich die unmittelbare Todesgefahr für sie verringerte. Die Büffeljäger kehrten einer nach dem anderen zurück, und zwar in noch beklagenswerterem Zustand als bei ihrem Weggang. Nur ein einziger Büffel war erlegt worden. Da uns nur ununterbrochene und schwerste Anstrengungen vom Tode erretten konnten, ging ich von neuem auf die Jagd und verfolgte drei Tage lang einen Bären, ohne ihn einholen zu können. Dann war ich so erschöpft, daß mir die Kraft fehlte, den Bären zu schießen. Ich hätte noch nicht einmal zu meinem Zelt zurückkehren können, wenn ich nicht einige Indianer getroffen hätte, die etwas weniger unglücklich und hungrig waren als ich. Ich hatte gerade für die Nacht haltgemacht, war aber zu schwach, ein Lager aufzuschlagen oder ein Feuer anzuzünden, und hatte mich mit dem Gedanken an den unmittelbar bevorstehenden Tod vertraut gemacht – als diese Leute mich fanden und mir halfen, ins Lager zurückzukehren.

Dies ist nur ein kleines Beispiel für die Lebensweise, die viele Ojibwa des Nordens während des Winters führen müssen. Ihr unfruchtbares und ungastliches Land gibt ihnen so geringe Existenzmittel, daß sie sich nur durch äußersten Kraftaufwand und intensivste Bemühungen am Leben erhalten können. Es kommt durchaus nicht selten vor, daß selbst die stärksten Männer und besten Jäger einfach verhungern.

Die Indianer beschlossen nun, gemeinsam auf Büffeljagd zu gehen, ohne ihre Familien mitzunehmen. Nur *Oon-di-no*, ein Mann, der schon früher mit mir zusammen gelebt hatte, blieb zurück, damit seine Frau das Fell eines von ihm getöteten Moose-Elches trocknen könne, das er als Proviant mitnehmen wollte, falls alle anderen Nahrungsquellen versiegten. Ich beschloß, bei ihm zu bleiben. Aber schon während der ersten Nacht nach dem Wegzug der anderen Indianer wurde die Verzweiflung meiner Kinder so groß, daß ich nicht länger in meinem Zelt zu bleiben vermochte. Ich stand auf, um fortzugehen und sagte ihm, daß ich sofort zurückkehren würde, falls es mir gelänge, irgendein Wild aufzutreiben. So schnell es meine Kraft erlaubte, folgte ich dem Pfad der Indianer und erreichte am nächsten Morgen ihr Lager. Kaum war ich dort angekommen, als ich auch schon die Geräusche eines Festes hörte. Die Stimme eines alten Mannes dankte dem Großen Geist für die Nahrung, die er während der schrecklichsten Not gespendet hatte. Er nannte den Namen des erlegten Wildes nicht, sondern bezeichnete es als *Manito-wais-se* – ›das vom Geist gegebene Tier‹. So wußte ich also immer noch nicht, auf was für eine Beute man gestoßen war, bis ich erfuhr, daß es sich um einen alten dürren Büffel handelte. Daraus entnahm ich, daß sich die Herden in der Nähe befinden mußten. Da zwei junge Männer bereit waren, mich zu begleiten, wanderten wir sofort in die Richtung, wo wir die Herde vermuteten. Nachdem wir etwa drei Stunden lang gegangen waren und einen kleinen Berg hinunterstiegen, sahen wir vor uns die Prärie schwarz von Büffeln. Wir beschlichen sie, und ich tötete sofort zwei fette Kühe. Als ich sie zerschnitt, hörte die Gewehre unserer anderen Gefährten, die mir gefolgt waren und sich nun unter den Büffeln befanden.

Ich kam erst etwas spät in unserem Lager an, da die anderen Männer mir vorausgeeilt waren, und hatte Freude und Festlichkeit vorzufinden erwartet, aber nicht eine Stimme war zu hören. Weder Frauen noch Kinder liefen herum, alles war still und traurig. Ist es möglich, daß unsere Hilfe zu spät kommt und daß unsere Frauen und Kinder bereits tot sind? Ich blickte in eines der Zelte hinein, dann in andere: Die Menschen lebten, aber niemand hatte etwas zu essen. Da die meisten Männer, die zur Jagd ausgezogen waren, aus dem Waldlande stammten und nie vorher auf der Büffeljagd gewesen waren, hatte keiner etwas erlegt. Der von mir und den jungen Männern mitgebrachte Vorrat vermochte jedoch immerhin einige Menschen vorm Verhungern zu retten.

Zu jener Zeit befand sich unter uns ein Mann namens *Waw-be-be-nais-sa* (›Weißer Vogel‹), den ich von früher her kannte. Wegen meiner Jagderfolge war er eifersüchtig auf mich und suchte mir allerlei Böses anzutun. Da ich die Gefühle dieses Mannes kannte und jedes prahlerische Aufsehen vermeiden wollte, sah ich davon ab, in meinem Zelt ein Fest zu veranstalten, wie es sich eigentlich bei diesem Anlaß gehört hätte. Jedoch veranstaltete einer der jungen Männer, die mich begleitet hatten, ein Fest. Ich schickte deshalb, nachdem ich den Hunger meiner Kinder gestillt hatte, das übrige Fleisch an die anderen Familien. Auch *Waw-be-be-nais-sa* war unter den geladenen Gästen. Er benutzte den Abend dazu, bei den Indianern Schlechtes über mich zu verbreiten, bezichtigte mich des Hochmuts und der Anmaßung und behauptete, ich hätte den Indianern allerlei Übles angetan. Ich blieb währenddessen in meinem Zelt und ignorierte das ganze, statt etwa seine ungerechten Anschuldigungen zu widerlegen.

Am nächsten Tage gingen die Frauen schon vor Anbruch der Dämmerung fort, um die Überreste der von mir getöteten beiden Büffel zu holen. Den Männern gab ich einige Anweisungen, wie man auf einen Büffel zielt, und so gingen auch sie noch einmal mit dorthin, wo die Herden waren, und diesmal töteten auch sie mehrere Tiere. Bald hatten wir Fleisch im Überfluß, und alle Kranken und dem Tode Nahen erholten sich – außer einer Frau, die vor Hunger wahnsinnig geworden war und sich noch einen ganzen Monat lang in geistiger Verwirrung befand.

Der Anführer unserer Gruppe hieß *O-poih-gun* (›Pfeife‹). Er blieb mit drei Zelten bei mir, während die anderen noch weiter auf die Büffeljagd gingen. Unter den Zurückbleibenden befanden sich *Waw-be-be-nais-sa* und sein Schwiegersohn. Ich tötete eine große Anzahl fetter Büffel und trocknete die besten Stücke von vierzig Tieren an der Luft. Wir hatten so schwer unter dem Hunger gelitten, daß ich meine Familie vor einer Wiederholung dieser Not schützen wollte. Da ich außerdem noch immer die Absicht hatte, in die Staaten zurückzukehren, mußte ich sie ja auch für einige Zeit zurücklassen, ohne für sie jagen zu können. So speicherte ich zwanzig große Säcke Pemmikan auf, füllte außerdem zehn Fünfundvierzigliterfässer, die ich mir von den Indianern verschaffte, mit Talg, und konservierte eine große Anzahl Zungen und ähnliches.

Es dauerte einige Zeit, bis ich die Beweggründe *Waw-be-be-nais-sas*, der stets in meiner Nähe blieb, erkannte: Er wollte mich nur ärgern und belästigen. Ich hatte eine gewaltige Last Fleisch bei mir, und als wir endlich weiterzogen, mußte ich mit meinen Hunden viermal umkehren, um eine Last nach der anderen zu meinem neuen Lagerplatz zu bringen. Eines Tages trat er mir an dem Platz, wo ich meine Lasten niederlegte, allein entgegen und griff mit beiden Händen in mein langes Haar, das zu beiden Seiten meines Kopfes herabhing. »Dies«, sagte er dazu, »ist der Anfang deines Weges. Sieh nur hinunter und betrachte den Ort, wo die Wölfe und Aasgeier deine Knochen abnagen werden.« Ich fragte ihn, warum er so gewalttätig sei. »Du bist ein Fremder«, antwortete er, »und ohne Rechte unter uns. Du gibst dich für den besten Jäger aus und möchtest von uns als großer Mann behandelt werden. Ich aber habe deine Anmaßung satt und habe beschlossen, daß du nicht einen Tag mehr leben sollst.« Da irgendwelche Vernunftgründe bei ihm nutzlos waren und da er sogar meinen Kopf gegen einen Pappelstamm stieß, warf ich ihn mit einer plötzlichen Kraftanstrengung auf den Boden und riß meinen Kopf unter dem Verlust eines Teiles meiner Haare los. Aber während des Kampfes erwischte er drei Finger meiner rechten Hand mit seinen Zähnen und biß bis auf die Knochen hinein, so daß ich ihm die Hand nicht wegziehen konnte. Jedoch schlug ich mit meiner Linken auf eins seiner Augen, worauf sich seine Kiefer öffneten und er sofort auf die Füße sprang. Neben mir lag mein Tomahawk. Er sah ihn, packte ihn und schlug damit so wild nach meinem Kopf, daß er durch seine eigene Gewalttätigkeit zu Boden fiel, als ich seinem Schlage auswich. Ich sprang auf ihn, entrang ihm den Tomahawk und warf ihn so weit fort, wie ich konnte, während ich ihn am Boden festhielt. Ich war außer mir über diesen nicht herausgeforderten, gewalttätigen Angriff; dennoch mochte ich ihn nicht töten. Da ich aber das Stück eines starken Zeltpfahles fand, nahm ich es in die Hand und befahl ihm aufzustehen. Als er sich erhob, begann ich auf ihn einzuschlagen und schlug immer weiter, während er zwei- bis dreihundert Meter fortlief.

Als ich zu meinen Lasten zurückkehrte, waren dort schon sein Schwiegersohn und zwei andere junge Männer zur Stelle, die sein Geschrei gehört hatten. Einer sagte wütend zu mir: »Was hast du da getan?«, und schon stürzten sich drei auf mich, und da ich schon sehr übermüdet war, konnten sie mich auf die Erde werfen. Jetzt kam auch *Waw-be-be-nais-sa* hinzu, packte mich an einem schwarzen Seidentuch, das ich um den Hals trug, würgte, trat und schlug mich und warf mich in den Schnee. Ich entsinne mich noch, daß einer von den vieren sagte: »Er ist tot«, und da ich nicht hoffen konnte, ihnen vom Boden aus irgendwelchen Widerstand entgegenzusetzen, versuchte ich sie in dieser Ansicht zu bestärken. Sie ließen mich los und standen in einiger Entfernung beieinander. Da sprang ich auf meine Füße und ergriff – wahrscheinlich völlig unerwartet für sie – einen großen Zeltpfahl. Vor Überraschung oder Angst flohen sie jetzt alle. Als ich das sah, verfolgte ich *Waw-be-be-nais-sa* und versetzte ihm weitere heftige Schläge mit dem Pfahl. Nun ließen sie mich endlich in Ruhe, und ich konnte das mitgebrachte Fleisch zum Trocknen aufhängen. Inzwischen gingen *Waw-be-be-nais-sa* und seine Gefährten zu den Zelten, wo meine Hunde, die meine Frau mit zurückgenommen hatte, erschöpft vor dem Eingang lagen. Er zog sein Messer und erstach einen der Hunde. Meine Frau hörte den Lärm und kam heraus, er aber drohte ihr, sie ebenfalls zu erstechen.

Am nächsten Tage hatte *Waw-be-be-nais-sa* zahlreiche Beulen und Wunden, und besonders sein Gesicht war sehr angeschwollen. Ich dachte, er würde wenigstens in seinem Zelt bleiben. Da ich für die Sicherheit meiner Frau fürchtete, wenn ich sie allein im Zelt ließ, schickte ich sie fort, um Fleisch zu transportieren, und blieb selbst zu Hause. Aber da ich sehr müde war und mich mitten am Tage allein im Zelt befand, schlief ich ein. *Waw-be-be-nais-sa*, der das ahnte oder wußte, schlich sich mit einem Messer in der Hand herein und war fast nahe genug herangekommen, um mich erstechen zu können, als ich aufwachte und aufsprang. Da ich aber nicht unbewaffnet war, sprang er zurück und floh – jedoch verfolgte ich ihn nicht. Dennoch fuhr er fort, mich zu bedrohen und zu belästigen. Traf ich ihn zum Beispiel auf einem Pfad, so ließ er mich nicht vorbei, auch wenn ich eine schwere Bürde trug und er unbeladen war.

Sein Auge war mehrere Tage lang so geschwollen, daß er nichts sehen konnte. Seine ganze Erscheinung war überhaupt lächerlich zu nennen, denn er war ein linkischer und häßlicher Kerl. Nach einem anderen erfolglosen Versuch, mich zu erstechen, ging er nach Hause und machte in Ungeduld und enttäuschter Wut die nur den Frauen ziemende Geste der Verachtung in der Richtung meines Zeltes, was ihn sogar unter seinen eigenen indianischen Freunden der Lächerlichkeit auslieferte.

Immerhin waren mir seine Nachstellungen lästig, und ich versuchte, sie zu vermeiden. Eines Tages war ich der Gruppe vorangegangen, und da sie einem bereits vorhandenen Weg folgte, suchte ich mir einen etwas im Inneren gelegenen Lagerplatz, um *Waw-be-be-nais-sa* möglichst nicht begegnen zu müssen. Als er aber an die zu mir führende Wegbiegung kam, hörte ich ihn zu seinem zwölfjährigen Sohn sagen: »Warte hier, während ich gehe, um diesen weißen Mann zu töten.« Daraufhin legte er seine Last nieder, und obwohl sein Sohn ihn bat, nichts Böses zu unternehmen, ging er bis auf etwa vierzig Meter auf mich zu, nahm sein Gewehr aus der Hülle, lud es und zielte auf mich. Als er es eine Weile gehalten hatte und sah, daß er mich nicht zu erschrecken vermochte, sprang er in der Art der Krieger während der Schlacht im Zickzack schreiend auf mich zu. Da er weiterhin auf mich zielte und mich mit seinem Geschrei bedrohte, wurde ich endlich doch nervös und griff nach meinem Gewehr. Der kleine Junge lief auf mich zu, umarmte mich und flehte mich an, das Leben seines Vaters zu schonen, obwohl dieser ein Narr war. Ich warf mein Gewehr weg, packte den alten Mann und nahm ihm das seine aus den Händen. Dann machte ich ihm Vorwürfe über seine lächerliche Hartnäckigkeit und seine törichten Attacken. »Ich habe mich«, sagte ich, »so oft in deine Macht begeben, daß du nun endlich wissen müßtest, daß dir der Mut, mich zu töten, fehlt. Du bist kein Mann, du hast noch nicht einmal das Herz einer Frau oder den Mut eines Hundes. Jetzt spreche ich zum ersten Mal mit dir. Bitte, merk dir, daß ich deine Dummheiten nun endlich satt habe. Wenn du mich noch weiterhin belästigst, so geschieht dies unter Gefahr für dein Leben.«

Daraufhin verließ er mich und zog mit allen anderen – außer meiner eigenen Familie – voran. Ich folgte der Gruppe am nächsten Tage, indem ich meinen eigenen beladenen Schlitten zog und meine Hunde mit den anderen Gepäckstücken vor mir hertrieb. Als wir an einem Gebüsch angekommen waren, warnte ich meine Tochter Martha vor *Waw-be-be-nais-sa*, der wahrscheinlich irgendwo im Hinterhalt auf uns lauerte. Gleich darauf machte sie einen jähen Sprung und kam dann mit erhobenen Händen schreiend auf mich zugestürzt: »Vater! Vater!« Ich packte mein Gewehr, lief voran und untersuchte jedes mögliche Versteck in der Nähe der Zeltpfähle und der fast erloschenen Feuer des verlassenen Lagerplatzes, fand aber nichts. Als ich meine Tochter fragte, warum sie sich so aufgeregt hätte, sagte sie, sie hätte ›Feuer gerochen‹. So groß war ihre Angst, daß sie sich über die kleinste Ungewöhnlichkeit aufregte, weil *Waw-be-be-nais-sa* uns ununterbrochen bedrohte.

Um endlich den Verfolgungen dieses Störenfriedes zu entgehen, beschloß ich, am Schilfsee allein zurückzubleiben, da ich glaubte, *Waw-be-be-nais-sa* und die anderen Indianer würden unmittelbar zum Waldsee weiterziehen. So suchte ich mir denn eine Stelle aus, wo ich mein Winterlager aufzuschlagen gedachte. Hier ließ ich die Kinder zurück, damit sie für das Zelt sorgten, während meine Frau und ich gingen, um unsere Fleischladungen nachzuholen. Als wir zurückkehrten, erzählten uns die Kinder, daß ihre Großmutter während unserer Abwesenheit zu Besuch gekommen sei und daß ihre Tochter sie am folgenden Tage besuchen solle. Drei oder vier Zeltgemeinschaften mit Freunden von uns hätten in der Nähe ihr Lager aufgeschlagen. Ich gab hierzu meine Zustimmung und beschloß, mitzugehen, da meine Schwiegermutter auch mich ausdrücklich um meinen Besuch hatte bitten lassen. Wir wollten den Rest des Fleisches dann nach unserer Rückkehr holen. Aber während der folgenden Nacht hatte ich einen Traum: Derselbe junge Mann, der mir schon öfters während meiner Vorbereitungen zu Medizinjagden erschienen war, kam, wie stets, durch die obere Öffnung meines Zeltes herein und stand direkt vor mir. ›Geh nicht‹, sagte er, ›gehe nicht zu dem Ort, den du morgen besuchen willst. Solltest du aber gegen meinen Rat handeln und meine Warnung mißachten, so wirst du sehen, was dir

zustoßen wird. Sieh dorthin«, fuhr er fort und zeigte in die entgegengesetzte Richtung, aus der ich *She-gwaw-koo-sink, Me-zhuk-ko-naun* und andere Freunde herbeikommen sah. Dann zeigte er nach oben, und ich
sah einen kleinen Habicht mit einem hellgestreiften Schwanz über meinem Kopf fliegen. Weiter sagte er nichts, sondern verließ mein Zelt
durch die Türöffnung. Ich wachte sehr verstört auf und konnte nicht
wieder einschlafen. Am Morgen teilte ich meiner Frau mit, daß ich sie
nicht begleiten könne. »Warum«, fragte sie, »kannst du nicht mit mir
gehen, so wie du es mir gestern versprochen hast?« Ich erzählte ihr meinen Traum, aber sie warf mir meine Furchtsamkeit vor, und da sie immer weiter in mich drang, ging ich dennoch mit ihr.

Am Morgen sagte ich den Kindern, daß ihr Onkel und andere Verwandte zu ihnen ins Zelt kommen würden. Sie sollten ihnen ausrichten,
daß ich bis zur Mittagszeit zurück wäre – sollte ich bis dahin nicht gekommen sein, so wäre ich tot. Ich ging dann mit meiner Frau fort, aber
wir waren noch keine zweihundert Meter weit gegangen, als auch schon
der kleine Habicht, den ich im Traum gesehen hatte, über uns erschien.
Ich wußte, daß er geschickt worden war, um mich vor drohendem Unheil zu warnen, und sagte meiner Frau aufs neue, daß ich sie nicht weiter
begleiten wolle. Ich war schon auf dem Rückweg in mein Zelt, als sie mir
erneut meine Ängstlichkeit vorwarf und meine schlimmen Vorgefühle
lächerlich machte. Da ich die Vorurteile meiner Schwiegermutter und
ihrer Familie gegen mich kannte, wußte ich, daß die Weigerung, meine
Frau zu begleiten, sie nur noch bestärken würden. Ich handelte also gegen meine innerste Überzeugung und ließ mich endlich überreden, mit-
zukommen.

Als ich beim Zelt meiner Schwiegermutter ankam, lehnte ich mein
Gewehr an den Eingang und setzte mich zwischen die Schwestern meiner Frau, die die Frauen eines und desselben Mannes waren. Sie hatten
kleine Kinder, mit denen ich spielte, als ich plötzlich ein lautes Geräusch hörte und das Bewußtsein verlor. Ich sah niemanden und erinnerte mich an nichts, bis ich wieder zu mir kam. Da erkannte ich einige
Frauen, die meine Hände und Arme hielten, und sah den Ausdruck des
Schreckens und des Entsetzens auf allen Gesichtern um mich her. Ich
konnte nicht fassen, was geschehen war, bis ich außerhalb des Zeltes die
laute schimpfende Stimme *Waw-be-be-nais-sas* hörte. Da ich etwas wie

warmes Wasser mein Gesicht herablaufen fühlte, legte ich meine Hand auf meinen Kopf und berührte mit den Fingern meinen nackten Schädel. Ich riß mich von den Frauen los und versuchte *Waw-be-be-nais-sa* zu verfolgen, aber da die Indianer ihn von mir fernhielten, konnte ich ihn nicht erreichen. Gegen Abend kehrte ich schwerverwundet in mein Zelt zurück. Ich glaubte, daß die Knochen meines Schädels gebrochen seien. Zuerst hatte ich nur wenig geblutet, und einige Zeit später hörte das Bluten ganz auf. Obgleich ich seltsame Geräusche in meinem Kopf hörte, erreichte ich mein Zelt, ohne ohnmächtig zu werden oder niederzufallen. Auch mein Gewehr war fort, *Waw-be-be-nais-sa* hatte es vom Zelteingang meiner Schwiegermutter weggeholt.

In meinem Zelt fand ich *She-gwaw-koo-sink*, *Me-zhuk-ko-naun* und *Nah-gaun-esh-kaw-waw*, einen Schwiegersohn *Wa-ge-totes*, vor, er hieß *Oto-pun-ne-be*. In dem Augenblick, als ich die Hand *She-gwaw-koo-sinks* erfaßte, schoß ein Strom von Blut aus meinem Kopf hervor. »Was ist dir zugestoßen, mein Sohn?« fragte er. »Ich habe mit einem anderen Manne gespielt«, antwortete ich, »und da das Wasser des *Be-gwi-o-mus-ko* uns betrunken machte, endete unser Spiel recht wild.« Ich wollte die Angelegenheit so nebensächlich wie möglich behandeln, fiel aber sofort darauf in Ohnmacht, und sie sahen das Ausmaß meiner Verwundung. *Oto-pun-ne-be*, den ich schon seit langem kannte, hatte sich stets überaus freundschaftlich mir gegenüber verhalten. Mein Unglück schien ihm sehr nahe zu gehen und er unternahm es auf eigene Rechnung, *Waw-be-be-nais-sa* für seine ungerechtfertigte Roheit zu bestrafen. Dieser Mann, dem ich mich wegen seiner mir oft erzeigten Freundlichkeit tief verpflichtet fühlte, hat später das Schicksal erleiden müssen, das so vielen Ojibwa dieser Gegend vorbehalten ist: Er verhungerte.

Als ich in das Zelt meiner Schwiegermutter eingetreten war, hatte ich versäumt, die Kapuze meines dicken Elchfellumhangs abzustreifen. Aus diesem Grunde sah ich weder *Waw-be-be-nais-sa* in das Zelt hereinschleichen, noch hörte ich ihn kommen. Andererseits wäre sein Schlag ohne diese Kopfbedeckung bestimmt tödlich verlaufen, da die dicke Lederschicht seine Gewalt zum mindesten ein wenig verminderte. Dennoch war meine Schädeldecke gebrochen, und ich habe noch heute eine tiefe Rille an der Stelle, auf die sein Tomahawk niedersauste. Es dauerte sehr lange, bis ich mich von dieser Wunde erholte. Trotzdem verbrachte ich nicht so lange Zeit auf dem Krankenlager, wie ich gefürchtet hatte.

Waw-be-be-nais-sa flüchtete nun sofort in unser Dorf am *Me-naw-zhe-tau-naung*, und die anderen Indianer, die nie vorher in der Prärie gejagt hatten, fürchteten sich außerordentlich vor dem Gedanken, daß die Sioux sie überfallen und verfolgen würden. Ich war zu schwach, um zu reisen, und wußte außerdem ganz genau, daß wir dort von den Sioux nichts zu befürchten hatten. Meine Schwiegermutter jedoch machte mir ununterbrochen Vorwürfe, da sie mit den anderen Indianern wegziehen wollte. Ich wußte, daß meine Schwiegermutter *Waw-be-be-nais-sa* bei seinem Anschlag auf mein Leben behilflich gewesen war, und hatte weiterhin Grund zu der Annahme, daß auch meine Frau daran mitbeteiligt war. Deshalb sagte ich beiden, sie könnten mich gern verlassen, wenn sie das wünschten. Tatsächlich taten sie das auch und nahmen meine Kinder mit. Der einzige Mensch, der mich in dieser Not nicht verließ, war *Oto-pun-ne-be*, obwohl ihn sein Bärentotem rief; und auch sein vierzehnjähriger Neffe. Diese beiden blieben bei mir und ließen mir die Hilfe und Freundlichkeit angedeihen, die mein Zustand erforderte. Alle aber, die meine Freunde hätten sein sollen, überließen mich meinem Schicksal. Nach dem vierten Tage trat in meinem Befinden eine Verschlimmerung ein. Ich war weder imstande, mich aufzusetzen, noch mich überhaupt zu bewegen. Aber vom zehnten Tage an ging es mir besser.

Als ich einen Teil meiner früheren Kräfte zurückgewonnen hatte, verließen wir die Zelte, so wie es vorher die furchtsamen Indianer getan hatten. Ihre Zelte standen noch und enthielten Fleischvorräte und andere wertvolle Gegenstände. Wir zogen zum Dorf weiter. Da unser Händler in einiger Entfernung davon lebte, verabredete ich an der Wegbiegung mit *Oto-pun-ne-be*, daß wir uns an einem bestimmten Ort zu einer ausgemachten Zeit wieder treffen wollten. So ging ich also zum Händler und er ins Dorf. Nach seiner Rückkehr trafen wir uns wie vereinbart, und er erzählte mir, daß er sofort nach seiner Ankunft in das Zelt eines Anführers gegangen sei und sich dort niedergesetzt habe.

Er war noch nicht lange dort, als auch *Waw be be nais sa* erschien und ihm gegenüber ebenfalls Platz nahm. Nachdem sie sich eine Zeitlang betrachtet hatten, sagte *Waw-be-be-nais-sa*: »Du, *Oto-pun-ne-be*, bist noch niemals vorher in unserem Dorf gewesen, und ich weiß recht wohl, aus welchem Anlaß du aus so weiter Ferne zu uns gekommen bist. Du hast keine eigenen Brüder, da die Langmesser[88] sie alle getötet haben. Nun aber bist du töricht genug, den Mann, den ich verwundet habe, deinen Bruder zu nennen.« *Oto-pun-ne-be* erwiderte ihm: »Es ist nicht wahr, daß die Langmesser auch nur einen meiner Brüder getötet haben; aber selbst, wenn dies so wäre, würde ich noch immer nicht dulden, daß du über meinen Freund, der wie einer der Unsrigen ist, herfällst und ihn ohne Grund beleidigst und verletzt, wie du es getan hast. Es ist wahr, ich nenne ihn meinen Bruder und werde für ihn wie für einen Bruder Rache üben. Jedoch will ich im Zelt dieses Häuptlings, der mich als Freund aufgenommen hat, kein Blut vergießen.« Mit diesen Worten packte er *Waw-be-be-nais-sa* bei der Hand, zerrte ihn hinaus und wollte ihm gerade sein Messer ins Herz stoßen, als der Häuptling, ein starker Mann, ihm in den Arm fiel, ihm das Messer wegnahm und es zerbrach. Es entwickelte sich nun eine Schlägerei, wobei sich drei oder vier Männer sofort auf *Oto-pun-ne-be* stürzten. Er aber war sehr kräftig und hatte den Zweck seiner Reise nicht vergessen. Er ließ nicht von *Waw-be-be-nais-sa* ab, bis er ihm zwei Rippen gebrochen und ihn auch noch anderweitig schwer verletzt hatte. *Oto-pun-ne-be* war selbst in trunkenem Zustand ein ruhiger Mann, und wenn er sich je in eine Schlägerei einließ, so geschah es, wie in diesem Fall, eher um eines Freundes als um seiner selbst willen.

Ich war mit der *Waw-be-be-nais-sa* zuteil gewordenen Strafe zufrieden, da ich seine gebrochenen Rippen meinem gebrochenen Schädel ungefähr gleichsetzte. Meine Genesung war so rasch fortgeschritten, daß wir gemeinsam von dem Wild essen konnten, das ich inzwischen erlegt hatte. Dann gingen wir ins Lager zurück, wo alle Zelte noch genau so standen, wie wir sie verlassen hatten. Etwa zehn Tage danach kamen auch die anderen wieder, um sich nach ihrem Eigentum umzusehen. *Oto-pun-ne-be* kehrte nun in meinem Kanu zu seiner Heimat am Roten Fluß zurück.

Alle unsere Leute waren zu ihren Zelten und zu ihrem Eigentum am *Me-naw-zhe-tau-naung* heimgekehrt. Ich besaß jetzt einen großen Fleischvorrat, der die Bedürfnisse meiner Familie für ein Jahr oder länger sicherstellen konnte. Ich brachte meine Angelegenheiten in Ordnung, nahm ein kleines Kanu und fuhr in der Absicht ab, nach Mackinac zu gelangen, von wo aus ich in die Staaten gehen wollte, um meine Verwandten aufzusuchen – falls ich noch welche hatte.

Am Regensee traf ich Mr. Giasson und andere Angestellte der Hudson's Bay Company. Sie sagten, daß ich mich keinesfalls vor irgendwelchen Angehörigen der Nordwestkompanie sehen lassen dürfe, da sie alle wegen meiner Handlungsweise äußerst gegen mich aufgebracht seien. Da aber die Hudson's Bay-Leute keine Verbindung mit dem unteren Ende des Lake Superior hatten und mir deshalb keinerlei Hilfe gewähren konnten und da ich allein reisen wollte, mußte ich notwendigerweise einige Mitglieder der Nordwestkompanie treffen. Ich reiste deshalb geradeswegs zum Handelsposten am Regensee weiter, wo ich meinen alten Freund, den Händler Mr. Tace, wiedertraf. Als ich in meinem kleinen Kanu ankam, stand er gerade am Ufer. Er lud mich in sein Haus ein, und ich folgte ihm. Dann aber fragte er mich in strengem Ton, warum ich es wagte, ihn zu besuchen. »Warum gehst du nicht zu deinen Leuten von der Hudson's Bay Company?« fragte er. Ich antwortete, daß ich in die Vereinigten Staaten gehen wolle. »Das hättest du besser schon längst getan«, antwortete er. Dennoch blieb ich zwanzig Tage bei Mr. Tace und wurde von ihm sehr freundlich behandelt. Schließlich schickte er mich in seinem eigenen Kanu zum Fort William, von wo aus mich Dr. M'Laughlin in einem seiner Boote an den Sault Ste. Marie bringen ließ. Von dort wieder brachte mich Mr. Ermatinger nach Mackinac. Alle Angehörigen der Nordwestkompanie, denen ich auf dieser Reise begegnete, behandelten mich außerordentlich gut und erwähnten meine Verbindungen mit der Hudson's Bay Company nicht mit einem Wort.

Der in Mackinac residierende Indianeragent der Vereinigten Staaten, Major Puthuff, gab mir ein Rindenkanu, Nahrungsvorräte und einen Brief an Gouverneur Cass[89] in Detroit.[90] Mein Kanu wurde an den Dampfer angebunden, der mich nach Detroit mitnahm. Unterwegs wurde ich von einem Herrn, dessen Namen ich vergessen habe, betreut. Er war von Major Puthuff ausschließlich als mein Reisebegleiter mitgeschickt worden. Nach fünf Tagen kamen wir in Detroit an, und der Herr sagte mir, ich solle auf ihn warten, bis er zurückkäme. Aber er verließ mich, und ich habe nie wieder etwas von ihm gehört. Am nächsten Tage ging ich denn allein an Land. Als ich mich auf der Straße befand, blieb ich einige Zeit stehen und blickte mich um. Endlich sah ich einen Indianer, ging auf ihn zu und fragte ihn, wer er wäre und wohin er gehöre. Er sagte: »Ein Ottawa aus *Saw-ge-nong*.« – »Kennst du *Gish-kaw-ko*?« fragte ich. »Er ist mein Vater.« – »Und wo ist *Manito-o-geezhik*, sein Vater und dein Großvater?« – »Er ist im vergangenen Herbst gestorben.« Ich bat ihn, seinen Vater zu rufen, damit er zu mir käme. Er rief ihn auch, der alte Mann weigerte sich aber zu kommen.

Am nächsten Tage stand ich wieder auf der Straße und sah mich nach allen Richtungen hin um. Da bemerkte ich einen alten Indianer und lief ihm nach. Als er mich kommen hörte, wandte er sich um, und nachdem er mich einige Augenblicke lang aufmerksam betrachtet hatte, umarmte er mich. Es war *Gish-kaw-ko*, aber er sah dem jungen Mann, der mich vor nun schon so vielen Jahren gefangengenommen hatte, nicht mehr ähnlich. Mit hastiger Stimme stellte er mir viele Fragen: wie es mir gegangen sei, wo ich mich aufgehalten hätte und anderes mehr. Ich bat ihn, mich zum Haus des Gouverneurs Cass zu führen, aber er hatte Angst davor. Da ich ihn nicht dazu überreden konnte, nahm ich den Brief des Majors Puthuff zur Hand. Von anderen Indianern hatte ich inzwischen erfahren, wo der Gouverneur wohnte, und ging bis zur Eingangspforte, wo mich ein auf und ab gehender Soldat aufhielt. Ich konnte kein verständliches Englisch sprechen, sah aber den Gouverneur auf der Veranda sitzen und hielt ihm den Brief entgegen. Er befahl darauf dem Soldaten, mich passieren zu lassen. Sobald er den Brief geöffnet hatte, gab er mir die Hand, schickte nach einem Dolmetscher und unterhielt sich lange Zeit mit mir. Außerdem ließ er *Gish-kaw-ko* kommen, der die Umstände meiner Gefangennahme und meinen zweijährigen Aufenthalt unter den Ottawa von *Saw-ge-nong* bestätigte.

Der Gouverneur ließ mich mit Kleidern im Werte von sechzig bis siebzig Dollar ausstatten und wies mir eine vorläufige Wohnung im Hause seines etwa eine Meile entfernt wohnenden Dolmetschers an. Dort sollte ich warten, bis er zahlreiche Indianer und Weiße zu einer Ratssitzung in St. Mary am Miamifluß einberufen hätte, von wo aus er mich zu meinen Verwandten am Ohio schicken wolle.

Ich wartete länger als zwei Monate, und da ich sehr ungeduldig wurde, reiste ich mit *Be-nais-sa*, dem Bruder des *Gish-kaw-ko*, und acht anderen an der Ratstagung teilnehmenden Leuten ab. Da ich aber ohne

Wissen von Gouverneur Cass ging, besaß ich auch keinerlei Vorräte. Wir waren sehr erschöpft und hungrig, besonders nachdem wir die Stromschnellen des Miami hinter uns hatten, wo wir unser Kanu verließen. Obwohl die Indianer, durch deren Gebiete wir kamen, reich mit Nahrungsmitteln versehen waren, weigerten sie sich oft, uns etwas zu geben. Manchmal hielten wir in der Nähe der Maisfelder weiße Männer an, aber obwohl der Mais jetzt gerade gut zum Rösten war und wir fast verhungerten, wagten wir dennoch nicht, uns welchen zu nehmen. Eines Nachts machten wir in der Nähe eines schönen Hauses halt, das von einem großen, prächtigen Maisfeld umgeben war. Da die Indianer sehr hungrig waren, sagten sie zu mir: »*Shaw-shaw-wa ne-ba-se*, du kommst von weit her, um deine Verwandten zu suchen. Nun geh hinein und sieh, ob sie dir etwas zu essen geben.« Ich ging hin und stand an der Tür, aber die Leute drin, die gerade beim Essen waren, verscheuchten mich, und die Indianer lachten mich aus.

Kurz danach schliefen wir eines Nachts auf der Straße, als ein Mann zu Pferd daherkam, der uns im Ottawadialekt fragte, wer wir seien. Einer der Indianer antwortete: »Wir sind Ottawa und Ojibwa und haben ein Langmesser vom Roten Fluß bei uns, der vor vielen Jahren von *Gish-kaw-ko* gefangengenommen wurde.« Nachdem er das gehört hatte, sagte er, sein Name sei *Ah-koo-nah-goo-zik*. »Wenn ihr schnell seid«, fuhr er fort, »könnt ihr schon übermorgen gegen Mittag mein Haus erreichen. Dort sollt ihr reichlich zu essen bekommen. Ich werde die ganze Nacht durchreiten, damit ich schon morgen dort bin.« Damit verließ er uns. Am nächsten Tage wurde ich so schwach, daß ich nur weiterkonnte, nachdem mir mein Gepäck abgenommen worden war. Einer trug mein Gewehr, ein anderer meine Decke. In dieser Nacht erreichten wir die Gabelung des Miamiflusses, wo sich eine Indianerniederlassung, ein Handelsposten und auch mehrere weiße Familien befanden. Ich bat den Händler um Hilfe und schilderte ihm unsere Lage, aber wir erhielten keinerlei Beistand, und am nächsten Tage war ich einfach unfähig, weiterzureisen. Die Indianer gaben uns wenigstens etwas Unterstützung, so daß wir dennoch in der Lage waren, am anderen Tage das gastliche Heim von *Ah-koo-nah-goo-zik* zu erreichen.

Dieser Mann hatte zwei große Töpfe mit Mais und frischem Hirschfleisch fertiggekocht, die nur auf unsere Ankunft warteten. Er setzte je einen vor mich und *Be-nais-sa* hin, dazu hölzerne Teller und Löffel. Nachdem wir gegessen hatten, sagte er uns, wir sollten mindestens zehn bis fünfzehn Tage bei ihm bleiben, um uns von unserer langen Reise zu erholen, da er viel Mais habe und es dort auch zahlreiche fette Hirsche gäbe. Ich sagte ihm, daß ich mich seit langen Jahren auf die Reise, die nun bald beendet sein sollte, gefreut hätte und daß ich es vor Ungeduld kaum mehr erwarten könne, zu erfahren, ob einige meiner Verwandten noch lebten. Ich würde mich gern zwei oder drei Tage bei ihm erholen und mir dann eines seiner Pferde borgen, um nach *Kau-wis-se-no-ki-ug* weiterzureiten. »Du wirst schon sehen«, sagte er. Als wir nach zwei oder drei Tagen am Morgen unser Bündel zur Abreise fertigmachten, kam er auf mich zu. Er führte ein schönes Pferd am Halfter, reichte mir die Zügel und sagte: »Ich gebe dir dies für deine Reise.« Ich wiederholte nicht nochmals, daß ich das Tier für ihn in *Kau-wis-se-no-ki-ug* zurücklassen würde, da ich dies schon einmal gesagt hatte und wußte, daß die Indianer in solchen Fällen nicht gern viele Worte hören. Zwei Tage später erreichte ich den Ort der Ratssitzung. Es waren noch keine Indianer da, wohl aber befand sich dort ein Mann, der alle Ankömmlinge mit Nahrung versorgen sollte. Kaum war ich eingetroffen, als ich an Fieber und Schüttelfrost erkrankte. Ich mußte zwar nicht ständig liegen, war aber sehr bedrückt und hatte große Schmerzen.

Ein junger Ottawa, der durch *Be-nais-sa* zu mir gekommen war, um für mich zu kochen und mir während meiner Krankheit beizustehen, ging zehn Tage später über den Bach hinüber, um die inzwischen eingetroffenen Potowatomie[91] in ihrem Lager zu besuchen. Dort fanden große Trinkgelage statt. Um Mitternacht wurde er in betrunkenem Zustand zurückgebracht, und einer der Männer, die ihn ins Zelt hineinstießen, sagte zu mir: »Paß auf deinen jungen Mann auf. Er hat Unheil angerichtet.« Ich rief sogleich *Be-nais-sa* herbei, der ein Feuer anzündete. In seinem Licht sahen wir den jungen Mann mit einem Messer in der Hand dastehen. Sein Arm und der größte Teil seines Körpers waren blutüberströmt. Die Indianer konnten ihn nicht dazu bringen, sich niederzulegen, aber mir gehorchte er augenblicklich. Ich bat sie, keine Notiz von seinem blutigen Messer zu nehmen und ihn auch nicht zu fragen, was er getan habe. Nachdem er fest geschlafen hatte, war er am Morgen nicht mehr in der Lage, sich an irgendetwas zu erinnern. Er sagte nur, daß er wohl sehr betrunken gewesen sei, und da er nun Hunger habe, müsse er gleich gehen, um sich etwas zum Essen zu holen. Als ich ihm mitteilte, daß er einen Mann gemordet hätte, war er erstaunt und verwirrt. Er entsann sich nur, daß er in seiner Trunkenheit um seinen Vater zu weinen begonnen hatte, der einige Jahre vorher an dieser selben Stelle von den Weißen getötet worden war. Nun aber wurde er sehr besorgt und suchte sofort den verwundeten Mann auf. Er fand ihn noch lebend vor. Wir hörten von den Potowatomie, daß er auf diesen schlafenden und sinnlos betrunkenen jungen Mann ohne ein Wort zugegangen war und auf ihn eingestochen hatte, offensichtlich ohne zu wissen, wer er war. Die Verwandten des Verwundeten machten ihm keine Vorwürfe, aber der Dolmetscher des Gouverneurs Cass redete in scharfer Weise auf ihn ein.

Es war allen klar, daß der Verwundete nicht wieder genesen würde, sondern bereits dem Tode nahe war. Als unser junger Mann zurückkehrte, hatten wir Geschenke von beträchtlichem Wert zusammengebracht: Einer gab eine Decke, ein anderer ein Stück Stoff und wieder andere ähnliches. Mit diesen Dingen ging er zu dem Verwundeten zurück und legte sie neben ihn auf den Boden und sagte zu den danebenstehenden Verwandten die Worte: »Meine Freunde, ich habe, wie ihr seht, euren Bruder getötet, jedoch ohne zu wissen, was ich tat. Ich hatte nicht das geringste gegen ihn. Als er vor einigen Tagen hierherkam, freute ich mich, ihn zu sehen. Aber die Betrunkenheit hat einen Narren aus mir gemacht, und mein Leben liegt mit Recht in euren Händen. Ich bin arm und lebe unter Fremden, aber einige, die mit mir aus meinem Lande gekommen sind, würden mich gern zu meinen Eltern zurückbringen. Sie haben mich deshalb mit diesen kleinen Geschenken hergesandt. Mein Leben ist in eurer Hand, und meine Geschenke liegen vor euch. Nehmt, welches von beiden ihr wollt. Wie ihr euch auch entscheidet – meine Freunde werden keinen Grund zur Beschwerde haben.« Er setzte sich dann neben den Verwundeten, senkte seinen Kopf, bedeckte seine Augen mit den Händen und wartete darauf, daß man ihn erschlüge. Die Mutter des Verwundeten jedoch, eine alte Frau, trat vor und sagte: »Für mich und meine Kinder kann ich sagen, daß wir dir nicht das Leben nehmen wollen; jedoch kann ich dir nicht versprechen, dich vor der Rache meines heute abwesenden Mannes schützen zu können. Dennoch will ich deine Geschenke annehmen. Ich werde meinen ganzen Einfluß bei ihm für dich aufbieten. Ich weiß, daß du deine Tat weder absichtlich noch aus vorgefaßtem Haß verübt hast – und warum soll deine Mutter weinen müssen, so wie ich es jetzt tue?« Sie nahm die Geschenke an. Der ganze Vorfall wurde Gouverneur Cass berichtet, der mit dem Ausgang einverstanden war.

Am folgenden Tage starb der Verwundete, und einer der Unsrigen half dem jungen Mann, der ihn getötet hatte, bei der Herrichtung des Grabes. Als alles bereit war, machte der Gouverneur dem jungen Mann ein kostbares Geschenk aus Decken, Stoffen usw., und alles sollte der indianischen Sitte entsprechend mit begraben werden. Die Gegenstände wurden am Rande des Grabes aufgehäuft. Statt sie aber mit begraben zu lassen, schlug die alte Frau den jungen Leuten vor, darum zu spielen. Da die Geschenke recht zahlreich waren, wurden die verschiedensten Wettkämpfe, wie Scheibenschießen, Hochsprung, Ringen usw., veranstaltet. Das schönste Stück Stoff wurde für den besten Schnelläufer reserviert und von dem jungen Mann, der den anderen getötet hatte, gewonnen. Sofort danach rief die alte Frau ihn zu sich und sagte zu ihm: »Junger Mann, mein Sohn war mir äußerst lieb und wert, und ich werde oft noch um seinetwillen weinen müssen. Ich würde mich freuen, wenn du an seiner Stelle mein Sohn sein wolltest, indem du mich liebst und für mich sorgst, so wie er es tat. Ich habe nur Angst vor meinem Mann.« Der junge Mann, der ihr dankbar für ihren Eifer war, sein Leben retten zu wollen, willigte sofort und von Herzen ein. Der Gouverneur jedoch hatte erfahren, daß einige Freunde des Verstorbenen noch immer entschlossen waren, seinen Tod zu rächen. Er schickte deshalb einen Dolmetscher zu dem jungen Mann mit der Anweisung, sofort und ohne jeden Zeitverlust zu fliehen und in seine Heimat zurückzukehren. Er wollte nicht gehen, aber auch *Be-nais-sa* und ich waren derselben Meinung wie der Gouverneur. So halfen wir ihm denn bei seinen Vorbereitungen, und er verließ uns eines Nachts. Statt jedoch sofort heimzukehren, wie ihm geraten worden war, versteckte er sich nur ein paar hundert Meter von unseren Zelten entfernt im Wald.

Schon früh am nächsten Morgen sah ich zwei Freunde des Getöteten auf unser Zelt zukommen. Ich war zuerst etwas besorgt, da ich glaubte, sie kämen mit gewalttätigen Absichten, aber bald merkte ich, daß sie unbewaffnet waren. Sie setzten sich zu mir ins Zelt und verharrten längere Zeit in Schweigen. Endlich sagte der eine: »Wo ist dein Bruder? Wir fühlen uns einsam und wollen uns mit ihm unterhalten.« Ich sagte, er sei gerade ausgegangen und werde bald wiederkommen. Da sie aber immer noch dablieben und darauf bestanden, ihn sehen zu müssen, machte ich mich auf die Suche nach ihm, aber natürlich keineswegs in der Annahme, ihn zu finden. Er jedoch hatte von seinem Versteck aus den Besuch der beiden jungen Männer in meinem Zelt beobachtet und glaubte nicht an etwaige böse Absichten. Er kam zu mir und kehrte mit mir zurück. Sie schüttelten ihm die Hand und behandelten ihn mit großer Freundlichkeit. Wir konnten hinterher die Haltlosigkeit aller Gerüchte bestätigen, daß sie vorgehabt hätten, ihn zu töten.

Kapitel
XIV

Reise nach Kentucky /
Gastfreundschaft der Weißen /
Rückkehr nach Detroit / General Clark /
Rückkehr zum Waldsee / Oberst Dickson /
Zweite Reise nach St. Louis,
über Chicago und Fort Clark /
Die freundlichen Potowatomie

Als sich die Ratsversammlung ihrem Ende näherte, lud mich Gouverneur Cass zum Diner ein; und da viele Herren mich aufgefordert hatten, mit ihnen Wein zu trinken, war ich nach dem Essen kaum mehr imstande, heimzugehen. Ein paar Tage später sagte mir der Dolmetscher, daß der Gouverneur gern aus Neugier wissen würde, ob ich dieselbe Begeisterung für den Alkohol empfände wie die Indianer und ob ich mich im Zustand der Trunkenheit genauso benähme wie sie. Ich hatte jedoch den Einfluß des Weines nicht in dem Maße empfunden, daß ich mich etwa vergessen hätte oder in einen Zustand der Bewußtlosigkeit geraten wäre. Ich war sofort heimgegangen und hatte so lange in meinem Zelt gelegen, bis ich wieder nüchtern war.

Einige Potowatomie hatten mir das von dem freundlichen alten *Ahkoo-nah-goo-zik* geliehene Pferd gestohlen. Aber die von *Be-nais-sa* angeführten jungen Leute fingen es wieder ein, und es wurde seinem ebenfalls an der Ratsversammlung teilnehmenden rechtmäßigen Besitzer wieder zurückgegeben. Als Gouverneur Cass hörte, wie freundlich dieser Mann zu mir gewesen war, schenkte er ihm einen sehr schönen und kostbaren Sattel. Der Alte wollte dieses Geschenk zuerst durchaus nicht annehmen, war dann aber außerordentlich dankbar dafür. »Dies«, sagte er, »haben die alten Männer mich vor vielen Jahren gelehrt, als ich noch ein Kind war: Sei freundlich und tue allen Menschen Gutes, vor allem dem Fremdling, der von weit her kommt; vergiß niemals die Verlassenen und Elenden. Handelst du danach, so wird der Große Geist auch dich nicht vergessen, er wird dir Gutes tun und dich für das Getane belohnen. Nun habe ich doch für diesen Mann nur so weniges getan – und wie reich und ehrenvoll bin ich belohnt worden!« Er wollte mich durchaus veranlassen, sein Pferd zu behalten, da er noch andere besaß und da ihm der Sattel wertvoller erschien als das Pferd.

Ich lehnte dies aber ab, und als er immer noch auf seinem Wunsch beharrte, sagte ich zu ihm, er solle das Pferd als mir gehörig betrachten, es aber für mich in Verwahrung nehmen, bis ich zurückkehrte, um es zu holen. Mich beschenkte der Gouverneur mit Waren im Werte von einhundertzwanzig Dollar, und da ich noch eine weite Reise vor mir hatte, kaufte ich für achtzig Dollar ein Pferd, das ich mit einem Teil der erhaltenen Waren bezahlte.

An der Ratsversammlung hatten auch zwei Männer aus Kentucky teilgenommen, die meine Verwandten kannten. Der eine hatte von Kindheit an in der Familie einer meiner Schwestern gelebt. Mit diesen beiden Männern reiste ich ab, obwohl meine Gesundheit noch recht schlecht war. Nach zwei Tagen wurde ich so krank, daß ich nicht mehr zu Pferde sitzen konnte. So kauften sie denn ein Skiff genanntes langes, schmales Ruderboot, und einer fuhr mit mir auf dem Wasserwege weiter, während der andere mit den Pferden zu Lande reiste. An dieser Stelle des Großen Miami sind viele Mühldämme und andere Hindernisse, wodurch unsere Reise wegen meines kranken Zustandes langsam, beschwerlich und für mich sehr hart wurde. Schließlich wurde ich so schwach, daß ich mich kaum mehr bewegen konnte. So hielten wir denn am Haus eines armen Mannes an, der am Ufer wohnte. Er bedauerte mich sehr und wollte alles ihm mögliche zur Linderung meiner Leiden tun. Ich beschloß, vorerst einmal bei ihm zu bleiben. Mein Reisegefährte wollte zum Ohio weiterreisen und von dort selbst zu mir zurückkehren oder aber jemanden senden, der mich holen sollte.

Der Mann, bei dem ich mich aufhielt, sprach einige Worte der Ottawasprache und tat, was er nur konnte, um meine Lage erträglich zu gestalten. Da kam mein Neffe bei uns an, den die Männer aus Kentucky zu mir geschickt hatten. Durch ihn erfuhr ich vom Tode meines Vaters, und er erzählte mir alle Einzelheiten über meine noch lebenden Verwandten. Ehe ich *Gish-kau-ko* in Detroit getroffen hatte, war ich stets der Meinung gewesen, daß fast die gesamte Familie meines Vaters von *Manito-o-geezhik* und seiner Bande in dem meiner Gefangenschaft folgenden Jahre ermordet worden war.

Wir unternahmen eine sehr qualvolle und schwierige Reise nach Cincinnati, wo wir uns etwas ausruhten. Dann fuhren wir in einem Skiff den Ohio hinunter. Täglich erlitt ich Fieberanfälle, und wenn der Schüttelfrost mich packte, mußten wir haltmachen, so daß wir nicht gerade schnell vorwärts kamen. Wir hatten einen Mann bei uns, der meinem Neffen half, mich in das Skiff zu legen und herauszuheben, denn ich war nun nicht viel mehr als ein Skelett und hatte nicht die Kraft, zu gehen oder zu stehen.

Nach einem sehr dunklen und wolkigen Tage langten wir in der Abenddämmerung in der Nähe einer schönen Farm an. Das Haus war groß und sah sehr gut aus. Als wir das Skiff verließen, war es schon dunkel, und meine beiden Begleiter trugen mich mehr, als sie mich führten. Als wir am Hause ankamen, erklärte mein Neffe dem Besitzer meine Lage und sagte ihm, daß mein Leben gefährdet sei, wenn wir weiterzureisen versuchten. Er aber antwortete, daß wir keinesfalls bei ihm bleiben könnten, und als mein Neffe ihn trotzdem um seine Gastfreundschaft bat, jagte er uns roh und gewalttätig aus seinem Haus. Die Nacht war nun schon gekommen, und das nächste Haus lag anderthalb Meilen entfernt. Außerdem befand es sich nicht am Ufer, so daß wir mit unserem Skiff nicht hingelangen konnten. So hing ich mich zwischen die beiden mich stützenden Männer, und wir wanderten weiter. Kurz nach Mitternacht erreichten wir ein großes, aus Ziegeln erbautes Haus, dessen Bewohner schon schliefen. Alle Fenster waren dunkel, aber mein Neffe klopfte an die Tür, und nach einiger Zeit erschien ein Mann. Als er mich sah, half er mir herein und rief seine Frau und seine Töchter, damit meine Gefährten etwas zu essen bekämen. Für mich holte er etwas Medizin und schickte mich dann zu Bett, wo ich bis zum Morgen ruhig schlief. In diesem Haus blieb ich noch den ganzen nächsten Tag

246

und wurde überaus freundlich behandelt. Von dem Tag an machte meine Genesung Fortschritte, und bald konnte ich ohne viele Schwierigkeiten den Ort erreichen, wo die Kinder meiner Schwester lebten.

Eine Nacht verbrachte ich im Haus meines Neffen John und ging dann zum Haus seines Bruders, wo ich etwa einen Monat lang krank lag.

Es kam nun ein Brief für mich an, aber obwohl sie ihn mir verschiedentlich vorlasen, konnte ich nicht ein einziges Wort seines Inhalts verstehen. Denn seit meiner Ankunft war ich ja krank gewesen, und da sich niemand längere Zeit bei mir aufhielt, hatte ich weder die englische Sprache verstehen gelernt, noch vermochte ich mich in ihr auszudrükken. Aber als es mir nun besser zu gehen begann, konnte ich, als ein zweiter Brief eintraf, aus ihm entnehmen, daß mein Bruder Edward, dessen Namen ich nie vergessen hatte, an den Roten Fluß gegangen war, um dort nach mir zu suchen. Auch hatte einer meiner Onkel, der etwa hundert Meilen entfernt lebte, mich zu sich eingeladen.

Am meisten sehnte ich mich aber nun nach meinem Bruder Edward und verlangte sofort mein Pferd, um an den Roten Fluß zurückzukehren und ihn dort zu suchen. Als es bekannt wurde, daß ich zurückkehren wollte, versammelten sich etwa zwanzig bis dreißig Nachbarn um mich, die mich, wie mir klar wurde, von meinem Entschluß abzubringen versuchten. Als sie aber sahen, daß ich starrköpfig blieb, gab mir jeder etwas Geld: manche einen, andere zwei Shilling und wieder andere größere Summen. Dann bestieg ich mein Pferd und ritt davon. Ich war etwa zehn Meilen weit geritten, als Übermüdung und Krankheit mich befielen und ich mich gezwungen sah, am Haus eines Mannes haltzumachen, der Morgan hieß, wie ich später erfuhr. Hier blieb ich vier Tage lang, und als ich nach meinem Pferd rief, versammelten sich wie früher die Nachbarn um mich herum, und jeder gab mir etwas. Einer überreichte mir Brot in einer Tüte, ein anderer band ein junges Schwein an meinen Sattel. Alles in allem erhielt ich einen guten Mundvorrat und etwas Geld. Ich wünschte, nach Detroit zurückzukehren, da ich aber noch sehr schwach war, begleitete mich Mr. Morgan nach Cincinnati. Ich hatte bemerkt, daß es mich krank machte, in einem Hause zu schlafen, und weigerte mich deshalb, dies zu tun. So schlief denn Mr. Morgan in den Häusern, bei denen wir nachts haltmachten, ich aber suchte mir draußen einen guten Platz, wo ich mich hinlegte und schlief, und ich glaube, daß meine zunehmende Gesundung diesem Umstand zuzuschreiben war. In Cincinnati trennte sich Mr. Morgan von mir, und ich reiste allein weiter. Bald war ich gänzlich ohne Nahrungsmittel. Einmal ritt ich an einem Haus vorüber, vor dessen Tür ein alter Mann stand. Bei meinem Anblick rief er die Worte: »Halt an! Komm!« Ich konnte kaum mehr Englisch als diese beiden Wörter verstehen, sah aber aus seinem Verhalten und seinem Gesichtsausdruck, daß seine Absichten freundlich sein mußten. So ging ich denn auf seinen Hof. Er fütterte mein Pferd reichlich mit Mais, und ich begleitete ihn ins Haus, wo man mir Essen vorsetzte, das ich aber nicht zu mir nehmen konnte. Daraufhin brachte er mir Nüsse, von denen ich einige aß. Als er sah, daß mein Pferd gefressen hatte und daß ich durchaus fort wollte, führte er das Tier herbei und sattelte es. Ich bot ihm Geld an, aber er wollte es nicht annehmen.

Kurz danach hielt ich an einem Haus an, in dessen Hof eine große Menge Mais lag. Mein Pferd war sehr hungrig, deshalb stieg ich ab, nahm einen Dollar aus meiner Tasche und gab ihn einem dort stehenden Mann. Dann zählte ich zehn Maiskolben ab, nahm sie und legte sie vor mein Pferd. Daß ich selbst hungrig war, konnte ich den Leuten nicht klarmachen, jedenfalls schienen sie entschlossen zu sein, mich nicht verstehen zu wollen. Als ich ins Haus ging, sah die Frau mir recht unzufrieden nach. Drinnen aber bemerkte ich den Teil eines Laibes Maisbrot. Ich zeigte darauf, dann auf meinen Mund, aber sie schien mich nicht zu verstehen. So nahm ich es denn in meine Hand und hob es zum Munde, als ob ich es essen wollte. Als sie das sah, rief sie ihren Mann von draußen herein. Er kam, entriß mir das Brot und jagte mich gewaltsam aus dem Haus. Dann nahm er auch meinem Pferd den Mais weg und gestikulierte, daß ich gehen sollte.

Das nächste Haus war groß und aus Ziegelsteinen erbaut. In der Hoffnung auf eine freundliche Behandlung beschloß ich, auch dort mein Glück zu versuchen. Aber als ich hinritt, kam ein sehr fetter Mann heraus und sprach zu mir in lauter und unfreundlicher Weise. Obwohl ich seine Worte nicht verstehen konnte, war doch ihre Bedeutung offensichtlich: Er verbot mir, sein Grundstück zu betreten. So ritt ich weiter, er aber lief mir nach und packte mein Pferd beim Zügel. Er redete lange und heftig auf mich ein, aber ich verstand ihn nicht. Wahrscheinlich verfluchte er mich, da er mich für einen Indianer hielt. Dann griff er nach meinem Gewehr und versuchte, es mir abzunehmen. Später habe ich gehört, daß er ein Restaurant besaß und außerdem städtischer Beamter war. Damals aber war ich krank, hungrig und nervös, und als er mein Gewehr haben wollte, wurde ich wütend. In meiner Hand trug ich einen etwa daumendicken, drei bis vier Fuß langen Stock aus Walnußholz. Damit schlug ich ihn so heftig auf den Kopf, daß er mein Gewehr losließ und ich davonreiten konnte. Zwei junge Männer, deren Pferde an jenem Haus standen und die ebenfalls Reisende zu sein schienen, holten mich bald ein, und wir ritten zusammen weiter.

Diese Reise war für mich recht quälend und unerfreulich. Tagelang ritt ich dahin, schwach, mutlos und allein. Die Leute, denen ich auf meinem Weg begegnete, brachten mir trotz meines Hungers und meiner Krankheit kaum irgendwelche freundlichen Gefühle entgegen. Es machte mir nichts aus, in den Wäldern zu schlafen, doch war die Jagd zu schwer, da mein Gesundheitszustand mir nicht erlaubte, weit vom Wege ab ins Innere zu gehen. Immerhin war ich nun schon fast an der Quelle des Großen Miamiflusses. Eines Abends gab ich einem Farmer einen Dollar, wurde aber trotzdem von ihm ohne Nahrung für mein Pferd oder mich verjagt. Sobald ich glaubte, daß die Familie schlief, kam ich aus dem Wald hervor und holte mir genug Mais, um mein Pferd füttern zu können. Auch hatte ich am Tag vorher ein Huhn für fünfundzwanzig Cents gekauft und aß nun davon, so daß ich mich ein wenig kräftiger fühlte. Die Zwischenräume zwischen den Farmen wurden nun schon immer größer, und als ich ein Rudel Schweine im Wald sah, schoß ich eines davon, zog ihm die Haut ab und hing das Fleisch an meinen Sattel, so daß ich gut mit Nahrung versorgt war.

An der Mündung des Miami in den Eriesee traf ich einen mir wohlbekannten Händler, der die Ottawasprache genausogut beherrschte wie ich. Ich bat ihn um Futter für mein Pferd, aber er schickte mich fort und wollte mir nichts geben, obwohl er mir etwas Mais für das ›Bärenfleisch‹ – das an meinem Sattel hängende Schweinefleisch – anbot. Er war mir aber so unsympathisch, daß ich lieber den Fluß überquerte und im Wald schlief.

Gerade während dieser Nacht fühlte ich mich wieder sehr krank. Am

Morgen mußte ich bemerken, daß mir mein Pferd ausgerissen und zurückgelaufen war. Ich war kaum imstande, ihm nachzugehen. Als ich am Fluß gegenüber vom Hause des Händlers angekommen war und mein Pferd dort stehen sah, rief ich ihm zu, es mir doch bitte herüberzuschicken, da ich krank sei. Er weigerte sich, dies zu tun. So bat ich ihn wenigstens um ein Kanu, da ich wegen meines kranken Zustandes nicht ins Wasser gehen wollte. Aber auch dies lehnte er ab, und so war ich gezwungen, hinüberzuschwimmen. Ich nahm mein Pferd und kehrte zu meinem Lager zurück, war aber zu krank, um meine Reise fortzusetzen.

Am nächsten Tag zog ich weiter und hatte das Glück, ein Haus zu finden, wo die Frau sehr freundlich zu mir war. Sie fütterte mein Pferd und brachte mir etwas gesalzenes Schweinefleisch, das ich ihr aber wiedergeben mußte, da es mir nicht bekam. So gab sie mir denn etwas frisches Hirschfleisch, und ich nahm ein Schulterstück. Sie machte mir Zeichen, ins Haus zu kommen, da ich aber den Wald vorzog, suchte ich mir in der Nähe einen angenehmen Lagerplatz und kochte mir dort das von ihr geschenkte Fleisch. Noch ehe das Essen fertig war, schickte sie mir einen kleinen Jungen mit etwas Brot und frischer Butter.

Ich entfernte mich nun schon immer weiter von den letzten Siedlungen. Als ich bei *Ah-koo-nah-goo-zik* vorüberkam, wollte ich mich dort keinesfalls sehen lassen, da ich ihm schon verpflichtet genug war und nicht wollte, daß er mich wieder bäte, sein Pferd anzunehmen. Als ich mich Detroit auf etwa hundert Meilen genähert hatte, wurde ich wieder sehr krank. Ich fühlte mich vollkommen reiseunfähig und beschloß endlich, etwas Brechweinstein, den mir Dr. M'Laughlin vom Regensee einst gegeben hatte und den ich seit langer Zeit mit mir herumtrug, einzunehmen. Kaum hatte ich die Medizin geschluckt, da begann es auch noch heftig zu regnen. Ich verfiel in heftige Krämpfe und konnte nicht verhindern, durch und durch naß zu werden. Nachdem der Regen aufgehört hatte, gefror der Bach neben meinem Lagerplatz. Da ich aber von heftigem Fieber geschüttelt wurde, brach ich die Eisdecke auf und warf mich in das Wasser. Lange Zeit blieb ich in diesem Zustand: unfähig, meine Reise fortzusetzen, und ohne jede Hoffnung auf Genesung. Zwei Briefträger kamen einmal bei mir vorbei, von denen der eine ein wenig indianisch sprechen konnte. Sie sagten mir aber, sie könnten mir nicht helfen, da es ihre Pflicht sei, ihren Weg ohne Zeitverlust fortzusetzen.

Als ich endlich reisefähig war, nahm ich meinen Weg wieder auf. Zwei Tage von Detroit entfernt traf ich auf der Straße einen Mann mit einer Siouxpfeife in der Hand. Er sah meinem Vater verwechselnd ähnlich. Ich versuchte, ihn anzuhalten und seine Aufmerksamkeit auf mich zu lenken, aber er warf nur einen flüchtigen Blick auf mich und ging weiter.

Als ich zwei Tage später in Detroit eintraf, erfuhr ich, daß dieser Mann – wie ich angenommen hatte – mein Bruder war. Der Gouverneur wollte mir aber nicht erlauben, ihm nachzugehen. Er meinte, daß alle Händler auf der Strecke nach Detroit wüßten, daß ich vorübergekommen sei, und daß mein Bruder, der sich bei ihnen nach mir erkundigen würde, bald erfahren mußte, wo ich war, und dann umkehren würde, um mich zu suchen. Er hatte vollkommen recht mit dieser Annahme, denn drei Tage später kam mein Bruder tatsächlich in Detroit an. Lange Zeit hielt er mich umarmt, aber da ich die englische Sprache nicht mehr verstand, konnten wir uns nur mit Hilfe eines Dolmetschers unterhalten. Er ließ mich zuerst mein langes Haar abschneiden, in dem ich auf Indianerart Schmuckschnuren getragen hatte. Wir besuchten dann gemeinsam Gouverneur Cass, der sich sehr befriedigt darüber äußerte, daß ich die Indianertracht abgelegt hatte. Jedoch war die Kleidung der Weißen äußerst unbequem für mich, so daß ich von Zeit zu Zeit aus Gründen des Wohlbefindens meine alte Tracht wieder anlegen mußte.

Ich versuchte, meinen Bruder – mit dem ich mich noch immer nur mit Hilfe eines Dolmetschers verständigen konnte – zu veranlassen, mit mir zu meiner Hütte am Waldsee zu kommen. Aber er bestand darauf, mich in sein Haus jenseits des Mississippi zu bringen, und so reisten wir denn gemeinsam dorthin. Die Besatzung von Fort Wayne war sehr freundlich zu uns, und unsere Reise war im ganzen recht angenehm. Wir brauchten vierzig Tage bis zum Mississippi, wo mein Bruder fünfzehn Meilen von Neumadrid entfernt wohnte. Auch ein anderer Bruder von mir wohnte dort in der Nähe, und beide begleiteten mich nach Jackson, fünfzehn Meilen von Cap Girardeau entfernt, wo zwei meiner Schwestern lebten. Zu fünft oder sechst reisten wir von dort über Golconda am Ohio nach Kentucky, wo in zwei kleinen Dörfern – Salem und Princeton – eine große Zahl weiterer Verwandter lebte.

Meine Schwester Lucy hatte in der Nacht vor meiner Ankunft geträumt, mich durch das ihr Haus umgebende Maisfeld kommen zu sehen. Sie hatte zehn Kinder. Verwandte, Freunde und Nachbarn versammelten sich um uns, um das Wiedersehen mit meinen Schwestern mitzuerleben, und obwohl wir uns nicht direkt unterhalten konnten, wurden viele Tränen vergossen. Am Sonntag nach meiner Ankunft kamen noch mehr Leute zum Haus meiner Schwester, wo ein Gottesdienst abgehalten wurde. Mein Schwager, Jeremiah Rucker, versuchte, mir aus der Hinterlassenschaft meines Vaters etwas zukommen zu lassen. Wir gingen zum Gericht von Princeton, wo er mich den Leuten vorstellte, aber wir konnten nichts erreichen. Meine in der Nähe lebende Stiefmutter gab mir einhundertsiebenunddreißig Dollar.

Von sieben meiner Verwandten – Männer und Frauen – begleitet, ging ich nun nach Scottsville, wo ein Onkel lebte, der mich sehen wollte. Dort veranstaltete man eine Sammlung, und ich erhielt hundert Dollar. Nach meiner Rückkehr brachte Oberst Ewing aus Hopkinsville während der einen Stunde, die ich dort war, weitere hundert Dollar zusammen, die er mir ebenfalls überreichte. Dieser Herr hat mir ganz besondere Freundlichkeit erwiesen und ist bis zum heutigen Tage mein aufrichtiger und stets hilfsbereiter Freund geblieben.

Von Hopkinsville ging ich zum Haus meiner Stiefmutter, wo ich mich auf meine Rückkehr zum Waldsee vorbereitete. Einige Verwandte, die mich von jenseits des Mississippi begleitet hatten, waren nun in ihre Heimat zurückgekehrt; aber mein Bruder und meine Schwägerin bestanden darauf, mit mir zu reisen. Vom Haus meines Bruders Edward bei Neumadrid ging ich wieder nach Jackson, wo ich aufs neue erkrankte. Da mein Vermögen nun durch die Freundlichkeit der Menschen, denen ich inzwischen begegnet war, auf fünfhundert Dollar in Silber angewachsen war, glaubte mein Bruder, daß ich allein mancherlei Gefahren ausgesetzt sein würde, und weigerte sich, mich zu verlassen.

Von Jackson reisten wir nach St. Louis, wo wir Gouverneur Clark besuchten, der schon meinem Bruder während seiner Suche nach mir wertvolle Hilfe gewährt hatte. Er empfing uns mit großer Liebenswürdigkeit und bot uns jede nur erdenkliche Hilfe an, bei dem erstrebten Ziel, meine Familie aus dem Indianerland herbeizuholen. Mein Bruder wollte schon deshalb mitkommen, um mehrere Männer mitzunehmen, die im Notfall meine Kinder mit Gewalt zurückbringen sollten. Ich ging aber eines Tages allein zu Gouverneur Clark und bat ihn, nicht auf meinen Bruder zu hören, der die Gegend, in die ich reisen mußte, nicht kannte und der auch nicht in der Lage war, die zu treffenden Maßnahmen zu beurteilen. Ich wollte nicht, daß ein Weißer – auch nicht mein Bruder –, mich begleitete, da ich wußte, daß er die Beschwerden der Reise nicht ertragen und nicht wie ich den ganzen Winter lang in einem Indianerzelt leben konnte. Außerdem glaubte ich, daß er für mich eher ein Hindernis als eine Hilfe bedeuten würde. Gouverneur Clark wollte mich über den Oberen Mississippi zum Waldsee schicken, aber ich mochte diesen Weg wegen der dort wohnenden Sioux keinesfalls einschlagen. Er gab mir ein Mackinacboot,[92] das sechzig Mann befördern konnte, mit einer genügenden Besatzung, dazu drei Fässer Mehl, zwei Fässer hartes Brot, Gewehre, Zelte, Äxte usw. Nachdem ich meinen Bruder zur Rückkehr bewogen hatte, fuhr ich ab.

Die Strömungen des Mississippi unterhalb des Missouri lehrten mich bald, daß mein großes und schweres Boot für meine Unternehmung ungeeignet war. Ich verließ es deshalb an der sogenannten Sioux-tragstelle (Portage des Sioux). Von dort aus reiste ich mit zwei Männern in einem kleinen Kanu zur Quelle des Illinoisflusses bei Chicago.

Gouverneur Clark hatte mir einen Brief für Mr. M'Kenzie, den dortigen Indianeragenten, mitgegeben. Da aber gerade kein Schiff nach Mackinac fuhr, stellte er mir ein Rindenkanu mit einer indianischen Bemannung zur Verfügung. Die Indianer jedoch hielten bald an, um mehrere Tage lang zu trinken. Da aber gerade ein zurückkehrender Dampfer vorbeikam, fuhr ich mit diesem nach Mackinac, wo mir der Kapitän des Schiffes namens Knapp anbot, mich mit nach der Drummondinsel zu nehmen. Dort wurde ich von Dr. Mitchell und dem Indianeragenten Oberst Anderson sehr freundlich aufgenommen und von letzterem zum Sault Ste. Marie geschickt.

Dort mußte ich zwei bis drei Monate warten, da der verantwortliche Oberst Dickson mir nicht erlauben wollte, in dem Schiff der Nordwestkompanie zum Lake Superior zu fahren, das während meiner Wartezeit dreimal hin- und herfuhr. Endlich war ich reisefertig und fuhr mit dem Schiff des Obersten. Kaum hatten wir das Ufer verlassen, gab er mir ein

Ruder und zwang mich, trotz meines schlechten Gesundheitszustandes zu rudern, solange ich überhaupt noch imstande war, aufrecht zu sitzen. Als ich schließlich zusammenbrach, ließ er mich etwa zwanzig Meilen entfernt von Fort William am Ufer aussetzen, wo ich Mr. Griarson begegnete, der dort irgendwelche Besitzungen der Hudson's Bay Company verwaltete. Ich war über die mir durch Oberst Dickson zuteil gewordene Behandlung sehr aufgebracht und hatte ihm, als er mich verließ, gesagt, ich würde dennoch vor ihm in *Me-naw-zhe-tau-naung* sein. Ich ließ mein gesamtes Gepäck unter der Obhut von Mr. Griarson und fuhr mit einem von mir engagierten alten Franzosen in einem kleinen Kanu los. Wir überquerten glücklich den See, und ich war tatsächlich vor Dickson am Ziel.

Alle meine Familienmitglieder waren gesund. Am nächsten Tage richtete man mir aus, daß der ›rothaarige Engländer‹ – wie Oberst Dickson genannt wurde – auf dem Weg zu meinem Zelt sei. Ohne mich von meinem Lager zu erheben, sagte ich, daß er durchaus nicht hereinzukommen brauche. »Jetzt finden Sie mich in meinem Zelt«, sagte ich zu ihm, »obwohl Sie mich in der Fremde und weit von jeder Stätte, wo ich hätte Hilfe erwarten können, ausgesetzt haben. In meinem Zelt sind Menschen wie Sie nicht willkommen, und ich hoffe, daß Sie es nicht betreten werden.« Ich wußte, daß er mich um Nahrungsmittel bitten wollte, war aber entschlossen, ihn weder zu empfangen noch ihm irgendetwas zu geben. Er verließ unser Dorf und reiste auf dem Indianerweg nach dem Roten Fluß. Da der Wasserstand aber ungewöhnlich niedrig war, gestaltete sich seine Reise äußerst schwierig, und er wäre fast Hungers gestorben. An diesem Weg befand sich ein Begräbnisplatz, wo einer meiner Schwäger, ferner eine Tochter *Oto-pun-ne-bes* und andere meiner Freunde und Bekannten ruhten. Diese Gräber waren sorgsam bedeckt. Oberst Dickson jedoch brach die sie umgebenden Einfriedungen nieder und zerstörte die kleinen über den Gräbern errichteten Häuser,[93] womit er die Indianer tief verletzte. Sie drohten, ihm das Leben zu nehmen, und hätten dies bei geeigneter Gelegenheit auch getan. Jedoch reiste er nach Pembina weiter und von dort zum Quersee, worauf er niemals wieder ins Land der Ojibwa zurückkehrte.

Einige Tage nach meiner Ankunft in *Me-naw-zhe-tau-naung* erkrankte eines meiner Kinder an den Masern und starb, da diese Krankheit damals bei den Indianern fast stets tödlich endete. Auch andere erkrankten, aber da ich nun bessere Kenntnisse von der Krankenpflege hatte, starb sonst niemand. Bald darauf wurden die Vorräte sehr knapp, und ich veranstaltete gemeinsam mit *Me-zhuk-ko-naun* eine Medizinjagd. Im Traum sah ich wieder jenen jungen Mann, der mir schon oft bei ähnlichen Gelegenheiten erschienen war, zu mir herabkommen. Vor mir stehend, machte er mir schwere Vorwürfe über meine Klagen, da ich über das eben verlorene Kind weinte. ›In Zukunft‹, sagte er, ›wirst du mich nicht mehr zu sehen bekommen, und der Rest des Weges, der noch vor dir liegt, wird voller Dornen sein. Dies vor allem wegen der zahlreichen Verbrechen und des schlechten Verhaltens deiner Frau. So werden denn deine Tage voller Trübsal sein. Diesmal jedoch, da du mich gerufen hast, will ich dir etwas zu essen geben.‹ Als er dies sagte, sah ich zahlreiche Enten vor mir, die eine Wasseroberfläche ganz bedeckten, dann anderswo einen Stör und an einem dritten Ort ein Renntier. Auch dieser Traum ging in Erfüllung wie gewöhnlich – jedenfalls der Teil, der meine Jagd- und Fischbeute betraf.

Als der Winter kam, ging ich an den Roten Fluß auf Büffeljagd, stellte Trockenfleisch her und bereitete mich auf die Rückkehr in die Staaten vor. Ich hatte mich zehn Jahre zuvor von meiner ersten Frau getrennt. Jedoch hatten mich die Vorstellungen der Indianer und auch zum Teil meine eigenen Lebensnotwendigkeiten veranlaßt, eine andere zu nehmen. Von dieser zweiten Frau hatte ich drei Kinder, während sich die Kinder meiner ersten Frau nicht im Dorf befanden. Da aber auch diese Frau sich weigerte, mich zu begleiten, nahm ich meine drei Kinder und reiste ohne sie ab. Am Regensee holte sie mich jedoch ein und war bereit, mich nach Mackinac zu begleiten.

Bei meiner Rückreise halfen mir die Leute von der Nordwestkompanie. Auf der Drummondinsel wurde ich jedoch enttäuscht, da man mir dort auf der Hinreise reichliche Geschenke gegeben hatte, die ich aber nicht mitnehmen wollte und die man mir auf meiner Rückfahrt aushändigen versprach. Der kommandierende Offizier, der so freundlich zu mir gewesen war, war abgelöst worden, und der neue zeigte eine völlig andere Einstellung, vor allem gegen Leute, die irgendetwas mit den Indianern zu tun hatten. Er weigerte sich, mich zu empfangen oder mir Hilfe angedeihen zu lassen. Ich konnte jedoch Mackinac durch die Freundlichkeit von Mr. Ermatinger vom Sault Ste. Marie erreichen.

Oberst Boyd war damals Indianeragent in Mackinac. Er ließ mich kommen und bot mir eine Stellung als Gehilfe in seiner Schmiede an. Aber mir gefiel diese Art Beschäftigung nicht, und deshalb wollte ich nicht dort bleiben. Er stattete mich mit hundert Pfund Mehl, derselben Menge Speck, etwas Whisky, Tabak usw. aus. Zwei Schiffe fuhren nach Chicago, aber keines wollte mich an Bord nehmen, obwohl ich genügend Geld besaß und sie bezahlen wollte. So blieb mir kein anderer Ausweg, als von den Indianern ein schlechtes altes Rindenkanu zu kaufen, für das ich sechzig Dollar zahlte. Ferner engagierte ich drei Franzosen als meine Begleiter – jedoch verbot Oberst Boyd ihnen, mit mir zu gehen. Er gab mir aber einen Brief an Dr. Wolcott mit, den damaligen Indianeragenten in Chicago, und ich fuhr mit nur einem Begleiter ab.

Bei der Ottawaniederlassung *Waw-gun-nuk-kiz-ze* machte ich halt, da ich festgestellt hatte, daß mein Kanu zu zerbrechlich und zu undicht für die Reise war, und kaufte ein neues, für das ich achtzig Dollar bezahlte. Mehrere meiner Ottawafreunde beschlossen, mich zu begleiten, und so fuhren wir denn ab: acht Männer in dem einen Kanu und sechs in dem anderen, dazu einige Frauen. Sie fuhren mit mir bis zwei Tagereisen vor Chicago, wo wir andere Indianer mit schlechten Nachrichten über den Wasserstand des Illinoisflusses trafen. Daraufhin verließen sie mich und kehrten um. Meine Frau kehrte mit ihnen zurück.

Bei meiner Ankunft in Chicago hatte ich wieder Fieber, besaß keine Provisionen mehr und befand mich in einer schweren Notlage. Ich ging zu Dr. Wolcott, um ihm den Brief des Indianeragenten von Mackinac, Oberst Boyd, zu überreichen, aber er wollte ihn nicht annehmen und ignorierte mich vollkommen. Er wußte genau, wer ich war, da er mich schon vorher in Chicago gesehen hatte. Ich weiß nicht, warum er mir seine Hilfe versagte. Ich schlug mein Zelt in geringer Entfernung von seinem Haus in der Nähe eines wilden Reissumpfes auf und ernährte meine Kinder tagelang mit Amselfleisch. Denn obwohl es mir so schlecht ging, daß ich kaum fünf Minuten lang sitzen konnte, schoß ich die Vögel, die sich im Reisfeld niederließen.

Endlich vermochte ich, mit Hilfe von zwei Stöcken zum Hause Dr. Wolcotts zu kriechen. Ich stellte ihm vor, daß meine Kinder dem

Hungertode nahe seien, aber er trieb mich brutal fort. Als ich seiner Tür den Rücken kehrte, vergoß ich einige Tränen, was bei mir etwas höchst Ungewöhnliches ist, aber die Krankheit hatte mich weibisch gemacht. Auf dem Weg von seinem Haus zu meinem Zelt fiel ich drei- oder viermal in Ohnmacht und lag an der Straßenseite. Aber meine Leiden und die meiner Kinder wurden bald durch einen Franzosen erleichtert, der einige Boote über die Tragstelle gebracht hatte. Seine Frau war eine Ojibwa und begleitete ihn stets, wenn er die Boote herüberbrachte. Obgleich seine Pferde von der weiten Reise sehr erschöpft waren, willigte er ein, mich und mein Kanu sechzig Meilen weit vorwärts zu bringen und falls seine Pferde es aushielten, die ganzen hundertzwanzig Meilen – dies war bei dem augenblicklichen Wasserstand die Länge der Tragstrecke. Dafür bezahlte ich ihm den geforderten Satz, der mir sehr bescheiden vorkam. Auch lieh er mir ein junges Reitpferd, da ich viel zu schwach zum Gehen war und er glaubte, daß ich auf einem Pferd bequemer vorwärts käme als in seinem Karren mit dem Kanu. Ehe wir noch das Ende der ersten sechzig Meilen erreicht hatten, wurde er krank. Es war jetzt etwas Wasser im Fluß. Ich trug mein Kanu hinein und versuchte, darin weiterzufahren. In der Nacht, nachdem ich das junge Pferd an seinen Besitzer zurückgegeben hatte, wurde es von den Potowatomie gestohlen. Er selbst aber erkrankte an der Ruhr. Jedoch hatte er einen jungen Mann als Beistand. So ließ ich ihm alle in meiner Macht stehende Hilfe angedeihen und schickte ihn zurück. Ich hatte nun zu meiner eigenen Hilfe niemanden als einen alten Indianer namens *Gosso-kwaw-waw* (›Raucher‹). Wir legten das Kanu aufs Wasser, konnten es aber selbst nicht besteigen, sondern setzten nur ab und zu die Kinder hinein und ließen sie langsam dahinfahren, während einer von uns den Bug, der andere den Stern des Bootes führte. Als wir uns drei Meilen weit auf diese Weise fortbewegt hatten, erwies sich diese Methode als so mühselig und langsam, daß ich einen Potowatomie engagierte, der für eine Decke und ein Paar Ledergamaschen mein Gepäck und meine Kinder an die Mündung des *An-num-mun-ne Se-be* (Yellow Ochre River, ›Gelber Ockerfluß‹) zu bringen versprach. Die Entfernung betrug sechzig Meilen. Dieser Fluß kommt vom Mississippi her, und unterhalb seiner Einmündung führt der Illinois stets genug Wasser für Kanus. Ich war etwas besorgt, dem Potowatomie meine Kinder und mein Gepäck anvertraut zu haben, aber der alte *Gos-so-kwaw-waw* war der Meinung, daß er ehrlich sei. Als er die Kinder auf die Pferde setzte, hatte er gesagt: »In drei Tagen werde ich an der Mündung des *An-num-mun-ne*-Flusses sein. Dort will ich auf dich warten.«

Wir trennten uns ohne weitere Reden, und der alte *Gos-so-kwaw-waw* und ich setzten unsere mühselige und schwierige Route entlang dem Flußbett des Illinois' fort. Zu beiden Seiten der Straße erstreckt sich die Prärie, und man kann dort Pferde und Karren ohne Schwierigkeit vorwärts bewegen. Als wir an dem verabredeten Platz ankamen, fanden wir den Potowatomie bereits vor. Alles war in Sicherheit.

Wir packten nun unsere Sachen ins Kanu und fuhren zum Fort Clark hinunter, das auf der Landenge zwischen zwei Seen liegt und von den Indianern *Ka-gah-gum-ming* (Isthmus, ›Fast Wasser‹) genannt wird. Hier fanden wir einige Bekannte oder besser Leute, die irgendwie mit der indianischen Familie, zu der ich gehört hatte, verwandt waren und mich deshalb als Verwandten betrachteten. So gab es dort einen *Taw-ge-we-ninne*, der der Sohn von *Net-no-kwas* Mann war, und einige Verwandte einer meiner Frauen. Eine der letzteren, eine alte Frau, gab mir einen Sack voll *Wiskobimmenuk*, das ist die Sorte Mais, die man grün pflückt und dann kocht und trocknet.

Zwei bis drei Meilen weiter stand ein Mann am Ufer, der mir beim Vorbeikommen zurief: »Mein Freund, liebst du frisches Hirschfleisch?« Als ich dies bejahte und mein Kanu anhielt, legte er einen großen fetten Hirsch hinein und sagte dazu: »Vielleicht möchtest du ihn essen. Ich habe ihn gerade erlegt.« Damit wandte er sich zum Fortgehen. Ich rief ihn aber zurück, und obwohl er irgendeine Bezahlung ablehnte, gab ich ihm doch etwas Schießpulver, einige Kugeln und ein paar Feuersteine, wofür er sehr dankbar war.

Eines Tages hatte ich mich sehr warm gearbeitet, schoß einen Kranich und ging ins Wasser, um ihn zu holen. Gleich danach fühlte ich mich sehr schlecht, dachte aber nicht über die Ursache nach, sondern ging nochmals ins Wasser, um eine neue Beute zu holen. Da fiel ich plötzlich nieder und war unfähig, mich zu erheben. Das Fieber hatte mich mit solcher Heftigkeit von neuem gepackt, daß ich in unmittelbarer Lebensgefahr zu schweben meinte. Ich gab *Gos-so-kwaw-waw* die Anweisung, meine Kinder zu Gouverneur Clark zu bringen, der – davon war ich überzeugt – ihnen behilflich sein würde, meine Verwandten zu erreichen. Aber entgegen meinen Befürchtungen ging es mir langsam besser, und nach einigen Tagen konnte ich meine Reise fortsetzen. Wir kamen an vielen Potowatomie vorüber, deren Zelte in großer Anzahl fast an jeder Flußwindung errichtet waren. Einige bestiegen ihre Kanus und gaben mir für eine Strecke das Geleit. Einmal kam ein Mann von seinem Zelt am Flußufer herbeigelaufen und fragte mich, wer ich sei. Als ich es ihm gesagt hatte, fragte er, ob meine Kinder Honig essen dürften. Als ich meinte, das könnten sie wohl, schickte er mir zwei junge Männer, die jeder eine große Schüssel Honig trugen und sie mir überreichten.

So fuhr ich den Illinois hinunter und jagte auch eine Menge Wild, so daß wir stets genug zu essen hatten. Auch mein Gesundheitszustand besserte sich, und bald waren wir in St. Louis. Hier erwies uns Gouverneur Clark wieder seine gewohnte Freundlichkeit, und zwar nicht nur mir und den Kindern, sondern auch meinem Begleiter, der mich während meiner Reise so gut unterstützt hatte. Nachdem er dem alten Mann ein schönes Geschenk gegeben hatte, entließ er ihn und sorgte für seine Rückkehr in die Heimat.

In St. Louis mußte neue Kleidung für meine Kinder angefertigt werden, deshalb hielt ich mich länger als beabsichtigt in dieser Stadt auf. Da einige Kleidungsstücke vor meiner Abreise immer noch nicht fertig waren, sandte der Gouverneur sie mir später nach Kentucky. Mit einem Brief des Gouverneurs Clark an den Indianeragenten von Cape Girardeau ausgerüstet, reiste ich nun in meinem Birkenrindenkanu dorthin. Ich ließ es am Cape, wo ich mich nur sehr kurze Zeit aufhielt. Dort traf ich einige Herrn (Darunter befand sich Edwin James, den Tanner hier kennenlernte. E. L.), die gerade mit Major Long von ihrer berühmten Reise zu den Rocky Mountains zurückgekehrt waren. Dies war im Jahr 1820, ein Jahr nach meiner ersten Rückkehr an den Ohio. Seit meiner Gefangennahme durch *Manito-o-geezhik* und *Gish-kaw-ko* waren, als ich meine Reise vom Waldsee aus 1819 unternahm, genau dreißig Jahre verstrichen. So war wohl 1789 das Jahr meiner Gefangennahme. Ich bin nun siebenundvierzig Jahre alt.

Vier Monate lang blieb ich bei meinen Schwestern in dem fünfzehn Meilen von Cape Girardeau entfernten Jackson. Dann ging ich nach

Kentucky und kehrte im darauffolgenden Herbst nach St. Louis zurück, um Gouverneur Clark wiederzusehen. Er war aber gerade nicht in dieser Stadt, und da in St. Louis eine Fieberepidemie herrschte, an der viele starben, hielt ich mich dort nur ganz kurz auf. Auf dem Heimweg überfiel mich an der Grand Prairie, achtzig Meilen von dem Ort entfernt, wo ich meine Kinder zurückgelassen hatte, ein heftiges Fieber. Glücklicherweise aber traf ich dort eine Frau, die mich mit großer Menschlichkeit und Liebenswürdigkeit behandelte, so daß ich bald wieder gesund wurde. Ich erfuhr nun, daß meine Kinder ebenfalls schwer an dem Fieber erkrankt waren, das die ganze Gegend heimsuchte, und eilte trotz meines geschwächten Zustandes zu ihnen. Jedoch starb nur eines der Kinder. Die anderen wurden trotz ihrer schweren Erkrankung wieder gesund. Ich war jedoch nicht das einzige Opfer dieser Heimsuchung. Aus dem engsten Kreis meiner Verwandten starben sieben, und die Sterbeziffer in diesem Teil des Staates war ungeheuer groß.

Im nächsten Frühling wurde ein neuer Versuch unternommen, mir aus dem Erbe meines Vaters etwas zukommen zu lassen. Meine Stiefmutter sandte jedoch einige der Negersklaven, die ich zu erhalten hoffte, nach der Insel Kuba, wo sie verkauft wurden. Diese Angelegenheit ist immer noch nicht geregelt und liegt zur Zeit noch in den Händen der Rechtsanwälte.

Im Frühling 1822 ging ich wieder nordwärts, da ich mich bei meinen Freunden in Kentucky doch nicht ganz so wohl fühlte. Ich reiste über die Grand-Prairie-Tragstelle, gab mein Kanu meinem Bruder, nahm mir Pferde und ritt mit meinen Kindern am Illinois entlang nach St. Louis.

Der für das Fort Clark zuständige Indianeragent wohnte zu jener Zeit in einem Ort namens Elchherz (Elk Heart). Er wie auch die meisten anderen Leute dieser Gegend waren freundlich zu mir und zeigten mir in allen Notlagen ihre Hilfsbereitschaft. Auf dieser Reise machte ich in Elchherz halt, und obwohl der Agent nicht zu Hause war, erhielt ich kostenlos Futter für meine Pferde sowie die für meine Kinder und mich erforderlichen Nahrungsmittel. Am nächsten Tag traf ich den Agenten, der gerade von Fort Clark zurückkehrte, und erzählte ihm von dem freundlichen Empfang, den ich in seinem Haus während seiner Abwesenheit erfahren hatte. Er freute sich, das zu hören, sagte mir aber, daß ich jetzt einen sehr gefährlichen Fluß zu überqueren hätte. »Doch«, fügte er hinzu, »es liegt gerade ein Boot an diesem Ufer, in dem ich herübergekommen bin. Sein Eigentümer wohnt am anderen Ufer. Fahr in diesem Boot hinüber und sage ihm dann, daß er dich auch über den anderen Fluß setzen soll, der hinter seinem Haus liegt, und daß ich ihn für seine Bemühungen bezahlen werde.« Dies wurde entsprechend ausgeführt. Nun war aber meine Tochter Martha krank geworden, und wir mußten uns den ganzen Tag in der Nähe des Hauses aufhalten, in dem der Kanubesitzer wohnte. Ich besaß ein sehr schönes Pferd, ein Geschenk meines Bruders, das dieser Mann durchaus haben wollte. Er wollte mich dafür bezahlen, aber da ich das Pferd für meine Reise benötigte, konnte ich es keinesfalls weggeben. Er bestand jedoch darauf und drohte mir, mich nicht weiter zu befördern, wenn ich ihm das Pferd nicht gäbe. Das Kanu hatte bereits am anderen Fluß gelegen, da jemand hinübergefahren war, und als ich abreisen wollte, erwartete ich, es dort vorzufinden. Als ich aber zur Fährstelle ging, kam mir der Mann zu Pferde entgegen und sagte: »Du kannst nicht hinüber, da ich das Kanu weggenommen habe.« Ohne ihn zu beachten, setzte ich meinen Weg fort und stellte fest, daß das Kanu tatsächlich verschwunden war. Weder Baumstämme noch anderes Material zur Herstellung eines Floßes waren vorhanden. Da ich um der Kinder willen nicht zu Pferd hinüberschwimmen wollte, stand ich einige Zeit da und überlegte, was zu tun sei. Endlich kam mir der Gedanke, daß ich das versteckte Kanu durch die von ihm hinterlassene Schleifspur finden mußte. Ich kehrte zurück und fand ziemlich weit von der Straße ab die Spur des Kanus. Ich folgte ihr und fand es endlich in dichtem Gebüsch verborgen, etwa eine Meile von der Fährstelle entfernt. Ich trug es zur Flußkreuzung und fuhr meine Kinder und die Pferde in ihm hinüber. Dann stieß ich es in den Fluß und sagte zu ihm: »Geh und bleib dort, wo dein Herr dich versteckt hat.«

In Chicago sah ich mich gezwungen, meine Pferde weit unter ihrem Wert an Hauptmann Bradley und Mr. M'Kenzie, die jetzt an Dr. Wolcotts Stelle Agenten waren, zu verkaufen. Sie sagten mir, daß man sie keinesfalls für mich nach Mackinac befördern würde. Für ein altes Pferd, das ich als wertlos zurücklassen wollte, erhielt ich von einem der Herren fünfzehn Dollar. Er hätte es von mir umsonst haben können.

Als Kapitän Keith mit dem Dampfer ›Jackson‹ ankam und den mir von Gouverneur Clark mitgegebenen Brief vorlas, sagte er, daß er meine Pferde kostenlos für mich mit nach Mackinac genommen hätte. Da sie aber bereits verkauft waren, ließ sich daran nichts mehr ändern.

Der Hauptgrund meiner Rückkehr nach Mackinac war, mich dem dortigen Indianeragenten Oberst Boyd als Dolmetscher anzubieten. Er hatte oft den Wunsch ausgesprochen, daß ich dies tun solle, sobald es mir meine neuzuerwerbenden englischen Sprachkenntnisse ermöglichten. Ich war deshalb sehr enttäuscht, zu erfahren, daß ich zu spät kam, weil er gerade einen anderen Dolmetscher engagiert hatte. Er teilte mir jedoch mit, daß sich ein neuangestellter Indianeragent gerade auf dem Weg zum Sault Ste. Marie befinde, und der Oberst meinte, daß ich die dortige Dolmetscherstelle vielleicht erhalten könne. Als der erwartete Herr, Mr. Schoolcraft,[94] in Mackinac eintraf, nahm er meinen Vorschlag bereitwilligst an. Er konnte sich aber nur eine Stunde lang bei uns aufhalten und sagte mir, ich sollte ihm zum Sault Ste. Marie folgen, und zwar gab er mir vier Tage Zeit. Ich traf die entsprechenden Vorbereitungen und war gerade reisefertig, als ein Brief von Mr. Schoolcraft eintraf, der mir mitteilte, daß er am Sault Ste. Marie bereits einen Dolmetscher vorgefunden habe und mich deshalb bäte, von meinem Kommen abzusehen. Daraufhin trug ich die Möbel und andere Gegenstände, die ich bereits für meine neue Stellung eingekauft hatte, zu den Händlern zurück, und sie gaben mir bereitwillig mein Geld wieder.

Kapitel
XV

Betätigungen der Vertreter der Amerikanischen
Pelzkompanie in der Gegend des Waldsees /
Verrat einer Indianerfrau /
Gescheiterte Versuche,
meine Kinder aus dem Indianerland
wegzubringen

Da ich nun keine Stellung hatte, nahm ich das Angebot von Mr. Stewart
– eines Vertreters der Amerikanischen Pelzkompanie – an, die Händler
in das Indianergebiet zu begleiten. Dies zog ich der mir vom Indianeragenten angebotenen Arbeit in der Schmiede vor. Als Gehalt wurden
mir von der Amerikanischen Pelzkompanie jährlich zweihundertfünfzig Dollar und ein Anzug versprochen.
Ich ließ meine Kinder in der Schule[95] von Mackinac und ging mit
Mr. Morrison, einem der Hauptangestellten der Pelzkompanie, zum
Sault Ste. Marie. Von dort aus wurde ich in einem Boot mit einigen
Franzosen nach Fond Du Lac geschickt. Ich war so unvertraut mit den
Sitten dieser Leute, daß ich bei ihnen verhungert wäre. Zum Glück aber
konnte ich gelegentlich meinen Gefährten einige Nahrungsmittel abkaufen. Von Fond Du Lac ging ich mit Mr. Cote zum Regensee. Da ich
aber geschäftlich völlig unerfahren war, erlitt ich viele Unbequemlich-
keiten. Ich hatte einige Fallen bei mir und fing während der Reise eine
Menge Moschusratten. Zu meinem Erstaunen und Ärger mußte ich jedoch hören, daß mir deren Pelze nicht gehörten. Aber nicht nur die

Felle mußte ich abgeben, sondern auch allein in einem schwer mit wildem Reis beladenen Kanu fahren und mich den niedrigsten Arbeiten unterziehen – was ich sehr ungern tat.

Als wir am Regensee ankamen, ging ich auf die Jagd, erlegte aber nichts. Bald darauf schickten sie mich zu den Stromschnellen am Regenseefluß, und dort fing ich vor Beginn der Eisbildung einhundertfünfzig Störe. Der Winter war nun gekommen, und Mr. Cote sandte mir durch einen Angestellten und vier Franzosen eine kleine Warenladung, etwa im Wert von hundertsechzig Dollar, um damit unter den Indianern Handel zu treiben. Wir bekamen keine anderen Nahrungsvorräte als wilden Reis – und zwar achtzehn Liter pro Mann – und erhielten den Auftrag, keinesfalls eher zurückzukommen, als bis alle unsere Waren in Pelze umgetauscht wären. Da ich wußte, daß wir lange reisen mußten, ehe wir zu den Indianern kamen, bat ich Mr. Cote um einen kurzen Aufenthalt, um ein Gespann von zwei guten Hunden, die ich besaß, mit Zugriemen auszurüsten und außerdem Schneeschuhe anzufertigen für uns; aber er wollte auch nicht die geringste Verzögerung gestatten.

Vier Tage nach unserer Abreise gerieten wir in einen schweren Schneesturm, und da unser Vorrat an wildem Reis aufgebraucht war, verließen mich die Commis und die drei Franzosen und kehrten zum Fort zurück. So waren nur noch ich und ein alter Franzose namens Veiage übrig, der ein kräftiger, geduldiger und ausgezeichneter Mann war. Wir beide kämpften uns zusammen mit unserer schweren Last durch den Schnee vorwärts.

Nach einigen Tagen stießen wir, durch Nahrungsmangel sehr entkräftet, auf einige Indianerzelte, deren Bewohner jedoch ebenfalls dem Hungertod nahe waren. Veiage ging mit diesen Leuten und einigen Waren zu einem anderen in der Nähe befindlichen Lager, aber auch dort herrschte die bitterste Hungersnot. Als ich an die Stelle zurückkehrte, wo mich mein Gefährte verlassen hatte, waren die Zelte verschwunden, und niemand war dageblieben. Hier nun verließ mich meine letzte Kraft, und da die Nacht sehr kalt war, setzte ich mich hin, um auf den Tod zu warten. Ein Indianer aber, der nach seinen Fallen sehen wollte, kehrte zurück, fand mich, machte Feuer und half mir, sein Zelt zu erreichen. Er hatte einen Biber gefangen, der nun unter zwanzig Personen aufgeteilt werden mußte, von denen jede seit zwei Tagen nicht einen Mundvoll Essen erhalten hatte – und alle waren dem Verhungern nahe.

Kurz darauf setzte ich dennoch mit neuer Kraft meine Reise fort und fand das Zelt meines Freundes *Oto-pun-ne-be*, der mich einst an *Waw-be-be-nais-sa* gerächt hatte. Als seine Frau meine körperliche Verfassung sah, fing sie an zu weinen, denn der Hunger und die Erschöpfung hatten mich abgezehrt und mein Aussehen ganz verändert. Um diese Zeit besuchten uns auch noch acht halbverhungerte Franzosen, die Mr. Cote mir nachgeschickt hatte, da er annahm, ich hätte Büffel gefunden und müßte nun Fleisch im Überfluß haben. Als einer meiner Hunde starb, aßen wir ihn. Wir reisten auf einem alten Indianerweg, aber seit ihrem Vorbeikommen war hoher Schnee gefallen. Unter dieser Schneedecke fanden wir einige tote Hunde und andere von den Indianern weggeworfene Dinge wie Knochen, abgetragene Mokassins und Lederstücke. Mit Hilfe dieser Vorräte konnten wir uns am Leben erhalten. Auch töteten und verzehrten wir meinen letzten Hund. Wir hatten aber noch einen weiten Weg vor uns, ehe wir das Gebiet der Büffel erreichten; und da wir alle immer schwächer wurden, berieten wir uns untereinander und beschlossen, einen der Hunde der Pelzkompanie zu töten. Wir handelten dementsprechend und konnten dadurch die Büffel erreichen, wo unsere Not vorläufig ein Ende nahm.

Nachdem ich zahlreiche Büffel erlegt hatte und der Fleischvorrat in unserem Lager reichlich war, wurden die Franzosen immer fauler und gleichgültiger und weigerten sich, das erjagte Fleisch herbeizuholen, Bündel zu tragen oder mir überhaupt irgendwie zu helfen. Als wir uns auf den Rückweg zum Handelshaus machten, weigerten sich diese Männer, außer ihrer Decke und ihren Nahrungsmitteln irgend etwas zu tragen. Veiage war der einzige, der mir beistand. So teilten denn er und ich unsere Pelze, die sechshundert Pfund wogen. Wir brauchten natürlich sehr lange, um diese schweren Lasten zum Fort zurückzubringen.

Als ich ankam, legte ich für alles Rechenschaft ab. Für jedes Stück Ware hatte ich die entsprechenden Pelze eingetauscht, und wir hatten nur etwas Schießpulver und einige Kugeln für die Jagd verbraucht, deren Preis von meinem Gehalt abgezogen wurde. Für den Hund, den wir in der äußersten Hungersnot hatten töten und verzehren müssen, wurden mir weitere zehn Dollar abgezogen, obwohl er nicht nur mein Leben, sondern auch das der mit mir reisenden neun Franzosen gerettet hatte. Mr. Cote bemängelte außerdem noch mein Handelstalent und machte mir Vorwürfe, keinen Whisky mitgenommen zu haben, der mir noch viel mehr Pelze eingebracht haben würde. Ich erwiderte ihm, daß ich mit Hilfe von Whisky vielleicht tatsächlich mehr Pelze erhalten hätte, daß ich aber entschieden dagegen sei, mit betrunkenen Indianern Handel zu treiben, und daß ich keinesfalls die große Schuld auf mich laden möchte, den Genuß von Alkohol bei ihnen einzuführen. Er aber hatte beschlossen, mich nochmals auf eine solche Handelsreise zu schik-ken und diesmal mit Whisky.

Ich ließ mich bereden, dies ein einziges Mal zu tun und nach seiner Anweisung zu handeln, die lautete: ›Jede erdenkliche Methode anwen-den, um die größtmögliche Anzahl Felle zum geringsten Preis zu erhal-ten.‹

Diesmal reiste ich in die Gegend des Waldsees, und zwar mit einer Warenladung im Wert von zweihundert Dollar. Tatsächlich gelang es mir, unter Einsatz von Whisky mehr als doppelt soviel Pelze wie früher einzuhandeln. Diesmal zeigte sich Mr. Cote höchst befriedigt über mei-nen Erfolg. Ich teilte ihm jedoch mit, daß er bei dieser Handelsmethode eine andere Person engagieren müsse, da ich mich keinesfalls nochmals zu solchem Betrug und solcher Ungerechtigkeit mißbrauchen lassen würde. Ich hatte so lange unter den Indianern gelebt, daß viele von ihnen zu meinen engsten Freunden zählten, und da ich den verheeren-den Einfluß des Alkohols auf sie mit eigenen Augen oft genug gesehen hatte, wollte ich diesen Mißbrauch, wenigstens soweit es in meiner Macht stand, verhindern. Keinesfalls wollte ich in der Verbreitung die-ses Giftes unter ihnen eine aktive Rolle spielen. Auch wollte ich nicht den Vorteil handelsmäßig ausnutzen, den ihr unbesiegbarer Drang nach Alkohol gab, denn obgleich sie sich leicht verführen ließen, er-kannten sie doch später diesen Betrug. Die Folge waren Feindschaft und Haß, die dem Ausmaß ihrer Leiden entsprachen, und die sie ganz besonders mir gegenüber empfinden mußten, da sie mich als einen der Ihren betrachteten.

Fünfzehn Monate lang war ich der Angestellte der Amerikanischen Pelzkompanie. Während dieser gesamten Zeit schlief ich nur dreizehn-mal im Haus dieser Firma – so anstrengend waren die mir auferlegten

Pflichten. In meinem Kontrakt mit Mr. Stewart befand sich ein Paragraph, der mir gestattete, zum Roten Fluß zu gehen, um meine Kinder wiederzusehen und den Versuch zu unternehmen, sie zu mir zu holen. Als daher die Zeit des jährlichen Besuchs der Händler in Mackinac gekommen war, durfte ich sie in eigenen Angelegenheiten begleiten. Jedoch betrog mich Mr. Cote hinsichtlich der mir versprochenen Mokassins und anderer Ausrüstungsgegenstände, so daß ich viele Beschwerden zu erleiden hatte, besonders, da ich in einem kleinen Kanu allein reiste. Ich hatte drei Kinder, zwei Töchter und einen Sohn, von denen ich lange getrennt gewesen war – auch schon, ehe ich zum ersten Mal das Land der Indianer verließ.

Mr. Clark von der Hudson's Bay Company, der nun am Roten Fluß stationiert war und an den ich einen Empfehlungsbrief mithatte, weigerte sich, mir irgendwelche Hilfe bei der Auffindung meiner Kinder zu geben. Als ich am Morgen ankam, hatte ich meine Schlafdecke in seinem Hause in der Erwartung gelassen, daß ich zum mindesten dort schlafen dürfe. Aber als die Nacht kam und ich hinein wollte, schickte er mir die Decke in einer Art zu, die mir zeigte, daß ich hinausgeworfen würde, wenn ich etwa versuchen sollte, das Haus nochmals zu betreten. So suchte ich mir einen Platz im Wald, um zu schlafen. Mr. Bruce jedoch, der bereits erwähnte Dolmetscher, sah mich, lud mich in sein Zelt ein und forderte mich in der gastfreundlichsten Weise auf, bei ihm zu bleiben.

Da ich also von Mr. Clark, der sowieso das Land bald verlassen wollte, keine Hilfe zu erwarten hatte, wandte ich mich an den militärischen Kommandeur Hauptmann Bulger. Ich trug ihm mein Anliegen vor, und er hörte mir mit freundlicher Aufmerksamkeit zu. Da er wußte, daß ich am Tag vorher angekommen war, fragte er mich, wo ich geschlafen hätte. Als er erfuhr, daß man mich auf dem Handelsposten zurückgewiesen hatte, lud er mich sofort zum Essen ein und ließ mich in seinem Haus schlafen, solange ich dort war. Auch fragte er mich nach dem Aufenthaltsort meiner Kinder, und ich versicherte ihm, daß sie sich bei den Indianern in der Nähe der Prärie-Tragstelle befänden.

Einige Indianer aus der Umgebung des Forts berichteten, daß die Gruppe, bei der sich meine Kinder aufhielten, von meiner Ankunft gehört und beschlossen hätte, mich zu töten, falls ich darauf bestünde, die Kinder von ihnen wegzunehmen. Dennoch suchte ich sie auf, sobald ich die Reise unternehmen konnte, und ging in das Zelt des Anführers, der mich freundlich empfing. Ich blieb einige Zeit dort, und zwar im Zelt meiner Kinder, die sich über das Wiedersehen mit mir zu freuen schienen. Dennoch bemerkte ich, daß die Indianer keineswegs gesonnen waren, sie mit mir gehen zu lassen. *Giah-ge-wa-go-mo*, der Mann, der meinen Sohn gestohlen hatte und den ich deshalb hatte schlagen müssen – außerdem hatte ich ja sein Pferd getötet –, behandelte mich sehr unfreundlich und drohte, mir das Leben zu nehmen. Ich sagte zu ihm: »Wenn du ein Mann wärest, so hättest du mich schon vor langer Zeit umgebracht, statt mich nun zu bedrohen. Ich fürchte mich nicht vor dir.« Da ich aber ganz allein war, konnte ich zur Zeit nichts anderes tun, als die Gruppe zum Weiterwandern zu bewegen, und zwar in die Nähe des Forts vom Roten Fluß. Dies war eine beträchtlich weite Reise, während der man meine Kinder und mich schwere Lasten tragen ließ und uns überhaupt wie Sklaven behandelte.

Was ich persönlich zu tragen hatte, war nicht allzu schwer, aber sie bepackten meine Kinder so sehr, daß ich ihnen beistehen mußte. Als wir in der Nähe des Forts ihr Lager aufgeschlagen hatten, bat ich die Indianer, mir die Kinder zu überlassen, aber sie weigerten sich entschieden. Besonders *Giah-ge-wa-go-mo* leistete mir erbitterten Widerstand, und die Meinungsverschiedenheiten mit ihm drohten bereits in Tätlichkeiten auszuarten. Ich wollte aber keinesfalls Blut vergießen, ohne zuerst Hauptmann Bulger um Rat zu bitten, da er sich mir gegenüber so freundlich gezeigt hatte. Ich ging also zu ihm, erklärte ihm die Lage und sagte, daß ich überzeugt sei, die Kinder nicht ohne Gewaltmaßnahmen gegen *Giah-ge-wa-go-mo* erhalten zu können. Er hielt mein Unternehmen für gerechtfertigt und schickte sofort Mr. Bruce aus, der die Kinder in das Fort bringen sollte. Sie kamen auch, aber von zehn oder zwölf Indianern begleitet, die sie nicht verließen. Ich stellte dem Hauptmann die Kinder vor, und er schickte einen Diener mit Essen zu ihnen. Da er selbst gerade beim Essen war, wurde etwas von seinem Tisch gebracht und ihnen gegeben. Die Indianer nahmen es ihnen jedoch sofort weg, so daß sie nicht einen Mundvoll davon erhielten. Als ein Laib Brot gebracht wurde, ereignete sich dasselbe, und sie bekamen nicht ein Stückchen davon ab. Daraufhin ließ Hauptmann Bulger ein Vorratshaus öffnen und wies mich an, dort etwas Eßbares zu holen. Ich fand einige Säcke voll Pemmikan, nahm einen halben mit etwa zwanzig Pfund, ließ sie sich niedersetzen, und alle langten zu.

Genau wie mir verweigerten die Indianer auch Hauptmann Bulger die Auslieferung der Kinder. Deshalb berief er am nächsten Tag alle Anführer – unter denen sich auch *Giah-ge-wa-go-mo* befand – zu sich, um eine Ratssitzung abzuhalten. Der Häuptling selbst war durchaus der Meinung, daß ich die Kinder haben sollte, und setzte sich im Beratungsraum zwischen Hauptmann Bulger und mich, womit er die anderen vier Männer, die die Auslieferung verweigern wollten, öffentlich als seinen Wünschen zuwiderhandelnd hinstellte.

Nachdem Geschenke im Wert von hundert Dollar hereingebracht und auf dem Fußboden zwischen den beiden Parteien ausgebreitet worden waren, sagte Hauptmann Bulger das Folgende zu den Indianern:

»Meine Kinder, ich habe eine Pfeife mit Tabak vor euch hinlegen lassen, nicht etwa, um euch das Recht dieses Mannes, das ihm Gehörende mitzunehmen, abzukaufen, sondern um euch zu sagen, daß ich freundschaftlich eure Hand ergreife, solange ihr aufmerksam meinen Worten zuhört. Dieser Mann kommt nicht nur aus eigenem Antrieb und mit seinen eigenen Worten; er spricht auch die Worte des großen Vaters jenseits des Wassers und des Großen Geistes, in dessen Händen wir alle sind und der ihm diese Kinder gegeben hat. Deshalb ist es eure Pflicht, ihm keine weiteren Schwierigkeiten zu machen und ihm seine Kinder zurückzugeben. Als ein Zeichen unseres Einvernehmens sollt ihr diese Geschenke annehmen.«

Daraufhin berieten sich die Indianer. Ehe sie jedoch antworteten, sahen sie vor der Tür eine beträchtliche Soldatengruppe erscheinen und dort Posten beziehen. Sie sahen sich von ihnen völlig eingeschlossen, nahmen die Geschenke an und versprachen, die Kinder auszuliefern.

Die Mutter dieser Kinder war nun schon eine alte Frau.[96] Da sie diese zu begleiten wünschte, stimmte ich sogleich zu. Mein Sohn war nun schon alt genug, um über sich selbst bestimmen zu können. Er zog es vor, bei den Indianern zu bleiben, und da es schon zu spät war, ihn zu einer anderen Lebensweise als der indianischen zu erziehen, gab ich ihm dazu meine Einwilligung.

Auf unserer Rückreise begleiteten uns einige Indianer vier Tagereisen weit, worauf alle außer meiner Frau und meinen beiden Töchtern zurückkehrten.

Ich ging nicht wieder über den *Be-gwi-o-nus-ko-Se-be* zum Waldsee, sondern wählte einen anderen Weg, teils zu Wasser, teils zu Lande. Wenn man den Bad River (›Schlechter Fluß‹) hinauffährt, muß man einen kurzen Umweg über den Sturgeon River (›Störfluß‹) und eine Tragstelle nehmen. Dann gelangt man wieder zum Hauptfluß. Nahe der Mündung des Störflusses hatten einige Indianer – sechs oder sieben Zeltgemeinschaften – ihr Lager aufgeschlagen. Dort befand sich auch ein junger Mann namens *Ome-zhuh-gwut-oons*, der vor kurzem von Mr. Cote wegen eines in der Nähe des Handelspostens tatsächlich oder angeblich begangenen Verbrechens ausgepeitscht worden war[97] und die heftigsten Rachegefühle hegte. Als er von meiner Ankunft hörte, fuhr er mir in seinem kleinen Kanu nach und holte mich bald ein. Als wir uns trafen, ließ er sich in lange Gespräche mit mir ein und behauptete sogar, irgendwie mit mir verwandt zu sein. Er verbrachte die Nacht in unserem Zelt und reiste am nächsten Morgen mit uns weiter.

Als wir später haltmachten und uns am Ufer ausruhten, beobachtete ich, daß er einer meiner Töchter im Gebüsch nachstellte. Sie kehrte aber sofort etwas aufgeregt zu mir zurück. Ihre Mutter redete während dieses Tages öfters auf sie ein, aber das junge Mädchen schien traurig und weinte einige Male.

Als wir das nächste Nachtlager aufschlugen, verließ jener junge Mann uns bald, aber da er sich in der Nähe aufhielt und anscheinend sehr eifrig an irgendetwas arbeitete, sah ich nach ihm und fand, daß er den gesamten Inhalt seines Medizinsackes um sich herum ausgebreitet hatte. Er versuchte gerade, ein Stück Hirschsehne von etwa zwölf Zentimeter Länge in eine Kugel hineinzupraktizieren. »Mein Bruder«, sagte ich zu ihm – denn so hatte er mich auch genannt –, »falls du Pulver, Kugeln oder Feuersteine brauchen solltest, so kannst du sie von mir erhalten, denn ich habe genügende Vorräte davon.«

Er antwortete aber, daß er selbst genug Munition besäße, und so verließ ich ihn denn und ging in mein Zelt zurück. Nach einiger Zeit kam er zu mir herein, und zwar gekleidet und geschmückt wie ein Krieger für die Schlacht. Da er mich sehr scharf beobachtete, verstärkte sich mein Verdacht gegen ihn. Er plauderte jedoch freundlich wie immer mit mir.

Dann bat er mich um mein Messer, angeblich um etwas Tabak damit zu schneiden. Aber statt es mir zurückzugeben, steckte er es in seinen Gürtel. Ich nahm an, daß er es mir am Morgen wiedergeben wollte.

Da ich sein Mißtrauen nicht wecken wollte, legte ich mich zur gewohnten Zeit schlafen. Jedoch hatte ich mein Zelt nicht aufgestellt, sondern mir nur einen Windschirm aus etwas bemaltem Stoff, den ich am Roten Fluß als Geschenk erhalten hatte, errichtet. Ich legte mich in einer Stellung nieder, die mir gestattete, die Bewegungen des jungen Mannes genau zu beobachten. Mit offenen, wachsamen Augen saß er mir am Feuer gegenüber und schien augenscheinlich nicht die geringste Absicht zu haben, sich zur Ruhe zu begeben. Ein Gewitter zog auf, und er erschien mir noch unruhiger als vorher. Als es zu regnen anfing, forderte ich ihn auf, sich neben mich zu legen, um den Schutz meines Windschirmes zu teilen. Er tat es. Der Regen war sehr heftig und löschte unser Feuer völlig aus. Daraufhin wurden die Moskitos außerordentlich aufdringlich. *Ome-zhuh-gwut-oons* machte ein neues Feuer an, brach sich einen Zweig von einem Busch ab und vertrieb damit die Moskitos aus meiner Nähe. Ich war mir bewußt, daß ich nicht einschlafen durfte, aber ich wurde sehr müde. Da kam ein zweites, noch heftigeres Gewitter. Zwischen den einzelnen Regengüssen lag ich wie ein Schlafender, ohne mich zu bewegen und mit kaum geöffneten Augen. Ich beobachtete meinen Gast: Wenn ein besonders lauter Donnerschlag kam, warf er etwas Opfertabak ins Feuer. Da er mich eingeschlafen glaubte, warf er mir ab und zu einen Blick zu wie eine Katze, die auf ihre Beute springen will. Ich blieb jedoch wach.

Er frühstückte mit uns und verließ uns dann, noch ehe ich ganz fertig war. Meine Tochter, die er im Gebüsch belästigt hatte, war höchst aufgeregt und weigerte sich, das Kanu zu besteigen. Ihre Mutter jedoch bemühte sich sehr, sie zu beruhigen, und versuchte, meine Aufmerksamkeit von ihr abzulenken. Endlich stiegen alle ein und setzten die Reise fort. Der junge Mann fuhr vor uns her, aber gegen zehn Uhr morgens, als man an einer sehr schwierigen Wendung des Flußlaufes eine gute Fernsicht hatte, war ich erstaunt, weder ihn noch sein Kanu zu erblicken. An dieser Stelle ist der Fluß etwa siebzig Meter breit. Auch befindet sich dort eine kleine kahle Felseninsel. Ich hatte meine Jacke ausgezogen und kämpfte in meinem Kanu mit der gefährlichen Gegenströ-

mung, wobei ich mich ganz nahe am Ufer halten mußte, als ein Gewehr-
schuß mich plötzlich aufschreckte. Eine Kugel sauste nahe an meinem
Kopf vorbei, ich fühlte mich verletzt, und gleichzeitig fiel mir das Ruder
aus der rechten Hand, die alle Kraft verloren hatte. Obwohl das Ufergebüsch vom Rauch des Schusses verdunkelt war, sah ich *Ome-zhuh-gwut-
oons* dort die Flucht ergreifen. Meine Töchter begannen zu schreien. Ich
lenkte meine Blicke auf das Kanu und sah, daß es sich von meinem Blut
rot gefärbt hatte. Mit meiner linken Hand versuchte ich das Kanu ans
Ufer zu steuern, um meinen Feind zu verfolgen, aber die Strömung war
zu stark für mich, trug das Kanu zur Flußmitte und warf es gegen die
Felseninsel. Ich stieg nun aus, zog mit der linken Hand das Boot auf die
Felsen und versuchte, mein Gewehr zu laden. Ehe mir dies aber gelang,
fiel ich in Ohnmacht und sank auf die Felsen nieder. Als ich wieder zu
mir kam, befand ich mich allein auf der Insel. Das Kanu mit meinen
Töchtern entschwand gerade meinen Blicken. Wieder verlor ich das Bewußtsein, aber nicht für lange.

Da ich annahm, daß mich der Mann, der mich verwundet hatte, von
seinem Versteck aus noch beobachtete, untersuchte ich meine Wunden.
Ich fand meine Lage hoffnungslos: Mein rechter Arm war schwer verletzt, und die Kugel steckte in meinem Leib in Richtung der Lunge. So
rief ich *Ome-zhuh-gwut-oons'* Namen und bat ihn, meinem Leben auf der
Stelle ein Ende zu machen, damit ich von dem mich erwartenden sich
ewig hinschleppenden Leiden erlöst würde. »Du hast mich umgebracht«, rief ich, »aber obwohl meine Wunden bestimmt tödlich sind,
fürchte ich, noch lange leiden zu müssen. Komm deshalb, wenn du ein
Mann bist, und gib mir den Gnadenschuß.« Dies rief ich viele Male,
aber es kam keine Antwort. Ich war nun fast nackt, denn als ich verwundet wurde, trug ich nur meine Hosen und ein sehr altes löchriges Hemd,
das ich mir während des Manövrierens zerrissen hatte. So lag ich der
Sonne ausgesetzt auf dem kahlen Felsen an diesem Juli- oder August-
tag, von schwarzen und grünen Fliegen umschwärmt – mit keiner anderen Aussicht als auf den langsam mich beschleichenden Tod. Als aber
die Sonne untergegangen war, kehrten Hoffnung und Kraft zu mir zurück. Ich sprang in den Fluß und schwamm ans Ufer. Als ich merkte,
daß ich auf den Füßen stehen konnte, stieß ich den *Sas-sah-kwi*, den
Kriegsruf, als Racheschrei gegen meinen Feind aus. Durch das Schwim-

men jedoch hatte ich einen neuen Blutverlust erlitten und verlor wieder das Bewußtsein. Als ich wieder bei Sinnen war, verbarg ich mich in der Nähe des Ufers, um meinem Feind aufzulauern. Tatsächlich sah ich *Ome-zhuh-gwut-oons* aus seinem Versteck kommen, sein Kanu ins Wasser heben, einsteigen und abfahren. Er kam sehr nahe bei mir vorbei, und ich fühlte mich versucht, auf ihn zu springen, ihn zu packen und im Wasser zu erdrosseln, aber ich fürchtete, daß meine Kraft hierzu nicht ausreichen würde, und ließ ihn deshalb gehen, ohne meine Anwesenheit zu verraten.

Ich litt nun fürchterlichen Durst, aber da das Ufer steil und felsig war, konnte ich mich mit dem verwundeten Arm nicht hinlegen, um zu trinken. Deshalb mußte ich so weit ins Wasser steigen, bis ich mit dem Mund die Oberfläche erreichen konnte, um zu trinken. Da es am Abend kühler geworden war, kehrten auch meine Kräfte wieder etwas zurück. Mein Blut jedoch floß sehr reichlich, und ich versuchte, meine Armwunde zu verbinden.

Auch versuchte ich, obwohl das Fleisch bereits sehr geschwollen war, die gebrochenen Armknochen in die rechte Lage zu bringen, und zwar mit Hilfe der letzten Streifen meines Hemdes, die ich mit den Zähnen und mit der linken Hand um meinen Arm band – erst lose, dann immer fester, bis es einigermaßen normal aussah. Dann brach ich mir kleine Äste ab, die ich als Schienen benutzte, und legte meine Hand in eine um meinen Hals gebundene Schlinge. Danach nahm ich etwas Rinde von einem Nordkirschstrauch (choke cherry bush), kaute sie fein und legte dies auf die Wunden, um damit das Blut zu stillen. Die Fläche zwischen mir und dem Fluß war voller Blut. Als die Nacht kam, legte ich mich auf eine reich bemooste Stelle, mit einem umgefallenen Baumstamm als Kissen. Ich blieb nahe beim Fluß, um jeden etwa Vorüberkommenden bemerken zu können und auch wegen meines Durstes. Ich wußte, daß das Kanu eines Händlers auf dem Weg nach dem Roten Fluß hier vorüberkommen mußte. Von ihm erwartete ich Rettung und Hilfe. Es waren keine Indianer in der Nähe – außer in dem Lager, das *Ome-zhuh-gwut-oons* verlassen hatte –, und ich hatte allen Grund anzunehmen, daß er, meine Frau und meine Töchter viele Meilen von mir entfernt waren.

Ich legte mich nieder und betete zu dem Großen Geist, damit er mich sähe, Mitleid mit meiner Lage hätte und mir jetzt in meiner großen Not seine Hilfe gewähre. Während ich noch betete, begannen sich die Moskitos, die in großen Scharen auf meinem nackten Körper saßen und durch ihre Stiche meine Leiden zur Marter machten, zu erheben, und nachdem sie ein wenig in der Luft herumgeschwärmt waren, verschwanden sie völlig.

Ich schrieb diese große Erleichterung nicht dem durch mein Gebet erzielten Eingreifen einer höheren Macht zu; denn da es etwas kühler geworden war, wußte ich, daß das Verschwinden der Moskitos allein auf den Temperaturwechsel zurückzuführen war. Dennoch fühlte ich, wie stets zu Zeiten äußerster Not und Gefahr, daß der Meister meines Lebens mir unsichtbar nahe war und auf mich herabsah. Ich schlief sofort und friedlich ein, jedoch nicht ohne Unterbrechung. Jedesmal, wenn ich aufwachte, glaubte ich auf dem Fluß vor mir ein Kanu voller Weißer gesehen zu haben.

Etwa um Mitternacht hörte ich Frauenstimmen, die wie die meiner Töchter klangen, und zwar in einer Entfernung von knapp zweihundert Metern auf der anderen Seite des Flusses. Ich nahm an, daß *Ome-zhuh-gwut-oons* ihr Versteck entdeckt und sich ihnen gewalttätig genähert habe, denn es schien sich um Angstschreie zu handeln, aber meine Schwäche war so groß, daß jeder Versuch einer Hilfeleistung völlig außerhalb meiner Macht lag. Später erfuhr ich, daß mich meine Töchter, als sie mich ohnmächtig auf den Felsen hinfallen sahen, für tot gehalten hatten und daß ihre Mutter sie veranlaßte, das Kanu flußabwärts zu drehen und zu fliehen. Meine Frau steuerte das Kanu dem Ufergebüsch zu und warf meine Jacke und einige andere Gegenstände hinaus. Sie fuhren dann ziemlich weit fort und versteckten sich. Später aber fiel es meiner Frau ein, daß es klüger gewesen wäre, mein Eigentum zu behalten, und so kehrte sie denn zurück, um es zu holen. Als meine Töchter diese Dinge wiedersahen, begannen sie laut zu weinen — und das waren die Schreie, die ich gehört hatte.

Kurz vor zehn Uhr am nächsten Morgen hörte ich Menschenstimmen auf dem Fluß und konnte von meinem Liegeplatz aus ein mit Weißen bemanntes Kanu sehen, das dem meines Traumes glich. Sie landeten ganz in meiner Nähe und begannen, ein Frühstück zu bereiten. Es handelte sich, wie ich wußte, um das Kanu Mr. Stewarts von der Hudson's Bay Company, der mit Mr. Grant um diese Zeit vorüberkommen mußte. Da ich aber wußte, daß mein Anblick sie erschüttern würde, beschloß ich zu warten, bis sie gegessen hatten, ehe ich mich ihnen zeigen wollte. Nach dem Frühstück brachten sie ihr Kanu wieder zu Wasser, und ich watete ein Stück in den Fluß hinein, um ihre Aufmerksamkeit auf mich zu ziehen. Sobald sie mich gesehen hatten, hörte der Franzose auf zu rudern, und alle starrten mich an, als ob sie ihren eigenen Augen nicht trauten. Da die Strömung sie sehr schnell von mir wegtrug und meine wiederholten Rufe in der Indianersprache keine Wirkung zu haben schienen, rief ich Mr. Stewart beim Namen und fügte einige englische Wörter hinzu, die ich kannte. Ich bat sie, zu kommen und mich zu holen. Einen Augenblick später waren ihre Ruder im Wasser, und sie brachten das Kanu so nahe an meinen Standort heran, daß ich einsteigen konnte.

Obwohl ich Mr. Stewart und Mr. Grant gut kannte, war keiner im Kanu in der Lage, mich wiederzuerkennen. Ich war zu schwach gewesen, um das Blut von meinem Körper abzuwaschen, und wahrscheinlich hatten die ausgestandenen Leiden mein Äußeres sehr verändert. Sie fragten mich sehr eindringlich und schnell, und bald hatten sie herausgefunden, wer ich war und wie ich in diese Lage geraten war. Sie machten mir ein Bett im Kanu zurecht und fuhren auf meine dringende Bitte dorthin, wo ich meine Kinder schreien gehört hatte und wo ich sie ermordet aufzufinden fürchtete. Aber wir suchten dort und auch anderswo nach ihnen – ohne Erfolg.

Nachdem sie die Identität meines Feindes erfahren hatten, beschlossen die beiden Händler, mit mir in das Lager *Ome-zhuh-gwut-oons'* zu fahren. Sollten sie ihn dort einfangen können, so versprachen sie mir, ihn sofort hinzurichten. Deshalb verbargen sie mich im Kanu und landeten in der Nähe der Zelte. Als ein alter Mann zu ihnen ans Ufer kam, fragte er sie: »Gibt es etwas Neues?«, und Mr. Stewart antwortete: »Nichts. Alles ist in Ordnung.« Da sagte der alte Mann: »So behandeln uns die Weißen. Ich weiß genau, daß in der Gegend, aus der ihr kommt, etwas vorgefallen ist, aber du verschweigst es uns. *Ome-zhuh-gwut-oons,* einer unserer jungen Männer, fuhr vor zwei oder drei Tagen flußaufwärts, und er erzählte uns, daß das Langmesser *Shaw-shaw-wa-ne-ba-se,* der kürzlich mit seiner Frau und seinen Kindern hier vorüberkam, diese ermordet habe. Mir scheint jedoch, daß er selbst etwas verbrochen hat, denn er ist ruhelos, paßt scharf auf und ist gerade, ehe ihr anlegtet, ausgerissen.« Mr. Stewart und Mr. Grant suchten ihn darauf in allen Zelten, als sie aber merkten, daß er wirklich verschwunden war, sagten sie zu dem alten Manne: »In der Gegend, aus der wir kommen, ist in der Tat ein Verbrechen verübt worden. Aber der Mann, den *Ome-zhuh-gwut-oons* ermorden wollte, ist hier in unserem Kanu; wir wissen jetzt noch nicht, ob er leben oder sterben wird.« Dann zeigten sie mich den Indianern, die sich am Ufer versammelt hatten.

Wir ruhten uns nun ein wenig aus und untersuchten meine Wunden. Da die Kugel direkt unter dem gebrochenen Arm in meinen Körper eingedrungen war und in der Nähe des Brustbeines saß, bat ich Mr. Grant, sie herauszuschneiden. Aber weder er noch Mr. Stewart wollten dies versuchen, und ich war gezwungen, es, so gut ich vermochte, selbst mit meiner linken Hand zu tun. Eine Lanzette, die Mr. Grant mir geliehen hatte, brach sofort ab, auch ein Federmesser – so hart und muskulös war das Fleisch an dieser Körperstelle. Dann gaben sie mir ein großes Rasiermesser mit weißem Griff – damit brachte ich die Kugel heraus. Sie war ganz abgeflacht. Das Stück Hirschsehne und die Medizinen *Ome-zhuh-gwut-oons'* blieben noch in meinem Körper zurück. Als ich merkte, daß die Kugel nicht unter meinen Rippen saß, begann ich zu hoffen, daß ich vielleicht doch noch genesen könnte, wenn ich auch Grund zu der Annahme hatte, daß die Wunde vergiftet war und deshalb lange zum Heilen brauchen würde.

Nachdem die Operation vorüber und die Brustwunde verbunden war, reisten wir zum *Ah-kee-ko-bow-we-tig* (›Kesselfall‹), wo der Bruder *Ome-zhuh-gwut-oons'*, ein Mann namens *Waw-wish-e-gah-bo*, Häuptling war. Auch hier war Mr. Stewart so vorsichtig, mich im Kanu zu verstecken. Dann gab er jedem Mann im Dorf, den er namentlich herbeirief, etwas Tabak. Als aber mein Feind nicht auftauchte, erzählten die Händler dem Häuptling, daß sein Bruder mich zu ermorden versucht hätte. Der Häuptling senkte den Kopf und gab keine Antwort auf die Fragen nach *Ome-zhuh-gwut-oons.* Wir erfuhren jedoch von anderen Indianern, daß meine Töchter und deren Mutter hier auf ihrem Weg nach dem Regensee kurz haltgemacht hatten.

Als wir am Regensee am Handelsposten der Nordwestkompanie ankamen, erfuhren wir, daß meine Töchter und deren Mutter auf Grund ihrer verdächtigen Angst und Aufregung von den Händlern festgehalten worden waren, vor allem, weil ich mit ihnen zusammen erst vor einigen Tagen dort vorbeigekommen war. Als man mich am Fort erblickte, lief die alte Frau mit den Mädchen in den Wald. Aber die Angestellten der Kompanie gingen ihnen nach und brachten sie zurück. Mr. Stewart und Mr. Grant überließen es nun mir, die Höhe der Strafe zu bestimmen, die meine Frau dafür erhalten sollte, daß sie mitschuldig an dem an mir verübten Mordversuch gewesen war. Sie sagten, sie sei genauso schuldig wie *Ome-zhuh-gwut-oons* und müsse deshalb zum Tode oder zu jeder anderen von mir zu bestimmenden Strafe verurteilt werden. Ich sagte ihnen jedoch, daß man sie schnellstens und ohne irgendwelche Vorräte aus dem Fort verjagen und ihr jedwede Rückkehr dorthin verbieten solle. Da sie die Mutter meiner Kinder war, wollte ich sie nicht am Galgen oder von den Arbeitern totgeschlagen sehen, wie man mir vorschlug. Da ich aber ihren Anblick haßte, bat ich um ihre Verbannung, und so wurde sie ohne Bestrafung entlassen.

Mr. Stewart verließ mich am Handelsposten am Regensee. Dort sorgte Simon M'Gillevray – der Sohn des einst so einflußreichen Mitbesitzers der Nordwestkompanie – für mich. Er gab mir ein kleines Zimmer, wo meine Töchter für mich kochten und meine Wunden verbanden. Ich war sehr schwach. Mein Arm war schrecklich angeschwollen, und von Zeit zu Zeit kamen Knochensplitter heraus. Ich lag dort achtundzwanzig Tage, als Major Delafield, der Grenzoffizier der Vereinigten Staaten, das Handelshaus besuchte. Nachdem er meine Geschichte gehört hatte, schlug er vor, mich in seinem Kanu nach Mackinac zu bringen. Aber obwohl ich ihn gern begleitet hätte, war ich zu schwach für eine so weite Reise. Major Delafield sah dies ein und gab mir reichlich gute Vorräte auf Kredit: zwei Pfund Tee, Zucker und andere Lebensmittel, ein Zelt und Kleider. Dann reiste er ab.

Zwei Tage später konnte ich aus meinem Arm die Hirschsehne, die an der Kugel befestigt gewesen war, herausziehen. Sie war noch immer etwa zwölf Zentimeter lang, aber nun so dick wie mein Finger und von grüner Farbe. Als *Ome-zhuh-gwut-oons* auf mich schoß, hatte er zwei Kugeln in seinem Gewehr gehabt. Die eine war gerade noch an meinem Kopf vorübergeflogen.

Gleich nach der Abreise von Major Delafield wurde Mr. M'Gillevray sehr unfreundlich mir gegenüber. Nur die Angst vor dem Offizier hatte ihn veranlaßt, mir einige Aufmerksamkeit zu widmen. Er überhäufte mich mit Beleidigungen und Beschimpfungen und warf mich endlich aus seinem Hause. Aber ein paar Franzosen waren so freundlich, mir eines Nachts Zeltpfähle zu verschaffen und mir ohne Mr. M'Gillevrays Wissen mein Zelt zu errichten. Dank der Großherzigkeit Major Delafields besaß ich genügend Vorräte von allem, was ich brauchte, und meine Töchter blieben auch bei mir, obwohl Mr. M'Gillevray mehrmals drohte, sie zu vertreiben. Denn auch nachdem ich das Fort längst verlassen hatte, setzte er seine Verfolgungen fort und ging so weit, meine Töchter von mir zu nehmen und sie im Männerquartier schlafen zu lassen. Aber sie entkamen und flüchteten in das Haus eines alten Franzosen, der der Schwiegervater Mr. M'Gillevrays war und mit dessen Töchtern sie sich angefreundet hatten.

Ich hatte nun schon dreiundvierzig Tage lang in diesem Handelsposten bzw. in seiner unmittelbaren Nähe gelegen und befand mich in einer höchst unglücklichen Lage, da ich schon lange ohne die Hilfe meiner Töchter auskommen mußte. Da kam eines Abends unerwartet mein alter Freund Mr. Bruce in mein Zelt. Er war mit Major Long und einigen anderen vom Winnipegsee zurückkehrenden Herren zusammen. Mr. Bruce meinte, daß diese Herren vielleicht bereit und in der Lage wären, meine Töchter aus der Umgebung von Mr. M'Gillevray zu entfernen und fortzubringen.

Dreimal besuchte ich Major Long in seinem Lager zur späten Nachtstunde, obwohl ich kaum zu gehen imstande war. Aber jedesmal sagte er mir, daß seine Kanus besetzt seien und daß er nichts für mich tun könne. Endlich hörte er mehr über meine Lebensgeschichte und begann, sich für mich zu interessieren. Als ich ihm dann die Papiere zeigte, die ich von Gouverneur Clark und anderen bekommen hatte, sagte er, ich sei ein Narr, sie ihm nicht schon längst gezeigt zu haben. Er hatte mich, wie er sagte, für einen jener nichtswürdigen Weißen gehalten, die aus Faulheit in die Wildnis gehen, um Indianerinnen zu heiraten. Nun aber verstand er erst, wer ich war, und versuchte mir zu helfen. Er selbst ging mit einigen Männern in das Handelshaus, um meine Töchter zu suchen. Er hatte am Morgen nach seiner Ankunft wieder abreisen wol-

len, aber nun blieb er einen Tag länger und machte weitere Anstrengungen, um meine Kinder aufzufinden. Aber so sehr wir auch nach ihnen
suchten, konnten wir doch nichts über sie erfahren, als daß sie wahrscheinlich durch Mr. M'Gillevrays Machenschaften und auch durch
die Familie seines Schwiegervaters in die Hände von *Kaw-been-tush-
kwaw-naw* gefallen waren, des Häuptlings unseres Dorfes in *Me-nau-
zhe-tau-naung*. So mußte ich denn für dieses Jahr die Hoffnung aufgeben, sie zurückzubringen. In meiner elenden Lage sehnte ich mich danach, meine eigenen Verwandten und meine drei Kinder in Mackinac
wiederzusehen und den Winter in Ruhe zu verbringen.

Ich kannte den Charakter von Mr. M'Gillevray und überhaupt die
Einstellung aller Händler der Nordwestkompanie. Sie wären freundlicher zu mir gewesen, wenn ich nicht an der Expedition des Lord Selkirk
teilgenommen und bei der Einnahme des Handelspostens am Roten
Fluß mitgewirkt hätte. Ich wußte auch, daß es mir mein seltsames Verhältnis zu den Indianern fast unmöglich machte, mich mit Erlaubnis in
einem Posten der Nordwestkompanie und der Amerikanischen Pelzkompanie aufzuhalten. Ich war von einem Indianer schwer und gefährlich verwundet worden und mußte mich nach den indianischen Geset-
zen an ihm oder irgendeinem Mitglied seines Stammesverbandes rächen. Würde es erst bekannt, daß ich mich in einem der Häuser der
Handelsgesellschaften aufhielte, so würden nur sehr wenige Indianer
diese zu besuchen wagen.

In Anbetracht aller dieser Tatsachen nahm ich das freundliche Angebot von Major Long an, mich in die Staaten zu bringen, und begab mich
in eines seiner Kanus. Aber schon nach einer oder zwei Stunden war ich
überzeugt, daß ich eine so lange und schwierige Reise in meinem gegenwärtigen Zustand nicht überstehen konnte. Deshalb vertrauten
sie mich einem Handelsangestellten an und schickten mich ins Fort
zurück.

Da ich wußte, daß die Türen des Nordwestkompaniehauses für mich
geschlossen bleiben würden, wandte ich mich an meinen früheren Ar-
beitgeber, die Amerikanische Pelzgesellschaft. Der junge Mr. Davenport, der damals das Haus verwaltete, erhörte meine Bitten und gab mir
ein Zimmer. Da aber die Vorräte knapp zu werden begannen, sorgte
Dr. M'Laughlin von der Nordwestkompanie, der Mr. M'Gillevray in-

zwischen abgelöst hatte, täglich für meine Ernährung und auch für die des Mr. Davenport und seiner Frau.

Ich war noch nicht lange dort, als Mr. Cote ankam, um das Haus von Mr. Davenport zu übernehmen. Mr. Cote kam in mein Zimmer, und als er mich im Bett liegen sah, machte er nur die Bemerkung:»Nun, du hast ja einen Krieg ganz für dich allein gemacht.« Am Abend ließ er das für mich gebrachte Essen nicht bis zu mir gelangen, und am nächsten Morgen warf er mich hinaus. Aber das genügte ihm noch nicht. Er verbot mir, auf der amerikanischen Seite der Grenze zu bleiben, und änderte diesen Beschluß auch dann nicht, als selbst Dr. M'Laughlin ihn zu meinen Gunsten umzustimmen suchte. In dieser Notlage nahm sich Dr. M'Laughlin meiner an. Und obwohl er wußte, daß er damit den Erfolg seines Winterhandels in Frage stellte, lud er mich auf die britische Seite ein, wo er mich pflegte und ernährte. Zu Beginn des Winters waren meine Wunden etwas geheilt, und ich konnte ein wenig jagen, indem ich das Gewehr in der linken Hand hielt. Aber gegen Neujahr, als ich eines Abends Wasser holen wollte, rutschte ich auf dem Eise aus und fiel hin. Dabei brach ich nicht nur den Arm wieder an derselben Stelle, sondern auch das Schlüsselbein.

Nun endlich nahm Dr. M'Laughlin meine Behandlung, die ich bis dahin ganz allein durchgeführt hatte, in seine Hände, und ich mußte noch einmal genausolange liegen wie im Herbst.

Im Frühling konnte ich wieder jagen. Ich erlegte eine große Menge Hasen und auch andere Tiere, deren Pelze der Doktor mir sehr großzügig bezahlte. Als die Zeit herankam, wo die Händler die Winterplätze verlassen, sagte er mir, daß die Nordwestkompanie keine Schiffe nach Mackinac unterwegs hätte, daß er aber Mr. Cote beauftragen würde, mich hinzubringen. Dies wurde ausgemacht, und Mr. Cote versprach, mich in seinem Kanu bis nach Fond Du Lac zu bringen. Statt dessen aber schickte er mich in einem Boot mit einigen Franzosen fort. Mr. Morrison versprach dann meine Beförderung von Fond Du Lac zum Sault Ste. Marie. Aber die mir durch das Schiffspersonal zuteil gewordene Behandlung war so roh, daß ich sie bat, mich am Ufer auszusetzen. Ich legte die fünfunddreißig Meilen bis zum Sault Ste. Marie zu Fuß zurück.

Mr. Schoolcraft wollte mich nun als Dolmetscher engagieren, aber das bescheidene Eigentum, das ich in Mackinac zurückgelassen hatte, war beschlagnahmt worden, um damit den Unterhalt meiner dort verbliebenen Kinder zu bezahlen. Da ich wußte, daß sie meiner bedurften, ging ich zu ihnen. In Mackinac nahm mich Oberst Boyd als indianischen Dolmetscher in seine Dienste – eine Stellung, die ich bis zum Sommer 1828 inne hatte. Dann war ich nicht mehr mit der mir zuteil gewordenen Behandlung zufrieden, verließ Mackinac und ging nach New York, um die Veröffentlichung meiner Lebensgeschichte in die Wege zu leiten. Nach meiner Rückkehr in den Norden wurde ich von Mr. Schoolcraft, dem Indianeragenten am Sault Ste. Marie, als sein Dolmetscher engagiert. Ich holte meine Kinder nach und wohne seitdem dort.

Drei meiner Kinder leben noch immer im Norden unter den Indianern. Meine beiden Töchter würden, wie mir mitgeteilt worden ist, gern zu mir kommen, wenn sie nur könnten. Der Sohn ist älter und hängt an dem Jägerleben, das er nun schon so lange geführt hat. Jetzt kann ich nur hoffen, daß mir ein zweiter Versuch, meine Töchter zurückzugewinnen, gelingt.

Einführung zur Lebensgeschichte John Tanners

von Edwin James

(New York 1830)

John Tanner, dessen Leben und Abenteuer hier beschrieben wird, ist jetzt etwa fünfzig Jahre alt. Er ist von aufrechter Gestalt und fast robuster Konstitution. Man merkt ihm seine Körperkraft, seine Gewandtheit und seine Energie an, die jedoch durch die von ihm durchgemachten zahlreichen schweren Prüfungen und Leiden erheblich beeinträchtigt worden sind. Sein einst schönes Gesicht ist geprägt vom Denken und von Leidenschaft, aber auch vom nahenden Alter. Seine schnellen, eindringlich blickenden blauen Augen verraten den unnachgiebigen, ungestümen und kompromißlosen Geist, der ihn während seines Aufenthaltes unter den Indianern für manche so angsteinflößend erscheinen ließ – Charakterzüge, die es ihm noch heute unmöglich machen, die unterwürfige und nachgiebige Art anzunehmen, die er unter den Weißen wegen seiner abhängigen Lage nötig hätte.

Da er von Jugend an sorgfältig im Sinne der Grundsätze erzogen wurde, die den Moralkodex der unverdorbenen und redlichen Indianer bilden, sind seine Vorstellungen von Recht und Unrecht, ehrenhaft und unehrenhaft natürlich sehr verschieden von denen der Weißen. Er

konnte sich bei seiner isolierten und aller wahren Freundschaft baren
Existenz inmitten einer Gesellschaft, die das Recht der individuellen
Fehde beinahe als einzige Möglichkeit zur Verteidigung des persönlichen Eigentums, als einzige Schranke zwischen Mann und Mann aner-
kennt, natürlich nicht im Geiste jener ausdauernden und geduldigen
Unterwerfung entwickeln, die innerhalb der zivilisierten Gesellschaft
der unerbittlichen Wachsamkeit des Gesetzes so viele individuelle
Rechte preisgibt. Deshalb vereint sich in ihm ein makelloser Sinn für
natürliche Gerechtigkeit mit einem unbezwingbaren, unermüdlichen
Drang nach Rache, der so charakteristisch für die indianische Denkweise ist. Die Umstände, die ihn in die Lebenssphäre einer wilden Rasse
zwangen, haben ihn gelehrt, sich in allen Situationen als seinen eigenen
Rächer zu betrachten. In der besser organisierten Gesellschaft nun, in
der er sich jetzt aufhält, hat er sich veranlaßt gesehen, in Fällen schwerer
Beleidigung oder unerträglicher Unterdrückung Wiedergutmachung
zu fordern. Wir dürfen uns bei ihm nicht über diese Handlungsweise
wundern, die ihm durch lange Gewohnheit und den starken Einfluß
festeingeführter Sitten als die einzig richtige und ehrenhafte erscheinen
muß. Er ist an einem zu späten Zeitpunkt seines Lebens in den Bereich
der Zivilisation zurückgeführt, um noch jene Charaktereigenschaften
erwerben zu können, die seiner neuen Lage angemessen wären.

Es ist bedauerlich, daß er unter uns beinahe ausnahmslos mit Individuen zusammentreffen muß, die so sehr jeder Großmut entbehren, daß
sie seine unvermeidliche Unwissenheit hinsichtlich der Gebräuche der
zivilisierten Gesellschaft bewußt ausnützen. Er ist stets gerecht und
großzügig, bis erlittenes Unrecht oder erfahrene Beleidigungen seinen
Haß und seinen Rachedurst wecken. Seine Dankbarkeit war immer
ebenso glühend und anhaltend wie seine Rachsucht.

Es ist jedoch überflüssig, hier weiter auf seine Charaktereigenschaften einzugehen, die seine Schilderungen jener Umwelt und der von ihm
erlebten Ereignisse am besten widerspiegeln. – Man könnte mit einiger
Berechtigung das abgenützte Motto darüberstellen:

> … quaeque ipse miserrima vidi,
> et quorum pars magna fui.

(… und was ich selbst an Entsetzlichem gesehen habe und wovon ich
ein großer Teil war.)

Ich hätte die vorstehenden Bemerkungen vielleicht unterlassen, wenn nicht in der Gegend des letzten Aufenthaltes unseres Erzählers einige harte Anschuldigungen gegen seinen Charakter laut geworden wären. Die dort entstandenen Meinungsverschiedenheiten sind, wie mir erscheint, allein aus den ganz spezifischen Eigenarten der indianischen Denkweise, die ihm unauslöschlich eingeprägt worden ist, zu erklären. Was man nun auch von dieser Denkweise halten mag – Nachsicht ist in der Tat am Platz, wenn ein einsamer Wilder aus seinen Gewohnheiten und Ansichten herausgerissen und mit dem gekünstelten Verhalten und den komplizierten Institutionen der zivilisierten Menschheit in Berührung gebracht wird.

In der Absicht, diesem unglücklichen Menschen dazu zu verhelfen, zu seinen Landsleuten zu sprechen, habe ich mich entschlossen, seine Lebensgeschichte soweit wie irgend möglich mit seinen eigenen Worten wiederzugeben. Der Erzähler selbst ist durchaus nicht ohne jene Beredsamkeit, die wir unter den Indianern antreffen; da sich diese aber mehr in Handlungen, in oratorischem Nachdruck und im Gesichtsausdruck als in Worten und Sätzen offenbart, ist sein Bericht in einer sehr bescheidenen Erzählform gehalten. Diese Schlichtheit, so ist anzunehmen, wird dem durchschnittlichen Leser vielleicht weniger angemessen erscheinen, während es der philosophisch Forschende zweifellos vorziehen wird, den ursprünglichen Äußerungen eines so lange vom Leben in der Wildnis geprägten Geistes folgen wollen.

Es sei hier ausdrücklich betont, daß die Erzählung in ihrer ursprünglichen Form wiedergegeben wurde, das heißt, sie entstand ohne Hinweise, Vorschläge oder Suggestivfragen und ohne einen anderen Rat als den, nichts zu verschweigen. Die Bemerkungen über den Charakter und über die Handlungen von Persönlichkeiten im Grenzgebiet wie im Indianerland und alle Betrachtungen über die Zustände bei den Indianern stammen ausschließlich vom Autor. Eine Freiheit mußte ich mir jedoch erlauben: die Kürzung oder Weglassung gewisser Details von Jagdabenteuern, Reiseerlebnissen und anderen, die auch im Leben der Indianer von geringer Bedeutung sind, die sie aber mangels anderer Themen in ihren so beliebten ausgedehnten Unterhaltungen außerordentlich in die Länge ziehen. Möglicherweise würde die Erzählung noch fesselnder wirken, wenn noch umfangreichere Kürzungen vorgenommen worden wären; man bedenke aber, daß sich das Leben des Wilden genau wie das des Zivilisierten aus einer Reihe an sich unwichtiger kleiner Ereignisse zusammensetzt, deren Summe ein charakteristisches Bild vermittelt.

Wer die Geschichte der Indianerstämme und ihre Lebensumstände nicht kennt, wird zweifellos einige Details in Mr. Tanners Erzählung ungläubig aufnehmen. Vielleicht werden manche ihr Vertrauen zu ihm verlieren, wenn er von prophetischen Träumen, von verwirklichten Ahnungen und Versprechen berichtet, bei denen unsichtbare Geister eine Vermittlerrolle übernehmen. Er mag ihnen lächerlich leichtgläubig, töricht oder unehrlich erscheinen – und dies wäre in der Tat jeder moderne Mensch, wenn er mit großem Ernst Dinge erzählte, die durch den Fortschritt in unserer Erziehung und die gewachsene Allgemeinbildung innerhalb der letzten beiden Jahrhunderte zu ›Altweibergeschichten‹ geworden sind. Es ist aber wesentlich für das Verständnis der indianischen Denkweise, sich darüber klar zu sein, daß unser Erzähler mit seiner hohen Intelligenz stets von dem Glauben an die Allgegenwart einer alles regelnden Vorsehung und an ihr Eingreifen in die Angelegenheiten der Menschen beeinflußt war. Wohl ist sein Theismus vielleicht reiner und beständiger gewesen als der seiner unwissenden Gefährten, jedoch war sein Glaube in vielen wichtigen Einzelheiten mit dem ihren identisch. So fiel er beispielsweise den unter den Indianern häufig auftauchenden geschäftstüchtigen Propheten weniger zum Opfer als die anderen; aber dennoch vertraute er nicht immer genug seinem Impuls, ihre Tricks zu verachten und lächerlich zu machen.

In Zeiten ernster Bedrängnis und unmittelbar drohender Gefahr erwarten die Indianer genau wie andere Menschen Hilfe von höheren Wesen, und sie sind oft davon überzeugt, daß ihre Bitten gnädig aufgenommen wurden. Dieser Glaube braucht die Anhänger der christlichen Religion nicht zu erschrecken und wird denen, die das menschliche Verhalten unter den verschiedensten Bedingungen beobachtet haben, nur selbstverständlich erscheinen. Wir glauben, daß es sich durchaus mit wahrer Religiosität und mit dem gesunden Menschenverstand verträgt, zu glauben, daß der über allen wohnende Gott jeden, der ernsthaft zu ihm betet, seiner Gnade teilhaftig werden läßt. Es muß auch festgestellt werden, daß dieser tiefeingewurzelte Glaube von den geistig Überlegenen dazu mißbraucht wird, die Schwächeren zu beeinflussen. Genau wie bei allen anderen Völkern ist auch bei den Indianern bis auf den heutigen Tag die Religion ein Instrument in den Händen weniger geblieben, die sich kraft ihrer intellektuellen oder zufälligen Überlegenheit das Recht anmaßen, die Majorität zu beherrschen.

Zweifellos sind viele Darlegungen dieser Erzählung das Produkt der besonderen geistigen Veranlagung und der zufälligen Schicksale des Berichterstatters; läßt man dies jedoch einmal außer acht, so ergibt sich ein recht düsteres Bild von den Lebensbedingungen jener unzivilisierten Menschen. Da Tanner inzwischen eine Vorstellung davon gewonnen hat, was nach unserem Empfinden ganz besonders tadelnswert ist, wird er die Einzelheiten gewisser Abenteuer vor einer in ihrem Denken so andersgearteten Öffentlichkeit sicher nicht ohne Zögern dargelegt haben. Dennoch hat er Erscheinungen, die nach unserem Werturteil große moralische Mängel enthüllen, offen gekannt. Dabei bleibt es ungewiß, ob er andere oder größere Mißstände verschwiegen hat. Dennoch sollten wir nicht vergessen, daß gewisse Handlungen, die wir nicht nur als sträflich, sondern geradezu als kriminell ansehen, unter den Indianern als hervorragende Tugenden gelten. So wird uns Tanner wohl an kaum einer anderen Stelle seiner Erzählung so unvorteilhaft erscheinen als dort, wo er seine Grausamkeit gegenüber einem unglücklichen kleinen Mädchen schildert, durch dessen Nachlässigkeit mitten im Winter sein Zelt und seine bescheidenen Besitztümer verbrannten. Diese Art Grausamkeit wie auch das Imstichlassen der Kranken, der Alten und der Sterbenden, die bei den Ojibwa, bei anderen nördlichen Indianern und mehr oder weniger auch bei allen übrigen Stämmen üblich ist, zeigt uns erst, wie viele scheinbar spontane und ganz natürliche Verhaltensweisen wir dem Einfluß der Zivilisation verdanken. Jedoch sind solche Handlungen der Indianer bestimmt nicht unnatürlich, sondern entsprechen ganz einfach dem Urinstinkt der Selbsterhaltung.

Tanners Darstellung der Schrecken und Beschwerlichkeiten des Lebens in der Wildnis ist frei von jeder Übertreibung oder Verzerrung. Nur wenige werden sie ohne ein Gefühl des Mitleids für diese hilflosen, erniedrigten und hoffnungslosen Menschen lesen. Mögen sie die Aufmerksamkeit einer gebildeten und wohlwollenden Öffentlichkeit auf die Nöte derer lenken, die noch ›im Dunkeln sitzen‹. Denn wir betrügen uns und andere, wenn wir die Ansicht teilen, daß die Indianer ›hinsichtlich ihrer Moral und ihrer Zukunftsaussichten durch den Umgang mit den Europäern viel gewonnen haben‹. Wer unter uns würde wohl ernsthaft bezweifeln, daß etwa die Einführung alkoholischer Getränke ›der Liste ihrer Verbrechen neu hinzugefügt‹ hätte? Verhältnismäßig wenige Weiße haben die Gelegenheit und noch weniger den Wunsch, die Indianer in ihren abgelegenen Bezirken oder selbst in den unmittelbaren Grenzgebieten zu besuchen und zu beobachten; aber alle, die dies getan haben, müssen davon überzeugt sein, daß die Indianer, wo und zu welchem Zweck sie auch immer in Berührung mit den Weißen kommen, besonders hinsichtlich ihrer Moral aufs schwerste und unwiederbringlich geschädigt werden. Jeder Unvoreingenommene, der sich den allgemein zugänglichen Tatsachen nicht verschließt, muß erkennen, daß die Beziehungen zwischen den beiden Rassen seit über zweihundert Jahren trotz aller wohlmeinenden Versuche von Einzelpersonen oder wohltätigen Vereinigungen und Regierungsstellen zunehmend zur Erniedrigung und Verelendung der Indianer geführt haben.

Zu den Hauptursachen dieser augenfälligen und bedauerlichen Veränderung gehört der Pelzhandel, der seit der Zeit der ersten weißen Okkupation unter den Indianern betrieben worden ist. Tanners Erzählung gibt einige Einblicke in die Ursachen dieses Pelzhandels, wie er einst im Nordwesten üblich war und er noch jetzt auf dem Gebiet der Vereinigten Staaten ist. Tanners Ansichten stammen zwar weder von einem Staatsmann noch von einem politischen Ökonomen, aber sie können als eine wahrheitsgetreue Darlegung des Einflusses der weißen Händler auf die Eingeborenen angesehen werden. Erst vor kurzem sind die Indianer in dem weiten von der Hudson's Bay Pelzcompany betreuten Gebiet durch die Zusammenlegung der beiden einstigen Konkurrenzunternehmen von den Nachteilen jenes Konkurrenzkampfes befreit worden, haben aber auch die damit verbundenen Vorteile eingebüßt. Als wichtigstes positives Ergebnis dieser Maßnahme ist die Einstellung des Alkoholverkaufes an die Indianer zu nennen. Selbst den Handelsangestellten und Regierungsbeamten der abgelegensten Posten im Inneren ist es aufs strengste untersagt, auch nur das kleinste Quantum Schnaps oder Wein in ihrem Privatbesitz zu haben. Diese eine Tatsache hat unendlich mehr Positives bewirkt als alle früheren oder jetzigen Regierungsmaßnahmen und Bemühungen wohltätiger Vereinigungen.

In früheren Zeiten, als der gesamte Nordwesten unseres Kontinents dem Konkurrenzkampf einander feindlich gesinnter Kaufleute offenstand, zeigten sich alle heute in den Vereinigten Staaten vorherrschenden Vorteile und Übel dieses Systems selbst in den entlegensten und am wenigsten zugänglichen Landesteilen. Der Indianer konnte wahrscheinlich meist höhere Preise für seine Pelze erzielen, als ihm dies heute möglich ist. Aber auf jeden Fall gelangten er und seine Familie immer wieder zu den Mitteln, um sich mit Alkohol zu vergiften. Die Produkte der Jagd wurden klug eingeteilt und in einer Weise verkauft, die ihm den größtmöglichsten Anteil an diesem tödlichen Objekt seiner Leidenschaft sicherte. Während der Zeit des aktiven Konkurrenzkampfes gingen sowohl die eingeborenen Jäger als auch die Pelztiere immer schneller ihrer endgültigen Vernichtung entgegen.

Es kam so weit, daß von Natur außerordentliche wildreiche Gebiete innerhalb von wenigen Jahren so ausgeplündert wurden, daß ihre Bewohner dem Verhungern nur durch Auswandern in eine noch nicht ganz so ausgeraubte Gegend entgehen konnten. Aber wohin sich auch die Indianer begaben – die Händler folgten ihnen nach, so wie die Wölfe und Bussarde den Büffeln folgen.

Gegenwärtig üben die Händler im Norden eine völlige Kontrolle über die Wanderungen der Indianer aus. Der wertvollste Teil der Hudson's Bay Company-Gebiete liegt im Waldland. Diese Händler geben sich mit den fast ausschließlich von der Büffeljagd lebenden Prärieindianern nur insofern ab, als sie ihnen Felle und andere Pelzwaren bei deren Besuchen auf den Handelsposten gegen Bargeld abkaufen. Die Präriebewohner besitzen kaum etwas außer ihren Pferden, ihren Pfeilen und Bögen und ihren ledernen Kleidungsstücken. Sie sind so unabhängig und die von ihnen gejagten Tiere von so geringem Wert für die Händler, daß man sie in Frieden ihrer Beschäftigung nachgehen läßt und ihnen auch keine Kredite einräumt. Ganz anders verhält es sich mit den Waldindianern. Ihr Bedarf an Munition, Gewehren, Fallen, Äxten, Wolldecken und anderen Gegenständen ist so dringend, daß ihre Lage einfach hoffnunglos wäre, wenn man ihnen die Vorräte vorenthielte, die sie schon so lange zu erhalten gewöhnt sind. Selbst zur Zeit des Konkurrenzkampfes waren sie sich dieser Abhängigkeit so sehr bewußt, daß sie stets die von ihnen gemachten Schulden pünktlich und ehrlich abzahlten. Die Händler verfolgen heute die Taktik, ein Gebiet, in dem die Beutetiere knapp werden, einfach zu verlassen und den Handelsposten anderswo zu errichten, so daß die Indianer ihnen folgen müssen. Die verlassenen Gebiete füllen sich innerhalb weniger Jahre aufs neue mit Pelztieren. Zwei weitere Maßnahmen tragen zur Vermehrung der Beutetiere bei: Es ist den Handelsangestellten verboten, die Pelze gewisser Tiere zu kaufen, ehe sie ihre volle Größe erreicht haben; ferner ist der Gebrauch von Fallen, die alte wie junge Tiere wahllos zerstören, untersagt.

Diese strenge Disziplin, die den Interessen der das Monopol besitzenden Company dient, hat sicherlich einen guten Einfluß auf die Moral der Jäger des Nordens ausgeübt. Ob aber die Vorzüge letztlich die damit verbundenen von den Indianern erpreßten Abgaben aufwiegen, kann nur die Zeit entscheiden.

Es ist wohl klar, daß alle von der Regierung angenommenen Pläne zur Unterstützung des Pelzhandels darauf hinauslaufen müssen, die Jagdtalente der Indianer weitestgehend zu erhalten. Dies steht natürlich in striktem Gegensatz zu allen Bemühungen, sie durch eine Erziehung zur Seßhaftigkeit, zur Anhänglichkeit an den Boden und zu einem gewissen Gewerbefleiß der Zivilisation näherzubringen.

Auf dem Gebiet der Vereinigten Staaten jedoch finden sich zahlreiche wilde Stämme sowohl über grenzenlose Waldgebiete, als auch über freundliche und fruchtbare Ebenen verteilt, bei denen die Einführung von Gewerbe und Zivilisation durchaus möglich erscheint. Deshalb wird dort der Pelzhandel kaum je zum sanktionierten und ausschließlichen Monopol werden. Zwar besteht er dort noch und ist in seiner gegenwärtigen Form eine höchst ergiebige Quelle alles Bösen für die Indianer – wir wollen jedoch unsere Blicke einer Zukunft zuwenden, in der es den restlichen Eingeborenenstämmen möglich sein wird, dem Einfluß des Pelzhandels zu entrinnen und unabhängig von dessen Existenzmittel zu werden.

Die Einstellung der europäischen Eindringlinge gegenüber ihren wilden Nachbarn hat sich innerhalb von zwei Jahrhunderten bereits merklich verändert. Sie haben gewissermaßen ihre Plätze vertauscht. Die jetzt Starken waren einst die Schwachen, sie kamen mit Furcht und Zittern. Nun bieten sie der ihnen einst kraftvoll überlegenen Rasse, die so schnell vor ihnen dahingeschwunden ist, ihren Schutz an. Während der früheren Perioden unserer Kolonialgeschichte konnten weder religiöser Bekehrungsdrang noch echte Menschenfreundlichkeit den Haß der Wilden überwinden. Dieser Haß rührte von der Schwäche und Abhängigkeit der Kolonien her, vor allem aber von der Notwendigkeit, die unsere Vorväter dazu zwang, in die rechtmäßigen Besitzungen der Indianer einzubrechen. In den Schriften früher Historiker finden wir diese Menschen für gewöhnlich als eine brutale, vom Teufel besessene Rasse, als wilde Tiere und heidnische Dämonen beschrieben; kein Epitheton war schändlich, keine Verwünschung scheußlich genug, um sie ihnen nicht beizulegen. In dem Maße jedoch, in dem die Indianer ihre einst gefürchtete Macht einbüßten, nahm auch der Haß der Weißen ab. Allmählich wurde es Mode, den Mitgliedern jener unter einem unglücklichen Stern lebenden Rasse Mitleid und guten Willen zu zeigen. Man hat tatsächlich gewisse Bemühungen unternommen und noch mehr davon geredet, sie der Zivilisation und der wahren Religion zuzuführen. Ab und zu sind unter unseren Staatsmännern und Geistlichen Männer aufgetaucht, die tatsächlich von den Motiven reiner Güte, von einer echten Gerechtigkeitsliebe beseelt waren, und in diesem Geist versucht haben, den Indianern Gutes zu tun. Könnten wir den gesprochenen und geschriebenen Äußerungen unserer Zeitgenossen über dieses Thema Glauben schenken, so müßte man tatsächlich annehmen, daß uns hinsichtlich unserer indianischen Nachbarn einzig und allein der glühende Wunsch erfüllte, so gut wir können in ihrem Interesse zu handeln. Wenn wir aber die wahren Gefühle unserer Bürger an dem sicheren Kriterium der getroffenen öffentlichen Maßnahmen messen, so müssen wir zugeben, daß auch unsere Generation – weit weniger bewußt und eifrig als unsere Vorväter – an der völligen Vernichtung jener ›blutigen und heidnischen Kanaaniter‹ arbeitet. Die Wahrheit ist, daß es bei uns üblich war und noch ist, sie als eine vom Teufel besessene Rasse anzusehen, deren ein unerforschliches Geschick plötzlich völlige Vernichtung vorausbestimmt hat. Diese Ansicht paßt sehr gut zu dem bequemen Dogma der Moralphilosophen, die uns lehren, daß man den Boden am besten dadurch ausnutzt, daß man von ihm jene vertreibt

und ihres Besitzes beraubt, die ihn aus Unwissenheit oder Trägheit un-
kultiviert gelassen haben.

Das so lange behandelte Thema ›Die Verbesserung der Situation der
Indianer‹ scheint mir aus zwei wichtigen Fragekomplexen zu bestehen.
Erstens: Können wir durch unsere Einmischung irgendein brauchbares
Resultat erzielen? Zweitens: Existiert in unserem kollektiven Charakter
als ein Volk überhaupt eine Neigung, den Untergang der Indianer aufzuhalten? Alle, die die Politik unserer Regierung auf diesem Gebiet
kennen, müssen die zweite Frage negativ beantworten. Klarer als Bände
voller müßiger und leerer Beteuerungen sprechen unsere wahren Absichten aus unseren Taten: Unser Volk und seine Vertreter sind entschlossen, den Indianern alle natürlichen Gebiete östlich des Mississippi
abzunehmen und die Reste jener Stämme in bereits übervölkerte Gegenden ohne genügende Subsistenzmittel zu vertreiben. Die Faden-
scheinigkeit von Verträgen, in denen die ›Verhandlungen‹ und die ›Ge-
genseitigkeit‹ immer nur einer Seite Vorteil bringen, die schwachen und
planlosen Bemühungen, die wir unternehmen, um die Indianer zu un-
terrichten und zu zivilisieren, sollten und können uns nicht in dem trü-
gerischen Glauben wiegen, daß wir irgendein Interesse an ihren Rechten haben, sobald diese mit unseren eigenen Rechten kollidieren, oder
daß wir tatsächlich den ernsthaften Wunsch hegen, sie in moralischem
Sinne zu erziehen. Wohl können wir den Bemühungen wohltätiger Ge-
sellschaften, die den reinsten Motiven entspringen, unseren Respekt
nicht versagen; aber wir erachten diese Versuche, soweit sie sich mit den
Indianern befassen, als höchst unangebracht – ob sie sich nun im Süden etwa darauf konzentrieren, ein paar ihrer Kinder zu nehmen und
ihnen eine oberflächliche Kenntnis von ›Astronomie, Moralphiloso-
phie, Feldvermessung, Geographie, Geschichte und der Benutzung des
Globus‹ zu vermitteln, oder, wie im Norden, die Halbblutkinder der
Pelzhändler und der vagabundierenden Kanadier durch die Errichtung
von Werkstätten zu ›erziehen‹ und sie als Arbeiter in unsren Grenzdör-
fern oder beim Bootsbau auf den Oberen Seen zu beschäftigen. Diese
Maßnahmen mögen ganz nützlich sein, aber wir wollen uns nicht
schmeicheln, damit irgendwie zum Wohl der Indianer beizutragen. Die
Choctaws und Chickasaws[98] werden nicht genügend Kenntnis in ›Astronomie‹ und ›Feldvermessung‹ erwerben, um damit in den verdorrten

und unfruchtbaren Wüsteneien, in die wir sie vertreiben, ihre Wanderungen nutzbringend zu leiten oder ihre Gebiete einzuteilen. Indem wir einigen Individuen eines Stammes eine Erziehung geben, die falls sie irgendwelchen Einfluß auf ihre Entwicklung hat, sie nur noch unfähiger zur Fortsetzung ihrer Lebensweise machen muß – und seien unsere Beweggründe dabei noch so edel – üben wir keinesfalls einen Akt der Menschenliebe. Welchen Zweck haben unsere Bemühungen oder unsere Beteuerungen, ihnen Gutes tun zu wollen, wenn wir einem kleinen, als nützlich ausgesuchten Teil ihrer Kinder die Bruchstücke einer Erziehung geben und dabei gleichzeitig die selbstsüchtige Politik verfolgen, die Masse ihres Volkes in einen Zustand des Barbarentums zurückzustoßen? Wir können doch wohl kaum die Tatsache übersehen, daß wir, indem wir den Indianern die Existenzmittel entziehen, ihnen damit gleichzeitig die Fähigkeit und den Willen nehmen, die Wissenszweige anzuwenden, die wir in unseren Schulen lehren. Ist der junge Indianer, der nach zehn oder fünfzehn Jahren aus der Missionsschule zu seinem Stamm zurückkehrt, wohl ein besserer Jäger, ein tapferer Krieger geworden als jene, die daheim geblieben sind und in der Disziplin ihrer Stammestradition erzogen wurden? Sieht er sich stattdessen nicht nur mit einer Fülle wertlosen Wissens belastet, das bei seinen rauhen Gefährten genausowenig gilt wie etwa ein Bündel Lotterielose oder Banknoten? Gerade über diesen Punkt stellen die Indianer oft außerordentlich gerechtfertigte Überlegungen an. Man würde sie falsch verstehen, wenn man behauptete, daß sie dem Wissen der Weißen keinen Wert beilegen. Im Gegenteil, sie sprechen mit höchster Bewunderung von den Künsten des Lesens und Schreibens, denn, so sagen sie, kann man dadurch erfahren, was sich in der Ferne zuträgt, und außerdem das, was andere in früheren Zeiten gesagt haben, genau zurückverfolgen. Aber, so folgern sie, dies ist, wie die Religion der Weißen, ›nichts für uns‹. ›Der Große Geist hat uns so gut wie euch mit Dingen ausgestattet, die für die spezielle Lebensweise eines jeden passen. Er hat euch mehr gegeben als uns, aber wir beklagen uns nicht über den uns gewordenen Anteil.‹

Hinsichtlich der Frage, ob die Indianer irgendwelchen Nutzen aus unseren Lehren ziehen könnten, genügen ein paar Worte. Mehr als zweihundert Jahre sind vergangen, seitdem man immer wieder behauptet hat, daß gewaltige Anstrengungen gemacht worden seien, die Zivilisierung und Christianisierung der Indianer zu fördern. Das vollkommene Versagen aller dieser Versuche sollte uns davon überzeugen, daß nicht etwa die Indianer ›unverbesserlich‹ sind, sondern daß wir selbst mit der einen Hand niedergerissen haben, was wir mit der anderen aufbauten. Unsere Beteuerungen sind recht laut gewesen, aber unsere nur auf die eigenen Interessen und die eigene Bequemlichkeit gerichtete Selbstsucht war noch größer – und dieser Selbstsucht haben wir den stetigen Untergang und den schnellen Verfall der Indianerkulturen zuzuschreiben. Wir hören von ihrer ›angeborenen Indolenz‹ und ihrem ›asiatischen Temperament‹, die sie zu ewiger Stagnation Rückentwicklung verdammen, jedoch wissen wir aus den Zeugnissen der Vergangenheit, daß sie einst einem wohl rauhen, aber doch großen, wohlhabenden und glücklichen Volk angehörten. Vergessen wir nicht, daß Ungerechtigkeit und Unterdrückung die Ursachen waren, die sie in ihren gegenwärtigen bedauernswerten Zustand versetzten. Ihre leichtsinnige Trägheit, ihre schamlose Verworfenheit und ihre völlige Selbstvergessenheit sind die notwendigen Folgen ihrer Entwürdigung und ihrer hoffnungslosen Lage.

Niemand wird ernsthaft behaupten wollen, daß die moralische oder physische Konstitution der Indianer irgendwelche unüberwindlichen Hindernisse hinsichtlich ihrer Fähigkeit zur Annahme der Zivilisation bilden. Jedoch muß jeder, der sie genau kennt und das Verhältnis der beiden Rassen zueinander beobachtet hat, zu der Meinung gelangen, daß sie unter den obwaltenden Umständen kaum je wirklich zivilisiert werden können. Deshalb scheint es müßig, jetzt über eine Methode nachzudenken, wie dieser Zustand am besten erreicht werden könnte.

Welchen Nutzen sollten beispielsweise etwa die unglücklichen Seminolen aus der Zivilisation ziehen? Vor wenigen Jahren hat man sie aus ihren schönen und fruchtbaren Gebieten in Florida vertrieben, um sie an den tiefen und unwegbaren Sümpfen hinter der Tampa Bay anzusiedeln, wo man sie nur mit Militärgewalt festhalten kann und wo man sie Tag für Tag, Jahr für Jahr regelmäßig mit Proviant von außen her versorgen muß. Sollten wir ihnen eine Erziehung geben, damit sie besser imstande sind, unsere Mildtätigkeit und Großzügigkeit zu bewundern, die sie dazu verdammt hat, in Zypressensümpfen und Sandwüsten und auf anderem für uns wertlosen Boden herumzuirren?

Das Projekt, die Indianer aus den ausgedehnten Teilen der Vereinigten Staaten nicht nur westlich des Mississippi, sondern auch westlich der kulturfähigen Ländereien des Missouri und des Arkansas in jenen glühenden Westen an der Ostbasis der Rocky Mountains zusammenzutreiben, ist ein Akt größter Ungerechtigkeit und Grausamkeit, der sie mehr treffen muß als jeden anderen. So ist denn jene eingewurzelte und unabänderliche Feindschaft der verschiedenen, bereits zu eng zusammengepreßten Stämme untereinander entstanden, wie etwa die der Dakota und Ojibwa, der Osages und Cherokee. Würde man sie noch weiter in ein bereits von kriegerischen und eifersüchtigen Jägern bewohntes Gebiet hineinzwingen, so würde eine endgültige gegenseitige Vernichtung die unausbleibliche Folge sein.

Von allen bisher entworfenen Plänen, den Indianern zu nützen, wäre der beste, aber auch in der Ausführung schwierigste, sie in Ruhe zu lassen. Wenn man ihnen die kleinen Gebiete, die ihnen noch von ihren früheren Besitzungen geblieben sind, belassen und sie den vergiftenden Einflüssen der Pelzhändler und der Militärstationen und allem, was damit zusammenhängt, entziehen könnte, so würde ihr alter Fleiß wiedererwachen. Ihre neuentfachte Aktivität würde ihnen Wohlstand, Sittlichkeit und Glück zurückbringen. Da wir aber keinen Grund zu der Annahme haben, daß ein solcher Plan jemals verwirklicht wird, können die menschlich Gesinnten nur hoffen, daß zum mindesten ein Mittelweg eingeschlagen wird. Das angerichtete Unglück ist nicht wieder gutzumachen, aber man könnte wenigstens eine Verzögerung des unaufhaltsamen Zerstörungsprozesses erreichen.

Sollten sich bei uns Philanthropen finden, die bereit wären, sich dieser Sache anzunehmen, so sollte man mindestens jenen unter uns vorherrschenden – von ruchlosen Landjobbers und skrupellosen Ansiedlern geschürten – Ansichten entgegentreten, die immer wieder eine Verbannung der Indianer in die Gebiete westlich des Mississippi verlangen. Viele unserer Bürger und leider auch Mitglieder unserer Regierung betrachten die Gegenden westlich des Mississippi als eine Art Märchenland, wo sich der Mensch von Mondstrahlen ernähren kann oder wo zum mindesten die Indianer – verpflanzt man sie nur tief ge-

nug in das Land der Salzberge und der gehörnten Frösche – weit genug
von uns entfernt sind, um uns noch irgendwelche Schwierigkeiten bereiten zu können. Wären die Bemühungen der Verfechter dieser
Zwangsumsiedlung erfolgreich, wären alle Indianer über den Mississippi hinweg verbannt, wie bald würde sich dann der Kampfruf in ›westlich der Rocky Mountains‹ umwandeln. Wir können sie wohl in die
Sandwüsten schicken, können sie aber nicht zwingen, dort zu bleiben.
Bald würden sie für die weißen Ansiedler um den Roten Fluß, den Weißen Fluß und den Unteren Arkansas genau so gefährlich werden wie
jetzt für die Kolonisten von Georgia, Alabama, Missouri und Illinois.
Wir lassen Unzufriedene und Notleidende fremder Länder an unsere
Küsten kommen und teilnehmen an allen Vorzügen unserer gerühmten
Institutionen, ohne zu fragen, ob es vielleicht nicht eher ihre Verbrechen als die Einflüsse tyrannischer Regierungen waren, die sie zum Auswandern veranlaßten. Gleichzeitig aber verharren wir in unserem Entschluß, die letzten Reste der ursprünglichen Eigentümer unseres Bodens, die Indianer, auszurotten. Sie könnten vielleicht nützlichere Bürger unserer Republik sein als jene Fremden, die wir so bereitwillig
aufnehmen.

Wenn das Projekt der Zwangsumsiedlung der Indianer verwirklicht
werden sollte, so wäre dies – ganz abgesehen von der herausfordernden
offenkundigen Ungerechtigkeit – politisch ebenso fragwürdig wie unser unnützer Versuch, die Abkömmlinge der afrikanischen Sklaven in
ihre Heimat zurückzuschicken. Früher oder später aber rächt sich jedes
individuelle oder nationale Verbrechen. Wäre es nicht möglich, daß die
heute bei uns so tief verwurzelte und weitverbreitete afrikanische Rasse
einmal solche Macht erlangt, daß sie an unseren Nachkommen vielfäl-
tige Vergeltung für die von unseren Vorvätern und von uns an den Eingeborenen begangenen Verbrechen üben könnte?

Die Geschichte der Indianer und ihr gegenwärtiger Zustand sollten
uns veranlassen, laut und deutlich einen sofortigen Wechsel unserer Politik zu verlangen – falls die Vereinigten Staaten etwa doch andere
Pläne mit den Indianern haben sollten als deren schnelle und völlige
Vernichtung. Die wichtigsten Ziele wären: die weitestmögliche Verhin-
derung der aus dem kommerziellen Konkurrenzkampf resultierenden
Übel, das endgültige Verbot des Whiskys und anderer Verbrechen des

Pelzhandels, die Förderung des Bodenbaues und der Heimindustrie als Grundlage zur Befreiung der Indianer vom Pelzhandel. Die bei den Indianern zur Gewohnheit gewordene Indolenz und ihre Scheu vor regelmäßiger Arbeit könnte durch verschiedene Methoden bekämpft werden: Zurverfügungstellung von Pferden, Rinderherden, Werkzeugen, landwirtschaftlichen Geräten, schöner Kleidung und geschmackvollen Schmuckgegenständen als Ehrenzeichen und Belohnung für Fleiß und beharrliche Ausdauer. Mit diesen Bemühungen zur Hebung des Gewerbefleißes sollten eine Kultivierung des Geistes und die Einführung der englischen Sprache Hand in Hand gehen, wobei nicht ein Kind unter zehntausend, sondern jedes Kind erfaßt werden müßte. Dabei sollten wir keine Mühe scheuen. Ich halte es für wichtig, daß die Indianer nicht nur die englische Sprache erlernen, sondern gleichzeitig ihre eigene beiseite tun und vergessen sollten – und damit ihr gesamtes System traditioneller Gefühle und Ansichten auf allen Gebieten. (Hier irrt James, denn entsprechende, im modernen Amerika durchgeführte Versuche haben tragische Resultate erbracht. E. L.)

Wenn all dies verwirklicht und dazu die Erlangung des Bürgerrechts und der Besitz von Privateigentum als Belohnung für das erwünschte Verhalten in Aussicht gestellt werden könnten, so würde sich ohne Zweifel ein beträchtlicher und schneller Aufschwung im Verhalten der Indianer bemerkbar machen. Durch ein System derartiger Maßnahmen könnte ein Teil der Reste jenes Volkes erhalten und der weißen Gemeinschaft einverleibt werden. Als getrennte und unabhängige Stämme jedoch, die ihre eigenen Sprachen, Sitten und Meinungen beibehalten, werden sie kaum weiterleben können.

Anmerkungen

1 *Shawnee:* zu den Algonkin gehörender Indianerstamm nördlich des Ohio. *Algonkin:* eine der größten indianischen Sprachfamilien Nordamerikas.

2 *Flachboote:* Bezeichnung der Boote der Weißen im Gegensatz zu den Indianerkanus mit rundem Kiel.

3 *Neger:* die zum Haushalt der weißen Familien gehörenden Negersklaven. Die Negersklaverei wurde in den USA erst im Jahr 1862/1863 durch Lincoln aufgehoben.

4 *Cincinnati:* im Jahre 1782 neu angelegte Siedlung der weißen Amerikaner am Nordufer des Ohio.

5 *Manito-o-geezhik:* Die silbenmäßige Trennung indianischer Worte durch Bindestrich ist allgemein üblich, da das Algonkin wie viele Indianersprachen zu den ›polysynthetischen‹ gehört, d. h. die Bedeutung eines Wortstammes kann durch eine Vielzahl von Vor- und Nachsilben in bezug auf Eigenschaften, Anzahl, Mittel usw. präzisiert werden.

6 *Tomahawk:* Streitkeule oder -axt vieler nordamerikanischer Indianerstämme.

7 *Handelsposten:* weit ins Indianerland hinausgerückte merkantile Zentren weißer Unternehmer, errichtet an den traditionellen Sommerversammlungsplätzen der Indianer. Hier trafen ursprünglich einmal jährlich die aus ihren Jagdgründen kommenden und mit Bündeln wertvoller Pelze beladenen Indianer mit anderen Stämmen zusammen, um deren Produkte – Lederwaren, Mais, Geflecht von Heu, Tabak, Kanus, Geräte, Gegenstände aus Birkenrinde usw. – einzutauschen. Die auf Pelze er-

pichten weißen Händler verstanden es mit ihren weitaus begehrteren Waren den Tausch an sich zu reißen, wobei sie die unwissenden Indianer vielfach aufs brutalste ausbeuteten. Die Händler waren zuerst Abenteurer, dann von Privatleuten angestellte Geschäftsagenten und schließlich Lizenzträger der gesetzlich anerkannten Pelzhandelsgesellschaften. Alle lagen in stetem Konkurrenzkampf miteinander, bis endlich die ›ungesetzlichen‹ Händler, die es wagten, mit den sich bildenden Monopolen zu konkurrieren, verhaftet wurden. Die wichtigsten Pelzhandelsgesellschaften im Seengebiet waren die Hudson's Bay Company und die Northwest Company. Die Handelsposten bzw. -stationen wurden wegen der kriegerischen Auseinandersetzungen sowohl der Weißen als auch der Indianer untereinander meist militärisch befestigt und allmählich zu regelrechten Forts ausgebaut.

8 *Sau-ge-nong:* eigentlich *Saginaw*, von *Säginaw* (Mündung eines Flusses) abgeleitet, wird aber auch als ›Siedlung der Saukindianer‹ gedeutet. Zu Tanners Zeiten wurde es hauptsächlich von den Ottawa bewohnt. Da Edwin James alle Orts-, Stammes- und Eigennamen nach Tanners mündlichen Angaben niedergeschrieben hat, tauchen unterschiedliche Schreibweisen auf. Diese Diskrepanz wurde beibehalten, wo keine eindeutige Klärung möglich war. Wenn es sich jedoch um Stammesnamen und andere in der Wissenschaft feststehende Begriffe handelte, wurde die im ›Handbook of American Indians north of Mexiko‹ festgelegte Form angewandt.

9 *Mukkuk: Mukuk* oder *Mocuk* – aus Birkenrinde gefertigte und mittels einer Schabetechnik kunstreich mit Ornamenten geschmückte Behälter, in denen diese Indianer den im Frühling aus dem Saft der Ahornbäume gewonnenen Zucker oder Sirup wie auch andere Nahrungsmittel verwahren; das Fassungsvermögen beträgt etwa vierzig Pfund. Die einzelnen Teile dieser und anderer von den subarktischen Jägern benutzten Gefäßen sind mit feingespaltener Kiefernwurzel vernäht und zum Teil vollkommen wasserdicht verkittet.

10 *Skalptanz:* ein von Frauen ausgeführter Tanz zu Ehren erfolgreich heimgekehrter Krieger.

11 *Sun-je-gwun-nun:* Plattform aus Holz und Rinde zur Aufbewahrung von Vorräten, errichtet auf Bäumen oder Gerüsten, so daß sie nicht von Tieren ausgeplündert werden können.

12 *Hütteneingang:* Die Plätze im Zelt sind durch Tradition genau bestimmt: In der Mitte befindet sich die Feuerstelle, zwischen dieser und der hinteren Zeltmitte der Ehrenplatz, während zwischen Eingang und Feuer der schlechteste ist.

13 *Zuckergründe:* Gebiet mit Zuckerahornbäumen, deren Saft die Indianer im Frühling abzapfen, zu Sirup verkochen und daraus Zucker gewinnen.

14 *Totemismus:* Glaube zahlreicher Völker an eine mystische Verwandtschaft mit bzw. Abstammung von einem Tier, einer Pflanze oder einer anderen Erscheinung der Natur, Totem genannt (aus der Ojibwasprache *ototeman* – ›sein Clanverwandter‹). Das Totem gibt einer Gens, einem Clan, einer Gruppe von Verwandten seinen Namen und ist mit bestimmten Heiratsvorschriften, Nahrungstabus und anderen Regelungen verbunden, oft auch mit dem Glauben an das Totem als eine Art Schutzgeist, der sowohl den einzelnen als auch die gesamten Totemverwandten behütet.

15 *Mackinac*, ursprünglich *Michilimackinac:* wichtiges Handelszentrum, das wegen seiner günstigen Lage auf der Halbinsel zwischen dem Lake Michigan und dem Lake Huron zum Zentralpunkt des Pelzhandels fast des gesamten Landes wurde. Seine Entwicklung ist typisch für die Entstehung der meisten Orte und Städte des nord- amerikanischen Mittelwestens und des kanadischen Südens: erst Indianertausch- und Siedlungsplatz, dann Handelsposten, Fort und endlich Mission.

16 *Sioux:* künstlicher und von diesen Indianern selbst nicht anerkannter Name für die *Dakota.* ›Sioux‹ kommt von dem Ojibwawort *nadowe-is-iw* (›Schlange‹) her, das den Feinden verächtlich als Schimpfwort beigelegt wurde, von französischen Siedlern in ›Nadouessioux‹ umgewandelt, von dem wegen der schweren Aussprache nur die Endsilbe blieb. In älterer deutscher Literatur tauchen die ›Nadouessioux‹ als ›Nadowessir‹ auf. In der modernen Ethnologie wird der Begriff ›Sioux‹ nicht verwendet, wohl aber ›siouan family‹, die siouanische Sprachgruppe, die neben den Algonkin eine ausgedehnte und volkreiche Sprachfamilie der nordamerikanischen Indianer darstellt.

17 *Ojibwa:* Bezeichnung für einen der bedeutendsten Stämme der großen Sprachfamilie der Algonkin, steht im Mittelpunkt von Tanners Lebensgeschichte. In den zeitgenössischen Akten der Vereinigen Staaten findet sich für Ojibwa auch die Bezeichnung ›Chippewa‹, unter sich nennen sie sich ›Ishinabe‹ (erste Menschen). Zwischen Ottawa und Ojibwa gibt es keine wesentlichen Unterschiede – sie sind einer Herkunft und durch gleiche Traditionen verbunden.

18 *Ottawa:* von *adawe* (›kaufen‹, ›verkaufen‹) abgeleitet, Bezeichnung für einen Algonkinstamm, dessen Angehörige sich besonders durch ihr Handelstalent auszeichneten. Der Begriff ›Ondataouaouat‹ bzw. ›Ottawa‹ taucht bereits 1615 bei Champlain auf.

19 *Point St. Ignace:* an der Südseite der Straße von Michilimackinac gegründete Missionsstation.

20 *Masern:* neben Tuberkulose, Blattern, Influenza, Keuchhusten eine der von den Europäern eingeschleppten Krankheiten, die zu den Hauptursachen für die Dezimierung der Indianer gehörten, da die Indianer davon viel schwerer als die Weißen befallen wurden. So erlagen fast die Hälfte der nördlichen Prärieindianer zwei großen Blatternepidemien (1781/82 und 1801/02).

21 *Polygamie:* kam bei den Indianern häufig vor und ist auch heute noch nicht gänzlich verschwunden. Auch *Net-no-kwa*, obwohl ein ›Oberhäuptling der Ottawa‹, duldete widerspruchslos zwei Nebenfrauen.

22 *Fallenbau:* Der Bau von Holzfallen verschiedenster Konstruktion gehört zu den wichtigsten Kenntnissen dieser Indianer.

23 *Frauenarbeit:* Schon aus den frühesten Eingeborenenkulturen kennen wir eine Arbeitsteilung nach Geschlechtern, wonach Frauen und Kinder die Hausarbeit besorgen, die Zelte errichten und die pflanzliche Nahrung beschaffen, während die Männer als Jäger und Fallensteller das zum Leben benötigte Wild erbeuten.

24 *Flagge* bzw. *Fahne:* Rangabzeichen für Häuptlinge, eine ebenso wie das Tragen von Silbermedaillen und ›Häuptlingsgewändern‹ erst von den Weißen eingeführte Sitte.

25 *Häuptling:* Dieser Begriff ist mit größter Vorsicht aufzufassen, denn oft handelte es sich dabei um Personen, die erst von den Weißen dazu gemacht und mit den genannten Insignien versehen wurden, um einen ihnen genehmen verantwortlichen Verhandlungspartner zu gewinnen. Solche Häuptlinge genossen bei den Indianern keineswegs immer die ihnen zugelegte Autorität, aber natürlich waren die Weißen klug genug, hervorragende Jäger oder ›gute‹ Männer dafür auszuwählen und damit ein bereits vorhandenes Ansehen nur gewissermaßen äußerlich zu sanktionieren. Die durchaus demokratische Stammesorganisation duldete keinerlei Rangunterschiede in dem Sinne, daß sich etwa ein Individuum mit absoluter Befehlsgewalt über die anderen hätte erheben können. Reich und arm gab es nicht. ›Reich‹ war, wer im Frühling mit besonders vielen Pelzen zu den Handelsposten ziehen und viele Waren dafür eintauschen konnte, die aber nie akkumuliert, sondern stets irgendwie schnellstens wieder verschleudert wurden. Deshalb war der beste Jäger der angesehenste Mann, da er ja auch schon während der harten Winterzeit anderen von seiner Beute hatte abgeben können. Bei Tanner taucht das Wort ›chief‹ (Häuptling) auch nur selten auf, er gebraucht statt dessen den Ausdruck ›principal man‹ (wörtlich: Hauptmann oder erster Mann), das hier meist sinngemäß mit ›Anführer‹ übersetzt wurde. Wirkliche Häuptlinge aber mit Befehlsgewalt gab es nur bei der mitunter lebenswichtigen Büffeljagd und bei Kriegszügen, bei denen das Leben aller Beteiligten von äußerster Disziplin abhing. Aber selbst diese Autorität wurde meist nicht von einem Mann ausgeübt, sondern von den Ältesten, die sich gegenseitig konsultieren. Und wenn ein angesehener Mann einen Befehl durchsetzte, dann vor allem, weil er als ›Gewissen der Allgemeinheit‹ handelte.

26 *totgeschlagen:* Es ist ein typisches Merkmal indianischen Denkens, daß sich ein Schwerkranker oder Sterbender bereits als Toter fühlt und auch von seiner Umgebung als solcher behandelt wird. Man glaubt, daß der Mensch mehrere Seelen besitzt, von denen nur eine im Körper wohnt, während sich die anderen in unmittelbarer Nähe befinden. Der Verlust der Körperseele erzeugt Krankheit, während der der Mensch schon als ›tot‹ betrachtet wird, kehrt die Seele zurück, so genest der Kranke und wird daher wieder den Lebenden zugerechnet.

27 *Sault Ste. Marie:* an den Stromschnellen zwischen dem Lake Huron und dem Lake Superior gelegene Handelsstation, neben Mackinac wichtigstes Zentrum des Pelzhandels.

28 *Portage:* im Folgenden zuweilen auch mit ›Tragstelle‹ übersetzt, Bezeichnung für Gebiete mit Stromschnellen, die nicht mit dem Kanu befahrbar sind wie auch für Wegverbindung zwischen zwei Flüssen. Man steigt am Ufer aus, leert die leichten Rindenfahrzeuge und trägt sie und den Inhalt zur nächsten Stelle, von der aus man zu Wasser weiterfahren kann. Dann holt man das Gepäck nach. Um die bekanntesten Portages, an denen sich die Indianer wegen des Umladens länger aufhalten mußten, entwickelten sich Treffpunkte und Handelsposten, beispielsweise an der Prairie Portage, der Grand Portage, der Portage du Chien.

29 *Bau von Birkenrindenkanus:* eine der höchst entwickelten handwerklichen Fähigkeiten der Algonkinkinder. Das Kanu ist für die Lebensweise der subarktischen Jäger

äußerst wichtig, da es ihnen ermöglicht, auf den weitverzweigten großen Seen, Flüssen und kleinen Wasserkanälen die dichtverwachsenen Urwälder ihrer Heimat zu passieren.

30 *Schneeschuhe:* mit größter Sorgfalt hergestellte Rahmenschneeschuhe aus Zedernholz und Rohledergeflecht, die nicht wie unsere Skier zum Gleiten, sondern zum Laufen im hohen Schnee getragen werden, um das Einsinken zu vermeiden. Sie haben in der materiellen Kultur eine solche Bedeutung, daß man geradezu von einer ›Schneeschuhkultur‹ spricht.

31 *Ledergamaschen:* ›leggings‹ – aus Hirschleder gearbeitete Beinfutterale, die mit Lederfransen, Stachelschweinborstenstickerei und Glasperlen verziert werden und im Winter vor Frost, im Sommer vor Dornen- und Insektenstichen schützen.

32 *Muskego:* unkorrekte Schreibweise von *Maskegon* (muskeg – Sumpf), nicht zu verwechseln mit der Sprachfamilie der *Muskhogee,* ein Algonkinstamm, der eng mit den Cree, aber auch mit den Ojibwa verwandt ist und auch zuweilen *Swampey Cree* genannt wird.

33 *Not leiden:* Aus der bei Jagdunglück, schlechtem Wetter oder Krankheit ständig drohenden Gefahr des Hungertodes hat sich bei den Indianern ein ungeschriebenes Gesetz zur gegenseitigen Hilfe herausgebildet, das sich auch auf den notleidenden Feind erstreckt (denn: Wie ich heute sogar dem persönlichen Widersacher beistehe, so werde ich in ähnlicher Lage von der Gemeinschaft nicht vergessen werden). Bemerkt etwa ein zur Jagd ausziehender Indianer die von einer hungernden Familie aufgestellten Notsignale, so muß er alles, was er hat, sofort aufbieten, um den Unglücklichen zu helfen. Ähnlich verhält es sich mit dem Gesetz der Teilung der Jagdbeute, das von allen Stämmen dieser Wirtschaftsstufe in ähnlicher Weise geübt wird: Wenn überhaupt irgendetwas da ist, so muß es in Notzeiten unter allen Darbenden geteilt werden, und wenn jeder auch nur ein paar Bissen erhält.

34 *Der Große Geist:* eine von den Missionaren stammende monotheistische Interpretation für die alles durchdringende Kraft *manito* (dem etwa das *wakan* der Dakota, das *orenda* der Irokesen und das *mana* der Polynesier entspricht). Als von der Natur und ihren Gegebenheiten stärker abhängige Völker führen die Indianer alle Erscheinungen des täglichen Lebens auf das Wirken unsichtbarer Potenzen zurück. Die Natur ist voller Schrecknisse, die durch magische Handlungen der ihnen überantworteten Menschen abgewehrt werden müssen; sie ist aber auch voller Versprechungen, und die Gaben ihrer Fruchtbarkeit müssen in Dankbarkeit erfleht werden.

35 *Tabak opfern:* Das Opfern von Tabak zu Ehren mächtiger Geister ist ein traditioneller Brauch der Indianer, wie auch das Rauchen der berühmten Calumet, der Friedenspfeife, zeremonielle und religiöse Bedeutung hat.

36 *Trinkgelage:* Der verheerende Einfluß des von den Weißen Händlern eingeführten Alkohols und seine Unwiderstehlichkeit auf die Indianer hat seine Hauptursache in ihrer Weltanschauung, die auf Träumen und Visionen basiert. Das im Traum Gesehene betrachtet der Indianer als Offenbarung göttlicher Mächte, als Realität. Dazu hat sich bereits 1636 der Jesuitenpater Le Jeune wie folgt geäußert: ›Die Indianer trinken Wein und Branntwein (‚Eau de vie‘) nicht aus Freude am Trinken, sondern

sie lieben diese Getränke mit hemmungsloser Leidenschaft um des Zustandes der Trunkenheit willen. In diesem Zustand bilden sie sich ein, daß ihnen jeder mit größter Aufmerksamkeit zuhört, daß sie hinreißende Redner sind, kühn und schrecklich, und daß man sie als Häuptlinge betrachtet. Deshalb begeistert sie dieses Laster. Es gibt kaum einen Eingeborenen, bescheiden oder einflußreich, selbst unter den Mädchen und Frauen, der sich nicht an dieser Selbstvergiftung entzückte und dieses Getränk zu sich nähme, sowie sie nur irgendwie erhältlich sind, einfach um des Gefühls der Trunkenheit willen.‹ Und da Indianer alles Gute mit ihren Gefährten zu teilen pflegen, laden sie ihre Freunde ein, um sich gemeinsam in den ersehnten Rausch zu versetzen und veranstalten ganz bewußt jene in Exzesse ausartenden Trinkorgien. Diese unselige Leidenschaft wurde von den Händlern bewußt zum Zwecke der Ausbeutung der Indianer mißbraucht.

37 *Winnipeg:* von dem Algonkinwort *ouinipeg* (schmutziges oder stinkendes Wasser) abgeleitet, ein Name, den die Indianer auch dem salzigen Meerwasser im Gegensatz zum Süßwasser der Seen beilegen. Auch der Name des Stammes der Winnebago ist von diesem Wort abgeleitet.

38 *Assiniboin:* gehören zur siouanischen Sprachfamilie, waren ursprünglich eine Untergruppe der Yanktonai, die eng mit den Yankton (vgl. Anm. 74) verwandt sind. Die wörtliche Übersetzung des Namens lautet ›Steinekocher‹ (Ojibwa: *assini* – Stein, *upäwa* – er kocht durch Rösten), abgeleitet von der Sitte der Assiniboin, im Feuer erhitzte Steine in die mit Speisebrei gefüllten Behälter zu legen.

39 *Erlegen des ersten Bären:* das wichtigste Ereignis im Leben eines jungen Indianers. Bei vielen Algonkinstämmen wird er von diesem Augenblick an als mündig betrachtet und mit dem Respekt behandelt, der einem erwachsenen Jäger geziemt; denn der Bär ist ein mit mystischer Hochachtung betrachtetes Jagdtier.

40 *Puk-kwi:* Aus Schilf und Rohr geflochtene Matten für die Zeltbedeckung. Auch Birkenrindenbedeckung der kuppelförmigen Zelte wurde so genannt.

41 *Mandan:* siouanischer seßhafter Stamm am oberen Missouri.

42 *Biberschwanz:* größter Leckerbissen der Indianer, auch ein beliebtes Zahlungsmittel für erwiesene Dienste und für wertvolle Waren. In getrocknetem Zustand ist er lange haltbar und an Nährwert und Wohlgeschmack etwa mit einer Speckseite zu vergleichen.

43 *Fellboot:* das sogenannte bull-boat der Prärieindianer ist ein der Kultur der subarktischen Jäger ursprünglich fremdes Kulturelement. Tanners Freunde übernahmen es vermutlich von den Mandan, die solche Boote aus Büffelfellen herstellen. Sie eignen sich jedoch eigentlich nur zur Flußüberquerung und kaum für längere Reisen zu Wasser.

44 *Verzehren roher Fische:* wird von den Indianern als barbarisch angesehen und lächerlich gemacht. Die Eskimo verdanken dieser Angewohnheit ihren Namen, der von dem Ojibwawort *ashkimeg* (›Rohesser‹) abgeleitet ist.

45 *Northwest Company, Hudson's Bay Company:* die beiden größten offiziellen Handelskompanien, die aus dem Konkurrenzkampf von etwa fünfzig bis sechzig Unternehmen als Sieger hervorgingen. Tanner hat für beide gearbeitet und wie alle Indianer

der Gegend aus ihren divergierenden Interessen Nutzen gezogen. Die Hudson's Bay Company hat 1821 endlich die Northwest Company geschluckt und sich später, als es in den Vereinigten Staaten keine freien indianischen Jäger mehr gab, ganz nach Kanada zurückgezogen.

46 *Biberfelle:* waren jahrhundertelang die gültige Tauschwerteinheit im Norden der Vereinigten Staaten und in Kanada und bildeten auch die Basis für Kredite, die die Handelskompanien den sonst vom Tode bedrohten Indianern gewährten, um sich weitere gewinnbringende Pelzlieferungen zu sichern. Die Hudson's Bay Company brachte eigens zur Abrechnung dieser Tauschgeschäfte geprägte Münzen, sogenannte beaver coins, in Umlauf. Im Gegensatz zu dem hier angesetzten betrügerischen Tauschwert war damals ein gutes Biberfell etwa zehn Dollar wert.

47 *A-gutch-e-ninne-wug:* Bezeichnung für die *Hidatsa,* ein seßhafter Stamm am Missouri, der zur siouanischen Sprachfamilie gehört. Möglicherweise hat Tanner das Ziel des Kriegszuges falsch verstanden, denn die Hidatsa waren mit den Mandan meist verbündet.

48 *Nachrichtenstäbe:* mit Bildzeichen oder auch nur eingeritzten Kerben versehene Holzstäbe, spielen eine lebenswichtige Rolle für die Indianer, da sie die einzige Möglichkeit darstellen, in der Wildnis Nachrichten weiterzuleiten oder im Fall von Krankheit oder anderer Not um Hilfe zu rufen. Wer ein solches Signal bemerkt, ist verpflichtet, dem Betroffenen sofort zu Hilfe zu eilen, andernfalls würde er gegen ein ungeschriebenes Gesetz verstoßen (vgl. Anmerkung 33).

49 *Bahwegato-weninnewug:* Fall Indians – Indianer des Wasserfalls (auch Atsina oder Gros Ventres du Prairie, von den Ottawa *Bowwetig* o. ä. genannt) – ein Präriestamm im Missourigebiet.

50 *Einziger Sohn:* Die Differenzierung *Net-no-kwas* zwischen dem leiblichen Sohn *Wa-me-gon-a-biew* und ihrem Adoptivsohn Tanner ist bei den Indianern sonst unüblich und kommt auch bei Tanner nur zweimal vor.

51 *Tümpel:* dafür im Original der indianische Ausdruck *Sahkiegun.* Edwin James erklärt in einer Fußnote: ›Die Ottawa nennen die ihnen bekannten größeren Seen *kitchegawme,* so den Lake Superior *Ojibwa Kitchegawme,* den Lake Huron und den Lake Michigan *Ottawa Kitchegawme.* Alle kleineren Seen bis zu den zahllosen Teichen und Tümpeln des Nordens werden *sahkiegun* oder (im Diminutiv) *Sahkiegunun* genannt.

52 *Schneehasen:* im Original steht ›rabbit‹ – Kaninchen. Wahrscheinlich aber handelt es sich um den Schneehasen dieser Gegend.

53 *Medizinbeutel:* winzige für den Jagdzauber bestimmte Lederbeutel. Sie enthalten einen Tierfötus der Spezies, die der Jäger zu erlegen hofft.

54 *Karibu:* Bezeichnung für das wildlebende Waldrentier *Rangifer caribou,* wahrscheinlich eine Vulgarisierung des Micimacwortes *xalibu,* das ›Scharrer‹ oder ›Kratzer‹ bedeutet, nach der Angewohnheit der Karibus, unter dem Schnee nach Nahrung zu scharren.

55 *Mokassins essen:* bei den subarktischen Jägern in Notzeiten üblich; denn das Kauen auf dem Leder hält den Mund des Hungernden feucht. Man kaut auf den Lederstücken solange herum, bis sie sich langsam in ihre Bestandteile auflösen.

56 *Rinde als Nahrung:* Zwischen der äußeren Rinde und dem Holzkern verschiedener Bäume – beispielsweise des kanadischen Ahorn und einiger Birkenarten – befindet sich eine feuchte, schwamm- oder bastartige Schicht, die äußerst vitaminreich und anscheinend steril ist. Sie dient zur Desinfizierung von Wunden und in Notzeiten auch als Nahrung.

57 *Blutrache:* ist bei diesen Indianern Gesetz. Danach sind die männlichen Hinterbliebenen Mitglied der Sippe – zuweilen auch der Lokalgruppe – des Schuldigen zu rächen, wobei oft ein Mann getötet wird, der vollkommen unschuldig ist.

58 *Onkel:* dieser Begriff umschließt hier alle Stammesmitglieder, die älter sind als Tanner.

59 *nackter, bemalter Indianer:* Während der warmen Jahreszeit warf man vor einem Kampf alle Kleidungsstücke ab und bemalte sich das Gesicht mit roter Farbe. Daher die Bezeichnung ›Rothaut‹, die auf die Kriegsbemalung und nicht auf eine ›kupferrote‹ Hautfarbe der Indianer zurückgeht. Die eher braun-gelbliche Hautfarbe der Indianer ist ein Kennzeichen ihrer asiatischen Herkunft.

60 *Nadoway:* von den Jesuiten zum Katholizismus bekehrte Irokesengruppe, die bei Montreal angesiedelt war und häufig für die Pelzkompanien Dienste übernahm.

61 *Cree:* zu den Algonkin gehörender Stamm, hauptsächlich um den Südrand der Hudson's Bay; dehnten sich zu Tanners Zeit immer weiter nach dem Westen aus.

62 *Magische Handlungen:* werden vom Medizinmann in einem dafür aus genau vorgeschriebenen Holzarten erbauten Sonderzelt vorgenommen. Die Stimmen der Geister, die er angeblich zur Krankenheilung herbeiruft, werden von ihm durch Bauchrednerkünste imitiert. Je nach den erzielten Erfolgen schreibt man dem Medizinmann größere oder geringere magische Kräfte zu. Der Haupttrick der Medizinmänner besteht jedoch darin, einen bösen ›Fremdkörper‹, der sich angeblich in den Leib des Patienten eingeschlichen hat und der nach dem Glauben der Indianer die Ursache der Krankheit ist, herauszuzaubern und als Beweis der Heilung sichtbar zu machen.

63 *Mokassinahle:* wird verwendet, um die zum Nähen von Mokassins nötigen Löcher ins Leder zu bohren.

64 *Moose-Elch:* cervus alces, in alten deutschen Quellen als ›Elentier‹ bezeichnet – eine Elchart, gehört zum begehrtesten und wohlschmeckendsten Jagdwild der nördlichen Indianer. Das Wort *moose* kommt in Abwandlungen in verschiedenen Algonkindialekten vor (Ojibwa: *mons*) und bedeutet: ›Er streift ab‹ oder ›knabbert ab‹, weil diese Tiere die Rinde und die Äste junger Bäume bevorzugen.

65 *A-go-kwa:* Transvestiten (auch Berdache genannt), kommen bei zahlreichen Indianerstämmen Nord- wie Südamerikas vor. Schon in der asiatischen Urheimat der Indianer gab es psychopatische männliche Personen, die in Frauenkleidern gingen, wie Frauen sprachen und sexuellen Umgang mit Geistern zu haben glaubten. Meistens sind sie homosexuell veranlagt. Die Verächtlichmachung solcher Individuen, wie es bei Tanner geschieht, ist auf den Einfluß der Zivilisation zurückzuführen.

66 *Midé:* Stammwort von *Midéwiwin*, allmächtige geheime Medizingesellschaft der Ojibwa und vieler anderer Algonkinstämme, in der die Mitglieder mittels kompli-

zierter Riten in vier Stufen aufrücken. Ihr Hauptziel ist es, auf Grund genauester Kenntnis heilkräftiger und auch giftiger Pflanzen das menschliche Leben zu verlängern, da hohes Alter als eine von den Überirdischen errungene Gnade angesehen wird, als ein Beweis, daß die eigene Zauberkraft stärker ist als die der dem Menschenleben feindlichen Mächte.

67 *wilder Reis:* Es handelt sich hierbei um den im Gebiet der Großen Seen in großen Mengen wildwachsenden ›Wasserreis‹ *(zizania aquatica)*, der zu einer wichtigen Nahrungsgrundlage der Ojibwa wurde, die vom reinen Jägertum zur sogenannten Erntewirtschaft übergingen, das heißt, sie ernten die Früchte einer nicht selbst gesäten, in großen Mengen wildwachsenden nahrungsspendenden Pflanze.

68 *Heilmittel:* Gegen die meisten ihnen bekannten Krankheiten besaßen die Indianer wirkungsvolle Heilmittel, z. T. auch Quacksalbermedikamente, die wegen des Glaubens des Patienten an die Medizin oft zu seiner Gesundung führten. Den von den Weißen eingeschleppten Krankheiten dagegen standen die Indianer hilflos gegenüber, vor allem auch deshalb, weil sie darin einen übermächtigen Zauber sahen, dem sie sich ausgeliefert glaubten.

69 *Dorf:* Bei diesem Begriff handelt es sich zumeist um die während der kurzen Sommertreffen entstehenden Zeltgemeinschaften an den traditionellen Versammlungsplätzen. Bei den bereits relativ seßhaften Erntevölkern kann man von dorfähnlichen Siedlungen sprechen, die um das ›Erntefeld‹ herum gruppiert sind. Dasselbe trifft für die seßhaften maisanbauenden Stämme, wie die Mandan, zu.

70 *Pe-be-gwun:* Flöte, die zur Liebeswerbung verwendet wird.

71 *Kriegszüge gegen die Sioux:* Das Kriegführen liegt den Indianern keineswegs gewissermaßen ›im Blut‹, wie früher eine romantisch-kitschige Abenteuerliteratur glauben machen wollte. Die Feindschaft mit den Dakota und die daraus resultierenden kriegerischen Unternehmungen der Ojibwa hatten wirtschaftliche Ursachen. Die große Gruppe der siouanische Dialekte sprechenden Dakota-Stämme saß einst im Wildreisgebiet. Ein Hauptstrom der ursprünglich im Gebiet um Sault Ste. Marie ansässigen Ojibwa gelangte ebenfalls in dieses Gebiet der Reissümpfe, und aus den mit den Dakota um die dortigen Nahrungsquellen wie auch Jagdgründe geführten Kriegen erwuchs die sich über hundertfünfzig Jahre erstreckende und erst um die Mitte des 19. Jahrhunderts beendete Feindschaft zwischen den beiden Gruppen. Die Dakota wurden schließlich weiter bis in die Prärien des Mittelwestens verjagt und fanden hier in den großen Büffelherden eine neue Existenzgrundlage, sie wurden zu reinen Jägern. Die in der populären Literatur so berühmt gewordene Lebensweise der Prärieindianer hat sich also erst in jüngster Zeit aus einer wirtschaftlichen Notlage heraus entwickelt.

72 *Ko-zau-bun-ziche-gun:* Die mit einem Ritual verbundene Feststellung der Position des Feindes brachte meist erstaunlich richtige Resultate, weil sich der Häuptling zuvor schon auf andere Weise – durch Späher oder Verräter – über die Lage des Feindes informiert hatte und das ›Orakel‹ danach errichtete.

73 *Waw-be-no-Glaube:* von den meisten Ojibwa, deren traditionelle Religion im *Midé-wiwin* verankert war, als Irrglaube angesehen. Die hier erwähnte Trommel ist die

traditionelle Reifentrommel des arktischen Schamanen, wie sie von Sibirien über den gesamten Nordstreifen Nordamerikas bis zu den europäischen Lappen noch heute benutzt wird. Sie ist wahrscheinlich älter als die beim *Midéwiwin* verwendete Trommel.

74 *Yankton:* eine der sieben Hauptuntergruppen der Dakotaindianer. Ende des siebzehnten Jahrhunderts saßen sie in der Nähe des Red Lake, werden aber von den Indianern von Pipestone (Minnesota) als die ursprünglichen Besitzer des berühmten Steinbruchs angesehen, wo der Catlinit für die roten Friedenspfeifen gebrochen wird.

75 *Marterpfahl:* bekannt aus den populären Indianergeschichten. Die Gefangenen wurden dort angebunden und zum Gegenstand von Opfertänzen gemacht. Man tanzte um den am Pfahl angebundenen herum und zwang ihn auch, ebenfalls zu tanzen und zu singen. Folterungen und Verbrennungen von Gefangenen kamen vor, waren aber keinesfalls die Regel. Die Irokesen und einige Algonkinindianer ließen den Gefangenen zuweilen zwischen einer mit Keulen bewaffneten Männerreihe Spießruten laufen, gelang es ihm dabei, ein bestimmtes Ziel zu erreichen, so konnte er sich als gerettet betrachten und wurde häufig sogar als Adoptivsohn in den Stamm aufgenommen.

76 *Bwoirnug:* ›Röster‹, dieser Name wurde von Tanners Stammesgenossen allen Dakota beigelegt.

77 *Pemmikan:* Trockenfleischkonserve in der Arktis und Subarktis, ein sehr konzentrierter Extrakt aus Bärenfett, pulverisiertem getrocknetem Hirschfleisch, Knochenmark und Heidelbeerfruchtmark, von dem schon geringe Mengen genügen, einen Verhungernden wieder zu kräftigen. Das Wort entstammt der Sprache der Cree, in der *pimikau* ›er macht Fett‹ bedeutet.

78 *Shawneeprophet:* sehr berühmt gewordener Shawnee-Indianer, ein jüngerer Bruder des Freiheitskämpfers *Tecumseh,* der ursprünglich *Lala-wéthika* (›Rassel‹) hieß, sich aber den Namen *Tenkwatawa* (›Offene Tür‹) beilegte. Er trug durch seine religiösen Lehren, hinter denen sich ernste politische Forderungen verbargen, eine für die Kolonisatoren gefährliche Unruhe unter die Indianer. Um 1775 geboren, wurde ihm 1805 plötzlich eine Vision zuteil, nach der er sich als Träger und Ausführungsorgan des Willens des ›Herrn des Lebens‹ sah. Er kasteite sich und bildete sich zu einem Medizinmann aus, der feste Gesetze vor allem gegen die Institutionen der Weißen aufstellte. Durch Propagandareisen seiner Gehilfen zu verschiedenen Stämmen, so auch zu den Ojibwa, wuchs seine Anhängerschaft beträchtlich, besonders, als er 1806 eine Sonnenfinsternis genau im voraus als ›Offenbarung des Großen Geistes‹ ankündigte. Durch militärische Siege der Weißen über die Indianer, vor allem durch Harrisons Sieg bei Tippecanoe 1811, verlor er seinen Einfluß. Er starb 1837 bei Kansas und ist ohne Zweifel als Begründer einer großen Freiheitsbewegung unter den Eingeborenen anzusehen, die mit militärischen Mitteln unterdrückt wurde.

79 *Die Zahl Vier:* spielt in den religiösen Vorstellungen der Indianer eine große Rolle. Es gibt vier Hauptmanitos (die vier Himmelsrichtungen); der *Midéwiwin* kennt vier Stufen der Erkenntnis; man umschreitet viermal tanzend das *Midéwiwin*-Zelt. Es

handelt sich hier um uralte, aus Asien mitgebrachte Vorstellungen, zu denen sich heute noch Parallelen finden.

80 *Medizinsack:* Jedes Mitglied des *Midewiwin* besitzt einen solchen Zaubersack, der aus dem Balg eines kleinen Säugetiers (Fischotter, Marder, Biber, Fuchs) oder eines Vogels gefertigt ist und geheime Pflanzensubstanzen, Jagdfetische, rituelle Farbstoffe u. ä. enthält. Er ist der heiligste Besitz der Indianer. Sein Aufgeben bedeutet das Aufgeben der alten Religion und der damit verbundenen Lebenssicherheit.

81 *Jagdspeere:* hauptsächlich bei den westlichen Eskimos aber auch unter den Prärieindianern weit verbreitet, dienen hauptsächlich als Kriegswaffen, zum Teil aber auch als Zeremonialgegenstand; hier handelt es sich um eine symbolische Geste im Sinne einer Herausforderung zum Kampf.

82 *Wilder Reisfluß:* Bezeichnung für einen der zahllosen Gewässer dieses Gebietes, die nach dem wilden Wasserreis *zizania aquatica* benannt sind.

83 *Muz-zin-ne-neen-suk:* plastische Darstellung (in Holz geschnitzt oder aus Stoff gemacht) oder Zeichnung (in Birkenrinde geritzt oder in Sand gezeichnet), von Personen oder Tieren, auf die durch einen Zauber eingewirkt werden soll. Sie werden nicht nur für die Jagd benutzt, sondern auch, wenn es gilt, Liebe zu wecken oder einem Feind zu schaden.

84 *Na-na-bush:* mythischer Held, der eine wichtige Rolle als Kulturbringer in den Überlieferungen der Ojibwa spielt, nach denen er bei Vollendung seiner Taten als Nordwestwind an den Himmel versetzt wurde.

85 *Unglück:* wird nach der Vorstellung vieler Völker durch magische Kräfte verursacht, die im Menschen die Oberhand gewinnen; deshalb wird ein vom Unglück verfolgter Mensch als ein ›schlechtes‹ und ›wertloses‹ Mitglied der Gesellschaft angesehen.

86 *Chees-suk-kon:* auch *Jes-sak-kan*, Sitzung eines Schamanen, bei der unsichtbare Geister herbeigerufen werden, um verborgene Dinge, Übeltäter usw. herauszufinden. Der Seher sitzt dabei oft gefesselt in einem eigens dazu errichteten kleinen Zelt, das von den Geistern geschüttelt wird, daher ›Schüttelzelt‹.

87 *Beschäftigung während des Sommers:* Charakteristisches Beispiel für die gemischte Wirtschaftsform, die die Ojibwa in diesem Gebiet angenommen hatten: Maisanbau neben dem Einsammeln wildwachsender Pflanzen und Früchte, wie Wasserreis und Blaubeeren. Die Jagd hingegen wurde insbesondere im Winterhalbjahr betrieben.

88 *Langmesser:* Long Knives – indianische Bezeichnung für die Amerikaner, wahrscheinlich von den Säbeln der Kolonialsoldaten abgeleitet.

89 *Lewis Cass* (1782–1866): der erste Gouverneur und gleichzeitig Indianeragent (Indian Commissioner) der Regierung, der das gewaltige Gebiet von Michigan – das damals einen Teil des späteren Minnesota mit einschloß – achtzehn Jahre lang verwaltete.

90 *Detroit:* war damals mit 2000 Einwohnern die größte Stadt dieses Gebietes.

91 *Potowatomi:* algonkinsprachiger Stamm, entfernt verwandt mit den Ottawa und Ojibwa.

92 *Mackinacboot:* großes, von den Händlern für Warentransporte benutztes Boot.

93 *Indianergräber:* Die Indianer pflegten auf den Gräbern kleine hausähnliche Aufbau-

ten zu errichten, durch deren Fensteröffnungen man für den Toten Opfergaben – Speisen, bestickte Fetische usw. – hinlegte.

94 *Henry Rowe Schoolcraft* (1793–1864): hochgebildeter amerikanischer Indianeragent, der sein Leben der Erforschung der Geschichte vor allem der Ojibwa widmete; sein wichtigstes Werk ist seine sechsbändige ›Geschichte der Indianer der Vereinigten Staaten‹, war der Schwiegersohn des berühmten Häuptlings *Waub-o-jeeg* (›Weißer Iltis‹).

95 *Schule:* Von den Weißen für einige auserwählte Indianerkinder eingerichtete Schule.

96 *alte Frau:* Indianerinnen altern sehr früh. Dreißigjährige wirken zuweilen schon wie Fünfzigjährige. Ursachen für den frühen physischen Verfall, der dann aber im hohen Alter durch eine erstaunliche Vitalität – siehe *Net-no-kwa* – wieder wettgemacht wird, sind die harte Arbeit und das schwere Winterleben.

97 *Auspeitschen:* vom englischen Recht übernommene Strafe; das Personal der Handelsposten übte zu jener Zeit eine regelrechte Jurisdiktion in diesen Gebieten aus.

98 *Choctaws* und *Chickasaws:* zwei Stämme der Muskogi-Sprachfamilie im Südosten Nordamerikas.

Inhalt

310

311